KB264125

JPT450
문제해결의 길잡이

사람 in 커뮤니케이션

| 머리말 |

이 책은 JPT를 시작하는 수험자들에게 시험에 대한 체계적인 학습 방법을 제시하기 위해 만들었다. 특히 수험자들에게 원리를 충분히 제시하고 설명해 준 다음, 배운 것을 실전 문제에 접목시키는 가장 적중도가 높고 실전적인 출제 경향에 맞는 문제를 제공하려고 노력하였다.

수험자들의 요구와 기대치는 다양하다. 기본적인 점수를 받으면 모든 고민이 해결되는 경우도 있고, 고득점 여부가 승진 및 선발 요건에 크게 반영되어 득점 상위 1%내에 들어야 하는 수험자도 있다. 이처럼 JPT학습 인구의 레벨별 점수 차이는 년 응시 인원을 비교해 볼 때 상대적으로 레벨 분포 폭이 넓다. 또 염려스러운 점은 수험자의 희망 목표 점수와 현재의 학습자 본인이 가지고 있는 실력과의 격차 즉, 실제 수험자이 득점 가능한 점수와 그를 위해 현재 JPT 시험 대비에 얼마나 시간과 노력을 투자하는가를 볼 때 시험에 대한 준비 및 노력이 부족하다. 이것은 수험자들이 JPT고득점을 위해서는 얼마나 꾸준하고 지속적으로 일정 기간 노력을 해야 한다는 점을 간과한 탓이다. 여러분은 놀라지 말기 바란다. 시험장에 가 보면 왜 이 문제를 출제했는지, 따라서 어떻게 문제를 공략해야 하는지 등등 문제 출제 의도조차 모르는 수험자가 의외로 많다는 사실이다. 강의 현장에서 느끼는 이런 현상을 간파하고 JPT를 효과적으로 대비하기 위해 다음과 같은 원칙을 고수하며 강의에 임하여 왔고, 이 책에는 그러한 나의 경험을 최대한 담으려고 노력하였다.

나는 직접 문제를 출제하고 내 스스로가 시험을 보며 강의를 하는 과정을 통해 축적된 경험을 그대로 이 책에 담아서 전달하고자 했다. 벌써 10여 년을 오직 JPT와 일본어 시험 대비 강의에만 전념해 왔다. 끝으로 일할 수 있는 환경을 만드시고 부족한 자와 동행하시며 일하시는 하나님께 감사드린다.

강 성 광

JPT입문자에게 이 책이 필요한 이유

1 JPT에서 400~500점대의 점수는 어느 정도의 레벨인가? 일단은 기초적인 문법 지식이 있다고 본다. 그러나 아직은 부정확하고 특히 어휘력이 불충분하므로 제한적인 범위 내에서의 표현과 대화만이 가능한 레벨이다. JPT에서 450~500점대 레벨의 문제는 30%정도를 차지하고 있다. 또한 이 점수대는 응시생의 가장 많은 득점 분포를 보이고 있는 레벨이기도 하다. 이 점수대를 일본어능력시험에 대비해 비교해 본다면 평균치로 보아 3급 합격 정도의 수준에 해당한다. 따라서 500점대를 돌파하기 위한 대책은 먼저 어휘력과 확고한 기본 문법을 전제로 한 다양한 표현을 익히는 것이 선행 되어야 한다. 특히 고득점을 원하는 수험자은 일차적으로 많은 사람이 밀집되어 있는 500점대를 넘어야 한다. 이 점수대를 돌파하느냐 여부가 향후 일본어 공부의 지속 여부를 결정하는 고비라고 본다. 여러분의 분발을 기대한다.

2 먼저 실제 출제 경향에 가장 근접한 기본적이면서도 출제 빈도가 높은 핵심적인 내용에 대한 정리가 필요하다. 이 책의 모든 문제를 풀이하는 과정은 기본적인 원리에서 시작하여 JPT의 파트별 중요 내용을 정리하는 방식이다.

기출문제 및 예상 문제를 분석한 내용을 토대로 실전 같은 많은 양의 문제를 풀어 보도록 유도하였다. 수험자은 산만하게 흩어져 있는 문법 지식을 시험 대비용으로 재배치하여 마치 사격을 기다리는 장전된 총알처럼 실전에서는 빠른 속도로 문제에 적용하고 정답을 도출하는 정형화된 시험 대비가 필요하다. JPT는 알고 있는 지식 못지않게 문제 풀이의 효과적인 공략법이 요구되는 시험이라고 생각한다.

3 JPT는 범위가 없는 시험이다. 그리고 JPT는 하나의 표현에 대한 방대한 유사 표현을 다양한 PART별 문제 출제 유형을 동원해서 묻고 있다. 이 교재의 해설을 통해 수험자 여러분이 주목해 주길 바라는 점은 하나의 문제가 그것으로 끝나지 않고 어떻게 다양하게 레벨과 유형을 달리하여 출제될 수 있는가를 파악하는 일이다. 문제를 통해 다른 문제의 그림자를 보는 것이다. JPT는 일본어능력시험과는 달리 문제 공개가 되지 않다가 최근에서야 일부가 공개되었다. 그만큼 실제 기출 문제에 대한 호기심과 궁금증은 대단한 것이다. 때문에 나는 원리와 더불어 실제 문제에 대한 가장 확실한 접근인 꾸준한 정기 시험 응시를 통해 실전 적응력을 기르는 노력을 게을리 하지 않았고 독자들도 이와 같은 노력을 해 주기 바란다.

---

4 이제 JPT도 공부의 방향을 설정해 주는 책이 필요하다. 효과적인 JPT 고득점 공략에 대한 세련된 안목이 필요하다. 문제집과 해설서가 주종이었던 시절에 비해 지금은 양적으로 많은 종류의 관련서가 나오고 있다. 그러나 아직도 무엇이 효과적인 길인지, 바른 지침서에 대해 옥석을 가릴 줄 아는 지각 있는 수험자들은 얼마 되지 않는다. 한마디로 JPT를 대비한 공부 방법에 대한 분별력이 필요한 것이다. 배가 항해할 때 키의 역할을 하는 구체적인 처방을 해주는 책이 필요한 시점에 왔다고 본다. 한 교실에 모인 학생들의 레벨이 천차만별인 만큼이나 구성원들의 시험 대비 수강 목적 및 직업도 다양하다. 주로 대학생들 및 취업 준비생이 많고, 직장인들은 승진 시험이나, 간혹 일본 파견 근무 및 인사 고과가 목적인 듯한 수강생이 보이고, 특이한 것은 단기간에 점수를 향상시키려는 목표를 가진 분들이 많다는 것이다. 또 요즘에는 고등학생이나 재수생 중에서 대학 특차 전형을 목표로 공부하는 학생도 많이 눈에 띈다. 이러한 다양한 응시 계층이 분포하고 있음에도 불구하고 한 가지 공통점은 모두가 목표가 뚜렷하고 단기간에 고득점에 대한 갈망이 있다는 것이다.

---

5 JPT고득점의 비결은 한마디로 유형에 따른 다양한 문제를 접하는 것이고, 이는 지금까지 출제되었던 문제를 분석하는 작업에서 시작한다. 무조건 열심히 하는 것은 분명 칭찬할 만하나 그 보다는 좀 더 경험자의 충고에 귀를 기울이는 것이 시간과 정렬을 덜 소진하는 것이 될 것이다. 이 책은 나의 JPT실전 경험이 녹아 있는 노트이다. 이 책에 담긴 내용들을 반복하여 공략하기 바란다. 반드시 고득점으로 가는 지름길이 될 것이다. 목표를 정하고 노력하는 것 못지않게 확실한 정보를 바탕으로 하여 문제에 대한 해독 연습을 해 준다면 훨씬 고득점에 이르는 시간을 단축시켜 줄 것이다.

머리말 … 3
일러두기 … 4

Ⅰ. 청해파트 … 11

PART Ⅰ - 사진묘사

1. 사진 문제 파악하기 … 14
2. 꼭 알아야 할 기본 어휘 … 15
   ❶ 자세 및 동작 어휘
   ❷ 알아두어야 할 관용표현
   ❸ 장소별 어휘
   ❹ 인물 관련 어휘
   ❺ 사물의 모양 및 상태 관련 어휘
   ❻ 기타 어휘

연습문제　Drill 1 … 21　　CD1 track 02
　　　　　Drill 2 … 26　　CD1 track 03
　　　　　Drill 3 … 31　　CD1 track 04
실전문제 ………… 36　　CD1 track 05

PART Ⅱ - 질의응답

1. 질의응답 문제 파악하기 … 48
2. 꼭 알아야 할 응답표현 … 49

연습문제　Drill 1 … 53　　CD1 track 06
　　　　　Drill 2 … 54　　CD1 track 07
　　　　　Drill 3 … 55　　CD1 track 08
　　　　　Drill 4 … 56　　CD1 track 09
실전문제 ………… 57　　CD1 track 10

PART III - 회화문

1. 회화문 문제 파악하기 … 60
2. 자주 사용되는 어휘 … 61
3. 꼭 알아야 할 회화문 표현 … 63
4. 특정 장소에서 이루어지는 회화문 … 65

연습문제   Drill 1 … 67   CD2 track 01
            Drill 2 … 69   CD2 track 02
            Drill 3 … 71   CD2 track 03
            Drill 4 … 73   CD2 track 04
실전문제 ………… 75   CD2 track 05

PART IV - 설명문

1. 설명문 문제 파악하기 … 82
2. 자주 사용되는 어휘 … 83

연습문제   Drill 1 … 85   CD2 track 06
            Drill 2 … 87   CD2 track 07
            Drill 3 … 89   CD2 track 08
            Drill 4 … 91   CD2 track 09
실전문제 ………… 93   CD2 track 10

CONTENTS

II. 독해파트 ··· 97

PART V-어휘·문법

1. 어휘·문법 문제 파악하기 ··· 100
2. 꼭 알아야 할 문법 사항 ··· 101
   ❶ 한자
   ❷ 유사문법

연습문제 ··· 106
실전문제 ··· 114

PART VI-오문정정

1. 오문정정 문제 파악하기 ··· 120
2. 꼭 알아야 할 문법 사항 ··· 121
   ❶ 희망·소유를 나타내는 표현
   ❷ 변화를 나타내는「なる」
   ❸ 결심·결정의 표현
   ❹ 감정·감각의 な형용사
   ❺ 동사
   ❻ 형용사 기본문법 파악하기
   ❼ 조사
   ❽ 어휘(관용적 어휘 및 부적합 어휘)

연습문제 ··· 140
실전문제 ··· 149

PART VII-공란 메우기

1. 공란 메우기 문제 파악하기 ··· 152
2. 꼭 알아야 할 문법 사항 ··· 153
  ❶ 조동사「ようだ・そうだ・らしい」
  ❷「～と言う」「～(よ)うと思う」「～だろう・～でしょう」
  ❸ 수동「れる・られる」
  ❹ 사역「せる・させる」
  ❺ 목적의「に」
  ❻ 동사「た」+ 方がいい
  ❼ 선택・비교
  ❽ 형용사
  ❾ 동사
  ❿「～ないでください」「～なくてもいい」
  ⓫ 특정 조사「に」와 잘 어울리는 어구
  ⓬ 경어
  ⓭ 착용동사
  ⓮ 그 외 표현

  연습문제 ··· 184
  실전문제 ··· 213

PART VIII-독해

1. 독해 문제 파악하기 ··· 218

  연습문제 ··· 219
  실전문제 ··· 225

Ⅲ. 정답 ··· 233

I. 청해파트

PART I 사진묘사

PART II 질의응답

PART III 회화문

PART IV 설명문

PART I 사진묘사

1 사진 문제 파악하기
2 꼭 알아야 할 기본 동사

연습문제

실전문제

1 문제형태

사진 묘사는 사진 1매당 짧은 일본어 묘사문이 나오고, 그 중 사진에 대한 묘사가 가장 적절한 문장을 선택하는 형식이다. 청해 능력은 물론 순간적인 판단력을 측정한다. 즉 사진이라는 시각적인 수단을 통해 상식에 입각한 관찰력과 표현력을 묻는 문제이다. 특징은 추상적인 문제나 까다로운 함정을 예상해야 하는 문제는 거의 없고 읽기 능력을 배제한 기본적 발음, 구문 및 어휘의 이해력 등 청취 능력만을 검증하는 부분으로 약 9분에 걸쳐서 20문항을 풀게 된다.

2 문제유형

Drill 1 한 명이 등장하는 사진
Drill 2 두 명이 등장하는 사진
Drill 3 사물 중심의 사진

3 대책

(1) 소수인물인 경우

한 명 등장의 경우에는 자세나 동작을 주로 묻는다. 또 직업 및 복장, 착용 상태를 부가적으로 묻는 경우도 있다. 또 1인이 등장했다 하더라도 사물이 부각되어 사물의 모양과 형태, 사진 속에 등장하는 사물의 위치 및 명칭을 묻는 예외적인 문제도 출제된다.

(2) 다수인물인 경우

두 명 이상의 복수의 사람이 등장하는 경우에는 두드러지는 2인의 공통점 및 차이점을 주로 묻는다. 이때 다른 1인을 구체적으로 지목하기 위해 방향 및 위치를 설정하는 표현이 부수적으로 추가된다.

(3) 사물 중심인 경우

장소, 사물만 나오는 경우는 사물의 상태, 위치 및 움직임을 관찰하여 가장 적합한 표현을 찾는 문제이다. 풍경 중심의 사진에서는 먼저 사진이 보여주는 장소가 어디인가를 파악하는 것이 중요하다. 또 사물이 전면에 나올 경우에는 사물 자체의 기능, 용도, 상태를 물어 볼 가능성이 많고 풍경이 나타나 있을 경우에는 상태, 배경의 특징에 주목한다.

1 자세 및 동작 어휘

□ 앉다
座る、掛ける、腰掛ける、腰を下ろす
しゃがむ (웅크리다, 쭈그리다)
あぐらをかく (책상다리하고 앉다)
膝をつく (무릎을 꿇다)

□ 서다
立つ

□ 기대다
もたれる、寄りかかる

□ 걷다
歩く

□ 달리다
走る

□ (껴)안다
抱く

□ 고개를 숙이다
うつむく

□ 허리·무릎 등을 굽히다, 구부리다,
앞쪽으로 자세를 낮추다
屈む
ひざを屈める (무릎을 굽히다)
腰を屈める (허리를 굽히다)

□ 어떤 방향으로 향하다, 면하다
向く
後ろを振り向く (뒤를 돌아보다)

□ 멀리 바라보다, 조망하다
眺める

□ 위를 향하다
仰向く

□ 내려다보다
見下ろす ↔ 見上げる (위를 올려다보다)

□ 발돋움하다
背伸びをする

□ 낚시하다
釣る

□ 손으로 쥐다, 잡다
握る

□ 만들다
作る

□ 구두를 닦다
靴を磨く

□ 세수하다
顔を洗う

전화를 걸다
でんわ
電話をかける

전화를 받다
でんわ　で
電話に出る

들여다보다, 엿보다
のぞく、のぞき込む

곁에 다가서다, 다가붙다
よ　そ
寄り添う

정면으로 마주보다, 대면하다
む　あ
向き合う

곤란하다, 난처하다, 어렵다
こま
困る

둘러싸다, 에워싸다
かこ
囲む

올라타다
の　こ
乗り込む

건너다
わた
渡る

2 알아두어야 할 관용표현

가방을 메다
バックをかける
さ
バックを提げる (가방을 들다)

전기를 끄다
でんき　け
電気を消す

전기가 꺼지다
でんき　き
電気が消える

손뼉을 치다
て
手をたたく

전기를 켜다
でんき
電気をつける

전기가 켜지다
でんき
電気がつく

공을 던지다
な
ボールを投げる

만지다
さわ
触る

손님을 맞이하다
きゃく　むか
お客を迎える

들어가다, 들어오다
はい
入る

포스터를 붙이다
は
ポスターを貼る

장식하다
かざ
飾る

사진을 찍다
しゃしん　と
写真を撮る

우산을 쓰다
かさ
傘をさす

□ 수염을 기르다
髭を生やす

□ 몸에 걸치다, 입다
身にまとう、身に着ける

□ 담배를 피우다
たばこを吸う、一服する

□ 빽빽하게 쑤셔 넣다
ぎっしり詰め込む

□ 신호대기를 하다
信号待ちをする

□ 건널목을 건너다
踏み切りを渡る

□ 만면에 웃음을 띠다
満面に笑みを浮かべる

□ 이를 닦다
歯を磨く

□ 세수하다
顔を洗う

□ 머리를 감다
髪を洗う

□ 머리를 자르다
髪を切る

□ 파마를 하다
パーマをかける

□ 머리를 염색하다
髪を染める

3 장소별 어휘

□ 가게

- 家具屋 가구점
- コンビニ = コンビニエンスストア 편의점
- スーパー 슈퍼
- 飲み屋 술집(술을 마시는 집)
- 居酒屋 대중술집
- 酒屋 술집, 주점(술을 판매하는 곳)
- 売り場 매장
- 売店 매점
- 本屋 = 書店 책방, 서점
- 薬屋 = 薬局 약국
- 花屋 꽃가게, 꽃집
- 八百屋 채소 가게, 야채 가게
- 肉屋 정육점
- 靴屋 구두 가게
- パン屋 빵 가게, 제과점
- 電気屋 전기 가게, 전자상
- 文房具屋 문구점
- 美容院 = 美容室 미용실

□ 부엌

- 台所 부엌
- キチン = キッチン 키친, 주방

• 水道 수도
• 流台 설거지하는 곳, 개수대
• 冷蔵庫 냉장고
• 包丁 부엌칼
• まないた 도마
• やかん 주전자
• ナイフ 나이프, 칼
• フォーク 포크
• 皿 접시
• テーブル 테이블
• 瓶 병

□ 장소
• 駐車場 주차장
• 駐輪場 자전거 세워 두는 곳
• 工場 공장
• 食堂 식당
• 喫茶店 다방, 커피숍
• コーヒーショップ 커피숍
• 教室 교실
• 図書館 도서관
• 運動場 운동장
• 銀行 은행
• 応接室／応接間 응접실
• 事務室／事務所 사무실

4 인물 관련 어휘

□ 다수 인물
• 大勢 많은 사람
• たくさん 많음
• みんな 모두
• 全員 전원
• 家族 가족
• 揃う 모이다, 갖추어지다
• 人たち 사람들
• 人々 사람들
• 子供たち 아이들
• 観衆 관중
• 観客 관객
• お客 손님
• 乗客 승객
• 合奏 합주

□ 직업
• 会社員 회사원
• お巡りさん 순경
• 店員 점원
• 美容師 미용사

5 사물의 모양 및 상태 관련 어휘

• 並ぶ 사람들이 줄서다, 물건 등이 가지런히 되다
• 並べる 물건을 가지런히 하다

• 飾る　겉을 장식하다, 아름답게 보이게 하다

• 付ける　전기(불)를 켜다

• 付く　(전기가) 켜지다

• 壊す　파괴하다, 부수다

• 切る　자르다

• 破く　찢다

• 切り抜く　오려내다, 잘라내다, 베어내다

• 消す　(전기를) 끄다

• 消える　(전기가) 꺼지다

• 茂る　초목이 무성하다, 빽빽이 들어차다

　= 生い茂る

• 茂み　숲, 수풀

• すれ違う　마주 스쳐 지나가다

• まとめる　모으다, 모이게 하다

• がらんとしている　(내부가) 텅 비어있다

• 立ち並ぶ　늘어서다, 줄지어 서다

• ぶら下がる　매달리다, 축 늘어지다

• 込み合う　많은 사람이 모여 북적 거리다, 붐비다,
　　　　　　혼잡하다

6 기타 어휘

□ 날씨

• 天気　날씨

• 晴れる　맑다

• 晴れ　맑음

• 曇る　흐리다

• 曇り　흐림

• 雲　구름

• 空　하늘

• 夜空　밤하늘

• 星　별

• 星空　별이 총총한 밤하늘

• 太陽　태양

• お日様　햇님

• 花見　꽃구경

• 月見　달맞이

• はっきりしない天気　흐린 날씨

□ 형태

• 形　모양, 형태

• 三角　삼각

• 四角　사각, 네모집

• 円形　원형

• 円い形　둥근 형태

• 長方形　직사각형

• 正方形　정사각형

• 楕円形　타원형

• ひし形　마름모꼴

• らせん状　나선형

• 縦文字　세로로 쓰는 문자, 세로쓰기

• 横文字　가로로 쓰는 문자, 가로쓰기

• 尖る　끝이 뾰족하다

□ 방향

- 右／右側　오른쪽
- 左／左側　왼쪽
- 上　위
- 下　아래
- 真ん中　한가운데
- 角　모퉁이
- 曲がる　돌다(구부러지다)
- 先　진행 방향의 앞쪽, 전방, 선두
- 外　밖
- 中　속, 안
- 右手　오른손/오른쪽
- 左手　왼손/왼쪽
- 横　옆, 가로 ↔ 縦　세로
- 脇　옆(속의 의미가 강한 말로 큰 건물 옆에 있는 공중 전화박스를 표현할 때 사용함), (사람의)겨드랑이
- 側　옆, 근처(특별히 일직선상이 아닌 경우에도 사용할 수 있는 말)

□ 그 외

- 屋上　옥상
- 遊び場　놀이터
- 荷台　트럭이나 자전거 등의 짐받이
- 一ケ所　한 곳, 한 군데
- 横断歩道　횡단보도
- 切符売り場　매표소
- 傘立　우산꽂이
- 花束　꽃다발
- 提灯　제등, 초롱

- 一戸建て　단독주택
- 110番　경찰 신고 전화 번호
- 置物　장식물
- 車窓　차창
- 髪　머리칼, 머리
- 長さ　길이
- 釣具　낚시도구
- 店先　가게 앞
- 営業　영업
- 閉店　폐점
- 準備　준비

Drill I 한 명이 등장하는 사진

1.

2.

3.

4.

5.

6.

7.

8.

9.

10.

Drill 2 두 명이 등장하는 사진

1.

2.

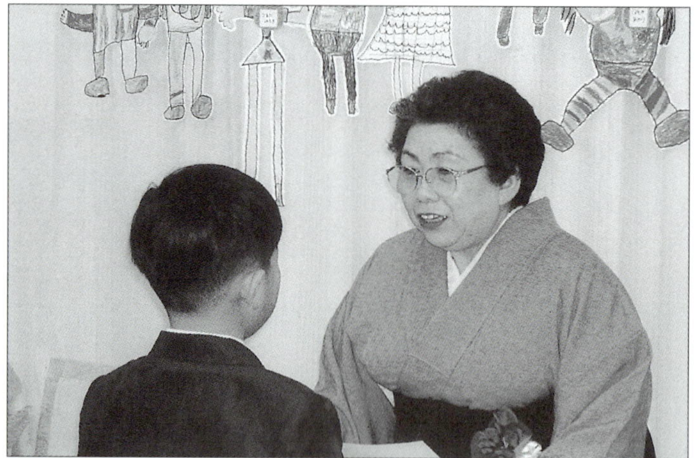

3.

4.

5.

6.

7.

8.

9.

10.

Drill 3 사물 중심의 사진

1.

2.

3.

4.

5.

WORLD
WALKER
WORLD
ING
お取扱カウンター

6.

KEIO 京王・井の頭線
お忘れ物取扱所 →
LOST & Found Office
業時間 9:00～19:00 定休日 一 日曜日
Closed Sunday

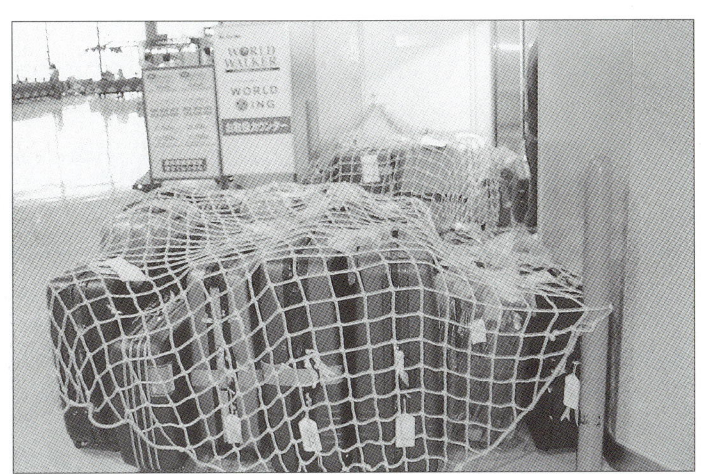

7.

PM4:30～PM11:30
焼肉コース　　　　　大人　　1880円
　　　　　　　　　　小学生　 980円
しゃぶしゃぶコース　幼児　　 380円
　　　　　　　　　　3才未満　無料
よくばりコース
　プラス200円で、焼肉・しゃぶしゃぶの
　両方が召し上がれます。
各コース、ケーキ・アイス・フルーツ他
全80種類 90分間　飲み放題
ソフトドリンク　　　　　　200円
(コーヒー・コーラ・ジュース各種)
飲み放題　　　　　　　　 900円

8.

9.

10.

1.

2.

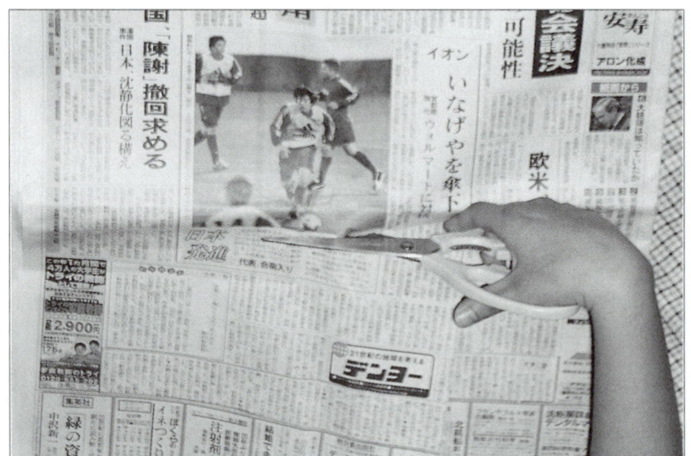

3.

4.

5.

6.

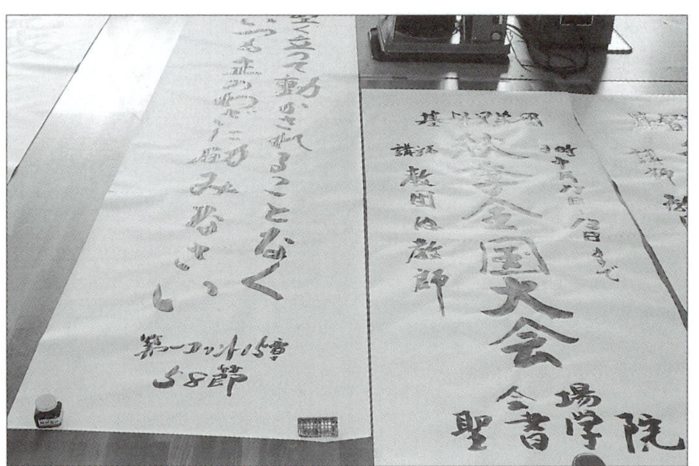

7.

8.

9.

10.

11.

この周辺道路の自転車・バイクは、
予告なく常時撤去します。
※チェーン等は切断し補償しません。
所署　役区察　目黒　警
郵便
POST
日本郵政公社
JAPAN POST

12.

東京三菱銀行
東京三菱銀

13.

14.

15.

16.

17.

18.

19.

20.

緊急通報
EMERGENCY CALLS
その他
INFORMATION
警察 110
POLICE
電話番号
案内 (有料) 104
Directory service (charged)
火事
救急・救助 119
FIRE/AMBULANCE/RESCUE
電話機の
故障 113
Telephone malfunction
JCG
海上
保安庁 118
COAST GUARD
お話し中
調べ 114
Line busy check
時報 (有料) 117
Time (charged)
災害用伝言
ダイヤル (有料) 171
Message board in disasters/& emergencies (charged)
天気予報
(有料) 177
Weather information (charged)
No S

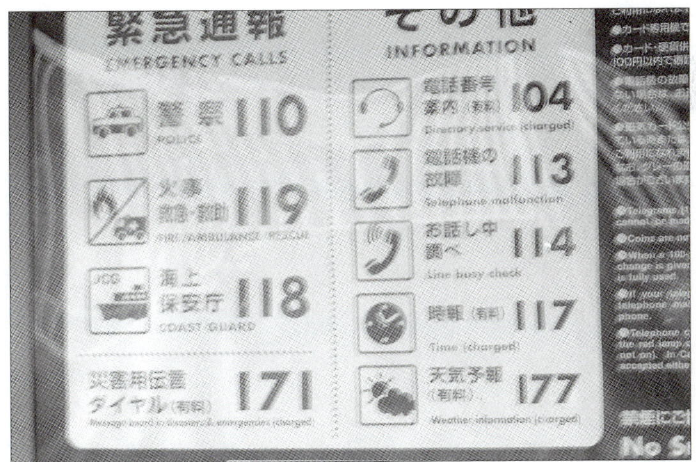

질의응답

1 질의응답 문제 파악하기
2 꼭 알아야 할 응답표현

연습문제

실전문제

01 | 질의응답 문제 파악하기

1 문제형태

 문제 형태는 질문을 먼저 듣고, 그 질문에 대한 4개의 응답을 들으면서 질문에 대한 가장 적절한 응답을 선택하는 형식이다. 이때 주의할 점은 질문 내용을 듣자마자 질문의 핵심이 되는 단어 즉 시간, 장소, 사람 등을 문제지에 적어 두면 정답 선택 시 유리한 이점으로 작용될 수 있다.

2 문제유형

Drill 1 일상 인사 및 관용 표현 문제
Drill 2 감동 · 의견 등 사실 관계를 확인하는 문제
Drill 3 의문사 문제
Drill 4 관용어 및 어휘 문제

3 대책

질의응답 문제를 풀 때 가장 중요한 것은 질문이 요구하는 바를 정확히 파악해 내는 것이다. 즉 응답 문제는 우선 질문을 들으면서 재빨리 어떤 상황인지 요지를 정확히 파악하는 것이 중요하다. 질문의 point를 잡는 것이 중요하다.

(1) おやすみなさい。
안녕히 주무세요.

➡ おやすみなさい。
안녕히 주무세요.

(2) 行ってきます。
갔다 오겠습니다.

➡ 行っていらっしゃい。
다녀오세요.

(3) 行ってまいります。
다녀오겠습니다.

➡ 行っていらっしゃい。
다녀오세요.

(4) ただいま。
다녀왔습니다.

➡ お帰りなさい。
어서 오세요.

(5) お元気ですか。
잘 지내십니까?

➡ ええ、お陰さまで。
예, 덕분에.

(6) いつもお世話になっております。
항상 신세를 지고 있습니다.

➡ いいえ、こちらこそ。
아뇨, 저야말로.

(7) どうぞよろしく（おねがいします）。
잘 부탁합니다.

➡ こちらこそ、よろしく。
저야말로 잘 부탁합니다.

(8) どうぞ、お入りください。
어서 들어오세요.

➡ 失礼します。
실례합니다.

(9) お先に失礼します。
먼저 실례하겠습니다.

➡ おつかれさまでした。
수고하셨습니다.

(10) おじゃまします。
실례하겠습니다.

➡ どうぞ、お上がりください。
어서 들어오세요.

(11) どうも、ありがとうございます。
정말 감사합니다.

➡ いいえ、どういたしまして。
아뇨, 천만에요.

(12) しばらくだね。どうしてる。
오랜만이야. 어떻게 지내?

➡ うん、どうにかやってるよ。
응, 어떻게든 하고 있어.

(13) お口に合わないかもしれませんが、どうぞ。　➡ いただきます。
入에 안 맞으실지도 모르겠지만, 많이 드세요.　　　　　　잘 먹겠습니다.

(14) おじゃましました。
실례했습니다.

(15) どうぞ、ごゆっくり。
자, 푹 쉬세요.

(16) 本当にご無沙汰しております。
정말 격조했습니다.

(17) 「誕生日、結婚、卒業」おめでとうございます。➡ ありがとうございます。
「생일, 결혼, 졸업」 축하합니다.　　　　　　　　　　　감사합니다.

(18) ちょっと、すみません。　➡ はい、なんですか。
잠깐 실례하겠습니다.　　　　예, 무슨 일이십니까?

(19) おかわり、どうですか(=いかがですか)。　➡ もう、けっこうです。
더 드시겠습니까?　　　　　　　　　　　　　　이제 충분합니다.

(20) どうやって行きますか。　➡ 歩いて行きます。
어떻게 갑니까?　　　　　　　걸어서 갑니다.

(21) 何で行きますか。　➡ バスで行きます。
무엇으로 갑니까?　　　　버스로 갑니다.

(22) ごめんください。　➡ はい、どなたですか。
계세요?　　　　　　　　　(=どちら様でしょうか)
　　　　　　　　　　　　　예, 누구세요?

(23) 食べましょうか。　➡ 食べましょう。 먹읍시다.
먹을까요?
　　　　　　　　　➡ いいですね。 좋지요.

(24) 食べませんか。　➡ そうですね。 글쎄요.
먹지 않을래요?
　　　　　　　　➡ いまはちょっと…。 지금은 좀….

(25) 誰かいますか。
누군가 있나요?

➡ はい、(田中さんが)います。
예, (다나카 씨가) 있습니다.

➡ いいえ、(誰も)いません。
아니요, (아무도) 없습니다.

(26) 誰がいますか。
누가 있나요?

➡ 田中さんがいます。
다나카 씨가 있습니다.

➡ 誰もいません。
아무도 없습니다.

(27) 何かありますか。
뭔가 있나요?

➡ はい、あります。
예, 있습니다.

➡ いいえ、ありません。
아니요, 없습니다.

(28) 何がありますか。
무엇이 있나요?

➡ 本があります。
책이 있습니다.

何もありません。
아무것도 없습니다.

(29) どこかに(へ)行きましょうか。
어딘가에 갈까요?

(31) だれでもかまいません。
누구든지(누구라도) 상관없습니다.

(32) 何でも好きです。
무엇이든지 좋아합니다.

(33) いつでもいいです。
언제라도 좋습니다.

(34) どこでもかまいません。
어디라도 상관없습니다.

(35) 彼はあした来ると思いますか。
그는 내일 올 거라고 생각합니까?

➡ はい、来ると思います。
예, 올 거라고 생각합니다.

➡ いいえ、来ないと思います。
아뇨, 오지 않을 겁니다.

➡ そうですね、わかりません。
글쎄요, 모르겠습니다.

(36) 彼はあした来ないと思いますか。
그는 내일 오지 않을 거라고 생각합니까?

➡ はい、来ないと思います。
예, 안 올 거라고 생각합니다.

➡ いいえ、来ると思います。
아뇨, 올 거라고 생각합니다.

(37) ここに車を止めてもいいですか。
여기에 차를 세워도 됩니까?

➡ はい、いいです(=かまいません)。
예, 됩니다.

➡ いいえ、いけません(=だめです)。
아뇨, 안 됩니다.

(38) ここで写真をとってはいけません。
여기에서 사진을 찍어서는 안 됩니다.

(39) ここで写真をとらないでください。
여기에서 사진을 찍지 마세요.

(40) どうもすみません。
정말 미안합니다.

(41) お腹がすきましたね。
배가 고프네요.

(42) 喉がかわきましたね。
목이 마르네요.

(43) 疲れましたね。
피곤하네요.

Drill I 일상 인사 및 관용 표현 문제

일본인들이 서로 나누는 권유, 의향을 물어 보는 경우 및 상황과 장소별 일상 인사와 맞장구 표현, 또는 그들의 습관적인 대화법 및 가게 점원과 손님, 회사의 부하와 상사 간 또는 동료 간의 대화, 거래처 사람의 접대 및 전화 응대를 집중적으로 연습하는 것이 효과적이다. 주의할 점은 우리말로 의미를 생각하면 함정에 빠질 위험이 있다는 점이다. 직선적이고 단정적인 대답보다는 은유적이고 겸손한 대답일수록 정답일 확률이 높다. 이 유형에서는 특히 질문하는 쪽에서 사용한 단어를 반복하여 사용함으로 착각을 유도하는 경우나, 발음이 비슷한 단어를 사용하여 착각을 유도하는 선택지를 제시하는 경우가 많으므로 주의해야 한다.

1. 答えを答案用紙に書き入れなさい。

2. 答えを答案用紙に書き入れなさい。

3. 答えを答案用紙に書き入れなさい。

4. 答えを答案用紙に書き入れなさい。

5. 答えを答案用紙に書き入れなさい。

6. 答えを答案用紙に書き入れなさい。

7. 答えを答案用紙に書き入れなさい。

8. 答えを答案用紙に書き入れなさい。

9. 答えを答案用紙に書き入れなさい。

10. 答えを答案用紙に書き入れなさい。

11. 答えを答案用紙に書き入れなさい。

12. 答えを答案用紙に書き入れなさい。

13. 答えを答案用紙に書き入れなさい。

14. 答えを答案用紙に書き入れなさい。

Drill 2 감동·의견 등 사실 관계를 확인하는 문제

전체 질문을 토대로 이미 어느 정도 예정된 답을 길목에서 기다리는 것이 이런 문제 유형에서 고득점을 올리는 중요한 포인트이다. 그러기 위해서는 평소 공부에서 〈다 듣고 대답을 판단하기보다는 이미 문항을 듣기 전에 일정한 질의응답의 패턴을 알아두는 것이 효과적〉이다. 확신하는 답이 나오면 바로 해당 기호를 답안지에 마킹하고 차분히 다음 문제를 기다린다.

1. 答えを答案用紙に書き入れなさい。

2. 答えを答案用紙に書き入れなさい。

3. 答えを答案用紙に書き入れなさい。

4. 答えを答案用紙に書き入れなさい。

5. 答えを答案用紙に書き入れなさい。

6. 答えを答案用紙に書き入れなさい。

7. 答えを答案用紙に書き入れなさい。

8. 答えを答案用紙に書き入れなさい。

9. 答えを答案用紙に書き入れなさい。

10. 答えを答案用紙に書き入れなさい。

11. 答えを答案用紙に書き入れなさい。

Drill 3 의문사 문제

 초급 레벨이면서도 반드시 나오는 것이 의문사이다. 왜냐하면 무엇을 알고 싶어 하는가를 간단하게 가장 잘 표현할 수 있는 것이 의문사이기 때문이다. 숫자, 시간 등의 의문사형 문제를 풀 때 선택 문항을 듣다 보면 질문의 요지가 혼동되는 일이 생기므로 숫자, 시간, 의문사 등에 주의해서 무엇을 묻는가를 기억해 두고, 이를 토대로 응답을 예측한다. 단 이때 대답의 경우 시제의 일치도 놓치지 말아야 한다.

1. 答えを答案用紙に書き入れなさい。

2. 答えを答案用紙に書き入れなさい。

3. 答えを答案用紙に書き入れなさい。

4. 答えを答案用紙に書き入れなさい。

5. 答えを答案用紙に書き入れなさい。

6. 答えを答案用紙に書き入れなさい。

7. 答えを答案用紙に書き入れなさい。

8. 答えを答案用紙に書き入れなさい。

9. 答えを答案用紙に書き入れなさい。

10. 答えを答案用紙に書き入れなさい。

11. 答えを答案用紙に書き入れなさい。

12. 答えを答案用紙に書き入れなさい。

13. 答えを答案用紙に書き入れなさい。

Drill 4 관용어 및 어휘 문제

많은 학생들이 등한시하는 부분이 언어 습관이며 문화적 영역이다. 말이란 가장 잘 어울리는 표현이 있다. 이런 것을 많이 알아두면 훨씬 안정적인 정답을 찾을 수 있다. 「ちょっと…」「けっこうです」처럼 일부 단어만 들어도 어떤 의미가 연상되듯, 전체 질문을 토대로 이미 어느 정도 예정된 답을 길목에서 기다리는 것이 이런 문제 유형에서 고득점을 올리는 중요한 포인트이다.

1. 答えを答案用紙に書き入れなさい。

2. 答えを答案用紙に書き入れなさい。

3. 答えを答案用紙に書き入れなさい。

4. 答えを答案用紙に書き入れなさい。

5. 答えを答案用紙に書き入れなさい。

6. 答えを答案用紙に書き入れなさい。

7. 答えを答案用紙に書き入れなさい。

8. 答えを答案用紙に書き入れなさい。

9. 答えを答案用紙に書き入れなさい。

10. 答えを答案用紙に書き入れなさい。

1. 答えを答案用紙に書き入れなさい。
2. 答えを答案用紙に書き入れなさい。
3. 答えを答案用紙に書き入れなさい。
4. 答えを答案用紙に書き入れなさい。
5. 答えを答案用紙に書き入れなさい。
6. 答えを答案用紙に書き入れなさい。
7. 答えを答案用紙に書き入れなさい。
8. 答えを答案用紙に書き入れなさい。
9. 答えを答案用紙に書き入れなさい。
10. 答えを答案用紙に書き入れなさい。
11. 答えを答案用紙に書き入れなさい。
12. 答えを答案用紙に書き入れなさい。
13. 答えを答案用紙に書き入れなさい。
14. 答えを答案用紙に書き入れなさい。
15. 答えを答案用紙に書き入れなさい。
16. 答えを答案用紙に書き入れなさい。
17. 答えを答案用紙に書き入れなさい。
18. 答えを答案用紙に書き入れなさい。
19. 答えを答案用紙に書き入れなさい。
20. 答えを答案用紙に書き入れなさい。
21. 答えを答案用紙に書き入れなさい。
22. 答えを答案用紙に書き入れなさい。
23. 答えを答案用紙に書き入れなさい。
24. 答えを答案用紙に書き入れなさい。
25. 答えを答案用紙に書き入れなさい。
26. 答えを答案用紙に書き入れなさい。
27. 答えを答案用紙に書き入れなさい。
28. 答えを答案用紙に書き入れなさい。
29. 答えを答案用紙に書き入れなさい。
30. 答えを答案用紙に書き入れなさい。

PART III 회화문

1 회화문 문제 파악하기
2 자주 사용되는 어휘
3 꼭 알아야 할 회화문 표현
4 특정 장소에서 이루어지는 회화문

연습문제
실전문제

01 | 회화문 문제 파악하기

1 문제형태

먼저 두 사람의 대화를 듣는데, 대화 형식은 보통 A(여자), B(남자) 두 사람이 「A-B-A-B」 혹은 「B-A-B-A」 순으로 대화를 진행하며, 다 듣고 난 후 이 대화문에 관련된 질문을 문제지를 보고 일문일답하는 형식이다. 즉 짧은 회화를 들은 다음에, 질문은 인쇄가 되어 있으므로 일본어를 빠르게 읽어 나가는 속독 능력이 병행된다.

2 문제유형

Drill 1 일상생활
Drill 2 의문사 및 구체적인 내용을 묻는 문제
Drill 3 비즈니스
Drill 4 대화의 목적과 다양한 반응

3 대책

단순한 패턴 연습 형식의 한정된 상황에서 탈피하여 좀 더 실제적인 상황 위주의 학습에 눈을 돌려야 한다. 이를 위해서는 일본인들과 많은 대화를 갖는 것이 유효하나 여건상 허락지 못하니 다양한 영상 교육을 자주 접함으로써 좀 더 입체적인 회화문을 자신의 머릿속에 입력시키도록 노력해 주길 바란다.
이와 더불어 개인적으로도 어휘력 향상과 일상적인 일어 표현을 익히기 위하여 일본 신문이나 시사 잡지, 소설 등을 매일 꾸준히 읽을 것을 권하고 싶다.

❶ 교통수단 : 乗り物

- □ 電車 전차, 전철
- □ バス 버스
- □ 飛行機 비행기
- □ ボート 보트
- □ 地下鉄 지하철
- □ タクシー 택시
- □ 船 배
- □ ガソリンスタンド 가솔린스탠드, 주유소

❷ 교육 : 教育

- □ 保育園 보육원
- □ 小学校 초등학교
- □ 高校 고등학교
- □ 大学院 대학원
- □ 教師 교사
- □ 教授 교수
- □ 幼稚園 유치원
- □ 中学校 중학교
- □ 大学 대학
- □ 予備校 예비교, 대학 입시 준비 학원
- □ 先生 선생님
- □ 講師 강사

❸ 스포츠 : スポーツ

- □ サッカー 축구
- □ バスケットボール 농구
- □ ピンポン 탁구
- □ 野球 야구
- □ バレーボール 배구
- □ テニス 테니스

❹ 날씨 : 天気

- □ 天気がいい 날씨가 좋다
- □ 晴れる 날씨가 개다
- □ 曇る 날씨가 흐리다
- □ 天気がわるい 날씨가 나쁘다
- □ はれ 맑음
- □ くもり 흐림

❺ 마실 것 : 飲み物

- □ 飲み屋 술집
- □ 屋台 포장마차
- □ 居酒屋 술집
- □ かき氷 빙수 *氷 얼음

□ お水 물, 냉수　　□ お湯 따뜻한 물
□ お茶 차　　□ 紅茶 홍차
□ 緑茶 녹차　　□ ウロン茶 우롱차
□ コーヒー 커피　　□ コーラ 콜라
□ ココア 코코아　　□ ジュース 주스
□ アイスティー 아이스티

❻ 비즈니스 : ビジネス

□ 取引先 거래처 *取り引き 거래　　□ 株式 주식
□ 会議 회의　　□ 専門家 전문가 *専門 전문
□ 就職 취직　　□ クライアント 광고주, 고객
□ 売り上げ 매상, 매출　　□ 売り場 매장
□ 買得 사서 이익이 됨　　□ バーゲン 바겐세일
□ 大売り出し 대 바겐세일　　□ 安売り出し 염가 판매

❼ 과일 : 果物

□ りんご 사과　　□ いちご 딸기
□ すいか 수박　　□ 葡萄 포도
□ もも 복숭아　　□ まくわ瓜 참외

❽ 야채 : 野菜

□ ほうれんそう 시금치　　□ きゅうり 오이
□ にんじん 당근　　□ とうがらし 고추
□ ねぎ 파 *玉ねぎ 양파　　□ もやし 콩나물

❾ 고기 : 肉

□ 牛肉 소고기　　□ 豚肉 돼지고기
□ 鶏肉 닭고기

03 | 꼭 알아야 할 회화문 표현

(1) 体の調子がよくないです。
몸 상태가 좋지 않습니다.

(2) 風邪を引いたようです。
감기에 걸린 것 같습니다.

(3) 明日、会社を休んでもいいですか。
내일 회사를 쉬어도 될까요?

(4) 最後の電車は何時ですか。
마지막 전철은 몇 시인가요?

(5) あの角を曲がって右側にあります。
저 모퉁이를 돌아서 오른쪽에 있습니다.

(6) まっすぐ行ってください。
곧장 가세요.

(7) 割り勘にします。
각자 계산합니다.

(8) 一括払いですか。
일시불인가요?

(9) 3ヶ月分割払いです。
3개월 할부입니다.

(10) どこかでパスポートを無くしてしまったんです。
어딘가에서 여권을 잃어버렸어요.

(11) 遅れて申し訳ありません。つい事故にあいまして。

늦어서 죄송합니다. 그만 사고가 있어서.

(12) お国はどこですか。

어디 출신인가요?

(13) どこで生まれましたか。

어디에서 태어났나요?

(14) 何年生まれですか。

몇 년 생인가요?

(15) 生年月日は。

생년월일은요?

(16) 何年生ですか。

몇 학년인가요?

(17) 大学4年生です。

대학 4학년입니다.

(18) おいくつですか。

몇 살인가요?

(19) ここは敬老席です。

여기는 경로석입니다.

(20) 禁煙室はどちらでしょうか。

금연실은 어느 쪽인가요?

(21) こちらは喫煙室です。

이쪽은 흡연실입니다.

❶ 커피숍 : コーヒーショップ

A : 何になさいますか。
무엇으로 하시겠습니까?

B : 私はアイスコーヒーです。
나는 아이스커피입니다.

❷ 역의 홈 : 駅のホーム

A : 上野駅に行くには、ここで乗ったらいいんですか。
우에노 역에 가려면 여기서 타면 됩니까?

B : はい、ここで乗って三つ目で降りてください。
예, 여기서 타서, 세 번째에서 내리십시오.

❸ 서점 : 本屋

A : すみません。漫画コーナはどちらですか。
실례합니다. 만화 코너는 어느 쪽입니까?

B : あそこに外国語コーナがありますね。そこの横にあります。
저쪽에 외국어 코너가 있지요. 그 옆에 있습니다.

❹ 우체국 : 郵便局

A : 書留で出したいんですが、窓口はどちらですか。
등기를 보내고 싶습니다만, 창구는 어느 쪽입니까?

B : ええ、5番目です。
예, 5번째입니다.

❺ 백화점 : デパート

A : 婦人服売り場は何階ですか。
숙녀복 매장은 몇 층입니까?

B : 二階です。
2층입니다.

❻ 영화관 : 映画館

A : インタネットで予約したんですが。
인터넷으로 예약했습니다만.

B : 1時の映画ですね。
1시 영화이지요?

❼ 전자상 : 電気屋

A : お客様こちらのラジカセはいかがですか。
손님, 이쪽 라디오카세트는 어떠세요?

B : もう少し安いのはありませんか。
좀 더 싼 것은 없습니까?

Drill 1 일상생활

회화문 문제는 대략 비즈니스에 관한 내용이 반 이상을 차지하고, 그 다음으로는 개인적인 관계에서 이루어지는 대화가 두 번째로 많다. 친구끼리의 대화, 애인 사이의 대화, 부부간의 대화 등 일상생활에서 흔히 접할 수 있는 내용들이다. 그러나 여기에서도 일이나 업무와 관련된 내용이 많은 비중을 차지하고 있다.

1. 宮岡さんは一時間後何をしますか。
   - (A) 会社へ戻る。
   - (B) 部長に直接会う。
   - (C) 家へ帰る。
   - (D) もう一度電話する。

2. よしお君は家から学校までどれくらいかかりますか。
   - (A) 1時間10分
   - (B) 50分
   - (C) 20分
   - (D) 7分

3. かばんの中に何が入っていますか。
   - (A) 手紙
   - (B) 財布とかぎ
   - (C) 手帳とハンカチ
   - (D) 何も入っていない。

4. ここはどこですか。
   - (A) 薬屋
   - (B) 雑貨店
   - (C) 病院
   - (D) 郵便局

5. 地下鉄の料金はいくらですか。
   - (A) 180円
   - (B) 450円
   - (C) 90円
   - (D) 270円

6. スキーにどこに行きますか。

(A) カナダ　　　　　　　　　　(B) 北海道
(C) 信州　　　　　　　　　　　(D) アメリカ

7. 明日の天気はどうですか。

(A) 晴れ　　　　　　　　　　　(B) 曇り
(C) 雨　　　　　　　　　　　　(D) 分からない。

8. 吉田さんは明日どこへ行きますか。

(A) 出張　　　　　　　　　　　(B) 飲み屋
(C) 会社　　　　　　　　　　　(D) 家

9. 女の人はどこの鍵をかけましたか。

(A) 玄関　　　　　　　　　　　(B) 窓
(C) 部屋のドア　　　　　　　　(D) 玄関と窓

10. 女の人は何で来ましたか。

(A) 高速バス　　　　　　　　　(B) 地下鉄
(C) 自動車　　　　　　　　　　(D) 歩き

Drill 2　의문사 및 구체적인 내용을 묻는 문제

회화문에서 나온 적이 있는 단어를 약간 변형하여 실제와는 다른 내용을 그럴싸하게 제시하는 경우가 있으므로 이런 함정에 걸려들지 않도록 부단히 노력해야 한다. 평소에 들은 한 문장의 의미하는 바가 무엇인지 구체적인 내용을 음미하는 끊어 생각하는 훈련이 필요하다고 본다.

1.　結局何を買いましたか。
   (A) すいか
   (B) もも
   (C) ぶどう
   (D) ももとすいか

2.　集合の時間は何時ですか。
   (A) 6時
   (B) 7時
   (C) 8時
   (D) 9時

3.　学生は何を買いましたか。
   (A) 入場券
   (B) 商品券
   (C) 航空券
   (D) 乗車券

4.　組合わせが正しいものはどれですか。
   (A) 一週間、一人一冊
   (B) 二週間、一人二冊
   (C) 三週間、一人二冊
   (D) 四週間、一人三冊

5.　コピーをするのに必要なものは何ですか。
   (A) 現金カード
   (B) クレジットカード
   (C) 会員証
   (D) コピー・カード

6.　山川さんの出張先はどこですか。
   (A) 秋田
   (B) 青森
   (C) 岩手
   (D) 愛知

7. 由利さんはどうして来られませんか。

(A) 来たくないから。　　　　(B) 映画が好きじゃないから。

(C) 風邪を引いたから。　　　(D) 約束があるから。

8. 富士山には何がありますか。

(A) 雲　　　　　　　　　　　(B) 雪

(C) 霧　　　　　　　　　　　(D) 氷

9. 男の人は何時頃夕食をとりますか。

(A) 5時　　　　　　　　　　(B) 6時

(C) 7時　　　　　　　　　　(D) 8時

10. 男の人はどうしてタクシーを呼んでもらいますか。

(A) 家に帰るから。　　　　　(B) 病院に行くから。

(C) 観光をしたいから。　　　(D) 会社に戻るから。

Drill 3 비즈니스

대화에 등장하는 인물이나 대화 당사자의 직업, 대화가 이루어지는 장소, 현재의 계절, 대화 당사자의 관계 등의
질문에 효과적으로 정답을 고르는 방법은 다양한 분야에서 이루어지는 회화문 전체를 가지고 고민할 것이 아니라
두 사람의 대화 속에 오가는 단어가 중요한 힌트가 될 수 있다.

1. 男の人が育ったのはどちらですか。
   (A) 山口　　　　　　　　　　　　(B) 広島
   (C) 大阪　　　　　　　　　　　　(D) 大分

2. 岡田さんの特徴で正しいものはどれですか。
   (A) 背が高くてめがねをかけている。
   (B) 背が高くてめがねはかけていない。
   (C) 背が低くてめがねをかけている。
   (D) 背が低くてめがねはかけていない。

3. いつ交通事故がありましたか。
   (A) 今週の日曜日　　　　　　　　(B) 先月の日曜日
   (C) 先週の日曜日　　　　　　　　(D) 来週の日曜日

4. 最近の大学生がよくアルバイトをするところはどこですか。
   (A) カフェ　　　　　　　　　　　(B) レストラン
   (C) スーパー　　　　　　　　　　(D) デパート

5. 自転車によく乗る国の順に並んでいるものはどれですか。
   (A) 日本－韓国－中国
   (B) 中国－日本－韓国
   (C) 韓国－日本－中国
   (D) 日本－中国－韓国

6.　結局、何デパートに行きますか。

(A) 日大デパート　　　　　　　(B) 日大デパートと阪神デパート
(C) 阪神デパート　　　　　　　(D) どこにも行かない。

7.　何について話していますか。

(A) 人がたくさんいること　　　(B) 髪型
(C) 花　　　　　　　　　　　　(D) 服

8.　二人が欲しいものは何ですか。

(A) コンピューター　　　　　　(B) カメラ
(C) 携帯電話　　　　　　　　　(D) ラジオ

9.　男の人はどんな靴が欲しいですか。

(A) ふつうの茶色い靴
(B) シンプルな黒い靴
(C) 白いスニーカー
(D) 派手な黒い靴

10.　男の人はどうやって日本の映画の内容がわかりましたか。

(A) 友達から教えてもらって
(B) パンフレットを見て
(C) 小説であらかじめ読んで
(D) 字幕を見て

Drill 4 대화의 목적과 다양한 반응

회화 문제에서 질문의 목적을 정확히 파악하는 것은 집중력과 관련이 있다. 상대의 말에 대한 우리 식의 선입견이 작용하여 성급한 반응을 보이고 마킹 하는 실수를 예상할 수 있다. 그러나 이 PART는 끝까지 다 들어 보고 판단해야 하는 것이 정답을 적중시킬 수 있음을 알아야 한다.

1.　女の人はどうしましたか。
　　(A) いたずら電話をした。
　　(B) 留守番電話にメッセージを残した。
　　(C) 間違い電話をしてしまった。
　　(D) 幸男君の家族と話した。

2.　二人はいつ会うことにしましたか。
　　(A) 明日の午前　　　　　　　　(B) 明日の午後
　　(C) 土曜日の午前　　　　　　　(D) 土曜日の午後

3.　黒田君の学校は何時から始まりますか。
　　(A) 4時半　　　　　　　　　　(B) 5時
　　(C) 8時半　　　　　　　　　　(D) 9時

4.　今は何月ですか。
　　(A) 3月　　　　　　　　　　　(B) 6月
　　(C) 9月　　　　　　　　　　　(D) 12月

5.　全部でいくらですか。
　　(A) 250円　　　　　　　　　　(B) 450円
　　(C) 600円　　　　　　　　　　(D) 850円

6. 今日は何日ですか。

    (A) 21日   (B) 22日
    (C) 23日   (D) 24日

7. 女の人は何をしに来ましたか。

    (A) お見舞いに来た。   (B) 迎えに来た。
    (C) 遊びに来た。   (D) 挨拶に来た。

8. 奥さんは何と言いましたか。

    (A) 早く行きなさい。   (B) 早く寝なさい。
    (C) 早く来なさい。   (D) 早く起きなさい。

9. ここはどこですか。

    (A) 本屋   (B) 電気屋
    (C) 郵便局   (D) レストラン

10. 女の人はいくらでいくつのりんごを買ったことになりますか。

    (A) 500円で4個   (B) 1000円で6個
    (C) 1500円で9個   (D) 1500円で10個

11. 女の人はこれからどうしますか。

    (A) 電子辞書をもらいます。   (B) 電子辞書を買います。
    (C) 電子辞書を貸してあげます。 (D) 電子辞書を借ります。

1. 男の人は何日ぐらい泊まる予定ですか。
   (A) 1日   (B) 2日
   (C) 3日   (D) 4日

2. 家庭用品売り場はどこにありますか。
   (A) 5階のエレベーターを降りて右
   (B) 7階のエレベーターを降りて左
   (C) 5階のエレベーターを降りて前
   (D) 7階のエレベーターを降りて後ろ

3. 明日は誰の誕生日ですか。
   (A) 真知子さん
   (B) 由希子さん
   (C) 由実さん
   (D) 花子さん

4. 花瓶はどこのものですか。
   (A) イギリス
   (B) ドイツ
   (C) フランス
   (D) アメリカ

5. 公園はどこにありますか。
   (A) 車で10分ぐらいのところ
   (B) 走って10分ぐらいのところ
   (C) 歩いて10分ぐらいのところ
   (D) 歩いて1時間ぐらいのところ

6. 旅行社はどこにありますか。

(A) 喫茶店を曲がったところ

(B) 喫茶店の向かい

(C) 喫茶店のすぐ隣

(D) すぐ目の前

7. 山下さんはいつ北海道へ行きますか。

(A) 冬休み

(B) 春休み

(C) 夏休み

(D) ゴールデンウィーク

8. 通帳を作るのに何が必要ですか。

(A) 身分証明書   (B) お金

(C) 株   (D) 印鑑

9. 男の人はおつりをいくらもらいますか。

(A) 600円   (B) 650円

(C) 700円   (D) 750円

10. 女の人は本当はクラスで何位でしたか。

(A) 1位   (B) 3位

(C) 33位   (D) 35位

11. この人たちは今日何時に仕事が終わりましたか。

(A) 夜の7時   (B) 夜の8時

(C) 夜の9時   (D) 夜の10時

12. 男の人が苦手な食べ物は何ですか。

(A) たまご   (B) にんにく

(C) おすし   (D) にんじん

13. 女の人は何を注文しましたか。

(A) コーラ   (B) トマトジュース

(C) コーヒー   (D) ワイン

14. 女の人はどんな帽子を選びましたか。

(A) 茶色い無地の帽子

(B) 赤い花柄の帽子

(C) 茶色い花柄の帽子

(D) どれも選ばなかった。

15. 女の人はコートをいくらで買いましたか。

(A) 3万円   (B) 5万円

(C) 7万円   (D) 10万円

16. 女の人は何曜日に電話しましたか。

(A) 木曜日   (B) 金曜日

(C) 土曜日   (D) 日曜日

17. ここはどこですか。

(A) 駅   (B) 空港

(C) 銀行   (D) 郵便局

18. 女の人は何の使い方を説明していますか。

(A) コンピューター   (B) テープレコーダー

(C) ビデオ   (D) 自動改札

19. 明日はいつ行きますか。

(A) 昼食を取らずになるべく早く行く。

(B) 朝食を取ってからゆっくり行く。

(C) 朝食を取らずに早く行く。

(D) 夜、おそく行く。

20. 一番若いのは誰ですか。

(A) 高橋さん　　　　　　　　　　　　(B) 加藤さん

(C) 男の人　　　　　　　　　　　　　(D) 佐藤さん

21. 女の人はどの順番でしますか。

(A) お風呂に入ったり、テレビを見てから夕飯を作る。

(B) 夕飯を作ってからお風呂に入ったり、テレビを見たりする。

(C) 夫が帰って来てからお風呂に入ったり、テレビを見たりする。

(D) 夫が帰って来てから、夕飯を作る。

22. 男の人はどうして講演の半分以上が分からなかったですか。

(A) 黒板の字がはっきり見えなかったから

(B) 先生の話がよく聞こえなかったから

(C) 先生の話が難しすぎたから

(D) 遅刻して行ったから

23. 二人は今週の土曜日、何をするつもりですか。

(A) 映画を見に行く。

(B) 花見に行く。

(C) 紅葉を見に行く。

(D) 遊園地に行く。

24. 今日の天気はどうですか。

(A) 雨　　　　　　　　　　　　　　　(B) くもり

(C) 晴れ　　　　　　　　　　　　　　(D) 雪

25. 二人は何を食べていますか。

(A) うどん

(B) 焼き鳥

(C) しゃぶしゃぶ

(D) 焼き肉

26. 女の人はどうしましたか。

(A) 入社しました。
(B) 卒業しました。
(C) 誕生日です。
(D) 子供がうまれました。

27. 女の人はいくら払えばいいですか。

(A) 800円
(B) 900円
(C) 1100円
(D) 1300円

28. 男の人はいつ大阪へ行くつもりですか。

(A) 7日
(B) 8日
(C) 9日
(D) 10日

29. 女の人はどんなジャンルの映画が好きですか。

(A) ホラー
(B) コメディー
(C) ラブストーリー
(D) アクション

30. 木村さんはどんな人ですか。

(A) 眼鏡をかけてひげをはやしている人です。
(B) ひげをはやしてタバコを吸っている人です。
(C) 眼鏡をかけて帽子をかぶっている人です。
(D) 帽子をかぶってタバコを吸っている人です。

PART **IV 설명문**

1 설명문 문제 파악하기
2 자주 사용되는 어휘

연습문제
실전문제

01 설명문 문제 파악하기

1 문제형태

PART4는 내용을 듣고, 문제의 내용을 속독하여, 동시에 3문항 또는 4문항에 답해야 하는 장문 청해파트이다. 하나의 지문을 듣고 여러 개의 문제를 생각해야 한다는 점에서 청해 문제 중 가장 어려운 부분에 속하며 일반적인 청해 요령이나 테크닉은 별로 힘을 쓰지 못하는 부분이기도 하다. 한 마디로 어느 정도의 기본적인 L/C능력이 없고서는 별 대책이 없는 부분이라고 할 수 있다. 그러나 실제로 단어 자체는 PART2, PART3에 비해 쉽고 이들 유형에 비해 득점에 유리한 점이 많다.

2 문제유형

Drill 1 개인 소개
Drill 2 일상생활
Drill 3 알림·통지
Drill 4 의견

3 대책

먼저 문제지의 질문을 읽는다. 테이프를 듣기 전에 가급적 문제지에 인쇄된 질문을 읽어 둔다. 그러나 이것도 시간 배분 상 용이한 일이 아니므로 우선 처음 설명문의 성격 정도를 파악하는 선에서 그치고 정신을 집중하여 안정적으로 출발하는 것이 중요하다고 할 수 있다.

 그 이후 전개되는 문제를 읽는다는 의미는 예를 들면 문제지의 질문만 보고 안내 방송, 일기예보, 상품광고, 비즈니스 등과의 관련 여부를 파악해 둔 후, 문제지의 질문을 대략적으로 파악하고 있으면 나중에 들려오는 테이프의 음성에 안정감을 가지고 청취를 함으로써 설명 지문을 통해 질문과 관련된 내용을 쉽게 찾아낼 수 있을 것이다.

 주어진 지문에 몇 번부터 몇 번에 해당하는지를 분명히 해 두고 청취할 때에는 해당하는 각각의 문제에 직접 체크를 한 후 가능한 사람은 「××番(ばん)に答(こた)えなさい(××번에 대답하시오)」라는 지시를 기다릴 필요가 없다. 지시가 나오기 전에 빨리 마킹하고 다음 문제에 대비하는 것이 좋다. 거듭 말하지만 청취를 하면서 문제에서 요구하는 핵심어를 파악하고 듣는다면 문제 파악이 안 된 수험생에 비해 훨씬 유리하게 정답을 고를 수 있다.

❶ 전화 : 電話

- 国内電話 국내 전화
- 国際電話 국제 전화
- 公衆電話 = 赤電話 공중전화
- 携帯電話 = ケータイ 휴대 전화
- いたずら電話 장난 전화
- 一通話 한 통화
- ポケットベル = ポケベル 호출기
- テレホンカード = テレフォンカード 전화 카드
- 内線 내선
- 電話をかける 전화를 걸다
- 電話がかかる = 電話がかかってくる 전화가 걸려오다
- 電話番号を押す 전화번호를 누르다
- 電話中 통화중
- 話し中 통화중
- 混線らしい 혼선인 것 같다
- 留守です 부재중입니다
- メモをとる 메모를 하다
- 電話を受ける 전화를 받다
- 電話に出る 전화를 받다
- 電話を切る 전화를 끊다

❷ 쇼핑 및 상품 : ショッピング 及び 商品

- 品質 품질
- 小売店 소매점
- 卸店 도매점
- 売り場 매장
- 保証書 보증서
- 取り扱い注意書 취급 주의서
- 説明書 설명서
- 新製品 신제품
- 新型 신형
- 正札制 정찰제
- 免税店 면세점
- 使い方 사용법
- 取り替える 교환하다
- 既製服 기성복
- 寸法をとる 치수를 재다
- 中身 내용물
- 品切れ 품절
- 売り切れ 매진
- おつり 거스름돈
- こまかいお金 = 小銭 잔돈
- 税込みの値段 세금 포함 가격
- つけで 외상으로
- ローンで買う = ローンにする 할부로 사다

Drill 1 개인 소개

인물 소개 및 회사의 선전, 광고 등이 여기에 해당한다. 라디오나 TV를 통해 들을 수 있는 내용들이다.

[1-4]

1. 家族はこの人のほかに誰がいますか。

(A) ご両親と二人の息子さん　　　(B) ご主人と二人のお子さん

(C) ご両親と二人の娘さん　　　　(D) 奥さんと二人のお子さん

2. この人はいつ韓国に来ましたか。

(A) 1年前　　　　　　　　　　　(B) 2年前

(C) 3年前　　　　　　　　　　　(D) 4年前

3. ご主人はどこに勤めていますか。

(A) 中学校　　　　　　　　　　　(B) 電器メーカー

(C) スーパー　　　　　　　　　　(D) 銀行

4. この人はどうして韓国に住んでいますか。

(A) 昔からの夢だったから　　　　(B) 韓国語を学びたかったから

(C) ご主人の転勤が決まったから　(D) 日本語を教えることになったから

[5-7]

5. 料理を作った後にいつも思うことは何ですか。

(A) どうしてまずいのだろう。

(B) どうしてうまく作れないのだろう。

(C) どうしてゴミがたくさん出るのだろう。

(D) どうしてゴミが出ないのだろう。

6. どうして品物を包んだり、パックに入れて売っていますか。
   (A) 客が値段を見やすくするため
   (B) 客が食べやすくするため
   (C) 店員が売りやすくするため
   (D) 客が買いやすくするため

7. 料理を作った後、主に出るゴミは何ですか。
   (A) 食べ残したもの
   (B) 野菜などの食べられない部分
   (C) 品物を包むパックなど
   (D) 腐ったもの

[8-10]

8. この人はどうしてタイに住んでいますか。
   (A) お母さんがタイ人だから
   (B) 留学しに来たから
   (C) お父さんの仕事で一緒に来たから
   (D) タイが日本に比べて住みやすいから

9. タイで生活して苦労したことは何ですか。
   (A) すぐに友だちができなかったこと
   (B) 暑くて眠れなかったこと
   (C) 食べ物が口に合わなかったこと
   (D) 授業でレポートを書くこと

10. 次はどこに住みますか。
    (A) オーストラリア・シドニー
    (B) アメリカ・オハイオ州
    (C) マレーシア・クアラルンプール
    (D) 日本・東京

Drill 2 일상생활

문제에 연연하다 집중하지 못하여 자칫 다음 지문의 첫 문장의 내용을 놓치기 쉬운데, 사실 이 첫 문장에 글의 요점이 들어 있는 경우와 문제의 흐름을 찾아낼 수 있는 경우가 많으므로, 이 부분에 정신을 집중시켜 듣도록 한다. 사람 이름, 직업, 숫자 등을 듣고 메모해 둔다.

[1-4]

1. どうして日記を書き始めることにしましたか。

    (A) おじいさんに書くように勧められたから
    (B) 友達と交換日記をすることにしたから
    (C) 日記を書き続けている祖父の思いを知りたいから
    (D) 夏休みの宿題で提出しなければならないから

2. おじいさんは何年間、日記を書いていますか。

    (A) 12年間　　　　　　　　　　(B) 22年間
    (C) 47年間　　　　　　　　　　(D) 67年間

3. この人はいつ日記を書いていますか。

    (A) 授業中　　　　　　　　　　(B) 昼休み
    (C) 放課後　　　　　　　　　　(D) 寝る前

4. 日記には特にどんなことを書くようにしていますか。

    (A) 自分が感じたり、思ったりしたこと
    (B) おじいさんから教えてもらったこと
    (C) その日の計画
    (D) その日の天気やニュース

5.　この人は何人家族ですか。

　　(A) 3人　　　　　　　　　(B) 5人
　　(C) 7人　　　　　　　　　(D) 9人

6.　家族の中で料理が好きなのは誰ですか。

　　(A) 私　　　　　　　　　　(B) 母と私
　　(C) おばあさんと私　　　　(D) 全員

7.　料理を始めたきっかけは何ですか。

　　(A) 先生から勧められた。
　　(B) 母から包丁をもらった。
　　(C) 食べるのが好きだった。
　　(D) 学校の先生にほめられた。

[8-10]

8.　ひとり増えた家族とは誰のことですか。

　　(A) 弟　　　　　　　　　　(B) 妹
　　(C) 犬のマイケル　　　　　(D) おばあさん

9.　この人は将来何になりたいですか。

　　(A) 犬の美容師　　　　　　(B) 動物のお医者さん
　　(C) 学校の先生　　　　　　(D) ペットショップの店員

10.　どうしてお母さんは犬嫌いでしたか。

　　(A) 犬に指をかまれて痛い思いをしたから
　　(B) おじいさんに「犬を見たら逃げろ！」と教育されたから
　　(C) 散歩に連れて行ったりするのが大変だから
　　(D) 犬に追いかけられて怖い思いをしたから

Drill 3 알림 · 통지

안내문은 보통 사회생활을 하면서 어디서나 들을 수 있는 일반적인 안내문 예를 들어 지하철, 백화점, 공항, 미아 안내 통지 및 비즈니스 상의 주요 사항을 전하는 안내문, 공공 기관 등에서 공적인 사항을 전달하는 안내문 등으로 나눌 수 있고 그 내용의 폭도 매우 넓고 다양하다.

[1-3]

1. この人はいつからノートに詩を書いていますか。
   - (A) おととしの4月から
   - (B) 去年の4月から
   - (C) 今年の4月から
   - (D) 4ヶ月前から

2. どんなことをノートに書いていますか。
   - (A) 学校で起きた事件
   - (B) お母さんから注意されたこと
   - (C) 授業で理解できなかった内容
   - (D) 喜びや不安など、自分の思い

3. どうしてノートに詩を書き始めましたか。
   - (A) 自分の気持ちを残したかったから
   - (B) 友達と交換することにしたから
   - (C) 先生から言われたから
   - (D) 詩人になりたいから

[4-6]

4. これは何についてのアナウンスですか。
   - (A) 火災発生時の案内
   - (B) 緊急呼び出し
   - (C) 地震発生時の案内
   - (D) ビデオ撮影禁止の案内

5.　誰が先に避難しますか。

(A) 大人の男性 (B) お子さんやご老人

(C) 大人の女性 (D) 店員

6.　この建物はどんな構造ですか。

(A) 地震に強い (B) 風に強い

(C) 燃えにくい (D) 雨に強い

[7-10]

7.　この話はどこで起きた話ですか。

(A) 日本 (B) アメリカ

(C) カナダ (D) イギリス

8.　くしゃみをしたのは誰ですか。

(A) 店員 (B) 店の客

(C) 友達 (D) 私

9.　くしゃみをした後に言う「bless you!」にはどんな意味がありますか。

(A) 風邪が早く治りますように。

(B) 誰かがうわさをしているので気をつけなさい。

(C) 幸せが逃げていかないように。

(D) あたたかくして休みなさい。

10.　日本で知らない人がくしゃみをしたら周りの人はどうしますか。

(A) ちらっと見るか、知らない振りをします。

(B) 「お大事に」と言ってあげます。

(C) 「大丈夫ですか」と声をかけてあげます。

(D) じろじろと見ます。

Drill 4 의견

이와 같은 표현 방식을 많이 알아두어야 하는 이유로 장문의 설명문은 그 전체 문장을 온전히 소화하는 것이 가장 바람직하나 이것은 현실적이지 못하고, 그 중에서 질문의 답이 되는 포인트를 정확히 잡아내는 것이 중요한 데 이 포인트를 잘못 이해하고 연상을 하게 되면 엉뚱한 문항을 고를 수가 있다. 또 표현 방식 못지않게 어구를 이해하는 것도 본문 내에서의 정확한 문맥과 연관 지어 판단해야 한다.

[1-4]

1. 17歳で亡くなったのは誰ですか。
   (A) 先生の友人
   (B) クラスメートのお姉さん
   (C) 先生の妹さん
   (D) クラスメートのお兄さん

2. 先生はどんな話をしましたか。
   (A) ニューヨーク生活が長いこと
   (B) テロで亡くした友人がいること
   (C) ビルで働いていたこと
   (D) 友達がたくさんいること

3. この人はこれからどのように生きたいと言っていますか。
   (A) がんばらないで、自然に生きたい。
   (B) 夢や目標に向かって一生懸命生きたい。
   (C) 親孝行をして生きたい。
   (D) 好きなことだけをして生きたい。

4. クラスのみんなは先生の話から何を教えられましたか。
   (A) 命の短さ　　　　　　　　(B) テロの恐ろしさ
   (C) 命の重み　　　　　　　　(D) 友達の大切さ

[5-7]

5. この人は毎日放課後に何をしていますか。

   (A) 図書館で勉強しています。　　(B) 友達とおしゃべりをしています。
   (C) クラブ活動をしています。　　(D) アルバイトをしています。

6. 何で家に帰りますか。

   (A) 自転車で帰ります。　　(B) 電車で帰ります。
   (C) バスで帰ります。　　(D) 歩いて帰ります。

7. この人は何がおかしいと言っていますか。

   (A) おばさんが順番を守らないこと
   (B) おばあさんが当たり前のように席に座ること
   (C) お年寄りでもないのに子供に席を譲らせること
   (D) 降りる人がいるのにドアの近くに立っている人

[8-10]

8. どうして駅員を呼びに行きましたか。

   (A) 階段で倒れている人を見たから
   (B) ベビーカーを押している人がいたから
   (C) 車いすの女性に頼まれたから
   (D) エスカレーターが故障していたから

9. 駅員を呼んだ後、この人はどうしましたか。

   (A) 女性が階段を上るのを手伝ってあげました。
   (B) 女性が階段を上り終わるまで見ていました。
   (C) どうすればよいかしばらく駅員と話しました。
   (D) しばらく経ってからその場を離れました。

10. 車いすの女性を通してこの人は何を再認識しましたか。

    (A) 困っている人に思いやりのある行動をすること
    (B) 駅の設備が不十分なこと
    (C) 設備が整っていない時は必ず体の不自由な人を助けること
    (D) 駅員の少ない夜間はなるべく出かけないこと

[1-3]

1. エスカレーターに乗ったらどうしますか。

    (A) ベルトをつかまり、白い線を踏まない。

    (B) ベルトをしめて、白い線を踏む。

    (C) ベルトにつかまり、黄色い線を踏まない。

    (D) ベルトをしめて、黄色い線を踏む。

2. 特にどんな人が気をつけなければなりませんか。

    (A) 髪の毛の長い女性

    (B) 大きい荷物を持った人

    (C) 妊娠している人

    (D) 子供や老人

3. エスカレーターの近くで何をするのが危ないですか。

    (A) 遊ぶこと   (B) しゃべること

    (C) 泣くこと   (D) 大声を出すこと

[4-7]

4. 今いくら貯まっていますか。

    (A) 五百円   (B) 千円

    (C) 二千円   (D) 五千円

5. 一円玉を貯めるためにどんなことをしていますか。

    (A) 買い物の時、一円玉を出さないようにしたり、家族や友人からもらっています。

    (B) 店員にお願いして十円玉を十枚にかえてもらったりします。

    (C) おこづかいを全て一円玉でもらっています。

    (D) 特に何もしていません。

6. いくら貯金するのが目標ですか。

(A) 千円   (B) 五千円

(C) 一万円   (D) 十万円

7. 貯めたお金を何に使いますか。

(A) 両親のプレゼントを買います。

(B) 困っている人にあげます。

(C) マンガの本を買います。

(D) まだ決めていません。

[8-10]

8. 入院生活で得たことは何ですか。

(A) 自由な時間

(B) おいしい食事

(C) テレビを見る時間

(D) 感謝の気持ち

9. この人はいつからいつまで入院しましたか。

(A) 昨年の8月から12月末まで

(B) 昨年の12月末から今年の5月まで

(C) 今年の5月から12月末まで

(D) 今年の2月から6月まで

10. この人はこれからどうしますか。

(A) 退院します。

(B) 進学します。

(C) また、入院します。

(D) お見舞いに行きます。

[11-14]

11. おじさんの第一印象はどうでしたか。

(A) 怖そう　　　　　　　　　　(B) やさしそう

(C) うるさそう　　　　　　　　(D) 頭がよさそう

12. どうしておじさんと電車の中で話すようになりましたか。

(A) 友達のお父さんだから

(B) 席を譲ってくれたから

(C) 笑いかけたのをおじさんが覚えていたから

(D) 近所のおじさんだから

13. この人はおじさんと話すことをどう思っていますか。

(A) おじさんが一方的に話すので疲れる。

(B) いつも話す内容が同じでつまらない。

(C) 暇つぶしにちょうどいい。

(D) リラックスできて、楽しい。

14. 電車の中でどんな話をしますか。

(A) 政治・経済　　　　　　　　(B) 最近の社会問題

(C) ビジネス　　　　　　　　　(D) 世間話

[15-17]

15. 湖のごみの中で一番多かったのは何ですか。

(A) タイヤ　　　　　　　　　　(B) 空き缶

(C) 紙　　　　　　　　　　　　(D) ビニール袋

16. 山のどこにごみがたくさん捨てられていましたか。

(A) トイレ　　　　　　　　　　(B) 登山コース

(C) 草木のかげ　　　　　　　　(D) ごみ箱

17. この人は毎日の生活のなかで何を守ることにしましたか。

(A) なるべくごみを出さないように生活すること

(B) ごみは持ち帰ることと落ちているごみはなるべく拾うこと

(C) 宿題を忘れずにすること

(D) 山でお弁当やお菓子を食べないこと

[18-20]

18. 誰がいなくなりましたか。

(A) 黄色の帽子をかぶった男の子

(B) 赤色の帽子をかぶった女の子

(C) 黄色の服を着た男の子

(D) 赤色の服を着た女の子

19. これは何についてのアナウンスですか。

(A) バーゲンの案内　　　　　　　(B) 迷子の案内

(C) 閉店の案内　　　　　　　　　(D) 落し物の案内

20. はるかちゃんを見かけたらどうしますか。

(A) 近くの警察に連絡する。

(B) 正面の入り口の案内に連絡する。

(C) 近くの店員に知らせる。

(D) 正面1階の本部に連絡する。

II. 독해파트

PART V 어휘·문법

PART VI 오문정정

PART VII 공란 메우기

PART VIII 독해

V 어휘 · 문법

1 어휘 · 문법 문제 파악하기
2 꼭 알아야 할 문법사항

연습문제
실전문제

01 | 어휘 · 문법 문제 파악하기

1 문제형태

한자실력과 어휘력을 평가하는 파트로 표기문제, 어휘의 정확한 의미와 동일용법 문제 및 의미를 묻는 문제로 분류된다. 한자문제는 반드시 출제되며「훈독문제」6문항,「음독문제」4문항이 출제된다. 일본어는 한자가 차지하는 비중이 크고, 읽는 법도 다양하므로 주의해야 한다. 동일용법 및 의미를 묻는 문제는 단어의 다양한 용법을 잘 알고 있는가를 측정한다. 문장 안에서의 단어의 의미변화에 주의하고, 문장자체의 의미해석도 정확히 해야 한다. 평소 사전을 찾을 때 자기가 원하는 것만 보고 끝나지 말고, 그 외 용법도 정리하는 자세가 필요하다. 또한 동의어나 관용구 속담 등에 대한 풍부한 지식과 일본어에서 자주 쓰이는 관용적인 인사말에 대한 용법도 꼭 암기하도록 하자. 한 문제당 10초~15초 사이에 해독하는 것이 시간 배분상 최적이다.

2 문제유형

Drill 1 한자
Drill 2 유사표현 고르기
Drill 3 유사문법 고르기
Drill 4 동음이의어

3 대책

이 파트는 일어의 세세한 부분에 대한 평가라 할 수 있으므로 여러 가지 의미를 가지는 단어나 동일한 문법적 성분을 갖는 말들을 따로 정리해 두어야 한다.
더불어 한자의 장 · 단음 및 탁음의 존재여부에 특별히 주의해야 한다. 이러한 장 · 단음 및 탁음의 장벽을 넘기 위해서는 단어를 무작정 암기하는 것이 아니라, 큰소리로 발음해 보면서, 장 · 단음과 탁음의 존재 여부를 습관적, 감각적으로 익히려는 노력을 게을리하지 말아야 한다.

02 | 꼭 알아야 할 문법 사항

1 한자

표기 문제에는 2가지 유형이 있으며, 총 20문제로 구성되어 있다. 첫 번째 유형은 문제를 읽고 바른 표기를 고르는 문제이다. 다시 말해서 한자의 읽는 법과 히라가나를 한자로 표기하는 법을 묻는 문제이다. 이 유형은 한자의 장·단음 표기와 탁음 표기의 정확도에 성패가 결정된다고 할 수 있다.

<u>1</u> 우선 일본어에 있어서의 한자는 히라가나만큼 필수문자에 해당되기 때문에 반드시 익혀두어야만 한다. 상용한자로 제정해 놓은 것이 1945자에 이른다. 각 한자는 소리 나는 대로 발음하는 음독과 뜻으로 풀어서 발음하는 훈독이 있다.

예 食　음독 : 식 –「しょく」　　훈독 : 먹는다 –「食(た)べる · 食(く)う」
　 音　음독 : 음 –「おん」　　　훈독 : 소리 –「おと」

2 한자의 구성

❶ 「음 + 음」
　□ 食堂(しょく＋どう) 식당　　　□ 図書館(と＋しょ＋かん) 도서관
　□ 音楽(おん＋がく) 음악　　　　□ 屋上(おく＋じょう) 옥상
　□ 近所(きん＋じょ) 근처　　　　□ 写真(しゃ＋しん) 사진
　□ 必要(ひつ＋よう) 필요

❷ 「훈 + 훈」
　□ 乗物(のり＋もの) 탈것(교통수단)　　□ 見積(み＋つもり) 견적
　□ 真心(ま＋ごころ) 진심　　　　　　□ 割引(わり＋びき) 할인

❸ 「음 + 훈」
　□ 食用油(しょくよう＋あぶら) 식용유　　□ 生産高(せいさん＋だか) 생산고

❹ 「훈 + 음」
　□ 家賃(や＋ちん) 집세　　　　　□ 荷物(に＋もつ) 짐

3 초급에 자주 나오는 한자

□ 食堂 (しょくどう)	식당	□ 会社 (かいしゃ)	회사
□ 貿易会社 (ぼうえきがいしゃ)	무역 회사	□ 電気 (でんき)	전기
□ 天気 (てんき)	날씨	□ 発見 (はっけん)	발견
□ 税金 (ぜいきん)	세금	□ 専門 (せんもん)	전문
□ 伝言 (でんごん)	전언, 전할 말	□ 値段 (ねだん)	가격, 값
□ 用心 (ようじん)	주의	□ 洪水 (こうずい)	홍수
□ 人事異動 (じんじいどう)	인사이동	□ 景気 (けいき)	경기
□ 不景気 (ふけいき)	불경기	□ 影響 (えいきょう)	영향
□ 協力 (きょうりょく)	협력	□ 海外 (かいがい)	해외
□ 命令 (めいれい)	명령	□ 空港 (くうこう)	공항
□ 注文 (ちゅうもん)	주문	□ 到着 (とうちゃく)	도착
□ 辞書 (じしょ)	사전	□ 化粧 品 (けしょうひん)	화장품
□ 教授 (きょうじゅ)	교수	□ 授業 (じゅぎょう)	수업
□ 資料 (しりょう)	자료	□ 横断歩道 (おうだんほどう)	횡단보도
□ 情報 (じょうほう)	정보	□ 興味 (きょうみ)	흥미
□ 小説 (しょうせつ)	소설	□ 政治 (せいじ)	정치
□ 人間 (にんげん)	인간	□ 現代 (げんだい)	현대
□ 主婦 (しゅふ)	주부	□ 夫婦 (ふうふ)	부부
□ 人気 (にんき)	인기	□ 人気 (ひとけ)	인기척
□ 注意 (ちゅうい)	주의	□ 作家 (さっか)	작가
□ 作用 (さよう)	작용	□ 動作 (どうさ)	동작
□ 操作 (そうさ)	조작	□ 作業 (さぎょう)	작업
□ 重要 (じゅうよう)	중요	□ 重大 (じゅうだい)	중대
□ 重態／重体 (じゅうたい／じゅうたい)	중태	□ 慎重 (しんちょう)	신중
□ 貴重 品 (きちょうひん)	귀중품	□ 中心 (ちゅうしん)	중심
□ 仕事中 (しごとちゅう)	업무 중	□ 年中／年中 (ねんじゅう／ねんちゅう)	연중, 일년 동안

□ 一日中 （いちにちじゅう）	하루 종일	□ 世界中 （せかいじゅう）	전 세계
□ 一年中 （いちねんじゅう）	일 년 내내	□ 一口 （ひとくち）	한 입
□ 悪口 （わるぐち）	욕, 험담	□ 出口 （でぐち）	출구
□ 夜空 （よぞら）	밤하늘	□ 笑顔 （えがお）	웃는 얼굴
□ 借りる （か）	빌리다	□ 貸す （か）	빌려주다
□ 怪我 （けが）	상처	□ 芝生 （しばふ）	잔디
□ 珍しい （めずら）	참신하다, 진기하다	□ 冷たい （つめ）	차다
□ 厚い （あつ）	두껍다	□ 熱い （あつ）	뜨겁다

<u>4</u> 자주 등장하는 「가타카나」

주로 외래어 표기에 사용되며, 의성어, 의태어 그리고 강조표현을 할 때 가타카나로 표기하게 된다.

- □ フリーター 일정한 직업 없이 아르바이트로 생활하는 사람
- □ エレベーター 엘리베이터
- □ エスカレーター 에스컬레이터
- □ アイスクリーム 아이스크림
- □ リストラ 업무 재배치, 구조조정, 해고
- □ リラックス 긴장을 품
- □ コーヒーショップ 커피숍
- □ キャッシュカード 현금 카드

2 유사문법

<u>1</u>「から」

❶ 출발 : 명사 + から(~로부터)

❷ 이유 · 원인 : 종지형 접속

　　명사+だ · な형용사+だ · い형용사기본형 · 동사기본형

❸ 재료

　　酒（さけ）は米（こめ）からつくる。
　　술은 쌀로 만든다.

<u>**2**</u> **긍정과 부정의 역할이 다른 부사**

	긍정	부정
なかなか	상당히, 매우	좀처럼
あまり	너무, 지나치게	그다지, 별로
とても	매우, 대단히	도저히, 아무래도

<u>**3**</u> **「ばかり」**

❶ 정도

❷ 만, 뿐

- 명사＋ばかり

  漫画ばかり読んでいる。
  만화만 읽고 있다.

- 동사「て(で)」＋ばかりいる

  遊んでばかりいる。
  놀기만 하고 있다.

❸ 막～했다(완료된 지 얼마 안 되었음을 의미)

- 동사「た」＋ばかり

  着いたばかりです。
  막 도착했습니다.

<u>**4**</u> **「ところ」**

❶ 막～하려던 참이다 : 동사기본형＋ところだ

  出かけるところです。
  막 외출하려던 참입니다.

❷ ～하고 있는 중이다 : 동사「ている」＋ところだ

  飲んでいるところです。
  마시고 있는 중입니다.

❸ 막～했다(막 완료되었음) : 동사「た」＋ところだ

  飲んだところです。
  막 다 마셨습니다.

<u>5</u> 「(ら)れる」

❶ 수동

部長に叱られる。
부장님에게 야단맞다.

❷ 가능

質問に答えられたのは山田さんだけです。
질문에 답할 수 있었던 사람은 야마다 씨뿐입니다.

❸ 존경

お客さんが日本から来られる。
손님이 일본에서 오신다.

❹ 자발

急に子供の時のことが思い出された。
갑자기 어린 시절의 일이 떠올랐다.

★「(ら)れる」가 문장 속에서 어떤 의미로 사용되었는지를 묻는 문제가 출제된다.

<u>6</u>「(さ)せる」

❶ 사역의 기본 포인트 : 상대에게 명령을 하여, 상대로 하여금 그 일을 하게 하는 것
❷ 의미 : 남에게 어떤 동작을 「하게 하다, 시키다」
❸ 응용 : 따라서 손윗사람에게는 직접적으로 사용하지 않는다.
❹ 접속 : 동사 「ない」형

• 타동사적 문장 : Aは Bに〜を〜(さ)せる

母はいつも私に部屋の掃除をさせます。
어머니는 항상 나에게 방 청소를 시킵니다.

先生は学生に漢字を読ませました。
선생님은 학생에게 한자를 읽게 했습니다.

• 자동사적 문장 : Aは Bを〜(さ)せる

先生は学生を笑わせました。
선생님은 학생을 웃게 했습니다.

部長は私を日本へ行かせました。
부장님은 나를 일본에 가게 했습니다.

Drill 1 한자

1. 明日は8月8日です。
   (A) はつか　　　　　　　　(B) はちにち
   (C) よっか　　　　　　　　(D) ようか

2. 授業が終ったら、一緒に帰りましょう。
   (A) ぎゅぎょう　　　　　　(B) じゅうきょ
   (C) じゅぎょう　　　　　　(D) じゅうぎょ

3. 空からながめた景色は絵のようでした。
   (A) けしき　　　　　　　　(B) きしき
   (C) けしょく　　　　　　　(D) けいろ

4. 彼女は素直でやさしいです。
   (A) しょうじき　　　　　　(B) すなお
   (C) せいじつ　　　　　　　(D) まじめ

5. 雨が激しく降っています。
   (A) ひどく　　　　　　　　(B) めずらしく
   (C) はげしく　　　　　　　(D) きびしく

6. 今、会議中ですからしずかにしてください。
   (A) 清か　　　　　　　　　(B) 青か
   (C) 情か　　　　　　　　　(D) 静か

7. むずかしいことばは辞書で<u>しらべ</u>ます。

    (A) 調べ   (B) 並べ

    (C) 調らべ   (D) 見べ

8. 山田さんはとても<u>まじめ</u>な人です。

    (A) 真豆目   (B) 真目

    (C) 真面目   (D) 誠面目

9. 今日は<u>何月</u>何日ですか。

    (A) なんげつ   (B) なにつき

    (C) なんがつ   (D) なにげつ

10. 日本語の先生はとても<u>厳しい</u>です。

    (A) はげしい   (B) やさしい

    (C) むずかしい   (D) きびしい

11. 自動車<u>ほけん</u>に入った方がいいですよ。

    (A) 保険   (B) 保健

    (C) 保検   (D) 補験

12. 若いうちにいろいろな<u>しかく</u>を取っておくのがよい。

    (A) 試格   (B) 資格

    (C) 詩格   (D) 司格

13. 友達からまだ本を<u>返して</u>もらえなかった。

    (A) わたして   (B) さがして

    (C) もどして   (D) かえして

14. 姉は、来月の一日に<u>二十歳</u>になります。

    (A) はつか   (B) はたち

    (C) ふつか   (D) にじゅう

15. 日本の秋葉原は電子製品が安く、<u>品数</u>も豊富なことで有名です。

    (A) ひんかず   (B) ひんすう

    (C) しなすう   (D) しなかず

16. 今、日本はとても<u>ふけいき</u>なので、就職できない人もおおぜいいます。

    (A) 不景機   (B) 負景気

    (C) 不景気   (D) 普計期

17. 日本に<u>たいざい</u>中、日本の生花を習いたいと思っています。

    (A) 滞在   (B) 帯在

    (C) 体在   (D) 対在

18. 来年、彼と<u>けっこん</u>することにしました。

    (A) 結混   (B) 結婚

    (C) 欠困   (D) 決婚

Drill 2 유사표현 고르기

1. <u>けさはごはんをたべました。</u>
   - (A) きのうのあさはごはんをたべました。
   - (B) きのうのよるはごはんをたべました。
   - (C) きょうのあさはごはんをたべました。
   - (D) きょうのよるはごはんをたべました。

2. <u>ここはこうつうにふべんです。</u>
   - (A) えきがとおいです。
   - (B) えきがながいです。
   - (C) えきがちかいです。
   - (D) えきがちいさいです。

3. <u>この歌は十八番です。</u>
   - (A) 一番得意なものです。
   - (B) 一番苦手なものです。
   - (C) 一番難しいものです。
   - (D) 一番簡単なものです。

4. <u>たなかさんは「いってきます」といいました。</u>
   - (A) たなかさんはうちにかえってきました。
   - (B) たなかさんはうちをでます。
   - (C) たなかさんはおふろにはいりました。
   - (D) たなかさんはごはんはたべます。

5. <u>金さんは田中さんにもらった本を鈴木さんにあげました。</u>
   - (A) 田中さんは金さんに本をもらいました。
   - (B) 鈴木さんは田中さんに本をもらいました。
   - (C) 金さんは鈴木さんに本をあげました。
   - (D) 鈴木さんは金さんに本をあげました。

6. テーブルから今にもコップが<u>落ちそうだ</u>。

   (A) コップはテーブルからもう落ちた。

   (B) コップはテーブルからまだ落ちていない。

   (C) コップはテーブルから落ちてしまった。

   (D) コップはテーブルから落ちたにちがいない。

7. <u>今日は雨が降らないのではないでしょうか</u>。

   (A) 今日は雨が降るでしょう。

   (B) 今日は雨が降りません。

   (C) 今日は雨が降らないかも知れません。

   (D) 今日は雨が降ります。

8. <u>今日はお腹がいたかったので早退しました</u>。

   (A) 始まる時間に遅れました。

   (B) 定時より早く帰りました。

   (C) 病院へ行きました。

   (D) 入院しました。

9. 今にも雨が<u>降りそうです</u>。

   (A) 必ず降ると言ってました。

   (B) 急に降り始めました。

   (C) もう少しで降るように見えます。

   (D) きっと降ると思います。

10. <u>ほとんどの人</u>が海外旅行に行ったことがあります。

   (A) 何人かの人

   (B) 大部分の人

   (C) 一般の人

   (D) 外国の人

Drill 3 유사문법 고르기

1. 電話をして<u>から</u>電車に乗ります。
   - (A) 時間がない<u>から</u>急ぎましょう。
   - (B) 部屋の掃除が終わって<u>から</u>出かけます。
   - (C) 今日は10ページ<u>から</u>読みます。
   - (D) 営業は朝9時<u>から</u>です。

2. 母は先週帰った<u>ばかり</u>です。
   - (A) 彼はいつも本<u>ばかり</u>読んでいます。
   - (B) 何人<u>ばかり</u>つれて行きましょうか。
   - (C) 買った<u>ばかり</u>の服が汚れてしまった。
   - (D) 帰らなかった<u>ばかり</u>に彼女に会えなかった。

3. 私の知る<u>ところ</u>では、彼女は先月結婚したはずです。
   - (A) 私が言った<u>ところ</u>で、耳を貸すような人ではありません。
   - (B) 私は彼が住んでいる<u>ところ</u>を知りません。
   - (C) やってみた<u>ところ</u>意外と簡単でした。
   - (D) 見た<u>ところ</u>大した傷ではなさそうです。

4. これ以上はもう食べ<u>られません</u>。
   - (A) このラジオは外国で作<u>られました</u>。
   - (B) 隣の人に答えを見<u>られて</u>しまいました。
   - (C) 英語はできませんが、日本語なら教え<u>られます</u>。
   - (D) 先生はいつ来<u>られました</u>か。

5. 一度私の作った料理を食べて<u>みて</u>ください。
   - (A) その映画はきのう<u>みました</u>。
   - (B) 私が両親のめんどうを<u>みて</u>います。
   - (C) 北海道には前から行って<u>みたいと</u>思っているんです。
   - (D) 病院で<u>みて</u>もらったほうがいいですよ。

6. うちの子はいくら注意してもなかなか言うことを聞かない。

   (A) 京都駅の近くになかなかいいお店がある。

   (B) 新しい部長はなかなかのやり手だ。

   (C) なかなか勝てない勝負に昨日はあっさりと勝ってしまった。

   (D) この料理はなかなかいけますね。

7. よくそんなうそがつけますね。

   (A) そんな悪いこと、よくできるもんだな。

   (B) あの店は、よく学生時代に行った店です。

   (C) よくも悪くもありません。

   (D) よくできています。すばらしいですよ。

8. 日本語は勉強すればするほど難しいです。

   (A) 社長はほどなくまいると思います。

   (B) 飲むほどに酔いが回ってきました。

   (C) 真偽のほどは分かりません。

   (D) 口で言うほど簡単ではありません。

9. どうも熱があるらしい。

   (A) どうも理解できない。   (B) どうも変だと思った。

   (C) 先日はどうも。   (D) どうもすみませんでした。

10. 彼女はああ見えても女らしいところがあります。

   (A) 日本人らしい行動をする。

   (B) 昨日、この交差点で事故があったらしいです。

   (C) その映画はおもしろいらしいよ。

   (D) むこうから来るのは母らしい。

11. 小さい頃、父親にしかられたものです。

   (A) この日記は小学生の頃につけていたものです。

   (B) 欲しいものは何もありません。

   (C) 大学時代はいろんなアルバイトをしたものです。

   (D) 借りたお金はすぐに返すものです。

Drill 4 동음이의어

1.　彼女はすばらしい美人だったので、多くの人の目を<u>ひいた</u>。

　　(A) 10から3を<u>ひくと</u>7です。

　　(B) 意味が分からなかったので辞書を<u>ひいた</u>。

　　(C) なぜかその人は私の注意を<u>ひいた</u>。

　　(D) きのう風邪を<u>ひいて</u>しまった。

2.　暑いので窓を<u>あけて</u>ください。

　　(A) 夜が<u>あける</u>のを、今か今かと待っていました。

　　(B) 老人には席を<u>あけましょう</u>。

　　(C) 戸を<u>あけた</u>まま寝てしまいました。

　　(D) それでは明日の夜は<u>あけて</u>おきましょう。

3.　これから20年、君はまだ<u>先</u>が長い。

　　(A) 田中さんは私より<u>先</u>に来ていました。

　　(B) 会社を辞めて、この<u>先</u>どうするつもりですか。

　　(C) 今日は用事があるのでお<u>先</u>に失礼します。

　　(D) 山田さんは<u>先</u>に立って、みんなを案内しました。

4.　母の顔には悲しみの<u>色</u>が表れている。

　　(A) この問題の解き方はいく<u>色</u>もある。

　　(B) <u>色</u>の好みは人によって違います。

　　(C) 状況から見てもはや敗戦の<u>色</u>が濃い。

　　(D) 試合に負けて失望の<u>色</u>をあらわにする。

1. がっこうのちかくに<u>百貨店</u>があります。

    (A) ひゃっかてん   (B) はっかてん
    (C) ひゃくかてん   (D) はくかてん

2. 年々結婚式は<u>派手</u>になっていく傾向にあります。

    (A) はて   (B) はで
    (C) はしゅ   (D) ぱしゅ

3. 私の趣味は<u>読書</u>です。

    (A) どくかき   (B) どくしょ
    (C) よみかき   (D) どくそ

4. <u>こうえん</u>の中には犬が三匹います。

    (A) 公演   (B) 講演
    (C) 後援   (D) 公園

5. 今日の空は<u>くも</u>が多いですね。

    (A) 雲   (B) 雷
    (C) 雨   (D) 雪

6. <u>このへやはせまいです。</u>

    (A) このへやはひろくありません。
    (B) このへやはせまくありません。
    (C) このへやはしずかではありません。
    (D) このへやはきれいではありません。

7. <u>きょうはもくようびです。</u>
(A) あしたはかようびです。
(B) あしたはきんようびです。
(C) あしたはどようびです。
(D) あしたはにちようびです。

8. <u>ここはがっこうです。</u>
(A) ここはかいしゃいんたちがいます。
(B) ここはじょししゃいんたちがいます。
(C) ここはせいととせんせいがいます。
(D) ここはいしゃとかんごふがいます。

9. <u>こんばんはべんきょうします。</u>
(A) きょうのゆうがたはべんきょうします。
(B) きょうのよるはべんきょうします。
(C) きょうのひるはべんきょうします。
(D) きょうのあさはべんきょうします。

10. <u>これはアメリカせいです。</u>
(A) これはアメリカでかいました。
(B) これはアメリカでつかいました。
(C) これはアメリカでつくりました。
(D) これはアメリカでうりました。

11. <u>ここはきょうしつです。</u>
(A) ここはあそぶところです。
(B) ここはごはんをたべるところです。
(C) ここはべんきょうをするところです。
(D) ここはうんどうをするところです。

12. <u>たなかさんは「わたしのははせんせいです」といいました。</u>

(A) たなかさんのおとうさんはせんせいです。

(B) たなかさんのおかあさんはせんせいです。

(C) たなかさんのおにいさんはせんせいです。

(D) たなかさんのおねえさんはせんせいです。

13. <u>つい、はなしてしまいました。</u>

(A) 話すつもりではありませんでしたが、がまんできませんでした。

(B) 話したくても話してはいけません。

(C) 話してはいけないと思ったので話しませんでした。

(D) 話したかったらいつでも話すつもりです。

14. <u>かれはせがひくいです。</u>

(A) かれはせがみじかくありません。

(B) かれはせがつよくありません。

(C) かれはせがたかくありません。

(D) かれはせがひくくありません。

15. <u>あんなにうれしかったことはありません。</u>

(A) そんなにうれしくありません。

(B) すこし、うれしいと思いました。

(C) いままででいちばんうれしいです。

(D) 今までうれしいことがありませんでした。

16. 南山タワーに<u>あがる</u>とソウル市内がよく見えます。

(A) その勉強方法では効果が<u>あがりません</u>。

(B) エレベーターでなく階段を<u>あがってください</u>。

(C) おおぜいの人の前では<u>あがってしまって</u>上手に話せません。

(D) 雨が<u>あがる</u>とうそのような青空になった。

17. いまよじごふんです。

    (A) いまよじごふんまえです。
    (B) いまちょうどよじです。
    (C) もうすぐよじです。
    (D) いまよじすぎです。

18. 田中さんは上司にお酒を飲まされました。

    (A) 田中さんが上司にお酒をすすめました。
    (B) 上司は田中さんにお酒を飲ませました。
    (C) 田中さんは上司にお酒を飲んでもいいと言われました。
    (D) 上司は田中さんにお酒を飲みたいと言いました。

19. 明日から定期国会がひらかれます。

    (A) 庭の花がすっかりひらいた。
    (B) 荒れ地をひらいて畑をつくった。
    (C) 土曜日に送別会をひらきましょう。
    (D) 相手チームとの点が大きくひらいた。

20. 彼とは3年前に別れたきりです。

    (A) 3年間で一度だけ会った。
    (B) 3年前に別れようと思っただけだ。
    (C) 3年ぶりに会った。
    (D) 3年間一度も会っていない。

VI 오문정정

1 오문정정 문제 파악하기
2 꼭 알아야 할 문법 사항

연습문제

실전문제

01 | 오문정정 문제 파악하기

1　문제형태

네 개 중 틀린 하나를 고르는 비교적 어려운 부분으로, 문장 안에서 어구의 문법상 혹은 의미상의 오류를 판별하는 능력을 평가하는 파트이다. 이 유형은 의미의 오류에서 문법의 오류까지 출제방식이 다양하여 일정한 규칙에 의해 풀기가 어려우므로 정확한 문법지식과 어휘실력을 요한다. 우선 문장의 뜻을 파악해야 쉽게 틀린 부분을 찾을 수 있다. 잘못 사용된 조사, 접속사, 자동사, 타동사, 존경표현 등이 출제된다. 서둘러 답을 체크해서 실수하는 일이 없도록 네 부분을 확실하게 다 확인하고 답을 고른다. 관용표현을 알아야만 풀 수 있는 문제가 항상 여러 문제 출제되고 있으므로 평소 관용표현에 관한 공부를 게을리 해서는 안 된다. 실제시험에서는 틀린 부분을 올바른 표현으로 고치는 것을 요구하지는 않지만, 평소 시험 준비를 할 때 틀린 부분의 바른 답을 말할 정도의 실력을 쌓아두어야 득점과 확실히 연결될 수 있다는 것을 잊지 말자. 만약 모르는 문제가 나온 경우에는 계속 붙들고 시간을 낭비하지 말고, 남은 문제를 푼 뒤 다시 생각하는 시간 배분의 지혜가 필요하다.

2　문제유형

Drill 1　동사
Drill 2　형용사 활용문제
Drill 3　조사
Drill 4　어휘 (관용적 어휘 및 부적합 어휘)
Drill 5　부사

3　대책

파트 6은 독해력뿐만 아니라 구두 또는 문자에 의한 정확한 표현력을 평가하는데 주목적이 있으므로 이에 대한 대비책으로 읽고 쓰는 연습이 필요하다.
읽기 능력을 배양하기 위해서는 시사적인 것 이외에 일문 대역본을 일독하는 것이 독해력을 평가하는 파트 8의 대비도 아울러 할 수 있다는 점에서 일석이조가 될 것이다. 읽기와 쓰기는 양자 간에 밀접한 관련이 있으므로 읽기는 그 자체만의 학습으로는 한계에 부딪히게 된다. 따라서 쓰기 능력 배양은 물론 읽기 능력의 무한한 신장을 위해서도 읽기 학습이 쓰기 학습과 병행되어야 한다는 점을 강조하고 싶다.

1 희망·소유를 나타내는 표현

1 たい

❶ 의미 : ～하고 싶다

❷ 용도 : 1, 2인칭의 희망사항을 표현

❸ 접속 : 동사 「ます」형에 연결되며, 형용사활용을 한다.

私はお湯が飲みたい。
나는 따뜻한 물이 마시고 싶다.

お湯を飲みたい。
따뜻한 물을 마시고 싶다.

私は大学に入りたい。
나는 대학에 들어가고 싶다.

私は大学に入りたくない。
나는 대학에 들어가고 싶지 않다.

2 たがる

❶ 의미 : ～하고 싶어 하다

❷ 용도 : 제 3자의 희망사항을 표현

❸ 접속 : 동사 「ます」형에 연결되며, 동사활용을 한다.

彼は大学に入りたがっている。
그는 대학에 들어가고 싶어 한다.

彼は俳優になりたがっている。
그는 배우가 되고 싶어 한다.

3 ～がほしい

❶ 의미 : ～이 필요하다(～을 원한다)

❷ 용도 : 말하는 사람의 소유의 욕구를 표현

私はノートパソコンがほしいです。
나는 노트북이 갖고 싶습니다.

何かほしいものでもありますか。
뭔가 갖고 싶은 것이라도 있습니까?

いいえ、なにもほしくないです。
아니요, 아무 것도 갖고 싶지 않습니다.

4 ～をほしがる

① 의미 : ～을 필요로 하다
② 용도 : 제 3자의 소유에 대한 희망

彼は休みをほしがっています。
그는 휴식을 원하고 있습니다.

2 변화를 나타내는「なる」

① 명사+になる : ～이(가) 되다

もう、春になりました。
벌써 봄이 되었습니다.

② い형용사어간+くなる : ～어(아) 지다

見れば見るほどおもしろくなります。
보면 볼수록 재미있어집니다.

③ な형용사어간+になる : ～해 지다

夜になって、静かになりました。
밤이 되어 조용해 졌습니다.

④ 동사기본형+ようになる : ～하게 (하도록) 되다

もう、歩けるようになりました。
이제 걸을 수 있게 되었습니다.

1 동사기본형／ない ＋ ことにする

❶ 의미 : ～하기로 하다／～하지 않기로 하다

❷ 용도 : 마음의 결심이나 결정을 표현한다.

彼は毎朝ジョギングすることにしました。
그는 매일 아침 조깅을 하기로 했습니다.

薬は飲まないことにしました。
약은 먹지 않기로 했습니다.

2 동사기본형／ない ＋ ことになる

❶ 의미 : ～하게 되다／～하지 않게 되다

❷ 용도 : 이미 결정되어진 사항을 표현한다.

会議は7時に始まることになりました。
회의는 7시에 시작하기로 되어 있습니다.

教室でタバコは吸わないことになっています。
교실에서 담배는 피우지 않게 되어 있습니다.

4 감정 · 감각의 な형용사

❶ ～が好き／嫌い : ～을(를) 좋아함／싫어함

果物が好きですか。
과일을 좋아합니까?

果物はなんでも好きです。
과일은 무엇이든지 좋아합니다.

りんごは好きではありません。バナナも嫌いです。
사과는 좋아하지 않습니다. 바나나도 싫어합니다.

❷ ～が上手／下手 : ～을(를) 잘함(능숙함)／서투름

テニスがとても上手です。
테니스를 매우 잘 칩니다.

サッカーはあまり上手ではありません。
축구는 별로 잘 하지 못합니다.

水泳は下手です。
수영은 못합니다.

❸ 苦手 : (싫어해서) 잘 하지 못함

私は数学が苦手です。
나는 수학을 잘 못합니다.

❹ うまい : 맛있다, 잘하다

この店の料理はうまいです。
이 가게 요리는 맛있습니다.

彼は日本語がうまいです。
그는 일본어를 잘 합니다.

5 동사

1 명사 수식

❶ 모든 동사는 「기본형＋명사」의 꼴로 이루어지고 있으며, 과거는 「た／だ＋명사」, 부정은 「ない＋명사」가 된다.

行く＋とき·	갈 때
行った＋とき	갔을 때
行かない＋とき	가지 않을 때
行かなかった＋とき	가지 않았을 때

• 명사의 과거형 : 명사+「だった」

休みだった。 휴일이었다.

• な형용사의 과거형 : 어간+「だった」

便利だった。 편리했었다.

• い형용사의 과거형 : 어간+「かった」

安<ruby>やす</ruby>かった。　저렴했었다.

❷ 동사 기본형+前<ruby>まえ</ruby>に : ~하기 전에

ご飯<ruby>はん</ruby>を食<ruby>た</ruby>べる前<ruby>まえ</ruby>に、手<ruby>て</ruby>を洗<ruby>あら</ruby>ってください。
밥을 먹기 전에 손을 씻으세요.

❸ 동사「た」+後<ruby>あと</ruby> : ~한 후에

ご飯<ruby>はん</ruby>を食<ruby>た</ruby>べた後<ruby>あと</ruby>、新聞<ruby>しんぶん</ruby>を読<ruby>よ</ruby>みます。
밥을 먹은 후에 신문을 읽습니다.

❹ 착용 동사의 현재 상태는 「ている＋명사」·「た＋명사」로 나타낸다.

めがねをかけているひと ＝ めがねをかけたひと
안경을 쓴 사람

スーツを着<ruby>き</ruby>ているひと ＝ スーツを着<ruby>き</ruby>たひと
정장을 입은 사람

ネクタイをしているひと ＝ ネクタイをしたひと
넥타이를 맨 사람

かばんを持<ruby>も</ruby>っているひと ＝ かばんを持<ruby>も</ruby>ったひと
가방을 든 사람

時計<ruby>とけい</ruby>をしているひと ＝ 時計<ruby>とけい</ruby>をしたひと
시계를 찬 사람

2 존재동사

존재를 나타내는 있고, 없음은 사물이냐 사람이냐에 따라 달라진다.

❶ 사물, 식물의 있고 없음을 나타낼 때 : 「ある／ない」「あります／ありません」
❷ 사람, 동물의 있고 없음을 나타낼 때 : 「いる／いない」「います／いません」

<u>3</u> **진행과 상태**

❶ 자동사의 진행과 상태는 일반적으로 「〜ている」만으로 표현되고 있지만, 타동사의 경우는 진행과 상태가 모양을 달리 한다.

❷ 진행의 경우 주체는 「행동하는 사람」이며 「〜を〜ている」를 「〜을〜하고 있다」라고 해석한다.

❸ 상태의 경우 주체는 「무생물」이어야 하며 「〜が〜てある」의 형태로 「〜이〜해져 있다」로 해석한다.

❹ 자동사 문장

雨が降る。 → 雨が降っている。
비가 내리다.　　　비가 내리고 있다.

窓が開く。 → 窓が開いている。
창문이 열리다.　　창문이 열려 있다.

❺ 타동사 문장

字を書く。
글씨를 쓰다.

彼は字を書いている。
그 사람은 글씨를 쓰고 있다.

ホワイトボードに字が書いてある。
화이트보드에 글씨가 쓰여 있다.

자동사		타동사	
始まる	시작되다	始める	시작하다
終わる	끝나다	終える	끝내다
開く	열리다	開ける	열다
閉まる	닫히다	閉める	닫다
掛かる	걸리다	掛ける	걸다
入る	들어가다, 들어오다	入れる	넣다
出る	나오다, 나가다	出す	내다
つく	켜지다	つける	켜다
消える	꺼지다	消す	끄다

❻ 관용적으로 쓰이는 착용 동사

帽子を被る　　모자를 쓰다
スーツを着る　정장을 입다
ズボンをはく　바지를 입다
靴をはく　　　신발을 신다
眼鏡をかける　안경을 쓰다
コンタクトレンズをする　　콘택트렌즈를 하다(끼다)
ネクタイをしめる／する　　넥타이를 매다/하다
指輪・時計をはめる／する　반지・시계를 차다/하다
マフラー・スカーフをまく／する　　머플러・스카프를 두르다/하다
イヤリング・ネックレス・ピアスをする　귀걸이・목걸이・피어스를 하다

6 형용사 기본문법 파악하기

1 명사수식

❶ い형용사 기본형 ＋ 명사

・やさしい＋日本語 → やさしい日本語　쉬운 일본어
・寒い＋日 → 寒い日　추운 날

❷ な형용사 어간 ＋ な ＋ 명사

・きれいだ ＋ 花 → きれいな花　아름다운 꽃

ここはにぎやかな街です。
여기는 번화한 거리입니다.

2 형용사의 부정형

❶ い형용사 어간 ＋ くない

この本はおもしろくない。
이 책은 재미없다.

おもしろくないです。 ＝ おもしろくありません。
재미없습니다.

❷ な형용사 어간 ＋ では（じゃ）ない

この街はにぎやかではない。
이 거리는 번화하지 않다.

にぎやかではないです。 ＝ にぎやかではありません。
번화하지 않습니다.

<u>3</u> 형용사의 부사화

❶ い형용사 어간 ＋く
小説をおもしろく読みました。
소설을 재미있게 읽었습니다.

❷ な형용사 어간 ＋ に

花がきれいに咲いている。
꽃이 예쁘게 피어 있다.

<u>4</u> 형용사의　과거형

❶ い형용사 어간 ＋ かった（です）

きのうの映画はとてもおもしろかったです。
어제 영화는 매우 재미있었습니다.

❷ な형용사 어간 ＋ だった（です）＝でした

ソウルの地下鉄は便利だった。
서울의 지하철은 편리했었다.

便利だったんです。 ＝ 便利でした。
편리했었습니다.

<u>5</u> 형용사의 가정형

❶ い형용사 어간 ＋ ければ
天気がよい → 天気がよければ　날씨가 좋으면

❷ な형용사 어간 + なら

静かだ → 静かなら 조용하다면

7 조사

1 「が」

❶ 두 문장을 연결하는 접속조사로 앞 문장과 뒷 문장은 상반되는 내용이다.

急いだが、間に合わなかった。
서둘렀지만, 제 시간에 못 갔다.

旅行は楽しかったんですが、ちょっと疲れました。
여행은 즐거웠지만, 약간 피곤했습니다.

❷ 두 가지 사실을 열거하거나 연결할 때 사용한다.

お仕事中すみませんが、少しお時間をいただけますか。
일하시는 중에 죄송합니다만, 잠깐 시간 좀 내주실 수 있겠어요?

今晩、木村さんと食事をするんですが、一緒にどうですか。
오늘밤에 기무라 씨와 식사를 하는데, 함께 어떻습니까?

2 「の」

❶ 「명사+の物」의 의미로 「〜의 것」의 뜻이다.

この本は図書館のです。
이 책은 도서관 것입니다.

❷ 체언화 한 말의 주어 또는 주어 문절에서 「が」를 대신하여 「の」를 쓰는 경우

雨の降る日に出かけた。
비가 오는 날에 나갔다.

人通りの少ない静かな住宅街です。
사람의 왕래가 적은 조용한 주택가입니다.

❸ 동사를 명사화하는 경우, 「の」 앞에 나온 내용을 체언화한 「の」로, 형식명사 「こと」 대신에 사용하는 경우이다.

天ぷらを食べるのは大好きです。
튀김을 먹는 것은 아주 좋아합니다.

遺族の涙を見るのがつらい。
유족의 눈물을 보는 것이 괴롭다.

たいへん申しわけないのですが、出席できません。
대단히 죄송합니다만, 참석할 수 없습니다.

★「の」는 문장 내에서의 의미를 구별하는 문제가 출제된다.

3 「へ」

❶ 동작이 향하는 방향이나 장소를 나타낸다.

大学を卒業してからアメリカへ留学するつもりです。
대학을 졸업하고 나서 미국으로 유학갈 생각입니다.

上へ登れば登るほど道が急になる。
위로 올라가면 올라갈수록 길이 가팔라진다.

❷ 「～に」도 도착하는 장소를 나타낸다. 다만 「に」는 동작의 행해지는 장소가 강조되고, 「へ」는 동작이 행해지기까지의 전 과정을 나타낸다. 둘 다 구분 없이 쓰이나, 단 「着(つ)く : 도착하다」「掛(か)ける : 걸터앉다」「達(たっ)する : 도착하다」 앞에서는 「へ」를 쓰지 않는다.

• 「～に着く」: ～에 도착하다

8時に駅に着く。
8시에 역에 도착하다.

4 「と」／「か」／「や」

❶ 「AとB」: 「A와 B」라는 A, B 단 2개, 즉 「と」는 존재하는 모든 것을 제시하는 말이다.

台所と部屋は明るいです。
부엌과 방은 밝습니다.

❷ 「AかBか」: 「A 또는(혹은) B」라는 선택적 뉘앙스가 있는 말이다.

行くかやめるか、早く決めなさい。
가든지 말든지 빨리 결정하세요.

❸ 「〜や〜など」: 「〜랑〜등」이라는 2개 이상 다수 중에서 대표적인 내용을 들어 열거할 때 사용한다.

休憩室にはステレオや大型のテレビなどがあり、いつでも自由に使えます。
휴게실에는 스테레오나 대형 텔레비전 등이 있어, 언제든지 자유롭게 사용할 수 있습니다.

5 「を」

❶ 동작이 이루어지는 장소

통과점(通過点), 경과하는 장소(지역)·시간을 나타낸다.

はしを渡る。
다리를 건너다.

空を飛ぶ。
하늘을 날다.

公園を散歩する。
공원을 산책하다.

❷ 동작의 시발점

동작의 출발점을 나타내는 「から」와 같은 의미를 갖는 경우 및 출발점이 추상적인 의미를 갖는 경우이다.

バスを降りる。
버스에서 내리다.

席を離れる。
자리를 떠나다.

この3月に家を出ました。
이번 3월에 독립했습니다.

★ JPT에서의 「を」에 관한 문제는 두 가지의 의미를 파악하면 된다. 시험문제도 여기에서 나온다. 첫째가 이동을 나타내는 동사 앞에서 이동의 출발점을 의미하는 경우와 동작의 출발점을 나타내는 경우의 두 가지이다.

<u>6</u> 「は」

❶ 주격조사 「は」의 용법

• 설명 : 무엇에 대해 말하는 경우

これは母への手紙です。
이것은 어머니에게 보내는 편지입니다.

• 대조(강조) : 다른 것과 구별하여 말하는 경우

この部屋には誰もいません。
이 방에는 아무도 없습니다.

• 강조 : 어떤 특별한 경우를 예를 들어 말하는 경우

お金がなくては何もできない。
돈이 없어서는 아무것도 못한다.

❷ 대조의 용법

ビールは飲みますが、ウイスキーは飲みません。
맥주는 마시지만, 위스키는 마시지 않습니다.

> ★ **의문사 위치에 따른 「が」와 「は」**
>
> part6(오문정정), 7(공란 메우기)에서 의문사 위치에 따른 「が」「は」의 구별 문제가 나온다. 의문사 뒤에는 조사 「は」는 사용하지 않는다. 즉, 주체가 의문사(どこ、だれ、いつ 등)인 경우에 조사 「は」는 사용하지 않으며, 반드시 조사 「が」를 사용해야 한다. 이와는 반대로 의문사(どこ、だれ、いつ 등)가 술어 위치에 있는 경우에는 반드시 조사는 「は」를 써야 한다.
>
> 예　ここはどこですか。
> 여기는 어디입니까?
>
> 山田さんのカバンはどれですか。
> 야마다 씨의 가방은 어느 것입니까?
>
> 誰が窓をこわしたのですか。
> 누가 창문을 깼습니까?
>
> どれが林さんのかばんですか。
> 어느 것이 하야시 씨의 가방입니까?

<u>7</u> 「に」

❶ 사람, 사물이 존재하는 장소를 강조하는 경우에 쓴다.

学校に勤めている。
학교에 근무하고 있다.

※ 주의 : 「働く : 일하다」 동사 앞에는 조사 「で」가 온다.

銀行で働いている。
은행에서 일하고 있다.

❷ 구체적인 시간에만 붙는다.

学校は午前8時に始まって、午後3時に終ります。
학교는 오전 8시에 시작해서 오후 3시에 끝납니다.

1988年にソウルでアジア2度目のオリンピックがあった。
1988년에 서울에서 아시아 두 번째 올림픽이 있었다.

※ 시간 표현과 조사 「に」의 관계에서 조사 「に」는 원래 어떤 상황을 한정(限定)하거나, 정확성을 요구하는 경향이 많은 조사이다. 따라서 「때, 시간」을 나타내는 표현에서도 「に」가 붙는 경우와 붙지 않는 경우가 있으므로 주의해야 한다.

• 「に」를 필요로 할 때 : 구체적인 시간 또는 날짜 앞에 올 경우이다. 「年、月、日、時、分」에 관한 것이다.

授業は9時に始まります。(○)
수업은 9시에 시작됩니다.

5日に 5일에　　　4月に 4월에
月曜日に 월요일에　　　昼休みに 점심시간에

• 「に」를 필요로 하지 않는 때 : 구체적인 때가 아닌 막연한 시간 개념이 앞에 올 경우이다. 다음 문장은 밑줄 친 「に」부분이 필요 없는 잘못된 문장이다.

来週に父が日本に来ます。(×)
다음 주에 아버지가 일본에 옵니다.

今朝 오늘 아침　　　先週 지난주　　　今月 이번 달
毎日 매일　　　来年 내년　　　いつ 언제

❸ 대상 : 「~에게」

英語の会話はアメリカ人の先生に習いました。
영어회화는 미국인 선생님에게 배웠습니다.

❹ 선택 : 「~으로」

ご注文は何になさいますか。
주문은 무엇으로 하시겠습니까?

❺ 목적 : 「~(하)러」

동사ます형·동작성 명사 + に行く／来る 「~하러 가다／오다」

田中さんは昨日から旅行に出かけました。
다나카 씨는 어제부터 여행갔습니다.

❻ 수동의 조동사 앞의 조사는 그 대상을 나타내는 「~に(~에게)」가 와서 「~に~(ら)れる」의 형식
을 취한다.

弟に傘をなくされたので、今日は新しい傘を買いに行きました。
동생이 우산을 잃어버려서 오늘은 새 우산을 사러 갔습니다.

バスのなかで隣の人に足を踏まれました。
버스 안에서 옆 사람이 내 발을 밟았습니다.

❼ 비교의 기준이 됨을 나타낸다.

私は2日に一回、洗濯をします。
나는 이틀에 한 번 세탁을 합니다.

❽ 「に」를 동반하는 동사

□ 「~に会う」　　　~을(를) 만나다

□ 「~に乗る」　　　~을(를) 타다

□ 「~に向かう」　　~을 향하다

□ 「~に気をつける」~을(를) 조심하다

□ 「~に曲がる」　　~으로 돌다

□ 「~に違いない」　~임에 틀림이 없다

□ 「~に迷う」　　　~을(를) 헤매다, 방황하다

□ 「~に似ている」　~을(를) 닮다

□ 「〜に従う」　　(명령, 지시, 방침 등을) 따르다/추종하다

□ 「〜に値する」　　〜할 가치가 있다

8 「で」

❶ 어떤 장소에서 행위가 이루어질 때 : (장소)〜에서

デパートで買いました。
백화점에서 샀습니다.

日本で勉強しています。
일본에서 공부하고 있습니다.

この工場では、いろいろな製品を作っています。
이 공장에서는 여러 가지 제품을 만들고 있습니다.

❷ 수단, 방법(눈에 보이는), 재료 : 〜으로

鉛筆で書かないで、ペンで書いてください。
연필로 쓰지 말고, 펜으로 써 주십시오.

> ★ 「で」「から」 모두 원료, 재료를 나타낼 때 사용되나, 「から」는 완성된 물건에서 원래의 재료를 알 수 없는 화학적 변화를 수반하는 경우이며, 물리적 변화를 수반하는 재료는 「で」를 쓴다.
>
> 예 木で作った家がおおい。
> 나무로 만든 집이 많다.
>
> 紙は木から作られる。
> 종이는 나무에서 만들어진다.

❸ 원인, 이유 : 〜때문에, 〜로 인하여

きのうは病気で学校を休みました。
어제는 병으로 학교를 쉬었습니다.

❹ 시간, 값, 기준, 수량 : 〜에, 〜으로, 〜이면

この仕事は二三日でできるでしょう。
이 일은 2, 3일이면 가능하겠죠.

9 「か」

❶ 「동사 기본형＋かどうか」: ～인지 어떤지(불확실한 표현)

「～かどうか」는 「～인지～어떤지」「～일지 어떨지」의 의미로 명사, 활용어의 기본형, な형용사 어간에 접속한다. 주로 「～かどうかわかりません(～인지 어떤지 모릅니다)」의 형태로 실현 여부에 대한 불확실한 경우를 나타낸다.

あした行けるかどうかまだわかりません。
내일 갈 수 있을지 어떨지 아직 모르겠습니다.

おいしいかどうかわかりません。
맛이 있는지 어떤지 모르겠습니다.

★ 「의문사 ～か」

앞 문장에 의문사(의문 표현)가 오면 「どうか」는 쓸 수 없다.
「何(무엇)・どれ(어느 것)・どこ(어디)・どちら(어느 쪽)・いつ(언제)・どんな所(어떤 곳)・どうやって(어떻게)・なぜ(왜)」와 같은 의문사를 포함하는 어구가 들어갈 때에는 뒤에 「か」를 붙여 불확실함을 나타낸다. 이 말은 어떤 일이 실현될지 어떨지 또는 그 일이 적당한지 부적당한지를 묻는 경우가 아닌, 실시하는 것을 전제로 구체적인 내용을 묻는 말이므로 앞 문장에 의문사가 동반되면 「どうか」를 생략해야 한다.

예 何がおいしいか分かりません。
무엇이 맛있는지 모릅니다.

いつ行くかわからない。
언제 갈지 모르겠다.

★ part6(오문정정), 7(공란 메우기)의 형태로 「동사 기본형＋かどうか」「의문사＋동사 기본형＋か」의 차이점을 비교하는 문제가 자주 출제된다.

❷ 「AかBか」의 형태로, A 또는(혹은) B(선택적 뉘앙스가 있는 말)

昼食はそばかうどんかを食べることにした。
점심은 메밀국수나 우동을 먹기로 했다.

行くかやめるか早く決めなさい。
가든지 안 가든지 빨리 결정하시오.

10 「し」

❶ 접속 : 동사 기본형／い・な형용사 기본형／명사 「だ」 ＋ し
❷ 의미 : 활용어의 기본형에 접속하는 조사 「し」는 첨가적 의미이므로 「～し、～し」의 꼴로 「～도～

하고, ~도~하고」의 의미를 갖게 된다. 즉, 앞의 내용에 대한 첨가 및 보충의 의미를 나타낸다. 두 문장으로 나누면 접속사 「それに(게다가)」로 연결할 수 있는 의미이다.

- 동일한 내용을 덧붙여서 강조

雨も降るし、風も吹く。
비도 내리고, 바람도 분다.

広いし、静かだし、とてもいい部屋です。
넓고, 조용하고, 매우 좋은 방입니다.

- 상반되는 조건을 열거

旅行はしたいし、暇はないし、困った。
여행은 하고 싶고, 시간은 없고, 곤란하다.

> ★ part6(오문정정)의 형태로 「し」의 접속 문제는 형용사가 자주 출제된다.
>
> 예 この会社は給料も高いし、休暇も多い。
> 이 회사는 월급도 많고, 휴가도 많다.

8 어휘(관용적 어휘 및 부적합 어휘)

1 「かならず／きっと／ぜひ」

❶ 「かならず」: 사람이나 사물의 필연성을 나타내는 가장 강한 표현으로, 뒤에 어떤 결과가 확실하게 얻어진다고 생각할 때나 판단에 의한 요구나 약속 등이 온다.

この薬を飲めば、かならず治ります。 - 전제조건에 대한 확신
이 약을 먹으면 반드시 낫습니다.

休むときは、かならず連絡してください。 - 요구
쉴 때는 반드시 연락하세요.

❷ 「きっと」: 「かならず」보다는 신뢰도가 떨어지며, 사람의 판단 내용이 동작을 수반하지 않는 단순 사실에 근거한 추측이나 추정 표현이 뒤에 온다. 그러나 「きっと」는 어떤 일에 대하여 꽤 확신이 설 때 쓰는 말이다. 따라서 같은 추정 표현이라도 불확실한 단정을 나타내는 「ようだ」같은 말하고는 어울리지 않는다. 「かならず」와는 달리 사물이 주어인 경우나, 부정 표현이 뒤에 올 수 있다.

がんばれば夢は、きっとかないます。
노력하면 꿈은 반드시 이루어집니다.

彼は来ると言っていたから、きっと来るだろう。
그는 온다고 했으므로, 틀림없이 올 것이다.

❸「ぜひ」:「꼭, 아무쪼록」의 뜻으로 부탁이나 의뢰의 표현인「～てください(～해 주세요)」나「～てほしい(～하면 좋겠다)」처럼 희망의 뜻을 나타내는 말과 같이 주로 쓰이며, 강한 바람이나 희망을 표현할 때 쓴다.「かならず」가 상대방의 의사를 고려하지 않은 화자의 일방적인 희망을 표현한다면,「ぜひ」는 말하는 사람의 간절한 희망이나 의뢰 등을 나타내는 표현이다.

ぜひ一度家に遊びに来てください。
꼭 한번 집에 놀러 오십시오.

その仕事はぜひやらせてください。
그 일은 꼭 하게 해 주세요.

★ part6(오문정정), part7(공란 메우기)의 형태로 뒷말에 어울리는 표현을 찾아내는 의미 차이를 묻는 문제가 자주 출제된다. 모두「꼭, 반드시」의 의미를 갖고 있지만, 고유한 용법이 있으므로 구별해서 사용하도록 해야 한다.

2 「～ぶりに」

「～만에」라는 뜻으로 시간을 나타내는 말에 붙어 다시 같은 상태가 될 때까지의 경과된 기간을 나타낸다.

一年ぶりの帰国だ。
1년만의 귀국이다.

大学時代の友だちに5年ぶりに会う。
대학 시절 친구를 5년 만에 만나다.

3 「～と思う」

「～라고 생각한다」라는 의미로「～だろう、～でしょう」와 거의 같은 뜻으로 쓰이는 표현이다. 사고(思考)하는 내용을 인용하는 표현으로, 앞의 말을 받아 단정을 피하고 완곡하게 자신의 의견이나 생각을 약화시켜 말하는 부드러운 표현이다. 주의할 점은「～と思う」앞에는 공손한 표현이 올 수 없다는 점이다.

今日は山田さんが会社に来ないと思います。
오늘은 야마다 씨가 회사에 오지 않을 것 같습니다.

山田さんは能力は高いけど、まだ経験が足りないかと思います。
야마다 씨는 능력은 뛰어나지만, 아직 경험이 부족하지 않나 싶습니다.

★ part6(오문정정), part7(공란 메우기)에서 「동사, 형용사, 명사의 기본형+と思います(~라고 생각합니다)」라는 추측 표현으로 「~と思います」 앞의 접속 형태에 각별히 주의한다. 기본형이 와야 함을 명심!! 또 명심해야 할 문제이다.

예 てんぷらが一番おいしいと思います。
튀김이 가장 맛있다고 생각합니다.

いい提案だと思いますが、部長は賛成しないでしょうね。
좋은 제안이라고 생각하는데, 부장님은 찬성하시지 않겠지요.

≫「오답의 경우」

「い형용사」가 오는 경우

私の父はとても厳しいです。(○)
저의 아버지는 매우 엄합니다.

父はとても厳しいだと思います。(×)

→ 父はとても厳しいと思います。(○)
아버지는 매우 엄하다고 생각합니다.

「だろう」를 써야 하는 경우

田中さんもその会議に出席するでしょうと思います。(×)

→ 田中さんもその会議に出席するだろうと思います。(○)
다나카 씨도 그 회의에 출석할 거라고 생각합니다.

Drill 1 동사

1. 宿題が終わる後で、市内にある喫茶店でコーヒーを飲みましょう。
　　　　 (A)　　　　　　　(B)　　　(C)　　　(D)

2. 母に電話をかけるあとでてがみを かきました。
　 (A)　　(B)　　　　(C)　　(D)

3. 私は毎朝、公園で運動をするあと新聞を読むことにしています。
　　　(A)　　(B)　(C)　　　(D)

4. このくつは にほんへ いったまえにかいました。
　　(A)　(B)　　(C)　　　(D)

5. あのぼうしをかぶるひとはだれですか。
　 (A)　　　　(B)　(C)　　(D)

6. 今度の休みには、日本に関して本を読もうと考えています。
　　(A)　(B)　　　(C)　　(D)

7. きのう、夢のなかで死んだの父に会いました。
　 (A)　　　　(B)　　(C)(D)

8. わからないの単語があったら、辞書を引いて読んでください。
　　　　(A)　　　　(B)　　　(C)　(D)

9. コーヒーを食べたら どうも胃の調子がおかしい。
　　　　(A)　　(B)　(C)　　(D)

10. へやのなかにいすがみっつ います。
　　(A)　(B)　　(C)　　(D)

11. かちょうの<u>たなかさんは</u> <u>どこに</u> <u>あります</u>か。
    (A)   (B)   (C)   (D)

12. 近<u>く</u>にスーパーが<u>いる</u>ので、<u>この</u>辺りは<u>とても</u>便利です。
    (A)   (B)   (C)   (D)

13. 私<u>は</u> 夏休みの間、姉が<u>ある</u>全<u>州へ</u>行きました。
    (A)   (B)   (C)   (D)

14. <u>30代の男性</u> <u>だったら</u>、初恋の思い出をもっていない<u>人</u>は<u>ない</u>でしょう。
    (A)   (B)   (C)   (D)

15. 私<u>は</u>韓国から<u>来る</u>金<u>と</u>申します。<u>どうぞよろしく</u>。
    (A)   (B) (C)   (D)

16. テレビ<u>を</u> <u>見ます</u>ながら勉強したので、試験は<u>ほとんど</u>できませんでした。
     (A)   (B)   (C)   (D)

17. ごはん<u>を</u><u>たべる</u>しょくどう<u>へ</u> <u>いき</u>ましょう。
     (A)   (B)   (C) (D)

18. <u>あねは</u>ロビー<u>で</u>しんぶん<u>を</u>よん<u>であり</u>ます。
     (A)   (B)   (C)   (D)

19. そこ<u>に</u>置<u>いて</u>いるたばこ<u>を</u>とって<u>いただけ</u>ますか。
     (A)   (B)   (C)   (D)

20. 今、先生が話し<u>ている</u>ことは、この本に書<u>いている</u>ことなので、一生懸命聞いて
              (A)   (B)

    <u>いる</u>必要が<u>ある</u>とは思えません。
     (C)   (D)

21. <u>すみませんが</u> 市役所<u>が</u>どこ<u>に</u>あるのか教えて<u>あげません</u>か。
     (A)   (B) (C)   (D)

22. わたしのあにはこうこうせいではないで だいがくせいです。
　　　 (A)　 (B)　　　　　　　 (C)　　 (D)

23. 夏休みを恋人といっしょに過ぎることを思うと、胸がドキドキします。
　　　 (A)　 (B)　　　　　 (C)　　　 (D)

24. でんきをついたままそとへ でかけました。
　　 (A)　　 (B)　　　 (C)　 (D)

25. 私の兄はめがねをかかっていませんが、普段はコンタクトレンズをしています。
　　 (A)　　　　　 (B)　　　　　 (C)　　　　　　 (D)

Drill 2　형용사 활용문제

1.　<u>この</u>店の肉は<u>固いで</u>　<u>まずい</u>です。
　　(A)　(B)　　　(C)　　　(D)

2.　<u>この</u>　<u>テーブルは</u>　<u>まるいで</u>　<u>おおきい</u>です。
　　(A)　　　(B)　　　　　(C)　　　　(D)

3.　<u>あのたてものは</u>　<u>ふるいで</u>　<u>ゆうめい</u>です。
　　(A)　　　　　　　(B)　　　(C)　　　(D)

4.　いえ<u>の</u>　<u>ちかいに</u>　がっこう<u>が</u>　<u>あります</u>。
　　　(A)　　　(B)　　　　　　(C)　　(D)

5.　かれは<u>しずかのおんがくが</u>　<u>ききたい</u>と　<u>いってました</u>。
　　　　　(A)　　　　　　　　(B)　　　(C)　　　(D)

6.　<u>この</u>　<u>海は</u>　<u>あおいで</u>　<u>ひろい</u>です。
　　(A)　(B)　　　(C)　　　(D)

7.　去年の夏は特別<u>暑いでした</u>から、食欲がなく、5キロ<u>も</u><u>やせて</u><u>しまいました</u>。
　　　　　　　　　(A)　　　　　　　　　　　　　(B)　　　(C)　　　　(D)

8.　大学生の<u>とき</u>、父<u>に</u>もらった万年筆<u>を</u>今も<u>大事く</u>もっています。
　　　　　　(A)　　　(B)　　　　　　　　(C)　　　(D)

9.　先週<u>受けた</u>試験は<u>思った</u>　<u>より</u>　<u>難しい</u>でした。
　　　　(A)　　　　　(B)　　　(C)　　　(D)

Drill 3 조사

1.　空気は<u>きれいだし</u>、水は<u>おいしいだし</u>、田舎<u>は</u>やっぱり<u>いい</u>ですね。
　　　　　　(A)　　　　　　　　　　(B)　　　　　　　(C)　　　　　　(D)

2.　今日は体の調子<u>で</u>あまり<u>よくない</u>ので<u>休ませて</u>いただきます。
　　　(A)　　　(B)　　　　(C)　　　　(D)

3.　彼<u>と</u>話をしている<u>うちに</u>、彼<u>の</u>考え<u>を</u>わかった。
　　　(A)　　　　　　　　(B)　　　　(C)　　(D)

4.　5年前<u>に</u>日本語<u>の</u>勉強を始めたときは、私は日本語<u>の</u>むずかし<u>さを</u>わかりません
　　　　　(A)　　　　(B)　　　　　　　　　　　　　　　　(C)　　　　　　(D)

　　でした。

5.　とうきょうえき<u>まで</u>バス<u>も</u>タクシー<u>で</u> <u>いき</u>ましょう。
　　　　　　　　　　(A)　　(B)　　　　　(C)　　(D)

6.　<u>あの</u>くろい<u>では</u>わたし<u>の</u> <u>かばん</u>です。
　　(A)　　　　(B)　　　　　(C)　　(D)

7.　あしたはひゃっかてん<u>と</u>かいもの<u>を</u> <u>する</u> <u>つもり</u>です。
　　　　　　　　　　　　(A)　　　　　(B)　(C)　　(D)

8.　テーブルの上<u>で</u>果物<u>と</u>冷たい<u>ビール</u>が<u>2本</u>あります。
　　　　　　　(A)　　(B)　　　(C)　　　　(D)

9.　きょう<u>の</u>かいぎ<u>は</u>なんじ<u>と</u> <u>はじまり</u>ますか。
　　　　　(A)　　　(B)　　　(C)　　　(D)

10.　れいぞうこのなか<u>で</u> <u>つめたい</u>ビール<u>が</u> <u>あり</u>ます。
　　　　　　　　　(A)　(B)　　　　　(C)　　(D)

11.　あなたはいつも何時頃、会社<u>で</u>行きますか。
　　　(A)　　　　(B)　　　　(C)　　(D)

12. だれ<u>は</u>いっし<u>ょに</u>がっこう<u>へ</u> <u>きましたか</u>。
   (A)   (B)   (C) (D)

13. あなたはたばこ<u>が</u> <u>いちにち</u>に<u>なんぼん</u> <u>すいますか</u>。
       (A) (B)   (C)   (D)

14. えいご<u>が</u> <u>ならいに</u>アメリカ<u>へ</u> <u>いきます</u>。
   (A) (B)   (C) (D)

15. いい天気です<u>から</u>、ハイキング<u>を</u> <u>でも</u> <u>行きましょう</u>。
     (A)   (B) (C)   (D)

16. 昨日、学校<u>へ</u>財布を<u>おとした</u>のですが、<u>誰か</u>が届けて<u>くれました</u>。
     (A)   (B)   (C)   (D)

17. 私の子供<u>の</u>ころの夢は、パイロット<u>が</u> <u>なる</u> <u>こと</u>でした。
    (A)   (B) (C) (D)

18. 私が彼女<u>を</u>会った<u>の</u>は中学3年<u>の</u>冬休みの<u>こと</u>でした。
    (A)   (B)   (C)   (D)

19. 友達の紹介<u>で</u>会った人は、一流会社<u>に</u>勤め<u>ていました</u>ので、私は安心<u>がなりました</u>。
     (A)   (B)   (C)   (D)

20. 私の父は商社<u>で</u>働いていますが、兄は銀行<u>で</u>勤めています。そして私は大学に
      (A)   (B)

 通い<u>ながら</u>、近くのスーパー<u>で</u>仕事をしています。
   (C)   (D)

21. 次の駅<u>で</u>電車<u>を</u>降りて、<u>今度は</u>バス<u>を</u>乗り換えます。
    (A) (B)   (C)   (D)

22. 今日は<u>朝寝坊</u>をして学校に<u>遅れた</u>ので、<u>先生が</u><u>叱られました</u>。
    (A)   (B)   (C) (D)

Drill 4 어휘

1. ビールを少し飲むのはいいだと思いますが、たばこはやめたほうがいいでしょう。
　　　　　　　(A)　　　　　(B)　　　　　(C)　　　　　　　　(D)

2. 外は寒いですから、きっとドアを閉めてください。
　　(A)　　　(B)　　(C)　　　　(D)

3. その本は、私がきっと読みたいと思っていた本なので、少し高かったですが、買
　　　　　　　　　(A)　　　　　　　　　　　　(B)　　　　　　　　(C)
ったのです。
　　(D)

4. 最近、20年ぶりで田舎に帰ったのですが、村がたくさん変わっていてびっくりし
　(A)　　　　(B)　　(C)　　　　　　　　　　(D)
ました。

5. 私の楽しみは、会社から帰ると　まず　おふろをして、それから冷たいビールを飲
　　　　　　　　　　　(A)　　(B)　　　(C)　　　　(D)
むことです。

6. 始めにお目にかかります。私は日本重工業の山田と申します。どうぞよろしく。
　　　(A)　　(B)　　　　　　　　　　(C)　　(D)

7. 今度の旅行では、友達といっしょに　歌をする　時間がなかった。
　　(A)　　　　　　(B)　　　　　(C)　　　(D)

8. やさいはからだに　とても　べんりです。
　　　(A)　　　(B)　　(C)　　(D)

9. べんきょうをしてからテレビを　よみます。
　　　　　(A)　　(B)　　　(C)　　(D)

10. 私は会社 から 家へ くる と、毎日コーヒーを飲みます。
          (A)   (B) (C) (D)

11. 私は会社から一週間の休みを くれて、済州道へ 旅行しました。
          (A)   (B)   (C)   (D)

12. 去年は夏でも寒い天気の日がつづき、農作物にたくさんの被害がでました。
              (A)   (B)   (C)   (D)

13. お酒を少し飲むのはいいですが、たばこはいくありません。
          (A)   (B) (C)   (D)

14. 大田は韓国の都市たちのなかで、有名な都市の一つです。
          (A)   (B)   (C)   (D)

Drill 5 부사

1. <u>生まれて</u> <u>はじめに</u> <u>自分の力で</u>お金を<u>かせぎました</u>。
   　(A)　　　 (B)　　　 (C)　　　　　　　 (D)

2. <u>その後</u>、何時間が<u>経って</u>、私たちのバスは<u>いよいよ</u>目的地に<u>着いた</u>。
   　(A)　　　　　　 (B)　　　　　　　　　 (C)　　　　　 (D)

3. 今日は朝<u>から</u> <u>冷え込んで</u>、川の水も<u>すっきり</u> <u>凍っていた</u>。
   　　　 (A)　 (B)　　　　　　　 (C)　　　 (D)

4. これ<u>だけ</u>勉強したんだから<u>とにかく</u>試験に<u>落ちる</u>ことは<u>ない</u>だろう。
   　　 (A)　　　　　　　　 (B)　　　 (C)　　　 (D)

5. <u>急に</u>雨が降ってきたが、<u>とりあえず</u>かばんの中にかさが<u>入っていた</u>ので<u>助かった</u>。
   　(A)　　　　　　　　 (B)　　　　　　　　　　 (C)　　　 (D)

6. 先生の<u>お宅に</u><u>おじゃまする</u>から、<u>いったん</u>電話を<u>しておいた</u>ほうがいいと思います。
   　　 (A)　 (B)　　　　　　 (C)　　　 (D)

7. タクシーの方が<u>早い</u>と思って乗ったが、<u>渋滞に</u><u>あって</u>、<u>むしろ</u>遅くなってしまった。
   　　　　　 (A)　　　　　　　　 (B)　　(C)　　(D)

8. てんぷらは毎日<u>食べたい</u>が、体によくないので<u>そろそろ</u>たべる<u>ことにしている</u>。
   　　　　 (A)　(B)　　　　　　　　 (C)　　　　　 (D)

1.　私の辞書にはきれく字で名前が書いてあります。
　　　(A)　　　　　　(B)　　　　　　(C)　　　　　　(D)

2.　来週、パーティーで招待したいんですが、いかがでしょうか。
　　(A)　　　　　　　　　　(B)　　　　　　　　(C)　　　　　　(D)

3.　このでんしゃはきょうとでいきますか。
　　(A)　　　　　(B)　　　　(C)　　(D)

4.　こうえんでせんせいはいっしょにしゃしんをとりました。
　　　　　　(A)　　　　　(B)　　　　(C)　　　　　　　　(D)

5.　私は しずかな おんがくを すき です。
　　(A)　(B)　　　　(C)　　　　(D)

6.　わたしは よる 6じかんにねます。
　　　　(A) (B)　(C)　　　　(D)

7.　この着物は値段が高いね、もっと安くて ならないかな。
　　　　　　(A)　　(B)　　　　　　　(C)　　　　　(D)

8.　らいしゅうともだちとうみが いきます。
　　　　(A)　　　　　　　(B)　(C)　(D)

9.　私たちは海辺に車をとめて、疲れた体を休みました。
　　　　　　　(A)　　(B)　　　　(C)　　　(D)

10.　きのうは10げつ15にち でした。
　　　(A)　　　(B)　　(C)　　(D)

11.　お風呂のお湯<u>が</u>とても熱かった<u>ので</u>、私たちはすぐ<u>には</u>お風呂に<u>いれません</u>でした。
　　　　　　　　(A)　　　　　　　　　　　(B)　　　　　　　　　　　(C)　　　　　　　(D)

12.　その人<u>を</u>ついて行っ<u>たら</u>、信号のところ<u>で</u>知り合いのおじさん<u>に</u>会った。
　　　　　　(A)　　　　　(B)　　　　　　　　(C)　　　　　　　　　　(D)

13.　中学校<u>の</u>生活<u>では</u>、修学旅行<u>だけ</u>頭<u>に</u>残っていません。他は全部忘れました。
　　　　　　(A)　　(B)　　　　　　(C)　　(D)

14.　<u>バスの中で</u>、<u>多くの時間を</u><u>暮らして</u>みんな<u>疲れてしまった</u>。
　　　(A)　　　　　　(B)　　　　(C)　　　　　　(D)

15.　<u>読みだしたら</u>　<u>とても</u>　<u>おもしろかった</u>ので、私はその本を<u>つづいて</u>読みました。
　　　　(A)　　　　　　(B)　　　　(C)　　　　　　　　　　　　(D)

16.　<u>さき</u>の休みの日<u>に</u>慶州に行ってきました<u>が</u>、ほんとうにすばらし<u>くて</u>感激しました。
　　(A)　　　　　　(B)　　　　　　　　　　(C)　　　　　　　　　　(D)

17.　一生懸命勉強<u>した</u>結果、わからない単語は辞書を<u>見ながら</u>　<u>読める</u>ようになりました。
　　　　　　　(A)　　　　　　　　　　　　　(B)　　　　(C)　　(D)

18.　今度の<u>休む</u>は旅行を<u>しよう</u>と思いますが、<u>よかったら</u>あなたも一緒<u>に</u>行きませんか。
　　　　(A)　　　　　　(B)　　　　　　　　(C)　　　　　　　　(D)

19.　今日は日曜日<u>なので</u>郵便局が<u>休みだ</u>ということを<u>すっかり</u>忘れて<u>しました</u>。
　　　　　　　　(A)　　　　　(B)　　　　　　　(C)　　　　(D)

20.　旅行<u>に</u>出かける日<u>の</u>朝、雨が降りました<u>ので</u>、<u>たくさん</u>心配しました。
　　　　(A)　　　　　(B)　　　　　　　　(C)　　　(D)

VII 공란 메우기

1 공란 메우기 문제 파악하기
2 꼭 알아야 할 문법사항

연습문제

실전문제

01 | 공란 메우기 문제 파악하기

1 문제형태

공란 메우기는 문제의 공란에 가장 적절한 단어나 어구를 찾아 골라 넣는 문제이다. 문법, 어휘, 관용어, 의성어, 의태어 문제 등 다양하고 폭 넓게 출제된다. 단순한 문법뿐 아니라 상투어, 낱말의 다양한 쓰임 등의 문제가 많이 출제되므로 관용어나 상투어 등은 확실히 익혀두는 것이 좋다. 이 부분 역시 최대로 시간을 단축하여 유형8의 독해를 여유 있게 할 수 있도록 해야 한다.

2 문제유형

Drill 1 조동사
Drill 2 형용사
Drill 3 동사
Drill 4 부사
Drill 5 조사

3 대책

파트7에서는 지금까지의 회화문을 종합적으로 테스트하는 듯한 느낌을 준다. 긴 문장은 피하고 짧은 회화문을 취급해 보면 감각적으로 무엇이 가장 공란에 적합한 단어인가를 쉽게 찾을 수 있다.

1 조동사 「ようだ・そうだ・らしい」

1 비유·예시·불확실한 단정의 조동사 「ようだ」/「みたいだ」

「ようだ」는 말하는 사람이 현재 일어나는 상황을 보고 자신의 느낌이나 생각을 말하는 표현으로 듣거나 본 것을 근거로 주관적으로 추측해서 말하는 어감이 강한 말이다. 회화체에서는 「ようだ」대신 「みたいだ」를 사용하는 경향이 많다.

❶ 추측 및 완곡한 표현(불확실한 단정) : ~인 것 같다, ~인 듯하다

거의 그렇다고 단정을 해도 좋은 사실을 부드럽게 돌려 말하는 방법이다.

かぜをひいた**ようです**。 - 신체적 변화의 느낌을 표현
감기에 걸린 것 같습니다.

ちょっと遅刻が多い**ようです**。気をつけてください。
좀 지각이 잦은 것 같네요. 주의하세요.

吉田さんの家へ行ってみたが、電気も消えていて留守の**ようだった**。
요시다 씨 집에 가 봤으나, 전기가 꺼져 있어 집에 없는 것 같았다.

❷ 비유 : ~와 같다

다른 어떤 것과 비교하여 그와 같다는 뜻을 나타낸다. 주로 「まるで(마치)」와 같은 부사가 앞에 와서, 「まるで~のようだ」「まるで~みたいだ」와 같이 표현한다.

彼女は、**まるで**人形の**ように**かわいい。
그녀는 마치 인형처럼 귀엽다.

彼の声は声優の**ようだ**。
그의 목소리는 성우 같다.

まるで雪の**ような**白さだ。
마치 눈과 같이 희다.

❸ 예시 : ~와 같은, ~처럼(같이)

어떤 사항을 예로 들어 「たとえば~のようだ」의 뜻으로, 하나를 예로 들어 표현하는 용법이다.

田中君のような人は見たこともない。
다나카 군 같은 사람은 본 적도 없다.

ヨットのような小さい船ではどうも危険です。
요트와 같은 작은 배로는 아무래도 위험합니다.

> ★ 문제는 「동사기본형/い형용사기본형/な형용사어간+な/명사의+ようだ」와 같은 접속과 「추측·비유·예시」의 의미를
> 묻는 문제로 대별할 수 있다.

2 양태(様態)의 조동사 「そうだ」

양태의 조동사 「そうだ」는 「형용사의 어간」「동사의 ます형」에 붙는다. 말하는 사람이 보거나 들은 것을 바탕으로 한 느낌을 말하는 추측 표현이다. 「(보자 하니)~할(인) 것 같다」「~한 듯이 보이다」의 의미이다.

山田さん、上着のボタンが落ちそうですよ。
야마다 씨, 상의 단추가 떨어질 것 같아요.

子どもたちはマンガを楽しそうに読んでいます。
아이들은 만화를 즐거운 듯이 읽고 있습니다.

花嫁と花むこが幸せそうにほほえんでいる。
신부와 신랑이 행복한 듯이 미소 짓고 있다.

3 전문(伝聞)의 조동사 「そうだ」

❶ 전문은 「전해 듣는다」는 뜻으로, 「聞(き)くところによると~ということだ(들은 바에 의하면~라는 사실이다)」「~という話(はなし)だ(~라는 말이다)」라는 남에게 들은 이야기를 전하는 조동사를 말한다. 또 전문의 「そうだ」는 「~らしい(~라는 것 같더라, ~인 모양이다)」와 비슷하게 사용하는데, 「~らしい」에는 말하는 사람이 그렇게 판단하는 근거가 남에게 들은 이야기를 바탕으로 하는 어감이 있기 때문이다. 자체 활용 형태는 「~そうである」와 종지형 변화밖에 없으며, 양태의 조동사와는 접속이 다른 점에 유의하지 않으면 안 된다.

ニュースによると、東京で大火事があったそうです。
뉴스에 의하면 도쿄에서 큰 화재가 있었다고 합니다.

最近、ジョギングを始めたそうですね。
요새 조깅을 시작했다면서요.

日曜日^{にちようび}はいい天気^{てんき}だそうです。
일요일은 좋은 날씨라고 합니다.

❷ 전문의 「そうだ」 다음에는 부정, 과거, 의문 따위가 오지 않는다. 「そうだ」 앞에 오는 말을 과거, 부정으로 한 다음 「そうだ」를 붙인다.

$\boxed{\text{잘못 사용된 경우와 바르게 고친 문장}}$

- 彼^{かれ}は行^いくそうではない。(×)
  → 彼は行かないそうだ。(○)
    그는 가지 않는다고 한다.

- きのうは一日中忙^{いちにちじゅういそが}しいそうでした。(×)
  → きのうは一日中忙しかったそうです。(○)
    어제는 하루 종일 바빴었다고 합니다.

- あの部屋^{へや}は静^{しず}かだそうでした。(×)
  → あの部屋は静かだったそうです。(○)
    저 방은 조용했다고 합니다.

★ part5(정답 찾기)에서는 양태(様態)와 전문(伝聞)을 구별하라는 문제가 나온다.「そうだ」앞의 접속 형태로 알 수 있다. 즉, 일단 접속 문제가 출제되고, 그에 이어 문장 내에서의 「そうだ」의 의미를 묻는 문제가 출제될 것이다. 그러나 이것도 큰 문제는 없다. 「そうだ」 앞의 접속 형태를 보면 일일이 해석하지 않더라도 답을 금방 알 수 있다.

<u>4</u> 추정의 조동사 「らしい」

❶ 조동사 「らしい(~인 것 같다, ~한 것 같다)」는 동사·い형용사의 기본형, な형용사의 어간에 붙어 말하는 사람이 보거나 들은 일에 대해서 추측하는 표현이다. 추정이란 추측해서 단정한다는 뜻으로, 거의 「~だ(~이다)」를 써서 표현해도 지장이 없을 정도인 경우에 쓰인다. 그러므로 「らしい」를 써서 추측하는 경우는 그 추측이 거의 틀림없다는 근거나 증거가 필요하다. 이런 점에서 단순한 추측을 나타내는 조동사 「う、よう」와는 다르다. 화자 자신이 주관적으로 그렇게 추측하는 것이 아니라, 어느 정도 객관적 근거를 바탕으로 추측할 때 사용한다.

あすは晴^はれるらしい。
내일은 갤 모양이다.

うわさでは今月^{こんげつ}ボーナスが出^でないらしいです。
소문으로는 이번 달 보너스가 나오지 않을 것 같대요.

あの子は玉ねぎがきらいらしいね。いつもそれだけ残すよ。
저 애는 양파를 싫어하나 봐. 늘 그것만 남기네.

❷ 접미어 「らしい」

사람이 추구하는 이상적인 모습이나, 그래야만 하는 자세나 상황을 나타내는 표현이다.

彼はとても男らしい。
그는 매우 남자답다.

休暇は人間らしく生きるのに必要だ。
휴가는 인간답게 사는 데에 필요하다.

> ★ part5(정답 찾기)에서는 특히 명사에 연결될 경우 「추측(推測)」의 의미와 접미어 「~らしい(~답다)」와 구별하라는 문제가 출제된다. 만약 주어진 예문이 「명사+らしい」의 형태로 접미어라는 확신이 들면 실제 정답을 고르는 과정에서 「명사+らしい」의 형태가 아닌 것은 과감히 버려도 된다.

2 「~と言う」「~(よ)うと思う」「~だろう・~でしょう」

1 「~と言う」

「~と(~라고)」「~という(~라고 한다)」는 앞에 나온 사물을 지정하거나 성질을 설명하는 표현이다. 「と」는 앞서 제시한 사항에 대한 인용의 뜻을 나타내는 경우가 있으며, 「って」는 「~という」의 구어체 표현으로 남의 말을 인용하는 「~라는 대, ~래」의 뜻이다.

温泉というと、すぐ北海道の露天風呂がこころに浮かぶ。
온천이라 하면, 바로 홋카이도의 노천탕이 마음속에 떠오른다.

青木さんという人を知っていますか。
아오키 씨라고 하는 사람을 알고 있습니까?

2 「~(よ)うと思う」

1인칭 화자의 의사 표시를 나타내는 말로, 「~(よ)うと思う」는 아직은 「확실하게 무어라 결정한 것은 없으나 앞으로 할 생각이다」는 의미이다.

明日は朝早いから、今日は早く帰ろうと思います。
내일은 아침 일찍 나가야 하니까, 오늘은 빨리 돌아가려고 합니다.

来月テストがあるから、毎晩、勉強しようと思います。
다음 달 시험이 있기 때문에 매일 밤 공부하려고 합니다.

3 「~だろう」・「~でしょう」

❶ 「~だろうと思います」: (장담할 수는 없지만 아마)~일거라고 생각합니다

말하는 사람이 추측해서 말할 때 「~だろう」「~でしょう」를 사용하는 것보다 「~だろうと思います」를 쓰면 말하는 사람의 마음을 좀 더 분명히 나타낼 수 있는 표현이 된다. 그냥 「~と思います」에 비하여 말하는 사람의 확신이 많이 느껴지는 말이다.

みんなが集まるので、パーティーはきっと楽しいだろうと思います。
모두가 모이니까, 파티는 틀림없이 재미있을 거라고 생각합니다.

母はこの結婚には反対だろうと思います。
어머니는 이 결혼에 반대할 거라고 생각합니다.

❷ 「~だろう」「~でしょう」: ~이겠지, ~이겠지요

문장 끝에 붙어 추측(내림조 억양)이나 확인(올림조 억양)을 구하는 말이다. 회화체의 경우 남성은 「~だろう」를 쓰는 경향이 많다. 한편 「でしょう」는 「だろう」의 정중한 표현으로 추측을 하거나 상대에게 자기 기분에 대한 동의를 구하는 경우에 쓴다. 주로 「~でしょう」는 일기예보에서 자주 들을 수 있는 표현이다. 특히 동정, 위로를 하는 말과 잘 어울리고 말끝을 올려 발음하면 확인이나, 동의를 구하는 말이 된다.

北海道は、今はもう寒いだろう。
홋카이도는 지금은 이미 춥겠지.

12時だから弟はもう寝るだろう。
12시니까 동생은 벌써 잠들었겠지.

明日もたぶんいい天気でしょう。
내일도 아마 날씨가 좋겠지요.

明日は晴れるでしょう。
내일은 맑겠습니다.

3 수동 「れる・られる」

일본어에서 수동 표현이 차지하는 비중은 크다. 능동형보다 상대의 행위에 의해 수동적으로 이루어진 일의 결과를 표현하는 수동은 타인 본위의 의식이 깊은 일본인들에 있어 능동 표현보다 더 친숙하게 사용되기 때문일 것이다.

1 수동 표현

기본적인 수동 표현으로, 말하는 사람인 「내」입장을 중심으로 한 말투이다. 동작을 하는 사람 뒤에는 「に」를 붙인다. 동작의 주체나 동작의 대상이 사람이나 동물인 경우로 동작의 영향을 받거나 피해를 당하는 뜻을 가진다. 동작의 주체는 수동문에서 「동작의 주체+に」「동작의 주체+から」의 형태를 취한다. 수동문은 동작을 받는 사람에게 주목하게 하기 위한 표현법이라고 할 수 있다.

父は、私を叱りました。
아버지는 나를 꾸짖었습니다.

→ 私は父に叱られました。
나는 아버지에게 꾸중 들었습니다.

きのう、スリは私の財布を取りました。
어제 소매치기는 내 지갑을 훔쳤습니다.

→ きのう、私はスリに財布を取られました。
어제 나는 소매치기에게 지갑을 도난당했습니다.

2 문장 안에서의 「れる・られる」의 여러 가지 뜻

「～(ら)れる」는 수동 외에도 문장 내에서 가능(可能), 존경(尊敬), 자발(自発)의 의미로 쓰이기 때문에 적절한 해석을 해야 한다.

❶ 가능 : ~을 할 수 있다

「れる・られる」가 가능 표현으로 쓰일 경우 「~을, ~를」에 해당하는 조사는 「を」대신 「が」를 사용한다.

日本語の本を読む。 일본어 책을 읽다.

→ 日本語の本が読まれる。
일본어 책을 읽을 수 있다.

私は納豆が食べられる。
나는 낫토를 먹을 수 있다.

❷ 존경 : ~하시다

先生はボールを遠くに投げられた。
선생님은 공을 멀리 던지셨다.

山田先生は、毎朝、ごはんと納豆を食べられる。
야마다 선생님은 매일 아침, 밥과 낫토를 드신다.

❸ 자발 : 자연히 그렇게 되다

대체로 마음 · 감각에 수반하는 동사들이다.

思い出される	옛날 일이나 잊었던 일이 생각나다
心配される	걱정되다
案じられる	걱정되다
信じられる	믿어지다
感じられる	느껴지다
忍ばれる	그리워지다
察せられる	짐작되다
心を打たれる	감동받다
惜しまれる	애석하게 여겨지다
思い浮べられる	마음속에 떠오르다, 연상되다
恥じられる	부끄러워지다

3 「れる・られる」 관련 출제 문제의 예

❶ part5(정답 찾기)

「れる・られる」 앞에 동사만 보고도 빨리 고를 수 있는 방법이 있다. 「降(ふ)る−비 등이 오다・来(く)る−오다・泣(な)く−울다・死(し)ぬ−죽다」 이런 자동사에 연결된 말은 「迷惑(めいわく)の受身(うけみ) : 피해의 수동」일 가능성이 많다. 최대한 시간 절약을 위해 먼저 점검하자!!

親に死なれる。
부모가 돌아가시다.

赤ちゃんに泣かれる。
아이가 울다.

友だちに来られる。
친구가 오다.

旅行中に台風に来られて、本当にひどい目にあいました。
여행 중에 태풍이 몰아쳐서 정말로 혼이 났습니다.

❷ part5(정답 찾기)

밑줄 친 「れる・られる」의 의미와 같은 것을 고르는 문제가 출제된다. 이때 알아야 하는 것이 「れる・られる」가 문장 내에서 〈수동・존경・가능・자발〉의 뉘앙스가 있음을 알아야 한다. 특히 〈자발〉은 그에 속하는 동사가 극히 제한되어 있음으로 문제 풀이 시간을 최대한 단축해야 하는 part5에서는 해당 동사 몇 개를 알아두는 것이 좋다.

わがままな人はだれからも嫌われる。 – 수동
방자한 사람은 누구라도 싫어한다.

首相は国会議員のなかから選ばれる。 – 일반 수동
수상은 국회의원 중에서 선출된다.

日米首脳会談が東京で開かれた。 – 일반 수동
미일 정상 회담이 도쿄에서 열렸다.

❸ part6(오문정정)

「〜に〜(ら)れる」 문형에서 행위에 영향을 미치는 대상을 받는 조사 「〜に」를 염두에 두는지를 묻는다.

会議中に社長に呼ばれた。
회의 중에 사장님에게 호출되었다.

そのスターは大勢のファンに囲まれた。
그 스타는 많은 팬에 둘러싸였다.

4 　사역 「せる・させる」

1 사역 표현

동사의 「ない형」에 접속하는 동일한 방법으로 사역의 조동사 「せる・させる」를 붙이면 「~하게 하다, ~시키다」라는 강제, 허가, 유발의 뜻이 된다.

先生はクラスでは学生に日本語で話させます。
선생님은 교실에서는 학생들에게 일본어로 말하게 합니다.

私は妹に料理を作らせます。
나는 여동생에게 요리를 만들게 합니다.

2 「せる・させる」관련 출제 문제의 예

❶ part6(오문정정)

사역문의 문형 중 특히 「~を~せる(させる)」와 같은 기본적인 〈사역〉의 패턴에 주목한다.

彼の演説はいつも人を感動させる。
그의 연설은 언제나 사람을 감동시킨다.

赤ちゃんをだっこしてミルクを飲ませている。
아기를 안고 우유를 먹이고 있다.

お客さまを待たせてはだめですよ。
손님을 기다리게 해서는 안 됩니다.

❷ part7(공란 메우기)자주 출제되는 문제!!

「동사의 사역형＋てください(~하게 해 주세요)」는 상대에게 허가를 구하는 표현이다.

今度は私におごらせてください。
다음에는 제가 사 드릴게요.

申し訳ありませんが、今回は見送らせてください。
죄송합니다만, 이번에는 보류시켜 주십시오.

❸ part7(공란 메우기)

「～(さ)せてもらう／いただく(～하게 해 받다/나에게～하게 해 주다)」는 「～하다」의 겸양 표현으로 호의와 감사를 나타낸다.

この仕事はぜひ私にさせていただきます。
이 일은 꼭 제가 하겠습니다.

あした、午後から早く帰らせていただきます。
내일, 오후부터 빨리 돌아가겠습니다.

先生の辞書を利用させていただいた。
선생님의 사전을 이용하게 해 주셨다.

<table>
<tr><td>5</td><td>목적의 「に」</td></tr>
</table>

주로 「동사ます형／동작성 명사+に行(い)く／来(く)る」의 형태로 「～하러 가다(오다)」의 의미를 나타낸다.

遊園地に遊びに行きます。
유원지에 놀러 갑니다.

私は、日本へ日本画の勉強に来ました。
나는 일본에 일본화를 공부하러 왔습니다.

<table>
<tr><td>6</td><td>동사 「た」+方(ほう)がいい</td></tr>
</table>

강한 제안을 하는 표현이다. 「～하는 편(쪽)이 좋다」라는 조언(助言), 충고, 권유를 나타낼 경우 동사는 과거완료형을 써서 「～た方がいい」를 쓴다. 「～하지 않는 편(쪽)이 좋다」로 부정을 나타낼 경우에는 「～ない方がいい」로 현재형이 온다.

あしたテストがあるんでしょう。もっと勉強した方がいいですよ。
내일 시험이 있잖아요. 더 공부하는 게 좋아요.

そんなにくよくよしたって、しようがないよ。忘れた方がいいよ。
그렇게 끙끙대도, 어쩔 수 없어요. 잊는 것이 좋아요.

彼とは付き合わない方がいいです。
그 사람과는 사귀지 않는 게 좋습니다.

彼なんかいない方がいい。
그 사람 같은 건 없는 게 낫다.

途中でやめるくらいなら、初めからやらない方がよかった。
도중에 그만둘 거라면 처음부터 안 하는 게 좋았다.

もう少し安い方がいいと思います。
좀 더 싼 것이 좋다고 생각합니다.

★ part7(공란 메우기)에서 「동사의 기본형+〜方がいい」처럼 기본형을 쓸 경우도 있는데, 이 경우는 어감상 화자의 "A 하는 것보다 B가 낫다"라는 비교, 선택(희망)을 나타내는 경우이다. 다만 이때 상황에 따라 상대에게 강요하는 느낌을 주기도 한다. 따라서 일상 회화에는 어감을 부드럽게 하는 「〜た方がいい」를 선호한다.

7 선택・비교

1 「…と…と どちらが…ですか」: 〜와 〜중에서 어느 쪽을 〜(ㅂ)니까?

두 가지를 열거하고, 그 중에서 하나를 선택하는 표현이다. 「〜と(〜와, 〜과)」는 존재하는 사물을 전부 여러 번 나열하는 말이다. 「どちら」는 「어느 쪽」의 의미이고, 「どちらの方(ほう)」라고 하면 좀 더 강조하는 표현이 된다.

Q : 日本語と英語とどちらが上手ですか。
일본어와 영어 중에서 어느 쪽을 잘하십니까?

A : 英語より日本語のほうが上手です。/ 日本語のほうが上手です。
영어보다 일본어를 잘합니다. / 일본어 쪽을 잘합니다.

2 비교・선택 표현

❶ 비교・선택 표현의 일반 공식 중 〈양자택일〉과 〈많은 것 중에서 하나를 선택하는 경우〉를 구별하는 문제가 출제된다. 즉, 양자택일에서 사용할 수 있는 관련 단어 「どちら」 및 부사 「ずっと」와 많은 것 중에서 하나를 선택하는 「一番(いちばん) 가장, 제일」과 동일한 뜻인 「最(もっと)も」와의 구별 능력을 알고 있는가를 묻는다.

井上さんより田中さんの方がずっと背が高いです。
이노우에 씨 보다 다나카 씨 쪽이 훨씬 키가 큽니다.

日本で最も高い山は富士山です。
일본에서 가장 높은 산은 후지산입니다.

또한「~ほど~ない : ~보다(만큼)~않다」의 경우에서 같은 의미로 변형하는 문제도 자주 출제된다.

A : 日本とハワイとどちらがあたたかいですか。
　　일본과 하와이 중에서 어디가 따뜻합니까?

B : ハワイのほうが日本よりあたたかいです。
　　하와이가 일본보다 따뜻합니다.

　　= 日本はハワイほどあたたかくありません。
　　　일본은 하와이만큼 따뜻하지 않습니다.

❷ 다수의 사물 중에서 하나를 비교 · 선택하는 표현에서「何(なに)」는 종류를 의미하는「무엇」의 뜻이고,「どれ」는 구체적 열거 상황에서의「어느 것」이다. 즉, 전체를 통 털어 말하고 종류를 묻는 경우에는「何」를 써야 하고,「AとBとCと~」와 같이 구체적 열거 상황에서는「何」가 아닌「どれ」를 사용한다.

外国語の中で何が一番上手ですか。
외국어 중에서 무엇을 가장 잘 하십니까?

船と飛行機と新幹線の中で、どれが一番速いですか。
배와 비행기와 신칸센 중에서 어느 것이 가장 빠릅니까?

春子さんはりんごといちごとバナナと、どれが一番好きですか。
하루코 씨는 사과하고 딸기하고 바나나 중에서 어느 것을 가장 좋아하십니까?

8 형용사

1 명사수식

❶「い형용사」: 명사를 꾸며 줄 때는 기본형인「い」가 변하지 않고 그대로 접속한다. 즉,「寒(さむ)い冬(ふゆ)」처럼 기본형 꼴 그대로 명사를 수식한다.

いい 좋다 ＋ 天気 날씨 → いい天気 좋은 날씨

❷ 「な형용사」: 명사를 수식하는 모양은 「～な＋명사」로 기본형 어미 「だ」를 「な」로 바꾸어 연결한다.

好きだ 좋아하다 ＋ スポーツ 스포츠 → 好きなスポーツ 좋아하는 스포츠

★ part6(오문정정)

• 「多(おお)くの～」: 많음, 많은~
「多(おお)い」라는 형용사는 보통명사가 올 경우에는 「多く」와 같이 명사 꼴로 바꿔 수식해야 한다. 단 「会議(かいぎ)が多(おお)い日(ひ)は、なかなか自分(じぶん)の仕事(しごと)ができません(회의가 많은 날은 좀처럼 자기 일을 할 수 없습니다)」과 같이 형용사문의 명사 수식의 경우에는 위의 경우와 다르므로 주의하자.

예 この図書館は多くの人に利用されています。
　　이 도서관은 많은 사람에게 이용되고 있습니다.

• 「大勢(おおぜい)」: 많은 사람

예 広場に大勢の人が集まっている。
　　광장에 많은 사람이 모여 있다.

★ part7(공란 메우기)

• 「同(おな)じ～」: 같음, 동일함, 같은
「な형용사」는 「賑(にぎ)やかな町(まち)」처럼 체언(명사)과 연결할 때는 연체형에서 접속되나, 예외적인 경우로 「同(おな)じ～(같음, 동일함, 같은)」는 다른 「な형용사」처럼 연체형에서 하는 것이 아니고 어간에 그대로 연결된다. 예를 들어 「同(おな)じ町(まち)(같은 마을)」「こんな時(とき)(이런 때)」「そんな話(はなし)(그런 이야기)」「あんな所(ところ)(저런 곳)」「どんな家(いえ)(어떤 집)」 등이다.

예 あのかばんは、このかばんと同じ色です。
　　저 가방은, 이 가방과 같은 색입니다.

---

2 형용사의 부정형

❶ 「い형용사」

어미 「い」를 「く」로 바꾸고, 「～않습니다」의 뜻을 가진 「～ないです」 또는 「～ありません」을 연결한다. 「～ないです」는 회화체에서 비교적 많이 사용한다.

安い 싸다 → 安くないです 싸지 않습니다

❷ 「な형용사」

명사의 경우와 마찬가지로 「～です」의 부정은 「～では(じゃ)ありません」이다.

好きだ 좋아하다 → 好きではありません 좋아하지 않습니다

<u>3</u> 형용사의 연결·열거 「～くて·～で」

❶ 「い형용사」

한 사물의 두 가지 성질이나 상태를 나열하거나 원인, 이유를 표현하려면 어미 「い」를 「く」로 바꾸어 조사 「て」와 연결한다.

<ruby>冬<rt>ふゆ</rt></ruby>は<ruby>寒<rt>さむ</rt></ruby>い　겨울은 춥다　＋　<ruby>風<rt>かぜ</rt></ruby>も<ruby>強<rt>つよ</rt></ruby>い　바람도 세다

→　冬は寒くて風も強い。　겨울은 춥고 바람도 세다.

❷ 「な형용사」

사물의 두 가지 성질을 나열할 때 「な형용사」의 어미는 「で」로 변한다. 또한 접속된 문장의 전후 관계를 원인, 이유를 나타내기도 한다. 특히 형용사에 연결될 경우에는 「감정 표현, 가능 표현, 부정 표현」을 문말에 사용하는 경향이 많다.

<ruby>静<rt>しず</rt></ruby>かです　조용합니다　＋　<ruby>明<rt>あか</rt></ruby>るい<ruby>部屋<rt>へや</rt></ruby>です　밝은 방입니다

→　静かで明るい部屋です。
조용하고 밝은 방입니다.

> ★ part6(오문정정)
>
> 이 파트는 「い형용사」와 「な형용사」의 활용을 혼동하는 데서 오는 오류를 묻는 문제가 다수 출제된다. 따라서 활용 포인트와 예외 사항을 잘 기억해 두도록 하자.
>
> 「오용례」　この<ruby>店<rt>みせ</rt></ruby>は<ruby>品数<rt>しなかず</rt></ruby>が<ruby>多<rt>おお</rt></ruby>くで<ruby>値段<rt>ねだん</rt></ruby>も<ruby>安<rt>やす</rt></ruby>い。(×)
>
> → 多くて(○)
> 이 가게는 물품의 종류가 많고 값도 싸다.

<u>4</u> 형용사의 과거

❶ 「い형용사」

어미 「い」를 「かっ」으로 고쳐 과거 조동사 「た」에 연결하면 「かった」가 된다. 즉 「い」를 「かった」로 고치면 과거형 「～했다」가 된다. 공손한 표현을 하려면 뒤에 「です」를 붙이면 된다.

サッカの<ruby>試合<rt>しあい</rt></ruby>はおもしろい。
축구 시합은 재미있다.

→　きのうのサッカの試合はおもしろかった。
어제 축구 시합은 재미있었다.

❷ 「な형용사」

명사의 경우와 마찬가지로 어미 「だ」를 「だっ」으로 고쳐 과거 조동사 「た」에 연결하면 「だった」가 된다. 즉 「だ」를 「だった」로 고치면 과거형 「~했다」가 되며, 「だったんです」는 「~でした」와 같다.

山田さんはとても親切だ。
야마다 씨는 매우 친절하다.

→ 山田さんはとても親切だった。
　　야마다 씨는 매우 친절했었다.

5 형용사의 부사화

❶ 「い형용사」

「い형용사」를 부사의 형태로 만들 때에는 「い형용사」의 어간에 「く」를 붙이면 된다. 예를 들어 「高(たか)く(높게)」「深(ふか)く(깊게)」「美(うつく)しく(아름답게)」등이 있다.

漢字を大きく書きました。
한자를 크게 썼습니다.

❷ 「な형용사」

「な형용사」를 부사의 형태로 만들 때에는 어미 「だ」를 「に」로 바꾼다.

静かだ　조용하다

→ 教室では静かにしてください。
　　교실에서는 조용히 해 주세요.

> **★ part6(오문정정)**
>
> 「い형용사」는 사전에 실려 있는 형태가 기본형과 동일한데 반해 「な」형용사의 경우는 사전에 어미 「だ」를 뺀 기본형의 어간 부분만 실려 있다. 따라서 「きれい」「きらい」와 같은 「な」형용사를 「きれくて(×)」나 「きれくなる(×)」처럼 「い형용사」로 착각하여 활용하지 않도록 한다.

6 전성명사

❶ 「い형용사」

명사형으로 만들려면 「い형용사」 어간에 「さ」를 붙이면 된다. 그 외에도 접미어 「み、け」를 붙이기도 하는데 「み」는 〈주체의 감정적인 인상이나 상태〉를 나타낸다. 이에 비해 「け」는 〈느낌이나 기분〉을 나타내는데, 「い형용사」에 붙으면 그런 느낌이 든다는 명사가 되며, 일부 형용사에 한해서만 쓴다.

- 長い 길다　　　→　長さ 길이
- 暑い 덥다　　　→　暑さ 더위
- 暖かい 따뜻하다　→　暖かさ 따뜻함
- すばらしい 멋있다　→　すばらしさ 멋, 훌륭함
- 重い 무겁다　　　→　重さ 질량, 무게　→　重み 가치적 무게, 중후함
- 深い 깊다　　　→　深さ 깊이　　　→　深み 깊은 맛의 정도, 심오한 정도
- 甘い 달다　　　→　甘み 단맛
- 苦い 쓰다　　　→　苦み 쓴맛
- 寒い 춥다　　　→　寒さ 추위　　　→　寒け 오한
- 眠い 졸리다　　→　眠け 졸음

❷ 「な형용사」

「な형용사」도 어간에 접미어 「さ」를 붙여 명사화된다. 외래어에서 온 말도 가능하다.

- 静かだ 조용하다　　　　→　静かさ 조용함
- 賑やかだ 번화하다　　　→　賑やかさ 번화함
- 素直だ 순진하다　　　　→　素直さ 순진함
- 柔らかだ 부드럽다　　　→　柔らかさ 부드러움
- おだやかだ 온화하다　　→　おだやかさ 온화함
- のどかだ 한가롭다　　　→　のどかさ 한가로움
- シンプルだ 심플하다, 단순하다 →　シンプルさ 심플함, 단순함

9 동사

1 동사ます형 연결 표현

❶ 「ます」: ～합니다／～하겠습니다

「ます」는 확정적인 미래나 매일 반복되는 행위 및 화자의 의지적 행위를 표현할 때 사용한다.

今週の土曜日はクラスの人と山登りに行きます。
이번 주 토요일에는 같은 반 사람들과 등산을 갑니다.

私は毎朝、新聞に目を通して出かけます。

나는 매일 아침, 신문을 훑어보고 나서 집을 나섭니다.

2 동사의 의지형「～う・～ようとする」

「～(よ)うとする(～하려고 하다)」는 제3자의 행위 묘사에 있어 그 〈의지〉를 나타내는 표현이다.

赤ちゃんが、机の上の物を取ろうとして背伸びをしている。

아기가 책상 위의 물건을 집으려고 발돋움을 하고 있다.

男の人はガードレールをくぐりぬけようとしている。

남자는 가드레일을 빠져나가려 하고 있다.

> ★ part7(공란 메우기)
>
> 시험에서는 문맥 속에서 「～とする」 앞에 「う、よう」와 같은 「의지형」을 표현할 줄 아는지를 묻는 문제가 출제된다.

3 변화 패턴을 따르지 않는 예외 1Group 동사

「る」로 끝나고 「る」 앞에 「i」또는 「e」발음이 오더라도 1Group동사의 범주에 들어가지 않는 동사가 있다. 일본어에서 이러한 부류의 동사는 약 50개 정도가 있는데 이중에서 자주 쓰이며 중요한 것을 분류해 놓았다.

• 상1단 동사처럼 보이나 1Group(5단 활용) 동사인 것

入る	들어가다, 들어오다	限る	제한하다, 한정하다
握る	쥐다	散る	지다, 흩어지다
参る	가다, 오다	用いる	활용하다, 이용하다
知る	알다	切る	자르다
要る	필요하다	走る	달리다

• 하1단 동사처럼 보이나 1Group(5단 활용) 동사인 것

帰る	돌아가다, 돌아오다	焦る	조바심하다
減る	줄다	練る	손질하다, 다듬다
滑る	미끄러지다	蹴る	차다
うねる	구불거리다	捻る	비틀다

<u>4</u> 경어 「1Group동사」의 활용

「なさる(하시다)、くださる(주시다)、いらっしゃる(계시다, 오시다)、おっしゃる(말씀하시다)」등
의 동사는 「ます형」과 「명령형」에서 기존의 방법과 달리 다음과 같이 특수 활용을 한다.

- なさる　　　　→　なさいます　하십니다　　　→なさい　하세요
- くださる　　　→　くださいます　주십니다　　　→ください　주세요
- いらっしゃる →　いらっしゃいます　계십니다　　→いらっしゃい　오세요
- おっしゃる　　→　おっしゃいます　말씀하십니다　→おっしゃい　말씀하세요

10 「〜ないでください」「〜なくてもいい」

<u>1</u> 「〜ないでください」: 〜하지 마세요(부드러운 금지)

「〜ないでください」는 가족이나 친한 사이에는 「ください」를 생략하여 「〜ないで」만을 쓴다. 그러나
누구에게 주의를 줄 입장이 아니면서 이렇게 말하면 상대방에게 불쾌감을 줄 수 있으므로 상황에 주의
해서 써야 한다. 「〜ないで」는 뒤에 「ください」「ほしい」가 생략된 형태로 상대에게 부드럽게 부탁하
거나 명령하는 기분을 나타내며, 기대와는 상반되는 결과를 말하거나, 완곡한 말씨의 금지를 나타낸다.
동사에만 연결되고 앞에 내용을 받아 뒤에 나오는 부대 상황을 나열하는 의미가 강한 표현이다. 실전 문
제 풀이에서 문맥을 보되 좀 더 쉽게 구별할 수 있는 방법은 아무래도 〈열거〉나 〈내용 설명〉을 하는 부분
이므로 「て형」 뒤에 보조동사인 「いる」「ある」「くる」「みる」「おく」「しまう」 등이 올 경우 정답은 「〜な
いで」가 거의 유력하다.

図書館で寝ないでください。
도서관에서 자지 마세요.

お母さん、私の手紙を読まないでください。
엄마, 제 편지를 읽지 마세요.

<u>2</u> 「〜なくてもいいです」: 〜지 않아도 됩니다(허락), 〜하지 않아도 좋다(불필요의 표현)

불필요(不必要)함을 나타내는 말로 「〜なくてもかまいません」이라고도 하는데, 만약 이 표현을 써서
「〜なくてもかまいませんか」하고 질문을 할 경우에는 상대의 의향을 묻는 의미가 강해진다. 특히 이
표현은 「동사 기본형＋ことはない」에 대한 동일한 의미로 사용한다.

医者を呼ばなくてもいいです。
의사를 부르지 않아도 됩니다.

今日決めなくてもかまいませんか。
오늘 정하지 않아도 괜찮습니까?

> **★part2(응답문제), 6(오문정정)**
>
> 이 파트에서는 패턴을 묻는다. 특히 「~なくてはいけない : ~지 않으면 안 된다(의무)」「~なくてもいいです : ~지 않아도 됩니다(허락), ~하지 않아도 좋다(불필요의 표현)」의 밑줄 친 부분을 음미해라. 이런 부분을 놓치면 고득점은 멀어진다.

> **★ part5(정답 찾기)**
>
> 「使(つか)わずとも」는 「使(つか)わなくとも」이며 「~なくても」라고도 한다. 「ず」는 부정의 조동사 「ぬ」의 활용형으로 「ないで」「なくて」의 의미가 된다.

> **★ part5(정답 찾기), 6(오문정정), 7(공란 메우기)**
>
> 「ない형」관련 표현은 고급 레벨에서 출제되는 경우 「~ないわけにはいかない」「~ざるを得(え)ない」「~よりほかない」「~より仕方(しかた)ない」「~べきだ」에 대한 동일한 의미로 사용한다. 자주 출제되는 문제이다.

> **★ part6(오문정정), 7(공란 메우기)**
>
> 「~ないで」와 「~なくて」의 의미 차이에 따른 구별문제가 출제된다. 「~なくて」는 동사, 형용사 부정형의 「て형」이 「원인·이유」의 의미로 사용되는 경우와, 명사에 연결되어 「A じゃなくて B」의 형태로 A와 B가 대립적인 내용일 때나 「A가 아니라 B다」의 뜻으로 선택의 의미가 강한 경우에 사용한다.

11 특정 조사 「に」와 잘 어울리는 어구

「に」를 수반하는 중요하고 특별한 표현이 있다. 일상생활에서는 물론 시험에도 자주 출제되는 아래의 표현들을 암기해 두기 바란다.

• ~に乗る	~을(를) 타다
• ~にあたって • ~にあたり	(때를 맞이하다)~에 즈음해서, ~에 즈음해
• ~に当たる	~에 해당하다, ~에 대등하다＝「~に相当する」
• ~において	(동작이나 상황이 일어난 장소, 시간)~에 있어서, ~에 있어서의
• ~に応じて	~에 따라서, ~에 따라＝「~に即して~に따라」

・〜における	(동작이나 상황이 일어난 장소, 시간, 환경, 놓인 상황)〜에 있어서, 〜에 관해서, 〜라는 점에서
・〜に関して ・〜に関する	〜에 관하여(대하여), 〜에 관한 ※「〜について」와 더불어 언어, 지적 활동을 나타내는 동사를 뒤에 붙어 다분히 앞서 제시한 사항에 대한 내용적인 면을 중시하거나 취급하는 대상을 나타내는 뉘앙스이다. 「〜に関して」는 어떤 사물의 내용, 주제를 설명할 때 쓰는 표현으로 「〜について」에 비해 다소 딱딱한 느낌이 드는 표현이다.
・〜に応えて ・〜に応える	〜에 따라(부응해서), 〜에 부응하다
・〜に先立つ ・〜に先立ち	〜에 앞서는, 〜에 앞서
・〜に住む	〜에 살다, 「거주하다」라는 의미로 사용 ※「장소＋で暮す(살다)」는 「생활하다」라는 의미를 가지고 있다. 조사 「で」에 주의!
・〜に対して ・〜に対する	〜에 대해서, 〜에 대한 ※「〜に対して」는 하나의 사물과 개념에 대한 대립(対立) 또는 대응(対応) 관계를 말하는 상대적 개념을 나타내는 말로 설명하고자 하는 사물의 「방향, 목표물」을 나타낸다. 즉 주체의 상대편에 있는 대립적 상대 및 대상을 지칭하는 말이다.
・〜について ・〜につき ・〜についての	〜에 대해서, 〜마다(때문에), 〜에 대한 ※「〜について」「〜に関して」는 어떤 사물의 내용, 주제를 설명할 때 쓰는 표현이다. 「〜について」는 주로 회화에서 많이 사용한다.
・〜につれて	(전후 문장을 비례의 관계로 이어주며)〜함에 따라, 〜할수록, 〜하자 점점 더 ＝「〜すると、だんだん(〜하자, 점점)」
・〜にとって ・〜にとって(は)	(사람, 조직)〜에게 있어서, 〜의 입장(견해)에서 보면, 〜에 있어(서는)
・〜に伴って ・〜に伴い	〜에 따라서, 〜와(과) 더불어, 〜에 따라
・〜にわたって ・〜にわたり ・〜にわたる	〜에 걸쳐서(전체에), 〜에 걸쳐, 〜에 걸치는 ※「〜にわたって」는 기간, 회수, 범위 등의 단어 뒤에 붙어 지속되고 있는 일정 시간의 폭, 길이를 나타낸다. 뒤에 「行(おこな)う、続(つづ)ける、訪(おとず)れる」 등의 동사를 동반하는 경우가 많다.

12 경어

1 존경공식

❶ お／ご + 동사ます형／한자어 + になる : ~하시다
❷ お／ご + 동사ます형／한자어 + ください : ~하세요, ~하십시오
❸ お／ご + 동사ます형 + です : ~하십니다
❹ 필수 암기! 존경동사

• する 하다	なさる 하시다
• いる 있다	いらっしゃる／おいでになる 계시다
• 来る 오다	いらっしゃる／おいでになる／お見えになる／おこしになる 오시다
• 行く 가다	いらっしゃる／おいでになる 가시다
• 言う 말하다	おっしゃる 말씀하시다
• 見る 보다	ごらんになる 보시다
• 食べる 먹다 飲む 마시다	めしあがる、召す、あがる 드시다
• 着る 입다	おめしになる 입으시다
• 知る 알다 思う 생각하다	ご存知だ 알고 계시다, 생각하시다
• くれる 주다	くださる 주시다

2 겸양공식

❶ お／ご+ます형／한자어 + する／いたす : ~해 드리다
❷ お／ご+ます형／한자어 + 申(もう)し上(あ)げる : ~(해) 드리다

❸ お／ご＋ます형／한자어 ＋ いただく：～(해) 주시다

❹ 필수 암기! 겸양동사

・する 하다	いたす
・行く 가다	まいる／あがる
・来る 오다	まいる
・訪ねる 방문하다	うかがう／おじゃまする／あがる
・言う 말하다	申し上げる
・見る 보다	拝見する
・聞く 묻다	うかがう／承(うけたまわ)る
・借りる 빌리다	拝借する
・会う 만나다	お目にかかる
・見せる 보이다	お目にかける／ご覧にいれる
・知る 알다 思う 생각하다	存ずる／存じあげる
・もらう 받다	いただく／ちょうだいする

13 착용동사

신체의 특징이나 복장, 장신구 착용에 관한 상태 표현은 「～ている」로 한다. 또 그런 사람을 나타낼 때는 「～た人(ひと)」로 말하기도 한다.

兄はネクタイをしめて後ろに立っています。
형은 넥타이를 매고 뒤에 서 있습니다.

山田さんは傘をさしています。
야마다 씨는 우산을 쓰고 있습니다.

黒いズボンをはいている人はだれですか。
검은 바지를 입고 있는 사람은 누구입니까?

山田さんは赤いスカートをはいている人です。
야마다 씨는 빨간 스커트를 입고 있는 사람입니다.

ネクタイ・ベルトを締める(=する)。 ↔ 外す 풀다
넥타이 · 벨트를 매다.

ズボン（スカート、ショートパンツ）、くつ（くつした）をはく。↔ 脱ぐ 벗다
바지(스커트, 반바지), 구두(양말)를 신다.

時計をはめる。／指輪・てぶくろをはめる（=する）。
시계를 차다.／반지, 장갑을 끼다.

シャツ、カジュアルな服、スーツ、うわぎ、長袖を着る。↔ 脱ぐ 벗다
셔츠, 캐주얼 한 옷, 양복, 상의, 긴소매를 입다.

眼鏡をかける。↔ 外す 벗다
안경을 쓰다.

14 그 외 표현

1 「と・ば・たら・なら」

JPT 파트 전 영역에 걸쳐 「と」「ば」「たら」「なら」와 같은 조건(가정)표현이 문장 내에서 단독으로 사용되는 변별력을 묻는다. 당연히 다른 것과 대체하여 사용할 수 없는 독자적인 고유 뉘앙스를 중심으로 독자적인 의미를 우선하여 기억하는 것이 득점의 비결이다.

❶ 「と」

동사 기본형+「と(~면)」의 형태로 동사가 성립했을 경우, 필연적으로 뒤의 내용이 성립하는 것을 나타낸다. 조건문에 「と」가 오면 뒤에 명령문이나 지시문이 올 수 없다. 이때 대체할 수 있는 표현이 보통 「たら」이다. 기계의 사용 방법 등과 같이 당연함, 정확한 결과가 나올 때 사용된다. 또 항상 자연스러운 일, 항상 반복되는 자연현상·작용·불변의 진리(수식, 계산)·길의 순서(길 안내)·필연적 결과를 나타낸다. 이 경우 문 말에는 일이 되어 가는 과정을 표현할 뿐이며, 화자의 의지, 의뢰나 상대에 대한 권유, 명령, 허가, 희망, 금지 등의 표현은 올 수 없다.

ここにお金を入れると、切符が出てきます。
여기에 돈을 넣으면 표가 나옵니다.

かぜ薬を飲むと、ねむくなります。
감기약을 먹으면 졸려 옵니다.

あの角を右に曲がると、ポストがある。
저 모퉁이를 오른쪽으로 돌면 우체통이 있다.

暗くなると、電気をつけましょう。(×)
어두워지면 전기를 켭시다.

暖かくなると、花見に行ってください。(×)
따뜻해지면 꽃구경 가세요.

❷ 「ば」:「Aば、B(「B가 성립되기 위한 조건」으로 A하면, B하다)」

앞으로 일어날 수 있는 조건이 두 가지 있어, 그 중 어느 쪽을 택해야 할지를 말하는 표현이다(「그렇지 않으면」이라는 숨어 있는 뜻을 느끼게 하는 말투이다). 「と」와 마찬가지로 논리적으로 사실을 말할 때나, 필연적인 결과를 나타낼 때 쓴다. 특히 속담이나 관용구에 많이 쓰인다. 단 B문에 과거형이나 자동사 뒤에 말하는 사람의 의지, 명령, 허가, 권유가 들어간 문장은 사용할 수 없다. 단 A에 「ある、いる、要(い)る、가능 동사、형용사」 등의 상태를 나타내는 말이 온 경우에는 「의지, 명령, 허가, 권유」표현을 사용할 수 있다.

天気がよければ、ジョギングをします。
날씨가 좋으면 조깅을 합니다.

天気がよくなければ、ジョギングをしません。
날씨가 좋지 않으면 조깅을 하지 않습니다.

高くなければ、買いたいです。
비싸지 않으면 사고 싶습니다.

★ part5(정답 찾기)에서 「ば」의 출제 패턴은 제시한 문장과 의미와 동일한 내용을 고르는 문제가 주종을 이룬다.
例 もう少し安ければ買うんですが。= 残念ですが、高いので買えません。
좀 더 싸면 사겠습니다만.   유감이지만, 비싸서 살 수 없습니다.

❸ 「たら」

상상해서 가정하거나 화자의 희망을 말할 때 쓰인다. 말하는 사람의 의지나 권유가 들어 있는 문장이 올 수 있다.

もし宝くじで3億円が当ったら、何に使いますか。
만일 복권에서 3억 엔이 당첨된다면 무엇에 사용하시겠습니까?

あなたが私の立場だったらどうしますか。
당신이 나의 입장이라면 어떻게 하겠습니까?

「Aたら、B(B하기 직전에, A하거든)」의 A에는 동사만 연결되고, 앞서 행동이 완료되었음을 전제로 다음 행위를 한다는 「그렇게 된 다음에」의 의미로 가정이 아니다. 「~하고 나서, ~한 다음에」라는 뜻을 나타낸다. 전후 내용을 「~てから」로 연결하여 바꿀 수 있다

ファックスが届いたら電話します。
팩스가 도착하면 전화 하겠습니다.

雨が降ったら庭に干してある洗濯物を早く取り込んでください。
비가 오거든 정원에서 말리고 있는 세탁물을 빨리 거둬 주세요.

「たら」 뒤에 오는 문장에 과거형이 오면, 「~하니까」「~했더니」에 해당한다. 우연한 발견이나 의외, 놀라움 등을 나타낸다.

デパートへ行ったら小学校時代の同級生に会った。
백화점에 갔다가, 초등학교 시절 동창생을 만났다.

★part5(정답 찾기)에서 「たら」의 출제 패턴은 위에 제시한 용법 중에서 예문의 의미와 동일한 내용을 고르는 문제가 주종을 이룬다.

❹ 「なら」

「Aなら、B」는 「(A의 경우를 한정하여) 만약 A라면 B하다」의 뜻으로 「Aなら」에서 말하는 상대방이 말한 것, 모습, 상황 등 상대방의 이야기나 결심을 듣고 그것을 근거로 한 화자의 어드바이스(충고), 의지, 기분, 의견, 의뢰, 권유에 자주 쓰인다. 즉 「의지, 권유, 추측, 명령」을 나타내는 표현이 올 때에 주로 「なら」를 쓴다.

駅に行くなら、バスが便利ですよ。
역에 갈 거라면 버스가 편리해요.

もしできるものなら、この美術館にある絵が全部欲しい。
만일 가능하다면 이 미술관에 있는 그림을 전부 갖고 싶다.

「AならB」의 형태에서 B문이 시간적으로 A문을 앞지르는 관계를 나타낼 수 있는 것은 「なら」뿐이다. 따라서 B문에 과거형은 오지 않는다.

この本、読むなら、貸してあげますよ。
이 책을 읽을 거라면 빌려주겠어요.

話し合いで決めるなら、もう少し時間をおいてからにしましょう。
대화로 결정할 거라면 좀 더 시간을 두었다가 합시다.

□ 「〜ならいざ知らず」: (〜에 대해) 몰라도

子供ならいざ知らず、そんなくだらないことでわずらわせないでください。
어린애라면 어쩔 수 없지만, 그런 하찮은 일로 성가시게 하지 말아 주십시오.

□ 「〜くらい (ぐらい) なら」: 「〜くらいなら〜のほうがいい」「〜くらいなら (いっそ) 〜のほうがました」(〜할 정도라면 차라리 〜하는 게 낫다)의 형태로 사용되며, 「〜くらい (ぐらい)」 앞의 내용에 대해 싫어하고 기피하는 기분을 나타내는 말이다.

あんな大学に入るくらいなら就職する方がよほどいい。
그런 대학에 들어갈 정도라면 취직하는 편이 훨씬 낫다.

□ 「〜ものなら」: 주로 「가능 동사」를 받아 실현 가능성이 적은 일에 대해서 만일 실현된 경우에는 이라는 의미이다.

できるものなら世界中を旅行してみたい。
할 수 있다면 전 세계를 여행하고 싶다.

2 「まで」・「までに」

❶ 「まで」

그 기간 전체를 통해서 이루어진 행위가 어떤 시점까지 동작이 계속될 때 사용한다. 즉 어느 시점이나 사람의 경우 상대가 있는 곳까지의 이동의 목표, 도착점을 나타내며 어떤 동작이나 상태가 계속되는 것과 범위를 나타낸다.

家から駅まで五キロぐらいあります。
집에서 역까지 5킬로 정도 됩니다.

きのうは2時ごろまでずっと本を読んでいました。
어제는 2시경까지 쭉 책을 읽었습니다.

❷ 「までに」

시간을 나타내는 명사나, 사건을 나타내는 절에 붙어 동작의 기한이나 마감을 나타내는 말이다. 뒤에 동작이나 작용을 나타내는 표현을 수반하여 그 기한을 넘기지 않고 이전의 어떤 시점에서 동작이나 행위를 끝냄을 의미한다.
기간 중 어느 한 시점에서 일어나는 동작, 동작의 최종 기한에 중점을 두는 표현으로 늦어도 어느 시점까지는 의미이다. 그 기간 중에 종료된 동작을 나타낸다. 따라서 「계속적」인 의미를 갖는 「〜ている/〜てある」와 같은 상태 표현과는 같이 쓸 수 없다. 주로 「〜てはいけない (ならない)、〜てください」와 같은 시간적 제약을 가하는 말이 뒤에 온다.

3時<ruby>までに<rt></rt></ruby>戻ります。

3시까지 돌아오겠습니다.

私がもどる<ruby>までに<rt></rt></ruby>この仕事を終えておきなさい。

내가 돌아올 때까지 이 일을 끝내 놓아라.

> ★「まで」「までの」를 구별하는 문제가 나온다. 좀 더 어렵게 출제되면 문장 내에 쓰인 「まで」의 동일 용법을 묻는다.
> 더불어 조사 「に」에 의해서 의미상 큰 차이가 나는 다음 표현들을 잘 알아두자.

3 「ので」·「から」

❶ 접속조사 「から」는 활용어의 기본형에 붙고, 「ので」는 〈원인·이유〉를 나타내며 활용어의 연체형에 붙는다. 이 조사들은 의미 못지않게 접속 문제가 자주 출제된다. 접속에 차이가 나는 「な형용사」「명사」만 주의하면 된다.

車で行く**ので**、お酒は飲めません。

차로 가야 하기 때문에 술은 못 마십니다.

日本語を勉強したい**ので**、日本に来ました。

일본어를 공부하고 싶어 일본에 왔습니다.

彼女は器用な**ので**仕事が速い。

그녀는 손재주가 있어서 일이 빠르다.

まだ新入社員な**ので**仕事に慣れていない。

아직 신입사원이기 때문에 업무에 익숙하지 않다.

❷ 「から」가 주관적인 이유를 나타내는데 비해, 「ので」는 자기만의 생각이 아닌 객관적인 이유를 나타내며 사실을 설명하는 말투이다. 다른 사람에게 어떤 일을 부탁하거나 거절할 때, 변명이나 겸손하게 말해야 하는 경우 「から」를 쓰면 자기의 일방적인 사정만 강조하는 꼴이 되어서 실례가 되는 경우가 많으니 주의할 필요가 있다.

寒い**から**窓を閉めてください。

추우니까 창문을 닫아 주세요.

まだ小さい子供だ**から**何もわかりません。

아직 어린 아이이므로 아무 것도 모릅니다.

> ★part6(오문정정), 7(공란 메우기)에서는 「から」「ので」의 접속 및 문장 내의 의미 차이가 주로 출제된다.

<u>4</u> 「～つもり」・「～予定^{よてい}」

❶ 「동사 기본형＋つもり」：～할 생각(계획, 작정)

1인칭 화자나 3인칭의 의지를 포함한 「생각, 계획, 작정」의 의미이다. 「～ないつもり(～하지 않을 생각)」의 형태로 어떤 행위를 할 의지가 없음을 나타내기도 한다. 단, 3인칭의 의지를 나타낼 경우에는 뒤에 「～なのです、～のようです、～らしいです、～だそうです、～だと言(い)っています」와 같은 말을 붙여 말한다. 정리하면 「～(る)つもりです(～할 생각(작정)입니다)」가 된다.

「つもり」는 사람이 마음속에서 계획하는 것을 나타낼 때 쓰며, 강한 「의지(意志)」를 가지고 구체적인 계획이 서 있거나 예정이 확실시되는 경우」에 쓴다. 단 「つもり」를 사용하여 손위 사람에게 질문을 할 경우에는 실례가 됨으로 주의할 필요가 있다.

一生 懸命がんばる**つもり**です。
열심히 노력할 작정입니다.

私は来月会社を辞める**つもり**です。
나는 다음 달 회사를 그만둘 생각입니다.

> ★part6(오문정정)에서 「～つもり」가 시험에서 쉽게 출제되는 경우는 「～つもりです」 앞의 동사의 형태를 묻는다. 답은 〈동사의 현재 기본형〉이다. 또 「～つもります」라는 말은 없다. 형식명사의 매듭은 「～です」이다.
>
> ★part6(오문정정)에서 「予定(よてい)」와의 뉘앙스 차이를 묻는 문제도 나온다. 「つもり」가 무생물이 주어인 경우에는 쓸 수 없는 말인데 비해, 「予定」는 미리 정해 둔다는 의미로 사전 합의에 의한 일정, 약속 등 일반적인 사항에 사용한다.
>
> 예 この飛行機は日本を経てヨーロッパへ向かうつもりです。（×）
> この飛行機は日本を経てヨーロッパへ向かう予定です。 （○）
> 이 비행기는 일본을 거쳐 유럽으로 향할 예정입니다.
>
> ★part7(공란 메우기)에서 「～たつもり」와 같이 동사의 과거 완료형에 「～つもり」가 접속되면 〈그럴 의도는 가지고 있었지만, 결과적으로는 그렇게 되지 못했을 경우〉에 사용하는 말이다. 특히 「～つもりで」의 꼴은 「～한 셈치고」로 해석한다.
>
> 예 昔に戻ったつもりで、もう一度一からやり直してみます。
> 옛날로 돌아간 셈치고 다시 한 번 처음부터 다시 하겠습니다.

<u>5</u> 「も」・「でも」

❶ 「も」

같은 것을 열거하는 경우나, 어떤 사실을 들고 같은 종류가 또 있음을 나타낸다. 「～であれ～であれ」와 유사한 표현이다.

父も母も同意してくれない。
아버지도 어머니도 동의해 주지 않는다.

강조하는 뜻을 나타낸다. 「수사＋も」의 형태로 「~씩 이나, ~이나」로 예측 이상의 수량을 강조한다.

一週間に五冊も読んだ。
1주일에 5권이나 읽었다.

수량을 나타내는 말에 붙어 그에 대해 적당한 정도, 예시를 나타낸다.

あのテレビは5万円も出せば買えます。
저 텔레비전은 5만 엔만 내면 살 수 있습니다.

❷ 「ても(でも)」: ~하여도, ~했음에도 불구하고 ＝「~てあれ」「~たって」

가정의 역접 조건 및 한정의 역접 조건을 나타낸다. 특히 「たとい(たとえ)~ても」「たとえ~てあれ」의 형태로 「가령 ~일지라도」라는 의미로 갖는다. 이 표현은 어떤 조건을 가정하고, 그 조건 아래서도 결과가 변하지 않음을 나타내는 말이다.
「たとい(たとえ)~しても」는, 앞에서 말한 사항과 당연하지 않은 결과를 나타낸다. 말하는 사람의 의지나 권유가 올 수 있다. 유사 표현으로 「~たところで(~해 봤자)」가 있다.

たとい大雨が降っても出席します。
설령 큰비가 오더라도 참석하겠습니다.

今さら走っても、もう間に合わない。
이제 와서 달려도, 이미 제시간에는 못 간다.

6 「しか」: ~밖에

「しか」는 「오직 그것뿐」이라는 의미로 범위나 정도의 한정을 의미한다. 한정을 나타내는 같은 뉘앙스인 「だけ」와 다른 점은 「しか」는 항상 부정어를 수반한다는 점이다.

女の学生は三人しかいません。
여학생은 세 명밖에 없습니다.

背がひくいので相手の顔しか見えません。
키가 작아서 상대방의 얼굴밖에 안 보입니다.

7 「きり」·「まま」

❶ 「きり(~뿐, ~만)」은 한정을 나타내며, 「ただ、それだけ、だけ、ばかり、のみ」라는 뜻과 같이 쓴다. 또 「~きり、~きりで＋부정」의 형태로 부정을 나타내는 말이 오면 「그것을 마지막으로 해서 ~뿐/ ~뿐이다」의 뜻으로 「~っきり」의 형태로 쓰인다.

あなたの持っている本は、これきりですか。
당신이 갖고 있는 책은 이것뿐입니까?

朝早く出かけて行ったきり、夜になっても帰って来ない。
아침 일찍 나간 채 밤이 되어도 돌아오지 않는다.

❷「～まま」는 그 상태 그대로의 뜻이다. 동사에 연결될 때는「～たまま」의 형태로「～(한) 대로, ～(한) 채」라고 한다.

窓を開けたまま寝てしまった。
창문을 열어 놓은 채로 자 버렸다.

このままではきりがないし、多数決を取りませんか。
이대로는 끝이 없고, 다수결로 결정할까요?

★part6(오문정정)에서는 패턴으로 단순한 문법뿐만 아니라 상투어, 낱말의 다양한 쓰임 등의 문제가 많이 출제되므로 관용어나 상투어 등은 확실히 익혀 두는 것이 좋다.「とおり」와「まま」를 문자대로만 번역하면「～대로」가 되기 때문에 의미상 구별을 해서 써야 함에도 많은 착각을 일으킨다. 바로 이 점 때문에 의미를 비교하는 문제가 출제된다. 즉 우리말로 표현할 때 비슷하여 착오를 일으키는 유사한 어의 부분을 정확히 알아두어야 한다.

• 「～とおり」: ～하는 대로, ～한대로, ～대로

예 わたしの言ったとおり、彼は成功しました。
　　내가 말한 대로 그는 성공했습니다.

• 「～まま」・「～たまま」:「～(있는)그대로, ～한 채」라는 그 상태 그대로의 뜻이다. 접속은「명사の／な형용사な／い형용사い＋まま」「～た＋まま、～の＋まま」로 특히 동사에 접속하는 형태를 묻는 문제가 비교적 자주 출제된다. 특히「な형용사」의 접속에 주의하자.

예 このままなら5月には資金が底をつく可能性がある。
　　이대로라면 5월에는 자금이 바닥날 가능성이 있다.

8 「もう」・「まだ」

❶「もう」는「이미, 벌써」로 동작의 완료를 나타낸다.「まだ」는「아직」으로 할 생각이 있으나, 동작이 완료되지 않은 지금까지 계속되는 상태를 말한다.

注文はもうお決まりですか。
주문은 이제 정하셨습니까?

もうけっこうです。
이젠 됐습니다.

❷「まだ 동사＋ていない」: 아직 ～하지 않았다

여기서 자주 출제되는 부분은 부정 표현에 주의해야 한다는 점이다. 즉「いいえ」일 경우에는「まだ ～ていません」이라고 해야 한다. 만약「いいえ、しませんでした」라고 대답하면 이는 이미 끝난 일이어서 앞으로도 할 의사가 없음을 나타낸다.「まだ」의 의미를 무시하고「まだ～ませんでした」처럼 직역을 하는 일이 없도록 하자.

Q : 書類はもう読みましたか。
　　서류는 이미 읽으셨습니까?

A : いいえ、書類はまだ読んでいません。
　　아니요, 서류는 아직 읽지 않았습니다.

9 「ことにする」・「ことになる」

❶「～ことにする」: ～할 것을 결정하다, ～하기로 하다

말하는 사람의 의지나 결심을 나타내는 표현으로 행동의 주체가 분명하여 무엇을 하기로 결정했다는 말이다. 이것을 동일한 의미의 다른 말로 바꾸면 의지형이 가미된「～(よ)うと思(おも)っています」이다.

今日からたばこを止めることにした。
오늘부터 담배를 끊기로 했다.

いろいろ比べてみて、この本を買うことにした。
여러 가지 비교해 보고 이 책을 사기로 했다.

❷「～ことになる」: ～하게 되다, ～하기로 결정되다

행동의 주체가 명확하지 않고, 어떤 결과가 된 경우에 쓰는 표현으로 결정되어진 내용을 말한다. 즉 결과, 예정, 규칙(룰)을 나타낸다.

来週、アメリカに出張することになりました。
다음주 미국에 출장 가게 되었습니다.

もう準備はすべて終えて、パーティーを始めることになっています。
이미 준비는 모두 끝나, 파티를 시작할 예정입니다.

教室でタバコは吸わないことになっている。
교실에서 담배는 피우지 않게 되어 있다.

Drill 1 조동사 · 조사

1. 今日は早く帰るよう＿＿＿母に言われました。
   - (A) と
   - (B) で
   - (C) な
   - (D) に

2. あの人はやきゅうがうまい＿＿＿です。
   - (A) そう
   - (B) ない
   - (C) な人
   - (D) かったの

3. 田中さんは少し遅れる＿＿＿言いました。
   - (A) の
   - (B) と
   - (C) か
   - (D) は

4. あの人はなん＿＿＿いう人ですか。
   - (A) に
   - (B) が
   - (C) と
   - (D) を

5. きょうは雨が＿＿＿と思います。
   - (A) ふり
   - (B) ふる
   - (C) ふって
   - (D) ふろう

6. 今日は雨が＿＿＿ないとおもいます。
   - (A) ふら
   - (B) ふり
   - (C) ふった
   - (D) ふる

7. わたしはあしたも図書館へ______と思います。

   (A) いった　　　　　　　　　(B) いこう

   (C) いって　　　　　　　　　(D) いる

8. このペンはインクがあまりないので、よく________でしょう。

   (A) かく　　　　　　　　　　(B) かかない

   (C) かける　　　　　　　　　(D) かけない

9. すみません、このテープ________くださいませんか。

   (A) に聞いて　　　　　　　　(B) を聞かせて

   (C) を聞いて　　　　　　　　(D) に聞かれて

10. 今日は雨に__________。

   (A) 降られた　　　　　　　　(B) 降った

   (C) 降らなかった　　　　　　(D) 降れた

11. ゆうべ、友だちに________勉強できませんでした。

   (A) 来て　　　　　　　　　　(B) 来させて

   (C) 来なくて　　　　　　　　(D) 来られて

12. 母は毎日子供にミルクを__________。

   (A) 飲ませます　　　　　　　(B) 飲みます

   (C) 飲ませられる　　　　　　(D) 飲めます

13. 雨が降るかも知れないので、傘を持って______ほうがいいですよ。

   (A) 行った　　　　　　　　　(B) 行って

   (C) 行き　　　　　　　　　　(D) 行かない

14. バスと地下鉄___どちらが便利ですか。

   (A) が　　　　　　　　　　　(B) に

   (C) と　　　　　　　　　　　(D) を

Drill 2 형용사

1. 東京はとても______町です。

   (A) にぎやかな　　　　　　　　(B) にぎやかの

   (C) にぎやかだ　　　　　　　　(D) にぎやかく

2. これは便利で______辞書です。

   (A) いい　　　　　　　　　　　(B) いく

   (C) いいな　　　　　　　　　　(D) よく

3. 近所には______家がたくさんあります。

   (A) おおきい　　　　　　　　　(B) おおきく

   (C) おおきくて　　　　　　　　(D) おおきかった

4. あの人は______な歌手です。

   (A) べんり　　　　　　　　　　(B) ゆうめい

   (C) まずい　　　　　　　　　　(D) おおきい

5. 一年間で休める日が3日しかないなんて______仕事ですね。

   (A) ふべんな　　　　　　　　　(B) きらいな

   (C) げんきな　　　　　　　　　(D) たいへんな

6. デパートで______花を買いました。

   (A) あかい　　　　　　　　　　(B) おいしい

   (C) しずかな　　　　　　　　　(D) あつい

7. ここはとても______まちです。

   (A) しずかの　　　　　　　　　(B) しずかに

   (C) しずかな　　　　　　　　　(D) しずか

8. 字がきたないですね。もっと＿＿＿＿＿字で書きましょう。

(A) しんせつな
(B) たいせつな
(C) ぜいたくな
(D) ていねいな

9. この料理は＿＿＿＿＿ないです。

(A) おいし
(B) おいしい
(C) おいしく
(D) おいしいでは

10. わたしの会社は＿＿＿＿＿ありません。

(A) ちいさい
(B) ちいさく
(C) ちいさな
(D) ちいさくて

11. この時計はあまり＿＿＿＿＿。

(A) いいです
(B) よかったです
(C) よいです
(D) よくないです

12. この辞書はとても＿＿＿＿＿安いです。

(A) べんりな
(B) べんりに
(C) べんりだ
(D) べんりで

13. もっとていねいな字で書いてください。あまりに＿＿＿＿＿です。

(A) らんぼう
(B) ぜいたく
(C) たいせつ
(D) きゅうくつ

14. ここから家まで＿＿＿＿＿ですか。

(A) とおく
(B) みじかい
(C) ながい
(D) ちかい

15. 東京はとても＿＿＿＿＿です。

(A) べんり
(B) べんりな
(C) べんりの
(D) べんりに

16. 冬は＿＿＿＿＿ですが、夏はあついです。

(A) さむく   (B) さむくて

(C) さむいだ   (D) さむい

17. 南大門市場はたくさんの人で大変にぎやかだと聞いていましたが、ほんとうに＿＿＿＿＿ですね。

(A) すばらしい   (B) すごい

(C) うまい   (D) はずかしい

18. 北海道の冬は寒さが＿＿＿＿＿です。

(A) こわい   (B) きびしい

(C) つよい   (D) たかい

19. 私は性格が＿＿＿＿＿、やさしい男性が好きです。

(A) あかるくて   (B) あかるいな

(C) あかるいだ   (D) あかるくな

20. この肉は＿＿＿＿＿おいしいです。

(A) やわらかい   (B) やわらかいで

(C) やわらくて   (D) やわらかくて

21. 彼女は＿＿＿＿＿とても親切です。

(A) うつくしいで   (B) うつくしい

(C) うつくしくて   (D) うつくしかった

22. 彼女は＿＿＿＿＿とてもうつくしいです。

(A) やさしいで   (B) やさしい

(C) やさしくて   (D) やさしいに

23. この家は＿＿＿＿大きいです。

  (A) あたらしいで   (B) あたらしいく

  (C) あたらしい   (D) あたらしくて

24. 日本の夏は温度が＿＿＿＿くて、ほんとうに過ごしにくいです。

  (A) おおき   (B) すくな

  (C) たか   (D) きびし

25. 地下鉄は＿＿＿＿速いです。

  (A) べんりな   (B) べんりで

  (C) べんりだ   (D) べんりの

26. この魚は＿＿＿＿おいしいです。

  (A) しんせんで   (B) しんせんな

  (C) しんせんに   (D) しんせん

27. 昨日はたいへん＿＿＿＿。

  (A) あついかたです   (B) あついです

  (C) あつくでした   (D) あつかったです

28. テニスがとても＿＿＿＿なりました。

  (A) じょうずく   (B) じょうずで

  (C) じょうずの   (D) じょうずに

29. いくら新しい家でも、掃除をしなければ＿＿＿＿なります。

  (A) きたないに   (B) きたなくに

  (C) きたなくて   (D) きたなく

30. 女の子たちは自分を＿＿＿＿見せようといっしょうけんめいだ。

  (A) かわいて   (B) かわいく

  (C) かわいな   (D) かわいに

31. そうじをすると部屋が＿＿＿＿なります。

(A) きれいく   (B) きれいい

(C) きれいに   (D) きれいくに

32. 彼女は日本の歌を＿＿＿＿＿うたいます。

(A) じょうずに   (B) じょうずで

(C) じょうず   (D) じょうずだ

33. あの人は結婚してから＿＿＿＿なりました。

(A) きれい   (B) きれいに

(C) きれく   (D) きれくに

34. あなたの背の＿＿＿＿はいくらですか。

(A) ねだん   (B) かかく

(C) たかさ   (D) やすさ

35. 私の家は空港＿＿＿近くです。

(A) が   (B) の

(C) で   (D) は

36. 今日は朝から冷たい＿＿＿がふいています。

(A) くも   (B) ゆき

(C) あらし   (D) かぜ

37. 星がキラキラ輝いている海辺を二人で散歩するなんて、なんて＿＿＿ことでしょう。

(A) クラシックな   (B) カラフルな

(C) シンプルな   (D) ロマンチックな

38. いろいろ失敗することもあると思いますが、＿＿＿目で見てほしいと思います。

(A) 長い   (B) 太い

(C) 細い   (D) 大きい

39. この服のサイズは少し＿＿＿＿です。

(A) せまい
(B) おおきい
(C) みじかい
(D) ひろい

40. 最近のテレビ番組は＿＿＿＿＿＿番組が多すぎますね。もう少し、なんとかならないのでしょうか。

(A) すばらしい
(B) うまい
(C) ありがたい
(D) くだらない

Drill 3 동사

1. お茶の＿＿＿＿＿方を教えてくださいませんか。
   (A) いれ
   (B) はいり
   (C) はいらせ
   (D) はいられ

2. 歩き＿＿＿＿＿たばこをすってはいけません。
   (A) たい
   (B) すぎる
   (C) ながら
   (D) たてて

3. 彼は最近、学校を＿＿＿＿＿＿がちです。
   (A) やすんだ
   (B) やすんで
   (C) やすみ
   (D) やすむ

4. 彼女の説明はむずかしくて＿＿＿＿＿＿＿＿です。
   (A) わかりやすい
   (B) かわりすぎ
   (C) わかりにくい
   (D) わかったばかり

5. 学生たちが＿＿＿＿＿ながら歩いています。
   (A) はなす
   (B) はなし
   (C) はなして
   (D) はなさない

6. 今度の休みは映画を見に＿＿＿＿＿たいです。
   (A) いく
   (B) いって
   (C) いった
   (D) いき

7. わたしは毎日、朝ごはんを＿＿＿＿＿に食堂へ行きます。
   (A) たべる
   (B) たべて
   (C) たべ
   (D) たべない

8.　たばこを＿＿＿＿ながら歩いています。

(A) すう　　　　　　　　　　(B) すい
(C) すって　　　　　　　　　(D) すわない

9.　おさけを＿＿＿＿＿＿すぎて、気分が悪くなりました。

(A) のめ　　　　　　　　　　(B) のんで
(C) のんだ　　　　　　　　　(D) のみ

10.　おなかがすいたのでなにか＿＿＿＿たいです。

(A) たべり　　　　　　　　　(B) たべる
(C) たべ　　　　　　　　　　(D) たべっ

11.　わたしはらいねん英語の勉強が＿＿＿＿です。

(A) ほしがり　　　　　　　　(B) したい
(C) しよう　　　　　　　　　(D) よみたい

12.　音楽を＿＿＿＿ながら勉強します。

(A) きいて　　　　　　　　　(B) きき
(C) きく　　　　　　　　　　(D) きかない

13.　テレビを＿＿＿＿ながら勉強してはいけません。

(A) み　　　　　　　　　　　(B) みて
(C) みる　　　　　　　　　　(D) みた

14.　このボールペンは＿＿＿＿にくいです。

(A) かき　　　　　　　　　　(B) かく
(C) かいて　　　　　　　　　(D) かいた

15.　電車に＿＿＿＿＿＿時に、急にドアがしまって、乗れませんでした。

(A) 乗ろうとした　　　　　　(B) 乗るような
(C) 乗った　　　　　　　　　(D) 乗りそうな

16. きのうはどこへも＿＿＿＿＿家にいました。

   (A) いかないで　　　　　　(B) いかない

   (C) いって　　　　　　　　(D) いかなかった

17. 時間がありますから、＿＿＿＿＿なくてもいいです。

   (A) いそが　　　　　　　　(B) いそぐ

   (C) いそぎ　　　　　　　　(D) いそいで

18. 遅くても8時までには＿＿＿＿＿なければなりません。

   (A) かえら　　　　　　　　(B) かえる

   (C) かえり　　　　　　　　(D) かえった

19. この仕事をする人は＿＿＿＿＿なければなりません。

   (A) 男　　　　　　　　　　(B) 男じゃ

   (C) 男に　　　　　　　　　(D) 男が

20. ひこうきは9時ですから、8時＿＿＿＿＿＿＿＿＿＿。

   (A) まで行ってもいいです。

   (B) まで行かなければなりません。

   (C) まで行ってもいいです。

   (D) まで行っても行かなくてもいいです。

21. ここに荷物を＿＿＿＿＿ないでください。

   (A) おき　　　　　　　　　(B) おか

   (C) おく　　　　　　　　　(D) おけ

22. えんぴつで＿＿＿＿＿ください。

   (A) かかない　　　　　　　(B) かく

   (C) かかないで　　　　　　(D) かって

23. どこで電車＿＿＿降りますか。

(A) を　　　　　　　　　　　　(B) に

(C) が　　　　　　　　　　　　(D) の

24. ここでバス＿＿＿降りましょう。

(A) を　　　　　　　　　　　　(B) に

(C) と　　　　　　　　　　　　(D) で

25. 先生に一度お目に＿＿＿＿＿＿たいんですけど…。

(A) 見　　　　　　　　　　　　(B) 会い

(C) かかり　　　　　　　　　　(D) 見せ

26. 先生は病院までの道をおたずね＿＿＿＿＿。

(A) になりました　　　　　　　(B) しました

(C) いました　　　　　　　　　(D) ありました

27. 今日は新しい靴を＿＿＿行きましょう。

(A) しめて　　　　　　　　　　(B) はいて

(C) つけて　　　　　　　　　　(D) かぶって

28. たなかさんはめがねを＿＿＿います。

(A) はめて　　　　　　　　　　(B) さして

(C) はいて　　　　　　　　　　(D) かけて

29. いくら遅くても9時＿＿＿帰ります。

(A) には　　　　　　　　　　　(B) にも

(C) へは　　　　　　　　　　　(D) では

30. こどもがあおい＿＿＿をかぶっています。

(A) めがね　　　　　　　　　　(B) ぼうし

(C) くつ　　　　　　　　　　　(D) ベルト

31. 今日は久しぶりにぼうしを______行きましょう。
(A) かぶって (B) かけて
(C) つけて (D) さして

32. 先生は______をかけています。
(A) ぼうし (B) ネクタイ
(C) ふく (D) めがね

33. スカートを______人はだれですか。
(A) はいている (B) かけている
(C) している (D) きている

34. もう少し大きい字で____ください。
(A) かく (B) かきて
(C) かいて (D) かって

35. きのう図書館へ____勉強しました。
(A) いく (B) いった
(C) いって (D) いきて

36. この近くには店がたくさん____。
(A) おります (B) あります
(C) います (D) します

37. 窓が開けて______。
(A) います (B) します
(C) あります (D) おります

38. 窓が開いて______。
(A) です (B) します
(C) みます (D) います

39. 会議の書類はつくえの上に________あります。

(A) 並べて　　　　　　　　　　(B) 並んで
(C) とめて　　　　　　　　　　(D) とまって

40. きのうは日曜日________。

(A) ました　　　　　　　　　　(B) でした
(C) ません　　　　　　　　　　(D) します

41. きのう映画館へ________。

(A) いきます　　　　　　　　　(B) いきません
(C) いきましょう　　　　　　　(D) いきました

42. きょうのてんきはとても____います。

(A) はれ　　　　　　　　　　　(B) はれる
(C) はれた　　　　　　　　　　(D) はれて

43. 電話を____からいえをでます。

(A) かける　　　　　　　　　　(B) かけって
(C) かけた　　　　　　　　　　(D) かけて

44. 映画を____あとで食事をしましょう。

(A) みた　　　　　　　　　　　(B) みて
(C) みる　　　　　　　　　　　(D) み

45. ごはんを____からテレビを見ます。

(A) たべる　　　　　　　　　　(B) たべり
(C) たべて　　　　　　　　　　(D) たべた

46. 新聞を____から朝ごはんを食べます。

(A) よむ　　　　　　　　　　　(B) よみて
(C) よみ　　　　　　　　　　　(D) よんで

47. 本を______あとで寝ます。

    (A) よむ   (B) よみ

    (C) よんで   (D) よんだ

48. 部屋のドアが______います。

    (A) さいて   (B) ふいて

    (C) あいて   (D) かけて

49. 授業が______から映画を見ましょう。

    (A) おわりて   (B) おわる

    (C) おわろう   (D) おわって

50. あなたが______作文はどれですか。

    (A) かくの   (B) かって

    (C) かいた   (D) かいたの

51. 銀行でお金を______________。

    (A) おろします   (B) だします

    (C) さがします   (D) うります

52. コンピューターが______こまっています。

    (A) いそいで   (B) のって

    (C) こわれて   (D) きれて

53. 約束はかならず______ください。

    (A) 見て   (B) 守って

    (C) 払って   (D) 出して

54. 毎朝______を剃ってから、出勤します。

    (A) 髪の毛   (B) まゆげ

    (C) つめ   (D) ひげ

55. 宿題をしてからシャワーを＿＿＿＿＿＿＿＿。

(A) かかりました   (B) あびました

(C) のみました   (D) はいりました

56. わたしはゆうべ、ともだちに＿＿＿＿＿をかきました。

(A) てがみ   (B) でんわ

(C) おんがく   (D) えんぴつ

57. 高田さんはギターを上手に＿＿＿＿＿＿。

(A) うちます   (B) たたきます

(C) ひきます   (D) もちます

58. 3泊4日の旅行で日本に行ったときは、安い日本式の旅館に＿＿＿＿＿＿＿。

(A) すみました   (B) くらしました

(C) すごしました   (D) とまりました

59. 木村さんは、先月九州の支店に＿＿＿＿＿＿＿＿。

(A) てんきんになりました   (B) ひっこししました

(C) しゅうしょくしました   (D) てんしょくしました

60. 最近やっと新しい生活にも＿＿＿＿＿＿。

(A) ならいました   (B) なおりました

(C) なれました   (D) なりました

61. 私は毎朝6時になると、ひとりでに目が＿＿＿＿＿＿。

(A) さめます   (B) ひらきます

(C) おきます   (D) うごきます

62. きのうの試合のことが新聞に＿＿＿＿いました。

(A) よんで   (B) でて

(C) かいて   (D) はいって

63. 山でお湯を________飲んだコーヒーの味は忘れられません。

(A) やいて　　　　　　　　　　　　(B) にて

(C) わかして　　　　　　　　　　　(D) ゆでて

64. 彼女は美人であることを____________ので、きらいです。

(A) 目にかけている　　　　　　　　(B) 耳にかけている

(C) 口にかけている　　　　　　　　(D) 鼻にかけている

65. 私は山田さんに案内して____________。

(A) もらいました　　　　　　　　　(B) あげました

(C) くれました　　　　　　　　　　(D) さしあげました

Drill 4 부사

1. 田中さんは英語が＿＿＿＿上手ではありません。
   - (A) たくさん
   - (B) あまり
   - (C) とても
   - (D) よく

2. この部屋は＿＿＿＿せまいです。
   - (A) たくさん
   - (B) あまり
   - (C) とても
   - (D) よく

3. 会議は10時からですから＿＿＿＿始まっています。
   - (A) もう
   - (B) やっと
   - (C) まだ
   - (D) さっき

4. あしたは、たとえ雨が＿＿＿＿海へ行きます。
   - (A) ふれば
   - (B) ふるのに
   - (C) ふっても
   - (D) ふったら

5. あした彼は＿＿＿＿来るでしょう。
   - (A) たぶん
   - (B) もし
   - (C) そして
   - (D) しかし

6. バスが＿＿＿＿来ないんですね。
   - (A) ぜひ
   - (B) かならず
   - (C) とても
   - (D) なかなか

7. 英語は＿＿＿＿わかりません。
   - (A) たくさん
   - (B) ぜんぜん
   - (C) せっかく
   - (D) たいへん

8. ________言わないで、はっきり要点だけ言ってください。

(A) くどくど　　　　　　　　　　(B) ひそひそ

(C) すらすら　　　　　　　　　　(D) どんどん

9. わたしの教室は________にあります。

(A) いっぱい　　　　　　　　　　(B) いっかい

(C) いちだい　　　　　　　　　　(D) いちまい

10. 今日は日曜日なので人で________です。

(A) いっぽん　　　　　　　　　　(B) いちはい

(C) いっぱい　　　　　　　　　　(D) いちど

11. 今度ボーナスを________買いたい物がたくさんあります。

(A) とったら　　　　　　　　　　(B) もらったら

(C) でたら　　　　　　　　　　　(D) うけたら

Drill 5 조사

1. 飛行機が空＿＿＿飛んでいます。

   (A) を

   (B) に

   (C) で

   (D) から

2. 先生が＿＿＿＿＿＿学生も行きます。

   (A) 行ければ

   (B) 行けば

   (C) 行けない

   (D) 行ける

3. 日曜日に時間が＿＿＿＿＿なら電話をしてください。

   (A) ある

   (B) あって

   (C) あった

   (D) あり

4. 道＿＿＿横切るときは、左右をしっかり見てから渡りましょう。

   (A) で

   (B) を

   (C) から

   (D) の

5. もしできる＿＿＿、一度でいいから南極に行ってみたい。

   (A) なら

   (B) たら

   (C) ば

   (D) と

6. ＿＿＿＿＿＿みるほどきれいです。

   (A) みると

   (B) みて

   (C) みれば

   (D) みるなら

7. えきに＿＿＿＿＿＿＿＿＿電話をください。

   (A) 着いたら

   (B) 着くと

   (C) 着き

   (D) 着ける

8.　天気予報________明日は晴れるそうです。

(A) をみると　　　　　　　　　　(B) によると

(C) によって　　　　　　　　　　(D) をみれば

9.　私の父は体が________ので、風邪で会社を休んだことがありません。

(A) じょうぶな　　　　　　　　　(B) じょうぶた

(C) じょうぶ　　　　　　　　　　(D) じょうぶだし

10.　わたしは明日、彼女と映画を見に行く______です。

(A) はず　　　　　　　　　　　　(B) ようい

(C) そう　　　　　　　　　　　　(D) つもり

11.　本を______に、本屋へ行きます。

(A) 買う　　　　　　　　　　　　(B) 買い

(C) 買って　　　　　　　　　　　(D) 買います

12.　この宿題は________提出すればいいのですか。

(A) いつに　　　　　　　　　　　(B) いつで

(C) いつから　　　　　　　　　　(D) いつまでに

13.　ここ____駅まで遠いですか。

(A) ので　　　　　　　　　　　　(B) にも

(C) から　　　　　　　　　　　　(D) でも

14.　あしたはテストがある____、どこへもいきません。

(A) でも　　　　　　　　　　　　(B) まで

(C) から　　　　　　　　　　　　(D) とき

15.　たばこは体に______からやめましょう。

(A) わるいだ　　　　　　　　　　(B) わるい

(C) わるく　　　　　　　　　　　(D) わるいの

16. 山田さんは今日は都合が＿＿＿＿＿ので、行けないそうです。

 (A) わるい   (B) むずかいい

 (C) くらい   (D) いそがしい

17. 鈴木さんは＿＿＿にいますか。

 (A) だれ   (B) どれ

 (C) どう   (D) どこ

18. あなたのかばんは＿＿＿ですか。

 (A) だれ   (B) どれ

 (C) なに   (D) いつ

19. どこ＿＿＿あなたの教室ですか。

 (A) に   (B) へ

 (C) が   (D) を

20. きのうは5時間＿＿＿＿寝ませんでした。

 (A) ごろ   (B) しか

 (C) など   (D) から

21. ごごは雨が＿＿＿＿＿かもしれません。

 (A) ふって   (B) ふる

 (C) ふります   (D) ふった

22. 彼がいつ来る＿＿＿知っていますか。

 (A) か   (B) を

 (C) と   (D) が

23. 明日は10時＿＿＿10時半に会いましょう。

 (A) と   (B) か

 (C) や   (D) も

24. 今日は天気も悪い＿＿＿家にいることにしましょう。

(A) し
(B) で
(C) が
(D) も

25. 今日の授業はこれ＿＿＿終わります。

(A) が
(B) に
(C) で
(D) から

26. 今日は図書館＿＿＿勉強します。

(A) で
(B) に
(C) は
(D) へ

27. あなたは会社まで何＿＿＿行きますか。

(A) で
(B) が
(C) に
(D) へ

28. 食堂＿＿＿御飯を食べましょう。

(A) に
(B) は
(C) へ
(D) で

29. 駅までバス＿＿＿行きました。

(A) を
(B) で
(C) と
(D) も

30. 学校まで自転車＿＿＿行きましょう。

(A) で
(B) を
(C) と
(D) も

31. 今日はタクシー＿＿＿行きましょう。

(A) に
(B) が
(C) と
(D) で

32. まいにち図書館＿＿＿勉強します。

(A) に　　　　　　　　　　　　(B) は

(C) で　　　　　　　　　　　　(D) と

33. 彼は食堂＿＿＿待っています。

(A) に　　　　　　　　　　　　(B) で

(C) が　　　　　　　　　　　　(D) も

34. 近くのスーパー＿＿＿買い物をします。

(A) で　　　　　　　　　　　　(B) と

(C) に　　　　　　　　　　　　(D) が

35. 図書館＿＿＿本を読みます。

(A) へ　　　　　　　　　　　　(B) に

(C) で　　　　　　　　　　　　(D) が

36. あなたはどこ＿＿＿ごはんを食べますか。

(A) へ　　　　　　　　　　　　(B) で

(C) を　　　　　　　　　　　　(D) に

37. 私は将来、医者＿＿＿なりたいです。

(A) を　　　　　　　　　　　　(B) と

(C) が　　　　　　　　　　　　(D) に

38. 田中さんは何時＿＿＿寝ますか。

(A) も　　　　　　　　　　　　(B) と

(C) の　　　　　　　　　　　　(D) に

39. 電車は8時＿＿＿着きました。

(A) から　　　　　　　　　　　(B) に

(C) が　　　　　　　　　　　　(D) と

40. 会議の時間＿＿＿遅れました。
(A) を
(B) に
(C) か
(D) の

41. わたしは会社＿＿＿電話をかけました。
(A) に
(B) を
(C) が
(D) も

42. きのう母＿＿＿手紙をかきました。
(A) に
(B) を
(C) まで
(D) の

43. たなかさんはいまどこ＿＿＿いますか。
(A) に
(B) へ
(C) か
(D) を

44. 午後は家＿＿＿います。
(A) で
(B) は
(C) が
(D) に

45. 先生はどこ＿＿＿いますか。
(A) に
(B) の
(C) が
(D) を

46. つぎの電車＿＿＿乗りましょう。
(A) に
(B) で
(C) が
(D) を

47. 子供のころに父＿＿＿死なれ、苦しい少年時代を過ごしました。
(A) は
(B) が
(C) に
(D) も

48. 今年も年＿＿＿一度のパーティーが来週の土曜日に開かれます。

(A) で　　　　　　　　　　　　(B) の
(C) に　　　　　　　　　　　　(D) が

49. 将来は先生＿＿＿なりたいです。

(A) が　　　　　　　　　　　　(B) と
(C) は　　　　　　　　　　　　(D) に

50. 昼休みに運動場＿＿＿行きます。

(A) の　　　　　　　　　　　　(B) へ
(C) と　　　　　　　　　　　　(D) か

51. きのうは6時間＿＿＿勉強しました。

(A) から　　　　　　　　　　　(B) まで
(C) も　　　　　　　　　　　　(D) にも

52. 会社から家＿＿＿どれくらいかかりますか。

(A) まで　　　　　　　　　　　(B) にも
(C) でも　　　　　　　　　　　(D) のに

53. スーパーで果物＿＿＿たまごを買いました。

(A) へ　　　　　　　　　　　　(B) と
(C) を　　　　　　　　　　　　(D) か

54. 机の上に鉛筆＿＿＿消ゴムがあります。

(A) の　　　　　　　　　　　　(B) と
(C) は　　　　　　　　　　　　(D) で

55. わたしはきのう友達＿＿＿一緒に映画館へ行きました。

(A) で　　　　　　　　　　　　(B) と
(C) を　　　　　　　　　　　　(D) は

56. 吉田さん＿＿＿どの人ですか。

  (A) は   (B) が

  (C) も   (D) と

57. 英語も日本語＿＿＿わかりません。

  (A) と   (B) も

  (C) が   (D) か

58. だれ＿＿＿いいですから、ちょっと来てください。

  (A) が   (B) で

  (C) も   (D) でも

59. すこし時間がありますから、コーヒー＿＿＿＿飲みますか。

  (A) でも   (B) さら

  (C) ばかり   (D) ほど

60. わたしはステレオ＿＿＿欲しいです。

  (A) で   (B) が

  (C) に   (D) と

61. どれ＿＿＿あなたのかばんですか。

  (A) か   (B) が

  (C) と   (D) の

62. あれはわたし＿＿＿かばんです。

  (A) の   (B) に

  (C) は   (D) で

63. これは日本語＿＿＿教科書です。

  (A) で   (B) の

  (C) か   (D) も

64. この本はわたし＿＿＿です。

    (A) が   (B) は

    (C) の   (D) も

65. 吉田さんは＿＿＿来ませんか。

    (A) いつか   (B) もしも

    (C) まだ   (D) ちょうど

66. 兄は外国へ行った＿＿＿＿帰ってきません。

    (A) だけ   (B) きり

    (C) まで   (D) ながら

67. きのうはテレビを＿＿＿＿＿＿寝てしまいました。

    (A) つけたまま   (B) つけてまま

    (C) はいたまま   (D) きたまま

68. 電車の中で本を読むと目が悪くなるので、電車の中では私はできるだけ＿＿＿＿。

    (A) 読めないことになりました   (B) 読めないこともあります

    (C) 読まないことにしています   (D) 読まないことになっています

69. 本屋で本を＿＿＿＿＿買いました。

    (A) いちまい   (B) いっさつ

    (C) いっぽん   (D) いっそく

70. 動物園にライオンが＿＿＿＿います。

    (A) にとう   (B) にわ

    (C) ふたつ   (D) にこ

71. 風邪＿＿＿ひいてしまいました。

    (A) を   (B) に

    (C) が   (D) で

72. 教室には誰＿＿＿いません。

    (A) と　　　　　　　　　　　(B) も

    (C) が　　　　　　　　　　　(D) に

73. この料理は＿＿＿が作ったんですか。

    (A) いつ　　　　　　　　　　(B) どれ

    (C) なに　　　　　　　　　　(D) だれ

74. この本がいくら＿＿＿わかりますか。

    (A) に　　　　　　　　　　　(B) か

    (C) も　　　　　　　　　　　(D) や

75. この部屋には、だれ＿＿＿いません。

    (A) も　　　　　　　　　　　(B) と

    (C) が　　　　　　　　　　　(D) に

1. みなさんに＿＿＿＿＿お伝えください。
   (A) よく　　　　　　　　　　　(B) いく
   (C) いいと　　　　　　　　　　(D) よろしく

2. 女性は＿＿＿＿＿＿ふるまいなさい。
   (A) 女みたいに　　　　　　　　(B) 女らしく
   (C) 女のように　　　　　　　　(D) 女のふうに

3. 親孝行は＿＿＿＿＿と思ったときにはもう遅い。
   (A) する　　　　　　　　　　　(B) した
   (C) しよう　　　　　　　　　　(D) しましょう

4. 好きな人の前で＿＿＿＿＿するのは当然です。
   (A) はらはら　　　　　　　　　(B) どきどき
   (C) びくびく　　　　　　　　　(D) がくがく

5. あの人がそんなことをする＿＿＿＿がない。
   (A) こと　　　　　　　　　　　(B) の
   (C) はず　　　　　　　　　　　(D) もの

6. おととい図書館で、木村さん＿＿＿＿会いました。
   (A) を　　　　　　　　　　　　(B) が
   (C) に　　　　　　　　　　　　(D) の

7. きのう見た映画は、あまり＿＿＿＿＿です。
   (A) おもしろいでした　　　　　(B) おもしろくなかった
   (C) おもしろかった　　　　　　(D) おもしろい

8. 道がこんでいて＿＿＿＿しました。

(A) はらはら　　　　　　　　(B) いらいら

(C) わくわく　　　　　　　　(D) どきどき

9. 外国語は日本語＿＿＿話せません。

(A) だけ　　　　　　　　　　(B) のみ

(C) しか　　　　　　　　　　(D) でも

10. 雨が＿＿＿＿＿＿家に帰りましょう。

(A) 降った前に　　　　　　　(B) 降らないうちに

(C) 降らない前に　　　　　　(D) 降るうちに

11. 彼が会社をやめた＿＿＿をぜんぜん知りませんでした。

(A) ところ　　　　　　　　　(B) もの

(C) こと　　　　　　　　　　(D) ほう

12. 父は休みの＿＿＿釣りに連れて行ってくれた。

(A) ころに　　　　　　　　　(B) ぶりに

(C) おきに　　　　　　　　　(D) たびに

13. 事故の＿＿＿、下り線が通行止めになっています。

(A) せい　　　　　　　　　　(B) ため

(C) おかげ　　　　　　　　　(D) ところ

14. 大きくなったらパイロット＿＿＿なりたいです。

(A) が　　　　　　　　　　　(B) を

(C) に　　　　　　　　　　　(D) は

15. 明日天気が＿＿＿ればドライブに行きましょう。

(A) いい　　　　　　　　　　(B) よい

(C) よし　　　　　　　　　　(D) よけ

16. そのおもちゃを見たらきっと子供が＿＿＿＿＿＿。

(A) ほしいでしょう　　　　　　(B) 買いたいでしょう

(C) ほしがるでしょう　　　　　(D) 遊びたいでしょう

17. 六法全書を一週間で読み＿＿＿＿。

(A) だした　　　　　　　　　　(B) きった

(C) あった　　　　　　　　　　(D) こんだ

18. 書類ができあがり＿＿＿＿ファックスでお送りいたします。

(A) しだい　　　　　　　　　　(B) たら

(C) がてら　　　　　　　　　　(D) ように

19. もう少しで車に＿＿＿＿＿ところだった。

(A) ひかれる　　　　　　　　　(B) ひかれた

(C) ひく　　　　　　　　　　　(D) ひいた

20. しばらくコンピューターを＿＿＿＿＿いただけませんか。

(A) 借りて　　　　　　　　　　(B) 貸して

(C) 返して　　　　　　　　　　(D) もらって

21. 赤いかさを＿＿＿＿＿女の子が金さんの妹さんです。

(A) はいた　　　　　　　　　　(B) さした

(C) かぶった　　　　　　　　　(D) かけた

22. 壁にポスターがはって＿＿＿＿＿。

(A) います　　　　　　　　　　(B) あります

(C) おきます　　　　　　　　　(D) みます

23. これは田中先生が妹に＿＿＿＿＿人形です。

(A) 差し上げた　　　　　　　　(B) くださった

(C) いただいた　　　　　　　　(D) 受けた

24. 私は彼女の考え方が＿＿＿＿と思います。

(A) いい (B) いいだ

(C) よろしく (D) よろしいだ

25. すみませんが、おっしゃることがよく＿＿＿＿＿。

(A) 知りません (B) 知っていません

(C) わかりません (D) しません

26. あの十字路＿＿右に曲がってください。

(A) に (B) を

(C) から (D) より

27. 海岸に＿＿＿白いガードレールがあります。

(A) つれて (B) そって

(C) のって (D) はって

28. さっき宿題を＿＿＿ばかりです。

(A) 終わる (B) 終わった

(C) 終える (D) 終えた

29. 弟に大事にしていたプラモデルを＿＿＿＿＿。

(A) こわしました (B) こわれました

(C) こわされました (D) こわさせました

30. 空模様からすると午後から＿＿＿＿ですね。

(A) 晴れるそう (B) 晴れる

(C) 晴れそう (D) 晴れた

PART VIII 독해

1 독해 문제 파악하기

연습문제
실전문제

　 01 | # 독해 문제 파악하기

1　문제형태

독해문 문제는 속독·속해의 능력이 관건이 되는 파트이다. 일반적인 장문독해뿐 아니라 광고나 편지문, 뉴스, 기사, 각종 안내문 등 실생활에 관련된 지문이 많이 출제된다. 따라서 일본어 실력에 더하여 논리적인 사고와 이해력, 순발력이 필요하다. 특별히 어려운 단어는 없는 편이며, 시간만 있으면 초급과정을 마친 학생도 풀 수 있는 수준이다. 정답은 본문을 제대로 파악하면 본문 내에 노출되어 있는 경우가 많다.

2　문제유형

Drill 1　인물 소개
Drill 2　설명문(기사·보고문)

3　대책

독해 문제는 여타 유형의 문제와 다소 차이가 있으므로 아래와 같은 요령의 학습이 중요하다.

첫째, 제재가 일상적이고 구체적이기 때문에 일간지, 잡지의 기사와 각종 광고(상품, 구인, 안내문 등) 등을 광범위하게 읽어보아야 한다.

둘째, 읽어 갈 때에는 제한 시간을 정하여 속독이 가능한지 수시로 체크해 보아야 한다.

셋째, 모르는 단어가 나오더라도 곧바로 사전을 펼칠 것이 아니라 전체 문맥을 통하여 그 적절한 의미를 추적해 본 다음 확인하는 것이 좋겠다.

이제까지 우리는 JPT를 각 분야별로 나누어 분석하고 대책을 세워 보았다. 누누이 지적해 온 바이지만 JPT는 단순한 기억력이나 문제 해결 능력을 평가하는 것이 아니라, 언어로서의 일어의 운용 능력, 즉 정보 교환이나 수단으로서의 일어를 어느 정도 몸에 익히고 있는가를 측정하는 テスト이다. 따라서 JPT에서의 고득점, 그것은 일어의 습관화 이외의 어떠한 좋은 방법도 없다.

Drill 1

[1-5]

　私の友人のブラウンさんはアメリカ人で、日本のれきしをせんこうしています。ブラウンさんはさんねんまえ、日本にりゅうがくしている間に結婚しました。あいては日本人のじょせいで、知り合ったときは銀座のデパートで働いていました。彼女は結婚してから、デパートをやめ、ブラウンさんが大学でべんきょうしている間、タイプの学校に通っていたそうです。そして、ブラウンさんがろんぶんを書くときはいつも彼女がてつだいました。

　今年の春、ブラウンさんは修士号をとって、アメリカへかえるよていです。今彼女は「子供ができないうちに、いろいろなことをやってみたい」といって、ジャズダンスを習っています。

1. ブラウンさんが結婚したじょせいは、結婚前、なにをしましたか。

    (A) ひゃっかてんではたらきました。

    (B) 学生でした。

    (C) うちでははをてつだいました。

    (D) ジャズダンスをならいました。

2. ブラウンさんはなぜ日本に来ましたか。

    (A) 結婚　　　　　　　　　　(B) あそびに

    (C) べんきょう　　　　　　　(D) 働きに

3. 彼女がいま、考えているのは何ですか。

    (A) ジャズダンスをならいたい。

    (B) 英語をならいたい。

    (C) 大学に行きたい。

    (D) なんでもして見たい。

4. タイプの学校に通った人はだれですか。

(A) ブラウンのつま   (B) ブラウン

(C) ブラウンの友人   (D) 日本人

5. この文章の内容ではないものをひとつえらびなさい。

(A) ブラウンさんは三年前、けっこんしました。

(B) ブラウンさんは彼女からいろいろな面でたすけてもらいました。

(C) 子供ができないうちに、アメリカへ帰るよていです。

(D) かのじょはジャズダンスを習います。

[6-8]

---

　①<u>げんかん</u>は、くつを脱ぐ部分と、それより一段高い、部屋に通じる部分に分かれています。

　　②　　、家の中にお客を招き入れる時に、「お入り下さい」というあいさつのほかに「お上がり下さい」というあいさつがよく使われています。

　げんかんには、げた箱がおいてあります。さいきん、げたをはく人が少なくなりましたが、靴などをしまって置くところをいまでもげた箱と呼んでいます。

6.　①<u>げんかん</u>の漢字として正しいものを次の中から選びなさい。

(A) 庭園　　　　　　　　　　(B) 弦閑

(C) 玄関　　　　　　　　　　(D) 玄館

7.　　　②　　にはいる言葉を次の中から選びなさい。

(A) それで　　　　　　　　　(B) しかし

(C) だけど　　　　　　　　　(D) でも

8.　なぜ「お上がり下さい」というあいさつがよく使われるのですか。

(A) 家のなかで客においしいものをごちそうしたいから。

(B) 家のなかは身分が高い人しか入れないから。

(C) 靴を脱ぐ部分より部屋の通じる部分が一段高くなっているから。

(D) 客がくつを脱ぐ時に、一度座ってから脱がなければならないから。

Drill 2

[1-3]

　年の終りの日を大晦日、年の初めの日を元日と言いますが、この大晦日の夜中から元日の明け方にかけて寺や神社などへ行ってお参りすることを「初詣で」といいます。新しい年がよい年になるようにと仏様や神様にお祈りするのです。大都市の有名な神社などでは、初詣で客が多すぎてたいへんこみ合い、警察官も交通整理をします。そのため、元日だけでなく2日や3日にお参りする人も大勢います。

1.　「元日」とはいつのことですか。

(A) 12月31日　　　　　　　　(B) 3月3日

(C) 7月7日　　　　　　　　　(D) 1月1日

2.　「初詣で」とはなんのことですか。

(A) 前の年にあったことを忘れるために寺や神社へ行くこと

(B) 安全運転をしながら寺や神社へ行くこと

(C) 新しい年に家族と一緒にドライブをすること

(D) 新しい年がよい年になるようにと仏様や神様にお祈りすること

3.　警察官はなぜ交通整理をしますか。

(A) 元日だけでなく2日や3日もお参りをする人がいるから。

(B) 大都市から地方に大勢の人がお参りに行くから。

(C) 初詣で客が多すぎて大変こみ合うから。

(D) 夜中から明け方は暗くて危ないから。

[4-6]

　報道とは、多くの人にニュースを知らせることです。その代表的なものが、新聞やテレビ、ラジオの放送です。中でもテレビは、新しいニュースをすぐ①伝えることができる点で新聞より優れ、実際の様子を目で見ることができる点でラジオより優れています。

4.　①伝えるの読み方を次のうちから選らびなさい。

(A) おしえる　　　　　　　　　(B) つたえる
(C) かえる　　　　　　　　　　(D) おぼえる

5.　テレビがラジオより優れているのはどんな点ですか。

(A) 新しいニュースをすぐ伝えることができる。
(B) 漢字がわからなくても理解ができる。
(C) 実際の様子を目で見ることができる。
(D) 家でゆっくりとニュースを聞くことができる。

6.　多くの人にニュースを知らせることを何と言いますか。

(A) 報道　　　　　　　　　　　(B) 放送
(C) 新聞　　　　　　　　　　　(D) 伝言

[7-8]

　人間社会に講造が複雑になればなるほど、人に会うことや、人と話をしたり、さらには人前で話をするといったきかいがふえてくる。＿＿①＿＿、自分の考えていること、あるいは言いたいことを、速やかに、正確に伝えなければならなくなってくる。

7.　この文章のないようではないものを一つ選びなさい。

(A) 人と人が会うきかいがだんだんふえてくる。

(B) 自分の考えていることをせいかくにいわなければならない。

(C) ひとまえでいうときもある。

(D) 社会がふくざつでなければ、ひとに会うことがふえてくる。

8.　＿＿①＿＿に入る適当な言葉を選びなさい。

(A) しかも　　　　　　　　　(B) しかし

(C) それほど　　　　　　　　(D) もはや

[1-4]

　ぼくは時々父が本当にぼくたちに愛情を持っているのかどうか、疑問に思えることがある。もちろんぼくは父を尊敬しているし信頼してもいる。でも、時々、父の態度がわからないときがある。この間も、＿＿＿①＿＿＿があった。ぼくは二人兄弟で下に弟がいる。ぼくは大学の二年で弟は高校三年である。弟は大学受験で毎日夜遅くまで勉強していた。弟は私立大学を四つ受験した。結局、全部不合格だった。最後の大学の合格発表は、弟は一人で見に行った。夕方、父は会社から帰って、弟が最後の大学もだめだったと聞かされた。父はこう答えた。「だめなのか。来年、また受ければいいだろう」と言うのだった。怒りもせず、悲しそうな顔もせず、困ったという顔もせず、何の関心もないように見えた。母は弟をはげましてあげたのに…。弟にとっては人生を左右することなのに、父はほんとうに関心がないのだろうか。

1.　この人はこの人をふくめて何人家族ですか。
(A) 3人　　　　　　　　　　　(B) 4人
(C) 5人　　　　　　　　　　　(D) 6人

2.　＿＿＿①＿＿＿に入る言葉として、最も適したものを選びなさい。
(A) こんなこと　　　　　　　(B) そんなこと
(C) あんなこと　　　　　　　(D) どんなこと

3.　この人はお父さんに対してどんなことを疑問に思っていますか。
(A) 自分がお父さんのことを心から尊敬しているかどうか。
(B) お父さんは家族のことが嫌いなのではないか。
(C) お父さんが自分と弟のことを愛しているのかどうか。
(D) お父さんは仕事のしすぎではないか。

4.　弟はどうして毎日夜遅くまで勉強していましたか。

　　(A) 学校の期末試験があるから。

　　(B) 大学の入学試験を受けるから。

　　(C) 授業の予習、復習をしなければならないから。

　　(D) クラスで一番になりたいから。

[5-7]

　　昔、私の家は貧乏だった。時々、学校に弁当を持っていけないこともあった。お母さんは私に弁当だよと言って、弁当を＿＿①＿＿が、中に石が入っていることがあった。もちろん、私はそれが石であることはわかったが、何も言わずそれを持って学校へ行った。ある時、クラスである人のお金がなくなったことがあった。先生は困ってしまった。クラスの中に泥棒がいるとは、思いたくないが、自分の胸に手を当ててみて、自分が悪かったと思ったら、後で職員室に来なさいと先生は言った。しかし、だれも行かなかった。クラスの友だちは、おまえの家は貧乏だから、おまえがやった＿＿②＿＿と言った。また、休み時間の時も、遊びのグループに入れてもらえなかった。遊ぶことと貧乏であることと、何の関係があるのだろうか。私は小学校、中学校の九年間、何回か差別を受けた。しかし、幸せにも、勉強はいつもクラスで一、二番だったので、差別に負けることはなかった。

5.　＿＿①＿＿に入る言葉として、最も適したものを選びなさい。

　　(A) 持った　　　　　　　　　　(B) 持たれた

　　(C) 持たせた　　　　　　　　　(D) 持たされた

6.　＿＿②＿＿に入る言葉として、最も適したものを選びなさい。

　　(A) ことがない　　　　　　　　(B) にちがいない

　　(C) ことにしよう　　　　　　　(D) ようだ

7.　本文の内容と合っているものを選びなさい。

　　(A) ある日、お金がなくてある人のお金をぬすんでしまった。

　　(B) 家にお金がなくてお弁当を持っていけないことがあった。

　　(C) 家が貧乏だったが差別を受けることはなかった。

　　(D) 子供の頃はあまり勉強が好きではなかった。

[8-10]

　先月休みが取れたので、子供を両親に預けて妻とタイを旅行しました。タイは前から行きたかった国だったので出発の前の日はうれしくて眠れませんでした。安い団体旅行を選んだのはよかったのですが、食事には本当に困りました。というのは、タイ国内の旅行は中国人の団体といっしょだったので、食事は毎日中華料理だったのです。私は日本人ですが、中華料理は好きな方で日本でもよく食べていました。初めのころはよかったです。おいしい中華料理が食べられて、大変幸せでした。＿＿①＿＿、中華料理が好きな私も帰るころはあきてしまいました。最後の夜はもう食べたくなくなってしまいました。それで、一人で日本料理を食べに行きました。日本に帰って来た今でも中華料理を見るのさえいやになってしまいました。

8. だれと一緒にタイを旅行しましたか。

(A) 子供と妻と両親　　　　　　　(B) 子供と両親

(C) 妻　　　　　　　　　　　　　(D) 両親

9. ＿＿①＿＿に入る言葉として、最も適したものを選びなさい。

(A) ところが　　　　　　　　　　(B) なぜならば

(C) ところで　　　　　　　　　　(D) たとえば

10. タイの旅行で困ったことは何ですか。

(A) 子供が迷子になったこと

(B) 言葉が通じず、買い物ができなかったこと

(C) 出される食事がいつも中華料理だったこと

(D) 食事が口に合わず、お腹をこわしてしまったこと

[11-14]

　私は絵を描くことが子供の時から好きでした。幼稚園のころですが、お絵描き大会があっ
て、お寺の絵を描いたことがあります。その絵は園長先生に大変ほめられ、長い間、園長先
生の部屋にかざってあったそうです。小学校、中学校時代も絵の授業は好きでしたし、毎回
楽しみでした。ところが、高校に入ると、まったく絵を描かなくなりました。理由ははっき
りとはわかりません。とにかく、絵筆を持つことはほとんどなくなってしまったのです。そん
なある日、美術の先生が、絵のコンクールがあるので、一枚描いてみないかと言いました。先
生は私がかつて絵を描くことが好きだったことを知っていたのです。私も久しぶりに描いて
みようかなという気持ちになり、一週間かかって＿＿①＿＿描き終えました。自分でもいい絵
だと思いました。自信もあったし、クラスの友だちにも家族にもうまくいくと言ってしまい
ました。ところが、私の絵は入選しなかったのです。一週間かけて描いたのに、先生もいい
と言ってくれたのに…。私はほんとうに＿＿②＿＿しました。それ以来私は絵筆を持つことは
なくなりました。

11.　どうして高校に入ってから絵を描かなくなりましたか。

　　(A) 絵を描く時間がなくなったから。

　　(B) 勉強で忙しくなかったから。

　　(C) 先生にほめられなくなったから。

　　(D) これだと言えるたしかな理由はない。

12.　＿＿①＿＿に入る言葉として、最も適したものを選びなさい。

　　(A) そっと　　　　　(B) やっと　　　　　(C) きっと　　　　　(D) あっと

13.　＿＿②＿＿に入る言葉として、最も適したものを選びなさい。

　　(A) どっきり　　　　　　　　　　(B) がっかり

　　(C) びっくり　　　　　　　　　　(D) そっくり

14.　本文の内容と合っているものを選びなさい。

　　(A) コンクールで入選しなかったのは当然である。

　　(B) 高校の時、美術の先生のすすめで絵のコンクールに出品した。

　　(C) 今では絵筆を見るのさえいやになってしまった。

　　(D) 中学校から高校にかけて絵をかかなくなってしまった。

[15-18]

　最近、日本の若者は平気で借金をするそうだ。ところがその借金が返せない。返せないからまた借金をする。　①　、また返せないから、再び借金をする。こうして借金地獄におちていく。もちろん、無計画に借りる方が悪い。若者たちは現在のことしか考えていないので、数か月後に利子もつけて全額返さなければならないことを軽く見てしてしまう。しかし、こんな危険な若者であることを知っていて、金を貸す金融業者も問題である。では、なぜ危険なことだと知っているのに貸すのだろうか。それは親が②肩代わりすることを知っているからだ。借金を肩代わりさせられる親にとってはまったく迷惑な話である。実際、大部分の親は肩代わりして、問題を解決するので、金融業者は損をしないのだそうだ。

15.　　①　に入る言葉として、最も適したものを選びなさい。

(A) しかし　　　　　　　　　　(B) さらに

(C) だから　　　　　　　　　　(D) それから

16.　②肩代わりとはここではどんな意味ですか。

(A) 子供の借金を親が払うこと

(B) 親が子供の借金を無視すること

(C) 子供が親の肩をたたくこと

(D) 警察に相談をすること

17.　どうして金融業者は危険なことだと知りながら若者にお金を貸しますか。

(A) 保険会社がお金を払ってくれるから。

(B) 若者はアルバイトをしてまでも返してくれるのを知っているから。

(C) 若者の親がお金を返してくれるのを知っているから。

(D) お金を貸すのが商売だから。

18.　本文の内容と合っているものを選びなさい。

(A) 若者は大学の授業料などのために借金をすることが多い。

(B) 借金を返せない若者が多いので金融業者は困っている。

(C) 無計画にお金を借りる若者が問題で金融業者は少しも悪くない。

(D) 最近、日本の若者は簡単に金融業者からお金を借りるそうである。

　日本には年に二回贈り物をする習慣があります。夏のお中元と暮れのお歳暮です。この時期が来ると、私も妻も①頭が痛くなります。だれに何を贈ったらいいか、いつもあれこれ迷ってしまうからです。私は普通の会社員ですから、贈り物をする人は決まっています。だいたい、会社の上司、先輩、妻の実家と私の両親兄弟で、十個にもなりません。また、高くもなく安くもない、普通の品物ばかりです。＿＿②＿＿、デパートへ行くと、選ぶのに、何時間もかかってしまうのです。例えば、私が会社の上司に酒を贈ろうかとまず言います。すると、酒を贈ってもご主人は喜ぶだろうが、奥さんは喜ばないだろうと妻が言います。妻が缶詰のセットにしようと言うと、いや、缶詰は外の人もたくさん贈ってくるから、缶詰ばかりになって相手は困るだろうと私が言います。こうして何時間もあれがいいこれがいいと迷い続けてしまうのです。お中元とお歳暮も年二回の習慣ですが、それでデパートを＿＿③＿＿するのも私たち夫婦の年二回の習慣です。

19. どうして①頭が痛くなりますと言いましたか。

(A) お金がたくさんかかってしまうから。

(B) だれに贈り物をあげたらいいか、わからないから。

(C) だれに何をあげたらいいか、わからないから。

(D) 風邪を引いてしまったから。

20. ＿＿②＿＿に入る言葉として、最も適したものを選びなさい。

(A) それに　　　　　　　　　　(B) それなのに

(C) それから　　　　　　　　　(D) それで

21. ＿＿③＿＿に入る言葉として、最も適したものを選びなさい。

(A) いろいろ　　　　　　　　　(B) くるくる

(C) うろうろ　　　　　　　　　(D) ごろごろ

22. 本文の内容と合っているものを選びなさい。

(A) あげる人によって贈り物の値段が違う。

(B) だれに何を贈るかは毎年決まっている。

(C) 贈り物の習慣はやめた方がいい。

(D) 贈り物を贈る人は10人以下である。

[23-26]

　ぼくは一つだけ嫌な思い出がある。小学生の時だった。ある同級生とプールへ行った。プールへ行く途中に階段があって、その階段を下りるとプールがある。その同級生はたまたま階段に落ちていたコーラの瓶をプールサイドに投げ捨てたのである。もちろん、瓶は割れてこなごなになった。それをプールの管理人が見ていて、ぼくたちの親に電話した。ぼくはひどくしかられた。ぼくが投げたのではないのに、母はぼくの話を聞こうともしない。母の話では、その同級生は自分ではないと言っているようだった。ぼくは驚いた。ぼくはありのままを言っている＿＿＿①＿＿＿、母はぼくを信じてくれない。結局、二人とも同罪ということで、プールの管理人に謝りに行かされた。ぼくはくやしかった。②それ以来、その同級生とは遊ばなくなった。

23.　嫌な思い出とはどんな思い出のことですか。

　　(A) 友達がコーラを全部飲んでしまったこと

　　(B) プールで泳げなかったこと

　　(C) 友達にうそをつかれたこと

　　(D) 友達にいじめられたこと

24.　＿＿＿①＿＿＿に入る言葉として、最も適したものを選びなさい。

　　(A) ので　　　　　　　　　　(B) のに

　　(C) から　　　　　　　　　　(D) ため

25.　②それ以来とはいつのことですか。

　　(A) 階段から落ちて以来

　　(B) 小学校を卒業して以来

　　(C) プールの管理人のところに謝りに行って以来

　　(D) 中学校を卒業して以来

26.　どうして母にしかられましたか。

　　(A) うそつきの友達と遊んでいたから。

　　(B) 連絡もしないでおそく帰ってきたから。

　　(C) 宿題をやらないでプールに遊びに行ったから。

　　(D) プールサイドに空きビンを投げ捨てたと思われたから。

[27-30]

　人はどうして山に登るのだろうか。「そこに山があるからだ」と答えたのは、イギリスの登山家、マロリーだが、たぶん、これ以上の答えはないだろうと思う。山登りは確かに楽しいし、頂上に登った時の気持ちは言葉にはできない。私も何回か経験があるので理解できる。しかし、私が理解できないのは、冬の山登りである。毎年、日本では冬山のそうなん事故で何人もの若者が命を＿＿①＿＿。そして、その度に、救出作業にたくさんの時間と金がかかる。家族を悲しませる＿＿②＿＿でなく、山を管理する県や町にも迷惑をかける。それなのに、人々はどうして冬山に登るのだろうか。山登りはもちろんそうだが、スポーツというものはつねに危険が付き物である。危険だからスポーツをするな、と言ってしまったら、スポーツは存在できない。危険でも続けてきたから、現在、いろいろなスポーツを私たちが楽しめるようになったのだ。それはわかる。しかし、それでも私は冬山の登山は、認めることができない。

27. この人は山登りについてどう思っていますか。

(A) 危ないのでトレーニングを受けてしなければならない。

(B) 危険なスポーツだからやめるべきである。

(C) 楽しいし、一番上まで登った時の気持ちは何とも言えない。

(D) 楽しさだけでなく、危険も付き物なので気をつけた方がよい。

28. ＿＿①＿＿に入る言葉として、最も適したものを選びなさい。

(A) 殺す　　　　　　　　　　　(B) 守る

(C) 落とす　　　　　　　　　　(D) 捨てる

29. ＿＿②＿＿に入る言葉として、最も適したものを選びなさい。

(A) しか　　　　　　　　　　　(B) の

(C) から　　　　　　　　　　　(D) だけ

30. 本文の内容と合っていないものを選びなさい。

(A) 冬山は危険が付き物なので注意して登るべきである。

(B) 冬山の登山は、人々に迷惑をかけるので賛成できない。

(C) 山に登るのは意外とたくさんのお金と時間ががかかる。

(D) どうして危険な山に登る人がいるのか理解できない。

III. 정답

Ⅰ 청해파트

Ⅱ 독해파트

I. 청해파트

PART I 사진묘사

Drill 1
1. (C)
2. (C)
3. (B)
4. (C)
5. (A)
6. (C)
7. (B)
8. (C)
9. (B)
10. (B)

Drill 2
1. (D)
2. (B)
3. (B)
4. (A)
5. (B)
6. (C)
7. (C)
8. (B)
9. (C)
10. (C)

Drill 3
1. (A)
2. (D)
3. (C)
4. (B)
5. (B)
6. (D)
7. (C)
8. (C)
9. (B)
10. (C)

실전문제
1. (D)
2. (C)
3. (A)
4. (C)
5. (C)
6. (D)
7. (B)
8. (C)
9. (C)
10. (C)
11. (A)
12. (A)
13. (C)
14. (B)
15. (B)
16. (C)
17. (A)
18. (C)
19. (C)
20. (D)

PART II 질의응답

Drill 1
1. (A)
2. (D)
3. (D)
4. (C)
5. (C)
6. (C)
7. (C)
8. (A)
9. (B)
10. (B)
11. (D)
12. (C)
13. (C)
14. (D)

Drill 2
1. (B)
2. (D)
3. (B)
4. (B)
5. (B)
6. (B)
7. (C)
8. (C)
9. (C)
10. (D)
11. (C)

Drill 3
1. (A)
2. (A)
3. (D)
4. (A)
5. (D)
6. (D)
7. (A)
8. (C)
9. (C)
10. (C)
11. (B)
12. (D)
13. (A)

Drill 4
1. (A)
2. (D)
3. (D)
4. (C)
5. (A)
6. (A)
7. (C)
8. (C)
9. (A)
10. (A)

실전문제
1. (C)
2. (C)
3. (A)
4. (B)
5. (A)
6. (D)
7. (D)
8. (B)
9. (D)
10. (C)
11. (C)
12. (D)
13. (B)
14. (C)
15. (D)
16. (C)

17. (A)
18. (B)
19. (C)
20. (D)
21. (C)
22. (B)
23. (A)
24. (D)
25. (B)
26. (A)
27. (B)
28. (B)
29. (B)
30. (C)

PART III 회화문

Drill 1

1. (D)
2. (A)
3. (B)
4. (C)
5. (C)
6. (A)
7. (C)
8. (A)
9. (A)
10. (C)

Drill 2

1. (C)
2. (B)
3. (C)
4. (C)

5. (D)
6. (A)
7. (C)
8. (B)
9. (C)
10. (C)

Drill 3

1. (C)
2. (A)
3. (C)
4. (A)
5. (B)
6. (C)
7. (C)
8. (A)
9. (B)
10. (D)

Drill 4

1. (C)
2. (D)
3. (C)
4. (D)
5. (B)
6. (B)
7. (A)
8. (D)
9. (B)
10. (D)
11. (D)

실전문제

1. (A)
2. (B)

3. (D)
4. (C)
5. (C)
6. (A)
7. (C)
8. (D)
9. (B)
10. (C)
11. (C)
12. (D)
13. (D)
14. (C)
15. (B)
16. (B)
17. (D)
18. (C)
19. (C)
20. (D)
21. (B)
22. (B)
23. (C)
24. (C)
25. (D)
26. (D)
27. (C)
28. (D)
29. (C)
30. (D)

PART IV 설명문

Drill 1

1. (B)
2. (B)

3. (D)
4. (C)
5. (C)
6. (D)
7. (C)
8. (C)
9. (D)
10. (B)

Drill 2

1. (C)
2. (D)
3. (D)
4. (A)
5. (C)
6. (D)
7. (B)
8. (C)
9. (B)
10. (D)

Drill 3

1. (C)
2. (D)
3. (A)
4. (C)
5. (B)
6. (A)
7. (B)
8. (B)
9. (C)
10. (A)

Drill 4

1. (D)

2. (B)
3. (B)
4. (C)
5. (C)
6. (B)
7. (C)
8. (C)
9. (D)
10. (A)

실전문제

1. (C)
2. (D)
3. (A)
4. (B)
5. (A)
6. (C)
7. (D)
8. (D)
9. (A)
10. (C)
11. (B)
12. (C)
13. (D)
14. (D)
15. (B)
16. (C)
17. (B)
18. (D)
19. (B)
20. (D)

II. 독해파트

Drill 1

1. (D)
2. (C)
3. (A)
4. (B)
5. (C)
6. (D)
7. (A)
8. (C)
9. (C)
10. (D)
11. (A)
12. (B)
13. (D)
14. (B)
15. (D)
16. (C)
17. (A)
18. (B)

Drill 2

1. (C)
2. (A)
3. (A)
4. (B)
5. (C)
6. (B)
7. (C)
8. (B)

9. (C)
10. (B)

Drill 3

1. (B)
2. (C)
3. (D)
4. (C)
5. (C)
6. (C)
7. (A)
8. (B)
9. (B)
10. (A)
11. (C)

Drill 4

1. (C)
2. (C)
3. (B)
4. (D)

실전문제

1. (A)
2. (B)
3. (B)
4. (D)
5. (A)
6. (A)
7. (B)
8. (C)
9. (B)
10. (C)
11. (C)
12. (B)

13. (A)
14. (C)
15. (C)
16. (B)
17. (D)
18. (B)
19. (C)
20. (D)

PART VI 오문정정

Drill 1

1. (A)
2. (B)
3. (C)
4. (C)
5. (B)
6. (C)
7. (C)
8. (A)
9. (A)
10. (D)
11. (D)
12. (B)
13. (C)
14. (D)
15. (B)
16. (B)
17. (B)
18. (D)
19. (B)
20. (B)
21. (D)
22. (C)

23. (C)	20. (B)	5. (C)	
24. (B)	21. (D)	6. (C)	**Drill 2**
25. (B)	22. (D)	7. (C)	1. (A)
		8. (C)	2. (A)
Drill 2	**Drill 4**	9. (D)	3. (A)
1. (C)	1. (B)	10. (B)	4. (B)
2. (C)	2. (C)	11. (D)	5. (D)
3. (C)	3. (A)	12. (A)	6. (A)
4. (B)	4. (B)	13. (C)	7. (C)
5. (A)	5. (C)	14. (C)	8. (D)
6. (C)	6. (A)	15. (D)	9. (C)
7. (A)	7. (C)	16. (A)	10. (B)
8. (D)	8. (D)	17. (C)	11. (D)
9. (D)	9. (D)	18. (A)	12. (D)
	10. (C)	19. (D)	13. (A)
Drill 3	11. (C)	20. (D)	14. (D)
1. (B)	12. (A)		15. (A)
2. (B)	13. (D)		16. (D)
3. (D)	14. (B)		17. (B)
4. (D)		**PART VII 공란 메우기**	18. (B)
5. (B)			19. (A)
6. (B)	**Drill 5**		20. (D)
7. (A)	1. (B)	**Drill 1**	21. (C)
8. (B)	2. (C)	1. (D)	22. (C)
9. (C)	3. (C)	2. (A)	23. (D)
10. (A)	4. (B)	3. (B)	24. (C)
11. (C)	5. (B)	4. (C)	25. (B)
12. (A)	6. (C)	5. (B)	26. (A)
13. (A)	7. (D)	6. (A)	27. (D)
14. (A)	8. (C)	7. (B)	28. (D)
15. (B)		8. (D)	29. (D)
16. (A)	**실전 문제**	9. (B)	30. (B)
17. (B)	1. (B)	10. (A)	31. (C)
18. (A)	2. (B)	11. (D)	32. (A)
19. (D)	3. (C)	12. (A)	33. (B)
	4. (B)	13. (A)	
		14. (C)	

34. (C)
35. (B)
36. (D)
37. (D)
38. (A)
39. (B)
40. (D)

Drill 3

1. (A)
2. (C)
3. (C)
4. (C)
5. (B)
6. (D)
7. (C)
8. (B)
9. (D)
10. (C)
11. (B)
12. (B)
13. (A)
14. (A)
15. (A)
16. (A)
17. (A)
18. (A)
19. (B)
20. (B)
21. (B)
22. (C)
23. (A)
24. (A)
25. (C)
26. (A)

27. (B)
28. (D)
29. (A)
30. (B)
31. (A)
32. (D)
33. (A)
34. (C)
35. (C)
36. (B)
37. (C)
38. (D)
39. (A)
40. (B)
41. (D)
42. (D)
43. (D)
44. (A)
45. (C)
46. (D)
47. (D)
48. (C)
49. (D)
50. (C)
51. (A)
52. (C)
53. (B)
54. (D)
55. (B)
56. (A)
57. (C)
58. (D)
59. (A)
60. (C)
61. (A)

62. (B)
63. (C)
64. (D)
65. (A)

Drill 4

1. (B)
2. (C)
3. (A)
4. (C)
5. (A)
6. (D)
7. (B)
8. (A)
9. (B)
10. (C)
11. (B)

Drill 5

1. (A)
2. (B)
3. (A)
4. (B)
5. (A)
6. (C)
7. (A)
8. (B)
9. (A)
10. (D)
11. (B)
12. (D)
13. (C)
14. (C)
15. (B)
16. (A)

17. (D)
18. (B)
19. (C)
20. (B)
21. (B)
22. (A)
23. (B)
24. (A)
25. (C)
26. (A)
27. (A)
28. (D)
29. (B)
30. (A)
31. (D)
32. (C)
33. (B)
34. (A)
35. (C)
36. (B)
37. (D)
38. (D)
39. (B)
40. (B)
41. (A)
42. (A)
43. (A)
44. (D)
45. (A)
46. (A)
47. (C)
48. (C)
49. (D)
50. (B)
51. (C)

52. (A)	10. (B)	**Drill 2**	24. (B)
53. (B)	11. (C)		25. (C)
54. (B)	12. (D)	1. (D)	26. (D)
55. (B)	13. (B)	2. (D)	27. (C)
56. (A)	14. (C)	3. (C)	28. (C)
57. (B)	15. (D)	4. (B)	29. (D)
58. (D)	16. (C)	5. (C)	30. (C)
59. (A)	17. (B)	6. (A)	
60. (B)	18. (A)	7. (D)	
61. (B)	19. (A)	8. (D)	
62. (A)	20. (B)		
63. (B)	21. (B)	**실전문제**	
64. (C)	22. (B)	1. (B)	
65. (C)	23. (B)	2. (A)	
66. (B)	24. (A)	3. (C)	
67. (A)	25. (C)	4. (B)	
68. (C)	26. (B)	5. (C)	
69. (B)	27. (B)	6. (B)	
70. (A)	28. (D)	7. (B)	
71. (A)	29. (C)	8. (C)	
72. (B)	30. (C)	9. (A)	
73. (D)		10. (C)	
74. (B)	**PART VIII 독해**	11. (D)	
75. (A)		12. (B)	
		13. (B)	
실전문제	**Drill 1**	14. (B)	
1. (D)	1. (A)	15. (B)	
2. (B)	2. (C)	16. (A)	
3. (C)	3. (D)	17. (C)	
4. (B)	4. (A)	18. (D)	
5. (C)	5. (C)	19. (C)	
6. (C)	6. (C)	20. (B)	
7. (B)	7. (A)	21. (C)	
8. (B)	8. (C)	22. (D)	
9. (C)		23. (C)	

강성광

국제대학 일어일문학과 수석졸업
일본 문부성 초청 국비유학(京都大学)
중앙대학교 교육대학원 졸업(일본어교육학)
現 청문외국어학원 JPT강사

주요저서
일본어어휘의 달인이 되는 법 / 사람in
일본어 능력시험에 꼭 나오는 핵심정리 / 사람in
일본어문법백과사전 / 사람in
JPT 독해 달인이 되는 법 / 사람in
JPT 청해 달인이 되는 법 / 사람in
젊은 일본어로 말하자 / 사람in
e-mail : khi8896@hanmail.net
daum cafe : http://cafe.daum.net/KingJPT

JPT450 문제해결의 길잡이

저자	강성광
초판발행일	2007년 2월 12일
초판3쇄 발행일	2009년 8월 28일
발행인	박효상
편집	신제찬 · 김진아
마케팅	이종선 · 이태호
표지디자인	손호준
본문디자인	글사랑(2278-3053)
출판등록	제10-1835호
발행처	사람in
주소	121-839 서울시 마포구 서교동 378-16
전화	(02)338-3555(代)
팩스	(02)338-3545
e-mail	saramin@netsgo.com
홈페이지	www.saramin.com

* 책값은 뒤표지에 있습니다.
* 파본은 바꾸어 드립니다.
* 저자와의 협약에 따라 인지는 생략했습니다.

ISBN 978-89-6049-022-2

JPT학습노트시리즈

JPT의 출제메카니즘을 철저하게 분석하여 그 출제기준과 유형에 맞추어 무엇을, 어떻게 공부해야 하는지를 분명히 제시하고 있습니다. 탄탄한 기본기를 다질 수 있는 최상의 학습노트입니다.

JPT독해학습노트 / 저자 강성광 / 정가 15,000원
JPT청해학습노트 / 저자 강성광 / 정가 12,500원

급소적중 JPT 문제풀이 비법과 해설

각 유형별 문제 해결을 위한 핵심정리와 문제풀이 비법을 담았습니다. 어떤 유형의 문제가 출제되더라도 대응할 수 있도록 여타의 출제 가능한 유형별 표현과 형식, 대응요령까지 상세히 해설하였습니다.

저자 강성광 · 김유영 · 다카하시 하루코 / 정가 19,500원

JPT를 지배하는 법 시리즈

JPT를 파트별로 완벽하게 분석하여, JPT를 준비하는 학습자가 문항별로 출제의도를 파악하고 문제유형에 적응하게 해서 문제에 대한 대응능력을 자연스럽게 증대시킬 수 있도록 만들었습니다.

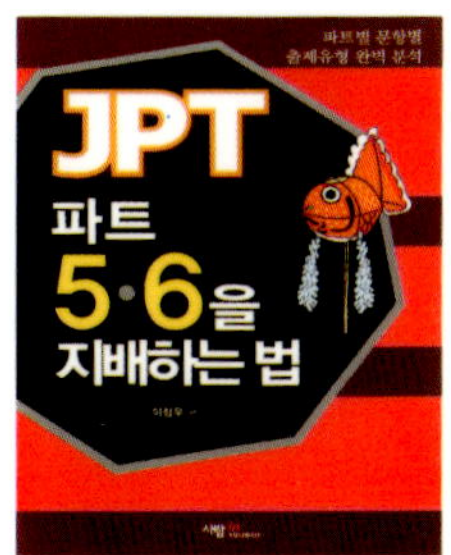

JPT파트 1 · 2를 지배하는 법 / 저자 이장우 / 정가 21,000원
JPT파트 3 · 4를 지배하는 법 / 저자 이장우 / 정가 21,000원
JPT파트 5 · 6을 지배하는 법 / 저자 이장우 / 정가 15,000원
JPT파트 7 · 8을 지배하는 법 / 저자 이장우 / 정가 15,000원

JPT450 문제해결의 길잡이

- JPT 고득점 공략에 필요한 구체적인 방향을 제시해 드립니다.

- 문제 풀이의 효과적인 공략법을 확실하게 알려드립니다.

- 수험자 여러분의 한 가지 목표인 고득점에 대한 갈망을 단시간에 풀어드리겠습니다.

정가 13,000원

ISBN 978-89-6049-022-2

JPT450

문제해결의 길잡이 해설서

본 교재는 JPT를 시작하는 수험생들에게 시험에 대한 체계적인 학습 방법을 제시하기 위해 만들었습니다. 특히 수험생들에게 원리를 충분히 설명해 준 다음, 배운 것을 실전 문제에 접목시키는 가장 적중도가 높고 실전적인 출제 경향에 맞는 문제를 제공하려고 노력하였습니다.

강성광 저

청해파트와 독해파트별로 출제형식을 상세하게 소개

출제형식에 맞는 대책을 소개하고, 연습문제와 실전문제로 완벽대비

사람 in
커뮤니케이션

JPT450

문제해결의 길잡이 해설서

사람 *in*
커뮤니케이션

I. 청해파트

PART I 사진묘사

PART II 질의응답

PART III 회화문

PART IV 설명문

연습문제

Drill 1 한 명이 등장하는 사진

1. ___________

(A) 男の人は帽子をかぶっています。
(B) 男の人は半ズボンをはいています。
(C) 男の人はかがんで何かをしています。
(D) 男の人は眼鏡をかけています。

   (A) 남자는 모자를 쓰고 있습니다.
   (B) 남자는 반바지를 입고 있습니다.
   (C) 남자는 허리를 구부리고 무언가를 하고 있습니다.
   (D) 남자는 안경을 쓰고 있습니다.

■ 다른 묘사 ■
男の人はTシャツを着ています。
남자는 티셔츠를 입고 있습니다.

■ 단어 ■
帽子(ぼうし)をかぶる 모자를 쓰다 | 半(はん)ズボンをはく 반바지를 입다 | 屈(かが)む 허리, 무릎 등을 굽히다, 구부리다 | 眼鏡(めがね)をかける 안경을 쓰다 | 着(き)る (옷을)입다

■ 정답 ■ (C)

2. ___________

(A) 男の人が料理を作っているところです。
(B) 男の人が踊っているところです。
(C) 男の人が釣りざおをにぎっています。
(D) 男の人が海で泳いでいるところです。

   (A) 남자가 요리를 만들고 있는 중입니다.
   (B) 남자가 춤추고 있는 중입니다.
   (C) 남자가 낚싯대를 쥐고 있습니다.
   (D) 남자가 바다에서 헤엄치고 있는 중입니다.

■ 다른 묘사 ■
男の人が釣りをしているところです。
남자가 낚시를 하고 있는 중입니다.

■ 단어 ■
料理(りょうり) 요리 | 作(つく)る 만들다 | 踊(おど)る 춤추다 | 釣(つ)りざお 낚싯대 | 握(にぎ)る 손으로 쥐다, 잡다 | 海(うみ)で泳(およ)ぐ 바다에서 헤엄치다 | 釣(つ)りをする 낚시를 하다

■ 정답 ■ (C)

3. ___________

(A) ここは図書館です。
(B) 男の人は雑誌を立ち読みしています。
(C) 男の人はもう本を買いました。
(D) 男の人はマンガを売っています。

   (A) 여기는 도서관입니다.
   (B) 남자는 잡지를 서서 읽고 있습니다.
   (C) 남자는 이미 책을 샀습니다.
   (D) 남자는 만화를 팔고 있습니다.

■ 다른 묘사 ■
男の人はうつむいています。
남자는 고개를 숙이고 있습니다.

■ 단어 ■
図書館(としょかん) 도서관 | 雑誌(ざっし) 잡지 | 立(た)ち読(よ)み 서서 읽음 | もう 이미, 이제, 벌써(동작, 행위의 완료) | 買(か)う 사다 | マンガ 만화 | 売(う)る 팔다 | 俯(うつむ)く 고개를 숙이다

■ 정답 ■ (B)

4. ___________

(A) 男の人は泣いています。
(B) 男の人は笑っています。
(C) 男の人は後ろを向いています。
(D) 男の人は怒っています。

   (A) 남자는 울고 있습니다.
   (B) 남자는 웃고 있습니다.
   (C) 남자는 뒤를 향하고 있습니다.
   (D) 남자는 화내고 있습니다.

■ 다른 묘사 ■
男の人の顔は見えません。
남자의 얼굴은 보이지 않습니다.

■ 단어 ■
泣(な)く 울다 | 笑(わら)う 웃다 | 後(うし)ろを向(む)く 뒤를 향하다 | 怒(おこ)る 화내다 | 顔(かお) 얼굴 | 見(み)える 보이다

■ 정답 ■ (C)

5. ___________

(A) 男の人はかばんの中を見ています。
(B) 男の人は体操をしているところです。
(C) 男の人は座ろうとしているところです。
(D) 男の人はまっすぐ立っています。

   (A) 남자는 가방 안을 보고 있습니다.
   (B) 남자는 체조를 하고 있는 중입니다.

(C) 男は座ろうとしている最中です。
(D) 男はまっすぐ立っています。

■다른 묘사■
男の人はかばんの中をのぞき込んでいます。
남자는 가방 안을 들여다보고 있습니다.

■단어■
体操(たいそう) 체조 | 座(すわ)る 앉다 | まっすぐ 곧장, 똑바로 |
立(た)つ 서다, 일어나다 | のぞき込(こ)む 들여다보다, 엿보다

■정답■ (A)

6. ______________________
(A) 男の人が車を運転しています。
(B) 男の人が荷物を持っています。
(C) 男の人がカートを押しています。
(D) 男の人が車椅子に乗っています。

 (A) 남자가 차를 운전하고 있습니다.
 (B) 남자가 짐을 들고 있습니다.
 (C) 남자가 카트를 밀고 있습니다.
 (D) 남자가 휠체어를 타고 있습니다.

■다른 묘사■
男の人が何かを押しながら歩いています。
남자가 무언가를 밀면서 걷고 있습니다.

■단어■
運転(うんてん) 운전 | 荷物(にもつ) 짐 | 押(お)す 밀다 | 車椅子
(くるまいす) 휠체어 | 乗(の)る (교통수단 등을)타다 | 歩(ある)く
걷다

■정답■ (C)

7. ______________________
(A) 男の人が乗用車の横に座っています。
(B) 男の人が軽トラックのわきに立っています。
(C) 男の人がトランクのそばに立っています。
(D) 男の人が車のシートに座っています。

 (A) 남자가 승용차 옆에 앉아 있습니다.
 (B) 남자가 경트럭 옆에 서 있습니다.
 (C) 남자가 트렁크 옆에 서 있습니다.
 (D) 남자가 차 좌석에 앉아 있습니다.

■다른 묘사■
男の人が荷台に寄り添っています。
남자가 짐받이 곁에 다가서 있습니다.

■단어■
乗用車(じょうようしゃ) 승용차 | 横(よこ) 옆, 측면 | 座(すわ)る
앉다 | 軽(けい)トラック 경트럭 | わき 옆, 곁, 겨드랑이 | 立(た)つ

서다 | トランク 트렁크 | そば 곁, 옆 | 荷台(にだい) 트럭이나 자전
거 등의 짐받이 | 寄(よ)り添(そ)う 곁에 다가서다, 다가붙다

■정답■ (B)

8. ______________________
(A) この人は髪の毛が長いです。
(B) この人は髪の毛で額が見えません。
(C) この人は髪の毛が短いです。
(D) この人は髪の毛が少ないです。

 (A) 이 사람은 머리카락이 깁니다.
 (B) 이 사람은 머리카락 때문에 이마가 보이지 않습니다.
 (C) 이 사람은 머리카락이 짧습니다.
 (D) 이 사람은 머리카락이 적습니다.

■다른 묘사■
この人は髭を生やしていません。
이 사람은 수염을 기르지 않았습니다.

■단어■
髪(かみ)の毛(け) 머리카락 | 長(なが)い 길다 | 額(ひたい) 이마 |
短(みじか)い 짧다 | 少(すく)ない 적다 | 髭(ひげ)を生(は)やす
수염을 기르다

■정답■ (C)

9. ______________________
(A) 女の人は雑誌を盗んでいます。
(B) 女の人はパンフレットを見ています。
(C) 女の人は掃除をしています。
(D) 女の人はエレベーターを待っています。

 (A) 여자는 잡지를 훔치고 있습니다.
 (B) 여자는 팸플릿을 보고 있습니다.
 (C) 여자는 청소를 하고 있습니다.
 (D) 여자는 엘리베이터를 기다리고 있습니다.

■다른 묘사■
女の人は制服を身にまとっています。
여자는 제복을 입고 있습니다.

■단어■
盗(ぬす)む 도둑질하다 | パンフレット 팸플릿, 소책자 | 掃除(そう
じ) 청소 | エレベーター 엘리베이터 | 制服(せいふく) 제복 | 身(み)
にまとう 몸에 걸치다 =「身(み)に着(つ)ける : 몸에 걸치다, 입다」

■정답■ (B)

10. ______________________
(A) 今、バスは走っています。
(B) 今、バスは止っています。

(C) 今、バスは動いています。
(D) 今、バスを洗っています。

   (A) 지금 버스는 달리고 있습니다.
   (B) 지금 버스는 정지해 있습니다.
   (C) 지금 버스는 움직이고 있습니다.
   (D) 지금 버스를 세차하고 있습니다.

■**다른 묘사**■
今、バスは停車中です。
지금 버스는 정차 중입니다.

■**단어**■
走(はし)る 달리다 | 止(とま)る 멈추다, 서다 | 動(うご)く 움직이다 | 洗(あら)う 씻다 | 停車中(ていしゃちゅう) 정차 중

■**정답**■ (B)

Drill 2 두 명이 등장하는 사진

1. ____________________
(A) 二人は横を見ています。
(B) 人が二人立っています。
(C) 二人とも寝ています。
(D) 人が二人座っています。

   (A) 두 사람은 옆을 보고 있습니다.
   (B) 두 사람이 서 있습니다.
   (C) 두 사람 모두 자고 있습니다.
   (D) 두 사람이 앉아 있습니다.

■**다른 묘사**■
二人はぴったりとくっついています。
두 사람은 딱 붙어 있습니다.

■**단어**■
横(よこ) 옆 | 立(た)つ 서다 | 二人(ふたり)とも 둘 다, 두 사람 모두 | 寝(ね)る 자다 | 座(すわ)る 앉다 | ぴったりと 빈틈없이 달라붙는 모양, 딱, 바짝 | くっつく 달라붙다, 찰싹 달라붙다

■**주요 어구**■
•「～とも」: ～다, ～모두 다

■**정답**■ (D)

2. ____________________
(A) 女の人が顔を洗っています。
(B) 女の人が子供と話しています。
(C) 女の人が手紙を書いています。
(D) 女の人が音楽を聞いています。

   (A) 여자가 세수를 하고 있습니다.
   (B) 여자가 아이와 이야기하고 있습니다.
   (C) 여자가 편지를 쓰고 있습니다.
   (D) 여자가 음악을 듣고 있습니다.

■**다른 묘사**■
女の人が子供と向き合っています。
여자가 아이와 마주보고 있습니다.

■**단어**■
顔(かお)を洗(あら)う 세수하다, 얼굴을 씻다 | 子供(こども) 어린아이 | 話(はな)す 이야기하다 | 手紙(てがみ) 편지 | 書(か)く 쓰다 | 音楽(おんがく) 음악 | 聞(き)く 듣다 | 向(む)き合(あ)う 정면으로 마주보다, 대면하다=「対面(たいめん)する」

■**정답**■ (B)

3. ____________________
(A) 女の子が何かを食べています。
(B) 男の子が両手に何かを持っています。
(C) 女の子より男の子の方が背が低いです。
(D) 男の子が手で耳を押さえています。

   (A) 여자아이가 뭔가를 먹고 있습니다.
   (B) 남자아이가 양손에 뭔가를 들고 있습니다.
   (C) 여자아이보다 남자아이 쪽이 키가 작습니다.
   (D) 남자아이가 손으로 귀를 막고 있습니다.

■**다른 묘사**■
男の子は手ぶらではありません。
남자아이는 빈손은 아닙니다.

■**단어**■
何(なに)か 무엇인가, 뭔가 | 食(た)べる 먹다 | 両手(りょうて) 양손 | 持(も)つ 들다, 가지다 | 背(せ)が低(ひく)い 키가 작다 | 押(お)さえる 누르다, 입구를 막다 *「耳(みみ)を押(おさ)える : 귀를 막다」 | 手(て)ぶら 빈손, 맨손

■**정답**■ (B)

4. ____________________
(A) 子供が広場で遊んでいます。
(B) 子供がけんかをしています。
(C) 子供がひとりで公園にいます。
(D) 子供が歌を歌っています。

   (A) 아이가 광장에서 놀고 있습니다.
   (B) 아이가 싸움을 하고 있습니다.
   (C) 아이가 혼자서 공원에 있습니다.
   (D) 아이가 노래를 부르고 있습니다.

■**다른 묘사**■
子供が遊び場で遊んでいます。

아이가 놀이터에서 놀고 있습니다.

■ 단어 ■
広場(ひろば) 광장 | 遊(あそ)ぶ 놀다 | 喧嘩(けんか)をする 싸움을 하다 | 一人(ひとり)で 홀로, 혼자서 | 公園(こうえん) 공원 | 歌(うた)を歌(うた)う 노래를 부르다 | 遊(あそ)び場(ば) 놀이터

■ 놀이 관련 어구 ■
シーソー 시소 | 鉄棒(てつぼう) 철봉 | ブランコ 그네 | 鬼(おに)ごっこ 술래잡기 | 隠(かく)れん坊(ぼう) 숨바꼭질

■ 정답 ■ (A)

5. ______________________________________

(A) 男の子は一人しかいません。
(B) 男の人たちはたばこを吸っています。
(C) 男の人が女の人に道を聞いています。
(D) 男の人たちが走っています。

 (A) 남자아이는 한 사람밖에 없습니다.
 (B) 남자들은 담배를 피우고 있습니다.
 (C) 남자가 여자에게 길을 묻고 있습니다.
 (D) 남자들이 달리고 있습니다.

■ 다른 묘사 ■
男の人たちが一服しています。
남자들이 담배를 피우고 있습니다.

■ 단어 ■
たばこを吸(す)う 담배를 피우다=「一服(いっぷく)する」| 道(みち) 길 | 聞(き)く 묻다, 듣다 | 走(はし)る 달리다

■ 정답 ■ (B)

6. ______________________________________

(A) 二人とも悲しそうな顔をしています。
(B) 二人とも痛そうな顔をしています。
(C) 二人とも楽しそうな顔をしています。
(D) 二人ともつまらなそうな顔をしています。

 (A) 두 사람 모두 슬픈 듯한 얼굴을 하고 있습니다.
 (B) 두 사람 모두 아픈 듯한 얼굴을 하고 있습니다.
 (C) 두 사람 모두 즐거운 듯한 얼굴을 하고 있습니다.
 (D) 두 사람 모두 재미없는 듯한 얼굴을 하고 있습니다.

■ 다른 묘사 ■
二人ともはつらつとした顔をしています。
두 사람 모두 발랄한 얼굴을 하고 있습니다.

■ 단어 ■
悲(かな)しい 슬프다 | 형용사어간+そうだ (양태의 「そうだ」) ~인 것 같다, ~처럼 보인다 | 顔(かお) 얼굴 | 痛(いた)い 아프다 | 楽(た

の)しい 즐겁다 | つまらない 시시하다, 재미없다 | 溌剌(はつらつ)とした 발랄한, 활기에 참=「ぴちぴち、生(い)き生(い)き」

■ 정답 ■ (C)

7. ______________________________________

(A) テニスをしているところです。
(B) サッカーをしているところです。
(C) 野球をしているところです。
(D) バレーボールをしているところです。

 (A) 테니스를 하고 있는 중입니다.
 (B) 축구를 하고 있는 중입니다.
 (C) 야구를 하고 있는 중입니다.
 (D) 배구를 하고 있는 중입니다.

■ 다른 묘사 ■
バットを大きく振っているところです。
배트를 크게 휘두르고 있습니다.

■ 단어 ■
サッカー 축구 | 野球(やきゅう) 야구 | バレーボール 배구 | バットを振(ふ)る 배트를 휘두르다

■ 주요 어구 ■
• 「진행형＋ところだ」: ~막 하고 있는 중이다
「동사ている＋ところ」는 동작이 가장 최고에 이름으로, 「~하고 있는 중」임을 나타낸다.
会議(かいぎ)の資料(しりょう)は今(いま)コピーしているところです。
회의 자료는 지금 복사를 하고 있는 중입니다.

■ 정답 ■ (C)

8. ______________________________________

(A) 大人も子供も座っています。
(B) 子供たちは全員座っています。
(C) 立っている大人はいません。
(D) 女の子も男の子も立っています。

 (A) 어른도 아이도 앉아 있습니다.
 (B) 아이들은 전원 앉아 있습니다.
 (C) 서 있는 어른은 없습니다.
 (D) 여자아이도 남자아이도 서 있습니다.

■ 다른 묘사 ■
男の人は口をつぐんでいます。
남자는 입을 다물고 있습니다.

■ 단어 ■
大人(おとな) 어른 | 子供(こども) 아이 | 座(すわ)る 앉다 | 全員

(ぜんいん) 전원 | 立(た)つ 서다 | 口(くち)をつぐむ 입을 다물다

■ 주요 어구 ■
• 「~たち, ~ら」:「~たち」는 일반적으로 사람이나 동물의 복수 및 일련의 대표를 나타내는 표현이다. 일련의 대표를 나타낼 때는 제시된 것 외에 그 밖에 같은 부류가 있음을 나타낸다. 「~ら」는 사람의 복수를 나타내는 경우에 사용되고, 「~たち」에 비해 격이 낮은 표현이다.
私(わたし)たち 우리들　親(おや)たち 부모들
彼(かれ)ら 그들　僕(ぼく)ら 우리들

■ 정답 ■　(B)

9.

(A) ここは映画のチケットを買うところです。
(B) ここはお金をおろすところです。
(C) ここは空港行きのバスの切符を買うところです。
(D) ここはタクシーに乗るところです。

(A) 여기는 영화 티켓을 사는 곳입니다.
(B) 여기는 돈을 찾는 곳입니다.
(C) 여기는 공항 행 버스표를 사는 곳입니다.
(D) 여기는 택시를 타는 곳입니다.

■ 다른 묘사 ■
右側の女の人は右肩にバックをかけています。
오른쪽 여자는 오른쪽 어깨에 가방을 메고 있습니다.

■ 단어 ■
映画(えいが) 영화 | チケット 티켓 | お金(かね)をおろす 돈을 찾다 | 空港行(くうこうゆ)き 공항 행 | 切符(きっぷ) 표*「切符(きっぷ)売(う)り場(ば) : 매표소」 | タクシーに乗(の)る 택시를 타다 | 右側(みぎがわ) 오른쪽↔「左側(ひだりがわ) : 왼쪽」 | 右肩(みぎかた) 오른쪽 어깨 | バックをかける 가방을 메다

■ 주요 어구 ■
• 「~ところ」:「장소, 측면, 점, 때(현재의 시점)」
私(わたし)のところに来(き)てください。
제 쪽으로 와 주세요.
そこが彼(かれ)の偉(えら)いところだ。
그것이 그의 훌륭한 점이다.

■ 정답 ■　(C)

10.

(A) 女の人たちはお酒を飲んでいます。
(B) 女の人たちはお弁当を作っています。
(C) 女の人たちは食事をしています。
(D) 女の人たちは運動をしています。

(A) 여자들은 술을 마시고 있습니다.
(B) 여자들은 도시락을 만들고 있습니다.
(C) 여자들은 식사를 하고 있습니다.
(D) 여자들은 운동을 하고 있습니다.

■ 다른 묘사 ■
女の人たちはテーブルを挟んで座っています。
여자들은 테이블을 사이에 두고 앉아 있습니다.

■ 단어 ■
お酒(さけ) 술 | 飲(の)む 마시다 | お弁当(べんとう) 도시락 | 作(つく)る 만들다 | 食事(しょくじ) 식사 | 運動(うんどう) 운동 | テーブルを挟(はさ)む 테이블을 사이에 두다 | 座(すわ)る 앉다

■ 정답 ■　(C)

Drill 3 사물 중심의 사진

1.

(A) 机と椅子がいくつかあります。
(B) 今、子供が椅子に座っています。
(C) 机と椅子がひとつずつあります。
(D) ここは遊ぶところです。

(A) 책상과 의자가 몇 개인가 있습니다.
(B) 지금 아이가 의자에 앉아 있습니다.
(C) 책상과 의자가 하나씩 있습니다.
(D) 여기는 노는 곳입니다.

■ 다른 묘사 ■
机と椅子が整然と並んでいます。
책상과 의자가 정연하게 놓여있습니다.

■ 단어 ■
机(つくえ) 책상 | 椅子(いす) 의자 | いくつか 몇 개인가 | 子供(こども) 어린아이 | 座(すわ)る 앉다 | 遊(あそ)ぶ 놀다 | 所(ところ) 곳, 장소 | 整然(せいぜん)と 정연하게 | 並(なら)ぶ 줄을 서다, 늘어서다

■ 주요 어구 ■
• 「~ずつ」:(수량)~씩
수량이나 정도를 나타내는 말에 붙어, 같은 양을 일정량씩 배분하거나 할당할 때 쓰는 말이다.
一台(いちだい)に五人(ごにん)ずつ乗(の)る。
한 대에 5명씩 탄다.
毎日(まいにち)、少(すこ)しずつ食(た)べます。
매일 조금씩 먹습니다.

■ 정답 ■　(A)

2. ________________________________

(A) 店の前には客が全然いません。

(B) 店は今、閉まっています。

(C) 店の中も外も客でいっぱいです。

(D) 店の前にたくさんの商品があります。

    (A) 가게 앞에는 손님이 전혀 없습니다.

    (B) 가게는 지금 닫혀 있습니다.

    (C) 가게 안에도 바깥에도 손님으로 가득합니다.

    (D) 가게 앞에 많은 상품이 있습니다.

■ 다른 묘사 ■

店頭に商品がぎっしりと並んでいます。

가게 앞에 상품이 빽빽이 진열되어 있습니다.

■ 단어 ■

店(みせ) 가게 | 前(まえ) 앞, 전방 | 客(きゃく) 손님 | 全然(ぜんぜん) (문 뒤에 부정을 수반하는 부사)전혀 | 今(いま) 지금 | 閉(し)まる 닫히다 | 中(なか) 안 | 外(そと) 바깥 | ～でいっぱい ～로 가득함 | たくさん 많음 | 商品(しょうひん) 상품 | 店頭(てんとう) 가게 앞=「店先(みせさき)」 | ぎっしり 빈틈없이 가득 찬 모양, 가득, 빽빽이 | 並(なら)ぶ 줄을 서다, 늘어서다

■ 주요 어구 ■

• 「たくさん」: 수량이 많은 모양, 많음

壁(かべ)に額(がく)がたくさん掛(か)けてある。

벽에 액자가 많이 걸려 있다.

■ 정답 ■　(D)

---

3. ________________________________

(A) みんな交差点を渡っています。

(B) 道には誰もいません。

(C) 信号が変わるのを待っています。

(D) 横断歩道の前には何もありません。

    (A) 모두 교차로를 건너고 있습니다.

    (B) 길에는 아무도 없습니다.

    (C) 신호가 바뀔 것을 기다리고 있습니다.

    (D) 횡단보도 앞에는 아무 것도 없습니다.

■ 다른 묘사 ■

信号待ちをしている人がいます。

신호를 기다리는 사람이 있습니다.

■ 단어 ■

皆(みんな) 모두 | 交差点(こうさてん) 교차로 | 渡(わた)る 건너다 | 道(みち) 길 | 誰(だれ)も 아무도 | 信号(しんごう) 신호 | 変(か)わる 바뀌다 | 待(ま)つ 기다리다 | 横断歩道(おうだんほどう) 횡단보도 | 何(なに)も 아무것도 | 信号待(しんごうま)ち 신호를 기다림

■ 주요 어구 ■

• 「いつ／どこ／だれ＋も＋부정어」:「～도(나)～없다／않다」라는 의미의 전면적인 부정을 나타낸다.

今朝(けさ)はお腹(なか)が痛(いた)かったから、何(なに)も食(た)べませんでした。

오늘 아침에는 배가 아팠기 때문에 아무 것도 먹지 않습니다.

■ 정답 ■　(C)

---

4. ________________________________

(A) 池のそばに公園があります。

(B) 池の周りに木がたくさんあります。

(C) 池のそばに学校があります。

(D) 池の周りに家が建っています。

    (A) 연못 옆에 공원이 있습니다.

    (B) 연못 주위에 나무가 많이 있습니다.

    (C) 연못 옆에 학교가 있습니다.

    (D) 연못 주위에 집이 서 있습니다.

■ 다른 묘사 ■

池の周りに深い茂みがあります。

연못 주위에 우거진 수풀이 있습니다.

■ 단어 ■

池(いけ) 연못 | 側(そば) 옆, 근처 | 公園(こうえん) 공원 | 周(まわ)り 주변, 주위 | 木(き) 나무 | 学校(がっこう) 학교 | 建(た)つ (건물 등이)서다 | 深(ふか)い 깊다, (정도·양이)크다 | 茂(しげ)み 우거짐, 우거진 것, 숲, 수풀

■ 주요 어구 ■

[そば、横(よこ)、隣(となり)]

• 「AそばB」: A를 기준으로 볼 때 B가 가까이 근접해 있음을 나타내며, B의 위치는 기준 A와 일렬로 있는 경우가 아닌 전후좌우(四方)인 경우가 많다.

• 「A横B」: 좌우로 가까운 방향을 나타낼 때 주로 사용하며 「A와 B중에서 어느 한 쪽이 부속되는 느낌을 주며 대체로 서로 다른 사물」인 경우가 많다.

• 「A隣B」: 이웃(집), (좌우로)바로 옆, 옆자리의 의미가 강하며, 「A와 B가 서로 독립되어 동등한 느낌을 나타내는 같은 종류의 사물」인 경우에만 사용할 수 있다.

■ 정답 ■　(B)

---

5. ________________________________

(A) トランクがたくさん落ちています。

(B) トランクがたくさん置いてあります。

(C) トランクがたくさん捨ててあります。

(D) トランクがたくさん横になっています。

(A) 트렁크가 많이 떨어져 있습니다.
(B) 트렁크가 많이 놓여 있습니다.
(C) 트렁크가 많이 버려져 있습니다.
(D) 트렁크가 많이 누워있습니다.

■ 다른 묘사 ■

トランクが一ヶ所にまとめられています。
트렁크가 한군데에 모여져 있습니다.

■ 단어 ■

トランク 트렁크 | 落(お)ちる 떨어지다 | 置(お)く 놓다, 두다 | 捨(す)てる 버리다 | 横(よこ)になる 누워 있다 | 一ヶ所(いっかしょ) 한 곳, 한 군데 | まとめる 모으다=「集(あつ)める」, 정리하다=「整理(せいり)する」

■ 정답 ■ (B)

6. ___________

(A) 午前9時から午後9時まで忘れ物が受け取れます。
(B) 日曜日しか忘れ物が受け取れません。
(C) 午前7時から忘れ物が受け取れます。
(D) 日曜日に忘れ物は受け取れません。

   (A) 오전 9시부터 오후 9시까지 분실물을 받을 수 있습니다.
   (B) 일요일 밖에 분실물을 받지 못합니다.
   (C) 오전 7시부터 분실물을 받을 수 있습니다.
   (D) 일요일에 분실물은 받지 못합니다.

■ 다른 묘사 ■

月曜日から土曜日の朝9時から夜7時まで以外は忘れ物が受け取れません。
월요일부터 토요일 아침 9시부터 밤 7시까지 이외에는 분실물을 받지 않습니다.

■ 단어 ■

午前(ごぜん) 오전 | 午後(ごご) 오후 | 忘(わす)れ物(もの) 분실물 | 受(う)け取(と)る 수취하다, 받다 | 日曜日(にちようび) 일요일 | 平日(へいじつ) 평일 | 朝(あさ) 아침 | 夜(よる) 밤 | 以外(いがい) 이외, 그 밖

■ 주요 어구 ■

• 「~から」: ~부터
동작, 작용의 시간적, 공간적인 출발점 및 사물의 순서, 추상적인 사항의 근거를 나타낸다. 「~から~まで」는 「~부터~까지」로 범위를 나타낸다.

• 「しか」: ~밖에(오직 그것뿐)
범위나 정도의 한정을 의미한다. 항상 부정어를 수반한, 「~しかない」의 형태로 「~밖에 없다」는 의미를 갖는다.
出発(しゅっぱつ)まであと3日(みっか)しか残(のこ)っていません。

출발까지 앞으로 3일밖에 남아 있지 않습니다.

■ 정답 ■ (D)

7. ___________

(A) 大人も子供も同じ料金です。
(B) 大人は小学生より900円安いです。
(C) 大人は小学生より900円高いです。
(D) 3歳より上の子供はお金を払わなくてもいいです。

   (A) 어른도 아이도 같은 요금입니다.
   (B) 어른은 초등학생보다 900엔 쌉니다.
   (C) 어른은 초등학생보다 900엔 비쌉니다.
   (D) 3살보다 위인 아이는 돈을 지불하지 않아도 됩니다.

■ 다른 묘사 ■

料金の中に飲み物の代金も含まれています。
요금 안에 음료 대금도 포함되어 있습니다.

■ 단어 ■

大人(おとな) 어른 | 同(おな)じ 같음 | 料金(りょうきん) 요금 | 小学生(しょうがくせい) 초등학생 | 安(やす)い 싸다 | 高(たか)い 비싸다 | ~歳(さい) ~세(나이를 세는 말) | お金(かね) 돈 | 払(はら)う 지불하다 | 飲(の)み物(もの) 마실 것, 음료 | 代金(だいきん) 대금 | 含(ふく)む 포함하다 .

■ 주요 어구 ■

• 「より」: ~보다, ~에 비해／~에서, ~부터
비교의 기준과 동작, 작용이 시작되는 개시 시점을 나타낸다.
木村(きむら)さんは、山本(やまもと)さんより背(せ)が高(たか)いです。:비교
기무라 씨는 야마모토 씨보다 키가 큽니다.
学校(がっこう)は午前(ごぜん)9時(くじ)より始(はじ)まります。:개시 시점
학교는 오전 9시부터 시작됩니다.

■ 정답 ■ (C)

8. ___________

(A) 車が一台走っています。
(B) 車が一台も通っていません。
(C) 車が何台も走っています。
(D) 車が何台も止まっています。

   (A) 차가 한 대 달리고 있습니다.
   (B) 차가 한 대도 지나고 있지 않습니다.
   (C) 차가 몇 대나 달리고 있습니다.
   (D) 차가 몇 대나 서 있습니다.

■다른 묘사■

車がすれ違っています。

자동차가 스쳐 지나가고 있습니다.

■단어■

車(くるま) 차 | 台(だい) 대(기계, 자동차 등을 세는 단위) | 走(はし)る 달리다 | 通(とお)る 지나다, 통과하다 | 止(と)まる 서다, 정지하다 | すれ違(ちが)う 스치듯 지나가다, 스치고 지나가다

■정답■ (C)

9. _______________

(A) 部屋は家具でいっぱいです。

(B) 部屋には何もありません。

(C) 部屋はとても明るいです。

(D) 部屋はひとつしかありません。

(A) 방은 가구로 가득합니다.
(B) 방에는 아무것도 없습니다.
(C) 방은 매우 밝습니다.
(D) 방은 하나밖에 없습니다.

■다른 묘사■

部屋はがらんとしています。

방은 텅 비어 있습니다.

■단어■

部屋(へや) 방 | 家具(かぐ) 가구 | 一杯(いっぱい) 꽉 참, 가득함, 충분함 | 明(あか)るい 밝다, 환하다 | しか ～밖에(반드시 부정어 동반) | がらんと 넓은 건물 속이 텅 빈 모양

■주요 어구■

• 정도 부사 「とても」: 매우, 대단히

용언과 용언을 포함한 문절을 수식하고, 그 동작과 상태의 정도를 설명하는 부사를 정도 부사라고 한다. 부사가 부사를 수식하는 경우와, 명사를 수식하는 경우는 모두 정도 부사에 속한다.

この部屋(へや)はとても静(しず)かだ。

이 방은 매우 조용하다.

とてもはっきり写(うつ)る。

매우 확실하게 찍히다.

あの映画(えいが)は評判(ひょうばん)どおり、とてもおもしろかった。

저 영화는 소문대로 매우 재미있었다.

■정답■ (B)

10. _______________

(A) 高い山が見えます。

(B) 広い海が見えます。

(C) いくつかの建物が見えます。

(D) 長い川が見えます。

(A) 높은 산이 보입니다.
(B) 넓은 바다가 보입니다.
(C) 몇 개인가의 건물이 보입니다.
(D) 긴 강이 보입니다.

■다른 묘사■

建物の上に屋上があります。

건물 위에 옥상이 있습니다.

見下ろして撮った写真です。

내려다보고 찍은 사진입니다.

■단어■

高(たか)い 높다 | 山(やま) 산 | 見(み)える 보이다 | 広(ひろ)い 넓다 | 海(うみ) 바다 | いくつか 몇 개인가 | 建物(たてもの) 건물 | 長(なが)い 길다 | 川(かわ) 강 | 屋上(おくじょう) 옥상 | 見下(みお)ろす 내려다보다 | 撮(と)る 사진을 찍다 | 写真(しゃしん) 사진

■정답■ (C)

실전문제

1. _______________

(A) ここは八百屋さんです。

(B) ここは文房具屋さんです。

(C) ここは靴屋さんです。

(D) ここは花屋さんです。

(A) 여기는 야채가게입니다.
(B) 여기는 문방구점입니다.
(C) 여기는 신발가게입니다.
(D) 여기는 꽃가게입니다.

■다른 묘사■

たくさんの花束が売られています。

많은 꽃다발이 판매되고 있습니다.

■단어■

八百屋(やおや) 야채가게 | 文房具屋(ぶんぼうぐや) 문방구점 | 靴屋(くつや) 신발가게 | 花屋(はなや) 꽃가게 | 花束(はなたば) 꽃다발

■정답■ (D)

2. _______________

(A) はさみで新聞を割っています。

(B) はさみで新聞を壊しています。

(C) はさみで新聞を切っています。

(D) はさみで新聞をやぶいています。

 (A) 가위로 신문을 나누고 있습니다.
 (B) 가위로 신문을 망가트리고 있습니다.
 (C) 가위로 신문을 자르고 있습니다.
 (D) 가위로 신문을 찢고 있습니다.

■다른 묘사■
はさみで新聞記事を切り抜いています。
가위로 신문 기사를 오려내고 있습니다.

■단어■
はさみ 가위 | 新聞(しんぶん) 신문 | 割(わ)る 나누다, 쪼개다 | 壊(こわ)す 파괴하다, 부수다 | 切(き)る 자르다 | 破(やぶ)く 찢다 | 新聞記事(しんぶんきじ) 신문 기사 | 切(き)り抜(ぬ)く 오려내다, 잘라내다, 베어내다

■정답■ (C)

3. __________
(A) 子供たちがいろんな楽器を演奏しています。
(B) 子供たちがみんなでダンスをしています。
(C) 子供たちが教室で勉強をしています。
(D) 子供たちが手をたたいています。

 (A) 아이들이 여러 가지 악기를 연주하고 있습니다.
 (B) 아이들이 모두 춤을 추고 있습니다.
 (C) 아이들이 교실에서 공부를 하고 있습니다.
 (D) 아이들이 손을 두드리고 있습니다.

■다른 묘사■
子供たちがみんなで合奏しています。
아이들이 모두 함께 합주를 하고 있습니다.

■단어■
楽器(がっき) 악기 | 演奏(えんそう) 연주 | みんなで 모두 함께 | 教室(きょうしつ) 교실 | 勉強(べんきょう) 공부 | 手(て)をたたく 손뼉을 치다 | 合奏(がっそう) 합주

■정답■ (A)

4. __________
(A) ドアの前に花が置いてあります。
(B) ドアは開いています。
(C) ドアは閉まっています。
(D) ドアの前には何もありません。

 (A) 문 앞에 꽃이 놓여 있습니다.
 (B) 문은 열려 있습니다.
 (C) 문은 닫혀 있습니다.
 (D) 문 앞에는 아무것도 없습니다.

■다른 묘사■
ドアのそばに傘立が置いてあります。
문 옆에 우산꽂이가 놓여 있습니다.

■단어■
ドア 문 | 前(まえ) 앞 | 花(はな) 꽃 | 置(お)く 놓다, 두다 | 開(あ)く 열리다 | 閉(し)まる 닫히다 | 何(なに)も 아무것도 | 側(そば) 옆, 곁, 근처 | 傘立(かさたて) 우산꽂이

■정답■ (C)

5. __________
(A) ここで人が立ってはいけません。
(B) これ以上前に行ったら座らなければなりません。
(C) これ以上前に進んではいけません。
(D) ここで泳いではいけません。

 (A) 여기에서 사람이 서서는 안 됩니다.
 (B) 이 이상 앞으로 가면 앉지 않으면 안 됩니다.
 (C) 이 이상 앞으로 나아가서는 안 됩니다.
 (D) 여기에서 수영해서는 안 됩니다.

■다른 묘사■
ここから先は入ってはいけません。
여기서부터 앞쪽으로는 들어가서는 안 됩니다.

■단어■
立(た)つ 서다 | これ以上(いじょう) 이 이상 | 座(すわ)る 앉다 | 進(すす)む 나아가다 | 泳(およ)ぐ 헤엄치다 | 先(さき) 진행 방향의 앞쪽, 전방, 선두 | 入(はい)る 들어가다, 들어오다 | ～て(で)はいけない ～해서는 안 된다

■정답■ (C)

6. __________
(A) 字が多すぎて読めません。
(B) 字が汚すぎて読めません。
(C) 字が小さくて読みにくいです。
(D) 字が大きくて読みやすいです。

 (A) 글자가 너무 많아서 읽을 수 없습니다.
 (B) 글자가 너무 더러워서 읽을 수 없습니다.
 (C) 글자가 작아서 읽기 어렵습니다.
 (D) 글자가 커서 읽기 쉽습니다.

■다른 묘사■
字がはっきりしていて読みやすいです。
글자가 분명하여 읽기 편합니다.
ほとんどの字は縦文字になっています。
대부분의 글자는 세로쓰기로 되어 있습니다.

■ 단어 ■

字(じ) 글자 | 多(おお)い 많다 | 読(よ)める「読(よ)む : 읽다」의 가
능형, 읽을 수 있다 | 汚(きたな)い 더럽다, 지저분하다 | はっきりす
る 분명하다(내용이나 정황이 불분명함이 없는 상태를 가리키는 말이
다.「はっきりしない天気(てんき) : 흐린 날씨」 | 縦文字(たてもじ)
세로로 쓰는 문자, 세로쓰기↔「横文字(よこもじ) : 가로로 쓰는 문자,
가로쓰기」

■ 주요 어구 ■

• 동사ます형／형용사어간+過(す)ぎる : 너무～하다, 지나치
게～하다
乗(の)りすぎてとんだところに行(い)ってしまった。
지나쳐서 엉뚱한 곳으로 가 버렸다.

• 동사ます형／형용사어간+やすい :「～하기 쉽다, ～하기 편
하다」라는 뜻으로 사물의 고유 속성이나 편리성 유무를 나타
내는 말이다.
ガラスの器(うつわ)は壊(こわ)れやすい。
유리그릇은 깨지기 쉽다.

• 동사ます형／형용사어간+にくい :「좀처럼～않다, ～하기
거북(불편)하다, ～하기 어렵다」라는 뜻으로 사물의 고유 속
성이나 편리성 유무를 나타내는 말이다.
この本(ほん)は字(じ)が小(ちい)さくて読(よ)みにく
いです。
이 책은 글자가 작아서 읽기 어렵습니다.

■ 정답 ■ (D)

7. ______________________

(A) 林の中にうさぎがいます。
(B) 木や草がたくさん生えています。
(C) 木の葉っぱが全部落ちてしまっています。
(D) 木の下でお弁当を食べている人がいます。

   (A) 숲 속에 토끼가 있습니다.
   (B) 나무랑 풀이 많이 자라 있습니다.
   (C) 나뭇잎이 전부 떨어져 버려 있습니다.
   (D) 나무 아래에서 도시락을 먹고 있는 사람이 있습니다.

■ 다른 묘사 ■

木や草がたくさん生い茂っています。
나무나 풀이 많이 자라 무성합니다.

■ 단어 ■

林(はやし) 숲 | うさぎ 토끼 | 木(き) 나무 | 草(くさ) 풀 | 生(は)
える 나다, 자라다 | 葉(は)っぱ 잎 | 全部(ぜんぶ) 전부 | 落(お)ち
る 떨어지다 | 下(した) 아래 | お弁当(べんとう) 도시락 | 生(お)い
茂(しげ)る 무성하다, 우거지다

■ 정답 ■ (B)

8. ______________________

(A) みんな本棚の後ろに立っています。
(B) 中央に男の人たちがいます。
(C) みんな歯を見せて笑っています。
(D) みんな同じ服を着ています。

   (A) 모두 책장 뒤에 서 있습니다.
   (B) 중앙에 남자들이 있습니다.
   (C) 모두 이를 보이고 웃고 있습니다.
   (D) 모두 같은 옷을 입고 있습니다.

■ 다른 묘사 ■

みんな満面に笑みを浮かべています。
모두 만면에 웃음을 띠고 있습니다.

■ 단어 ■

本棚(ほんだな) 책장, 책꽂이 | 後(うし)ろ 뒤, 뒤쪽 | 中央(ちゅう
おう) 중앙 | 歯(は)を見(み)せる 이를 보이다 | 笑(わら)う 웃다 |
同(おな)じだ 같다, 동일하다 | 服(ふく)を着(き)る 옷을 입다 | 満
面(まんめん) 만면=「顔中(かおじゅう)」 | 笑(え)み 웃음 | 浮(う)
かべる 표정을 띠다, 짓다

■ 정답 ■ (C)

9. ______________________

(A) 高いビルが3棟建っています。
(B) 木でできたアパートが3軒建っています。
(C) 2階建ての家が3軒建っています。
(D) 高級なマンションが3棟建っています。

   (A) 높은 빌딩이 3동 서 있습니다.
   (B) 나무로 된 아파트가 3채 서 있습니다.
   (C) 2층 건물의 집이 3채 서 있습니다.
   (D) 고급 맨션이 3동 서 있습니다.

■ 다른 묘사 ■

一戸建ての家が立ち並んでいます。
단독 주택이 늘어서 있습니다.

■ 단어 ■

～棟(むね) ～동 | 建(た)つ 서다 | ～軒(けん) ～채 | 층수+建(だ)
て ～층 건물 | 高級(こうきゅう) 고급 | 一戸建(いっこだ)て 단독
주택 | 立(た)ち並(なら)ぶ 줄지어 서다

■ 정답 ■ (C)

10. ______________________

(A) 電車の中には乗客が一人もいません。
(B) ホームで電車を待っている人がいます。
(C) 電車の中には立っている人もいます。

(D) もうベンチに座ることができません。

(A) 전철 안에는 승객이 한 사람도 없습니다.
(B) 홈에서 전철을 기다리고 있는 사람이 있습니다.
(C) 전철 안에는 서 있는 사람도 있습니다.
(D) 이제 의자에 앉을 수가 없습니다.

■다른 묘사■
電車が踏み切りを通っているところです。
전철이 건널목을 지나는 참입니다.

■단어■
電車(でんしゃ) 전차, 전철 | 乗客(じょうきゃく) 승객 | 待(ま)つ 기다리다 | 立(た)つ 서다 | もう 이미, 이제 | 座(すわ)る 앉다 | 踏(ふ)み切(き)り 건널목 | 通(とお)る 통과하다, 지나가다

■정답■ (C)

11. ___________

(A) この辺の道に自転車とバイクを止めてはいけません。
(B) この辺の道なら自転車とバイクを止めてもいいです。
(C) この辺の道を自転車やバイクで走ってはいけません。
(D) この辺の道に車を止めたら駐車料金が必要です。

(A) 이 부근 도로에 자전거와 오토바이를 세워서는 안 됩니다.
(B) 이 부근 도로라면 자전거와 오토바이를 세워도 됩니다.
(C) 이 부근 도로를 자전거나 오토바이로 달려서는 안 됩니다.
(D) 이 부근 도로에 차를 세우면 주차요금이 필요합니다.

■다른 묘사■
この辺の道に自転車やバイクを放置してはいけません。
이 부근 도로에 자전거나 오토바이를 방치해서는 안 됩니다.

■단어■
辺(へん) 근처, 부근 | 自転車(じてんしゃ) 자전거 | バイク 오토바이, 발동기를 단 자전거 | 止(と)める 세우다 | 走(はし)る 달리다 | 駐車料金(ちゅうしゃりょうきん) 주차요금 | 必要(ひつよう) 필요 | 放置(ほうち)する 방치하다

■주요 어구■
• ~てはいけません : ~해서는 안 됩니다(금지)
강한 느낌이 드는 금지나 규제를 나타내는 표현이다. 「~てはいけません」에 비해, 같은 금지의 표현이라도 「~ては駄目(だめ)です」는 비교적 부드러운 느낌을 주는 회화체 말투이다. 또 「해서는」이란 뜻의 「~ては」와 「~では」는 각각 축약해서 「~ちゃ」「~じゃ」로 말할 수 있다.
18歳(さい)以下(いか)の人(ひと)はタバコを吸(す)ってはいけません。

18세 이하인 사람은 담배를 피워서는 안 됩니다.

• ~てもいいです : ~해도 됩니다(허가)
허가를 나타내는 표현이다. 같은 의미의 말로는 「~てもかまいません」「~てさしつかえない : ~해도 지장이 없다」가 있다.
ここで写真(しゃしん)を撮(と)ってもいいですか。
여기서 사진을 찍어도 되나요?

> ※part2(응답문제), 7(공란 메우기)형태의 문제에서는 의미 외에도 전후 문맥에 따른 표현법이 자주 출제된다. 즉 「~てもいけません」「~てはいいです」와 같은 표현은 성립되지 않는다. 밑줄 친 부분에 유의하기 바란다. 또 「~てはいけませんか」는 「~해서는 안 됩니까?」라는 허가, 금지 표현으로 대답은 긍정의 경우 「はい、~いけません : 예, 안됩니다」 혹은 「~ないでください : ~하지 마세요」, 부정의 경우는 「いいえ、~てもいいです : 아니요, ~해도 됩니다」 등의 답이 나오게 된다.

■정답■ (A)

12. ___________

(A) まん中の女の人の足元に大きなかばんが置いてあります。
(B) まん中の女の人は黒いかばんを左手に持っています。
(C) まん中の女の人は何も持っていません。
(D) まん中の女の人はハンドバッグを右肩にかけています。

(A) 한가운데 여자 발밑에 큰 가방이 놓여 있습니다.
(B) 한가운데 여자는 검은 가방을 왼손에 들고 있습니다.
(C) 한가운데 여자는 아무것도 들고 있지 않습니다.
(D) 한가운데 여자는 핸드백을 오른쪽 어깨에 메고 있습니다.

■다른 묘사■
真ん中の女の人の髪の長さは肩まであります。
한가운데 여자의 머리 길이는 어깨까지 닿습니다.

■단어■
真(ま)ん中(なか) 한가운데 | 足元(あしもと) 발 밑 | 大(おお)きな 큰, 커다란 | 置(お)く 두다, 놓다 | 黒(くろ)い 검다 | 左手(ひだりて) 왼손 | 持(も)つ 가지다, 들다 | 右肩(みぎかた) 오른쪽 어깨 | 髪(かみ) 머리 | 長(なが)さ 길이

■주요 어구■
• 「真(ま、まっ、まん)~」: 「참다운, 진실한, 바른, 정확한, 순수한」의 의미

真心(まごころ)をこめる　정성을 담다

真(ま)っ赤(か)　새 빨강

真(ま)っ青(さお)　새 파랑, 창백함

真(ま)ん丸(まる)い　아주 둥글다

■정답■　(A)

13. ___________________________________

(A) この部屋に窓はありません。

(B) テーブルの上に花びんが置いてあります。

(C) 棚の中にはいろいろな物が入っています。

(D) 窓の上に大きな時計がかけてあります。

(A) 이 방에 창문은 없습니다.

(B) 테이블 위에 꽃병이 놓여 있습니다.

(C) 선반 안에는 여러 가지 물건이 들어 있습니다.

(D) 창문 위에 커다란 시계가 걸려 있습니다.

■다른 묘사■

棚の中には置物などがたくさん飾られています。

선반 안에는 장식물 등이 많이 장식되어 있습니다.

■단어■

部屋(へや) 방｜窓(まど)　창｜花瓶(かびん) 꽃병｜棚(たな) 선반｜いろいろな 여러 가지, 각종, 다양=「あれこれ」｜入(はい)る 들어가다, 내용물이 차다｜時計(とけい) 시계｜掛(か)ける 걸다｜中(なか) 속, 안｜置物(おきもの) 장식물｜飾(かざ)る 겉을 장식하다, 아름답게 보이게 하다

■정답■　(C)

14. ___________________________________

(A) バスから降りているところです。

(B) これからバスに乗ろうとしているところです。

(C) ちょうどバスに乗ったところです。

(D) バスから荷物を取り出しているところです。

(A) 버스에서 내리고 있는 중입니다.

(B) 이제부터 버스를 타려하고 있는 중입니다.

(C) 마침 버스를 막 탔습니다.

(D) 버스에서 짐을 꺼내고 있는 중입니다.

■다른 묘사■

乗客がバスに乗り込もうとしているところです。

승객이 버스에 올라타려는 참입니다.

■단어■

降(お)りる 내리다｜これから 앞으로｜乗(の)る 타다｜ちょうど 마침, 때마침=「いま、まさに」｜荷物(にもつ) 짐｜取(と)り出(だ)す 꺼내다｜乗客(じょうきゃく) 승객｜乗(の)り込(こ)む 올라타다

■정답■　(B)

15. ___________________________________

(A) この店はビールを何杯飲んでも無料です。

(B) この店は焼き肉としゃぶしゃぶを好きなだけ食べられます。

(C) この店は今、営業しています。

(D) この店は今、閉店の準備をしています。

(A) 이 가게는 맥주를 몇 잔 마셔도 무료입니다.

(B) 이 가게는 불고기와 샤브샤브를 좋아하는 만큼 먹을 수 있습니다.

(C) 이 가게는 지금 영업하고 있습니다.

(D) 이 가게는 지금 폐점 준비를 하고 있습니다.

■다른 묘사■

この店は焼き肉やしゃぶしゃぶを無制限に食べられます。

이 가게는 불고기나 샤브샤브를 무제한으로 먹을 수 있습니다.

■단어■

ビール 맥주｜何杯(なんばい) 몇 잔｜飲(の)む 마시다｜無料(むりょう) 무료｜焼(や)き肉(にく) 불고기｜しゃぶしゃぶ 샤브샤브, 소고기 전골(얇게 저민 소고기를 끓는 물에 살짝 데쳐 소스에 찍어 먹는 요리)｜好(す)きだ 좋아하다｜〜だけ 〜만큼(정도, 범위의 한계)｜食(た)べる 먹다｜営業(えいぎょう) 영업｜閉店(へいてん) 폐점｜準備(じゅんび) 준비｜無制限(むせいげん) 무제한

■주요 어구■

• 동사ます형+放題(ほうだい)

「하고 싶은 대로 실컷」이라는 의미로 쓰인다.

食(た)べ放題 먹고 싶은 대로 양껏 먹음

■정답■　(B)

16. ___________________________________

(A) 窓からは何も見えません。

(B) 子供たちは窓から手を振っています。

(C) 子供たちは窓の外を見ています。

(D) 窓からはきれいな夜景が見えます。

(A) 창문에서는 아무것도 보이지 않습니다.

(B) 아이들은 창문에서 손을 흔들고 있습니다.

(C) 아이들은 창밖을 보고 있습니다.

(D) 창문으로 아름다운 야경이 보입니다.

■다른 묘사■

子供たちは車窓から外を眺めています。

아이들은 차창을 통해서 밖을 바라보고 있습니다.

■단어■

窓(まど) 창, 창문｜見(み)える 보이다｜手(て)を振(ふ)る 손을 흔들다｜外(そと) 밖, 바깥｜きれいだ 깨끗하다, 아름답다｜夜景(やけい) 야경｜車窓(しゃそう) 차창｜眺(なが)める 멀리 바라보다, 조

망하다

■ **주요 어구** ■

• 「から」:「~에서(~을 통하여)」라는 뜻으로 경유하는 장소를
나타낸다.

窓(まど)から富士山(ふじさん)が見(み)える。
창에서 후지산이 보인다.

となりの家(いえ)からピアノの音(おと)が聞(き)こえ
ます。
옆집에서 피아노 소리가 들립니다.

■ **정답** ■ (C)

17.

(A) この部屋の壁は白いです。
(B) ドアの近くに女の人が立っています。
(C) この部屋に男の人はいません。
(D) ケーキを食べながらしゃべっています。

　(A) 이 방의 벽은 하얗습니다.
　(B) 문 가까이에 여자가 서 있습니다.
　(C) 이 방에 남자는 없습니다.
　(D) 케이크를 먹으면서 이야기하고 있습니다.

■ **다른 묘사** ■

みんなで机を四角に囲んで談話をしているところです。
모두 책상을 네모지게 둘러싸고 담화를 하는 중입니다.

■ **단어** ■

壁(かべ) 벽 | 白(しろ)い 하얗다, 희다 | 近(ちか)く 근처, 부근 | し
ゃべる 말하다, 이야기하다 | 机(つくえ) 책상 | 四角(しかく) 사각,
네모짐 | 囲(かこ)む 둘러싸다, 에워싸다 | 談話(だんわ) 담화

■ **정답** ■ (A)

18.

(A) 庭の花に水をやっているところです。
(B) デパートで買い物をしているところです。
(C) 桜のそばでお花見をしているところです。
(D) 公園で散歩をしているところです。

　(A) 정원의 꽃에 물을 주고 있는 중입니다.
　(B) 백화점에서 쇼핑을 하고 있는 중입니다.
　(C) 벚꽃 옆에서 꽃구경을 하고 있는 중입니다.
　(D) 공원에서 산책을 하고 있는 중입니다.

■ **다른 묘사** ■

桜の木にはちょうちんがぶら下がっています。
벚꽃나무에는 초롱이 매달려 있습니다.

■ **단어** ■

庭(にわ) 정원 | 買(か)い物(もの) 물건을 삼, 쇼핑 | 桜(さくら) 벚

꽃 | 花見(はなみ) 꽃구경 | 公園(こうえん) 공원 | 散歩(さんぽ) 산
책 | 桜(さくら)の木(き) 벚꽃나무 | 提灯(ちょうちん) 제등, 초롱 |
ぶら下(さ)がる 매달리다, 축 늘어지다

■ **정답** ■ (C)

19.

(A) ホームにはごみ箱があります。
(B) ホームには売店があります。
(C) ホームはとても混雑しています。
(D) ホームはかなりすいています。

　(A) 플랫폼에는 쓰레기통이 있습니다.
　(B) 플랫폼에는 매점이 있습니다.
　(C) 플랫폼은 매우 혼잡합니다.
　(D) 플랫폼은 꽤 한산합니다.

■ **다른 묘사** ■

ホームはたいへん込み合っています。
플랫폼은 매우 혼잡합니다.

■ **단어** ■

ホーム 플랫폼 | ごみ箱(ばこ) 쓰레기통 | 売店(ばいてん) 매점 | 混
雑(こんざつ) 혼잡 | かなり 꽤, 상당히 | 空(す)く 한산하다 | 大変
(たいへん) 대단히, 매우, 몹시 | 込(こ)み合(あ)う 많은 사람이 모
여 북적 거리다, 붐비다, 혼잡하다

■ **정답** ■ (C)

20.

(A) 電話が壊れたときは104番に電話をします。
(B) 知りたい電話番号があるときは118番に電話をしま
　　す。
(C) 火事が起きたら112番に電話をします。
(D) 悪いことが起きたら110番に電話をします。

　(A) 전화가 고장 났을 때에는 104번에 전화를 합니다.
　(B) 알고 싶은 전화번호가 있을 때에는 118번에 전화를 합니다.
　(C) 화재가 발생하면 112번에 전화를 합니다.
　(D) 나쁜 일이 일어나면 110번에 전화를 합니다.

■ **다른 묘사** ■

困ったことが起きたら110番に通報します。
어려운 일이 발생하면 110번에 통보합니다.

■ **단어** ■

壊(こわ)れる 부서지다, 망가지다 | 知(し)る 알다 | 電話番号(でん
わばんごう) 전화번호 | 火事(かじ)が起(お)きる 화재가 발생하
다 | 悪(わる)い 나쁘다, 좋지 않다 | 110番(ひゃくとおばん) 경찰
신고 전화 번호 | 困(こま)る 곤란하다, 난처하다, 어렵다 | 通報(つう
ほう) 통보

■ **정답** ■ (D)

연습문제

Drill 1 일상 인사 및 관용 표현 문제

1. ___________________________________

お元気ですか。
(A) ええ、おかげさまで。
(B) はじめまして。
(C) 悪いです。
(D) いただきます。

> 건강하십니까(잘 지내셨습니까)?
> (A) 예, 덕분에요.
> (B) 처음 뵙겠습니다.
> (C) 좋지 않습니다.
> (D) 잘 먹겠습니다.

■ 단어 ■
元気(げんき) 건강함 | おかげ 덕분, 덕택 | 悪(わる)い 나쁘다 | いただく 「たべる－먹다・のむ－마시다」의 겸양동사

■ 정답 ■ (A)

2. ___________________________________

ただいま。
(A) いらっしゃいませ。
(B) いってらっしゃい。
(C) 行きます。
(D) お帰りなさい。

> 다녀왔습니다.
> (A) 어서 오세요.
> (B) 다녀오세요.
> (C) 갑니다.
> (D) 다녀오셨어요?

■ 단어 ■
ただいま 다녀왔습니다 | いらっしゃいませ 어서 오십시오=「ようこそ」 | いってらっしゃい 다녀오세요(「いっていらっしゃい」에서 「い」모음이 축약된 형태) | お帰(かえ)り=お帰(かえ)りなさい 다녀오셨어요?(다녀오는 사람을 마중할 때 하는 말)

■ 정답 ■ (D)

3. ___________________________________

いつもお世話になっております。

(A) はい、どうぞ。
(B) いいえ、失礼しました。
(C) はい、おかまいなく。
(D) いいえ、こちらこそ。

> 항상 신세지고 있습니다.
> (A) 네, 어서 하세요.
> (B) 아니요, 실례했습니다.
> (C) 네, 신경 쓰지 마시고.
> (D) 아닙니다, 저야말로.

■ 단어 ■
世話(せわ)になる 신세지다 *「世話(せわ)をする : 돌보다, 시중을 들다」 | 失礼(しつれい) 실례 | おかまいなく 신경 쓰지 마시고 | こちらこそ 저야말로

■ 주요 어구 ■
• 「どうぞ」 : 부디, 어서
「どうぞ」는 상대에게 어떤 동작을, 또는 뭔가를 권할 때 쓰는 대표적인 일본어로 상황에 따라 다양하게 번역된다. 「どうぞ」하고 권했을 때는 「どうも」라고 답하는 것이 일반적이다.
どうぞこちらへおいでください。
어서 이쪽으로 오세요.
つまらないものですが、これどうぞ。
별 것 아닙니다만, 이거 받으세요.

■ 정답 ■ (D)

4. ___________________________________

もうすぐ寝ます。
(A) ありがとう。
(B) おはようございます。
(C) おやすみなさい。
(D) こんにちは。

> 이제 곧 잘 겁니다.
> (A) 고맙습니다.
> (B) 안녕하세요.(아침)
> (C) 편히 쉬세요.(안녕히 주무세요)
> (D) 안녕하세요.(낮)

■ 단어 ■
もうすぐ 이제 곧 | 寝(ね)る 자다, 잠들다=「眠(ねむ)る」 | お休(やす)みなさい 안녕히 주무세요=「お休(やす)み : 잘 자요」

■ 정답 ■ (C)

5. ___________________________________

よろしくお願いします。

(A) はじめまして。
(B) いらっしゃい。
(C) こちらこそ。
(D) すみません。

> 잘 부탁합니다.
> (A) 처음 뵙겠습니다.
> (B) 어서 오세요.
> (C) 저야말로.
> (D) 죄송합니다.

■ **단어** ■
よろしく 잘 (부탁합니다) | 願(ねが)う 바라다

■ **주요 어구** ■
• 「こそ」:「~만은, ~야말로」라는 뜻으로 특별히 많은 것 중에서 하나를 내세워 강조한다.
これこそ私(わたし)がぜひとも欲(ほ)しいと思(おも)っていたものです。
이것이야말로 내가 꼭 갖고 싶다고 생각하고 있던 물건입니다.

■ **정답** ■ (C)

6. ________________

久しぶりですね。
(A) いいですね。
(B) そうですか。
(C) そうですね。
(D) まだです。

> 오래간만이군요.
> (A) 좋군요.
> (B) 그렇습니까?
> (C) 그렇군요.
> (D) 아직 입니다.

■ **단어** ■
久(ひさ)しぶり 오래간만임 | まだ 아직(할 생각이 있으나, 동작이 완료되지 않은 지금까지 계속되는 상태를 말함)

■ **정답** ■ (C)

7. ________________

どうもありがとう。
(A) あれ、元気。
(B) 私ですか。
(C) どういたしまして。
(D) すみません。

> 정말 감사합니다.
> (A) 어-, 건강해요?

(B) 저 말입니까?
(C) 천만에요.
(D) 미안합니다.

■ **단어** ■
あら 어머나, 어머(주로 여성이 감탄하거나 놀랐을 때 내는 소리) | どういたしまして 천만에요, 천만의 말씀입니다

■ **정답** ■ (C)

8. ________________

また来て下さい。
(A) はい、是非。
(B) いってらっしゃい。
(C) お気を付けて。
(D) どうぞこちらへ。

> 또 오십시오.
> (A) 네, 꼭 (오겠습니다).
> (B) 다녀오세요.
> (C) 조심하세요.
> (D) 자, 이쪽으로.

■ **단어** ■
是非(ぜひ) 꼭 | 気(き)を付(つ)ける 조심하다

> ※「まだ」와「また」는 탁음 유무를 구별하는 문제도 출제된다.
> あきらめるのはまだ早(はや)い。
> 단념하는 것은 아직 이르다.
> あ、そうですか。では、またこちらからお掛(か)け直(なお)しいたします。
> 아, 그렇습니까? 그러면 이쪽에서 다시 걸겠습니다.

■ **정답** ■ (A)

9. ________________

いつもすみません。
(A) 気をつけて。
(B) どういたしまして。
(C) ごめんなさい。
(D) どうしましょう。

> 항상 미안합니다.(고맙습니다)
> (A) 주의하십시오.
> (B) 천만에요.
> (C) 미안해요.
> (D) 어떻게 할까요?

いつも 늘, 항상, 언제나 | **気(き)をつける** 주의하다, 조심하다=「注意
(ちゅうい)する」 | どういたしまして 천만에요, 천만에 말씀입니
다 | どうする 어떻게 하다

■정답■ (B)

10. ________________________________

おめでとうございます。
(A) こちらこそ。
(B) ありがとうございます。
(C) 大変です。
(D) 大丈夫です。

> 축하합니다.
> (A) 저야말로.
> (B) 고맙습니다.
> (C) 큰일입니다.
> (D) 괜찮습니다.

■단어■
大変(たいへん) 대단함, 굉장함

■정답■ (B)

11. ________________________________

どうぞ、おあがりください。
(A) はい、失礼しました。
(B) はい、あがります。
(C) はい、いただきました。
(D) はい、お邪魔します。

> 어서, 들어오세요.
> (A) 예, 실례했습니다.
> (B) 예, 들어갑니다.
> (C) 예, 받았습니다.
> (D) 예, 실례하겠습니다.

■단어■
あがる 오르다, (집 등에)들어가다 | お＋동사ます형＋ください ～
해 주세요(존경의 표현) | いただく「もらう－받다・たべる－먹다・
のむ－마시다」의 겸양동사 | お邪魔(じゃま)する 실례하다

■정답■ (D)

12. ________________________________

ごめん下さい。
(A) すみません。
(B) ありがとう。
(C) どなたですか。

(D) 今日ですか。

> 실례합니다(계십니까?).
> (A) 죄송합니다.
> (B) 고맙습니다.
> (C) 누구십니까?
> (D) 오늘입니까?

■단어■
ごめん 죄송함, 미안함*「ごめんなさい : 미안합니다」「ごめんくださ
い : 실례합니다」 | どなた 어느 분(「だれ」의 공손한 말)

■정답■ (C)

13. ________________________________

ちょっと、失礼します。
(A) お先です。
(B) 何時ですか。
(C) はい、どうぞ。
(D) どこですか。

> 잠시 실례하겠습니다.
> (A) 먼저입니다.
> (B) 몇 시입니까?
> (C) 네, 들어오세요.
> (D) 어디입니까?

■단어■
ちょっと 잠깐, 잠시=「しばらく」 | 失礼(しつれい)します 실례하겠
습니다 | 先(さき) 먼저 | 何時(なんじ) 몇 시

■정답■ (C)

14. ________________________________

やあ、いらっしゃい。
(A) いらっしゃいませ。
(B) もうしわけありません。
(C) いつですか。
(D) おじゃまします。

> 어머, 어서 오세요.
> (A) 어서 오세요.
> (B) 죄송합니다.
> (C) 언제입니까?
> (D) 실례하겠습니다.

■단어■
いらっしゃる 「行(い)く－가다・来(く)る－오다・いる－있다」의
존경어, 가시다, 오시다, 계시다 | 申(もう)し訳(わけ)ない 죄송하
다 | お邪魔(じゃま)する 실례하다*「邪魔(じゃま) : 방해, 성가심, 실
례(방문함의 겸사말)」

■ 정답 ■　(D)

Drill 2 감동 · 의견 등 사실 관계를 확인하는 문제

1. _______________________________

いっしょに行きましょう。

(A) またですか。

(B) ええ、そうしましょう。

(C) 行きましたよ。

(D) ええ、すぐです。

> 함께 갑시다.
> (A) 또 입니까?
> (B) 네, 그럽시다.
> (C) 갔었어요.
> (D) 네, 곧 입니다.

■ 단어 ■
一緒(いっしょ)に 함께 | また 또, 다시 | すぐ 곧, 금방

■ 정답 ■　(B)

2. _______________________________

味はどうですか。

(A) いっぱいです。

(B) 少ないです。

(C) 多いです。

(D) おいしいです。

> 맛은 어떻습니까?
> (A) 가득 찼습니다.
> (B) 적습니다.
> (C) 많습니다.
> (D) 맛있습니다.

■ 단어 ■
味(あじ) 맛 | 少(すく)ない 적다 | 多(おお)い 많다

■ 정답 ■　(D)

3. _______________________________

もうすぐ卒業です。

(A) どこへ行くの。

(B) それはおめでとうございます。

(C) いってらっしゃい。

(D) はやくしましょう。

> 이제 곧 졸업입니다.
> (A) 어디에 갈 거야?

(B) 그것 참 축하합니다.

(C) 다녀오세요.

(D) 빨리 합시다.

■ 단어 ■
卒業(そつぎょう) 졸업 | おめでとうございます 축하합니다 | 早(はや)く 일찍

■ 정답 ■　(B)

4. _______________________________

ちょっと、すみません。

(A) いやです。

(B) はい、何ですか。

(C) 何でもないです。

(D) ありがとう。

> 잠깐 실례합니다.
> (A) 싫습니다.
> (B) 네, 무엇입니까?
> (C) 아무것도 아닙니다.
> (D) 고맙습니다.

■ 단어 ■
嫌(いや)だ 싫다, 안 좋다 | 何(なん)でもない 별게 아니다, 대수롭지 않다

■ 주요 어구 ■
• 「ちょっと」: 조금, 약간, 좀
양이나 정도가 사소함을 나타내는 말로, 아주 짧은 시간의 경우에는 「잠깐, 잠시」의 의미이다.
ちょっとデパートに寄(よ)ろうと思(おも)います。
잠깐 백화점에 들르려고 합니다.
ちょっとおたずねしますが、この近(ちか)くにコンビニがありますか。
좀 물어 보겠는데요. 이 근처에 편의점이 있습니까?

■ 정답 ■　(B)

5. _______________________________

何をしているの。

(A) いいでしょう。

(B) 別に、何もしていません。

(C) はい、これです。

(D) 大変ですねえ。

> 뭐 하고 있어?
> (A) 괜찮겠죠.
> (B) 특별히 아무것도 하고 있지 않습니다.
> (C) 네, 이것입니다.

(D) 큰일 났군요.

■ 단어 ■
別(べつ)に 특별히, 별로, 그다지 | 大変(たいへん) 대단함, 굉장함

■ 정답 ■ (B)

6. ____________________

日本の生活は、いかがですか。

(A) いただきます。
(B) すっかり慣れました。
(C) おいしいです。
(D) いいえ、まだです。

일본 생활은 어떻습니까?
(A) 잘 먹겠습니다.
(B) 완전히 익숙해졌습니다.
(C) 맛있습니다.
(D) 아니요, 아직입니다.

■ 단어 ■
生活(せいかつ) 생활 | すっかり 완전히, 말끔히 | 慣(な)れる 익숙
해지다

■ 정답 ■ (B)

7. ____________________

これはどうですか。

(A) 暑いです。
(B) あちらです。
(C) いいですねえ。
(D) ああ、そうですね。

이것은 어떻습니까?
(A) 덥습니다.
(B) 저쪽입니다.
(C) 좋군요.
(D) 아, 그렇군요.

■ 단어 ■
暑(あつ)い 덥다 | あちら 저쪽

■ 정답 ■ (C)

8. ____________________

いっしょに行きますか。

(A) 時間ですか。
(B) だれですか。
(C) はい、行きましょう。
(D) もういっぱいです。

함께 가겠습니까?
(A) 시간입니까?
(B) 누구입니까?
(C) 네, 갑시다.
(D) 이제 배부릅니다.

■ 단어 ■
一緒(いっしょ)に 함께 | 時間(じかん) 시간 | 一杯(いっぱい) 가
득, 잔뜩

■ 정답 ■ (C)

9. ____________________

鈴木さんはおひとりですか。

(A) はい、もう結婚しました。
(B) はい、まだ結婚しませんでした。
(C) いいえ、結婚しています。
(D) いいえ、結婚しません。

스즈키 씨는 혼자이십니까?
(A) 예, 이미 결혼했습니다.
(B) 예, 아직 결혼하지 않았습니다.
(C) 아니요, 결혼했습니다.
(D) 아니요, 결혼하지 않습니다.

■ 단어 ■
独(ひと)り 혼자, 독신 | もう 벌써, 이미＝「もはや、すでに」 | 結婚
(けっこん) 결혼

■ 주요 어구 ■
• 「동사＋ている」: ~해 있다, ~했다
「동작이 완료된 현재 상태」표현은 항상 「~ている」의 형
태로 사용한다. 예를 들어 「~さんは結婚していますか
(~씨는 결혼했습니까?)」에서, 이 뜻은 「결혼 생활을 하고
있는가」라는 말이며, 「아직 결혼하지 않았습니다」는 「ま
だ結婚していません」의 꼴이 된다.
私(わたし)は横浜(よこはま)に住(す)んでいます。
나는 요코하마에 살고 있습니다.

■ 정답 ■ (C)

10. ____________________

すみませんが、そこのカバンを取ってください。

(A) あそこの赤いカバンですね。
(B) 安くしてください。
(C) いくらですか。
(D) このカバンのことですか。

미안합니다만, 그 가방을 집어 주십시오.
(A) 저쪽에 있는 빨간 가방 말이군요?
(B) 싸게 해 주십시오.

(C) 얼마입니까?
(D) 이 가방 말입니까?

■ 단어 ■
取(と)る 집다, 잡다 | 赤(あか)い 빨갛다 | 安(やす)い 싸다 | いく
ら 얼마

■ 정답 ■ (D)

11. _______________________

もう、行きますよ。
(A) もういいです。
(B) 本当ですか。
(C) ちょっと、待ってください。
(D) ごめんなさい。

이제 가겠습니다.
(A) 이제 됐습니다.
(B) 정말입니까?
(C) 잠깐 기다려 주십시오.
(D) 죄송합니다.

■ 단어 ■
ちょっと 잠시, 잠깐, 조금 | 待(ま)つ 기다리다

■ 정답 ■ (C)

Drill 3 의문사 문제

1. _______________________

これは何ですか。
(A) リンゴです。
(B) 300円です。
(C) 5時です。
(D) 安いです。

이것은 무엇입니까?
(A) 사과입니다.
(B) 300엔입니다.
(C) 5시입니다.
(D) 쌉니다.

■ 단어 ■
リンゴ 사과 | 安(やす)い 싸다

■ 정답 ■ (A)

2. _______________________

どなたですか。
(A) あ、田中と言います。

(B) あ、すみません。
(C) まだです。
(D) あちらです。

누구십니까?
(A) 네, 다나카라고 합니다.
(B) 어머, 죄송합니다.
(C) 아직 입니다.
(D) 저쪽입니다.

■ 단어 ■
どなた 어느 분 | ～と言(い)う ～라고 하다 | まだ 아직

■ 정답 ■ (A)

3. _______________________

いつ、行くんですか。
(A) あっちです。
(B) 去年でした。
(C) それです。
(D) 明日です。

언제 갑니까?
(A) 저쪽입니다.
(B) 작년이었습니다.
(C) 그것입니다.
(D) 내일입니다.

■ 단어 ■
いつ 언제, 어느 때 | 去年(きょねん)=昨年(さくねん) 작년 | 明日
(あした・あす) 내일

■ 정답 ■ (D)

4. _______________________

どこへ行くんですか。
(A) 学校です。
(B) いいえ、違います。
(C) どこですか。
(D) 友達です。

어디에 갑니까?
(A) 학교입니다.
(B) 아니요, 틀립니다.
(C) 어디입니까?
(D) 친구입니다.

■ 단어 ■
学校(がっこう) 학교 | 違(ちが)う 다르다, 틀리다 | 友達(ともだち)
친구, 친구들

■ 정답 ■ (A)

5. ________________

箱の中に何かありますか。

(A) いいえ、何かいます。
(B) いいえ、何もいません。
(C) はい、何でもあります。
(D) はい、古い本があります。

상자 안에 뭔가 있습니까?
(A) 아니요, 뭔가 있습니다.
(B) 아니요, 아무 것도 없습니다.
(C) 예, 무엇이든 있습니다.
(D) 예, 오래된 책이 있습니다.

■ 단어 ■
箱(はこ) 상자 | 何(なに)か 무엇인가 | 何(なに)も 아무것도 | 何(なん)でも 무엇이든지 | 古(ふる)い 오래되다, 낡다, 헌 것이다

■ 정답 ■ (D)

6. ________________

この服はどこでも売っていますか。

(A) はい、どこにも売っていません。
(B) はい、ここだけ売っています。
(C) はい、ここしか売っていません。
(D) はい、どこでも売っています。

이 옷은 어디에서든지 팝니까?
(A) 예, 어디에서도 팔지 않습니다.
(B) 예, 여기만 팔고 있습니다.
(C) 예, 여기밖에 팔지 않습니다.
(D) 예, 어디서든지 팔고 있습니다.

■ 단어 ■
服(ふく) 옷 | 売(う)る 팔다 | しか ~밖에(부정어 동반)

■ 정답 ■ (D)

7. ________________

この写真はいつ頃ですか。

(A) 子供の頃です。
(B) 5時前です。
(C) 向こう側です。
(D) もういいです。

이 사진은 언제쯤입니까?
(A) 어릴 때입니다.
(B) 5시 전입니다.
(C) 맞은편입니다.
(D) 이제 됐습니다.

■ 단어 ■
写真(しゃしん) 사진 | いつ頃(ごろ) 언제쯤 | 向(む)こう側(がわ) 맞은편

■ 주요 어구 ■
• 「~頃(ごろ)」: ~쯤, ~경, ~무렵

접미어 「頃(ごろ)」는 대략의 시점의 전후에 폭을 두고 나타낼 때 쓴다. 이에 비해 탁음이 없는 「頃(ころ)」는 특정한 시점이나 때를 나타내는 말의 명사이다.

1時(じ)ごろはいかがですか。
1시쯤 어떠세요?
もう来(く)る頃(ころ)だ。
이제 올 때.

■ 정답 ■ (A)

8. ________________

お仕事の方はどうですか。

(A) 3年になります。
(B) 6時に終わります。
(C) まあまあです。
(D) 銀行に勤めています。

일은 어떠십니까?
(A) 3년 됩니다.
(B) 6시에 끝납니다.
(C) 그저 그렇습니다.
(D) 은행에 근무하고 있습니다.

■ 단어 ■
仕事(しごと) 일, 업무 | 方(ほう) 쪽, 방향 | まあまあ 그저 그런 정도, 어지간히, 그럭저럭(불충분하나 그 정도로 참아야함을 나타내는 말) | 銀行(ぎんこう) 은행 | 勤(つと)める 근무하다

■ 정답 ■ (C)

9. ________________

今日は何日ですか。

(A) 火曜日です。
(B) バレンタインデーです。
(C) 8日です。
(D) 休日です。

오늘은 며칠입니까?
(A) 화요일입니다.
(B) 발렌타인데이입니다.
(C) 8일입니다.
(D) 휴일입니다.

■ 단어 ■
今日(きょう) 오늘 | 何日(なんにち) 며칠 | 8日(ようか) 8일 |

休日(きゅうじつ) 휴일

■정답■ (C)

10. __________

休みの日はたいていどんなことをしますか。

(A) ショッピングをしに行きましょう。

(B) 温泉に行ってみたいです。

(C) 家でのんびりしています。

(D) ゴルフに行くつもりです。

휴일에는 대개 어떤 일을 합니까?
(A) 쇼핑을 하러 갑시다.
(B) 온천에 가보고 싶습니다.
(C) 집에서 느긋하게 지내고 있습니다.
(D) 골프를 치러 갈 예정입니다.

■단어■
休(やす)みの日(ひ) 휴일 | 温泉(おんせん) 온천 | のんびり 여유로움

■주요 어구■
・「たいてい」: ① 대부분, 대다수 ② 거의, 대개 ③ 아마, 틀림없이
私(わたし)は今(いま)までたいてい田舎(いなか)で暮(く)らした。
나는 지금까지 대부분 시골에서 살았다.
日曜日(にちようび)はたいてい家(いえ)にいる。
일요일에는 거의 집에 있다.

■정답■ (C)

11. __________

お国はどちらですか。

(A) 来月、アメリカに転勤します。

(B) 北海道の旭川です。

(C) カナダに住んでいました。

(D) あっちの方です。

고향은 어디십니까?
(A) 다음 달 미국으로 전근 갑니다.
(B) 홋카이도의 아사히가와입니다.
(C) 캐나다에 살고 있었습니다.
(D) 저쪽입니다.

■단어■
国(くに) 나라, 고향 | 転勤(てんきん) 전근 | 住(す)む 살다(거주하다)

■정답■ (B)

12. __________

銀行はどこにありますか。

(A) 明日は営業します。

(B) いいえ、ありません。

(C) 銀行の中にあります。

(D) 郵便局のとなりにあります。

은행은 어디에 있습니까?
(A) 내일은 영업합니다.
(B) 아니요, 없습니다.
(C) 은행 안에 있습니다.
(D) 우체국 옆에 있습니다.

■단어■
営業(えいぎょう) 영업 | 郵便局(ゆうびんきょく) 우체국 | 隣(となり) 옆

■정답■ (D)

13. __________

なぜ、欠席したんですか。

(A) 頭が痛かったんです。

(B) どうしてですか。

(C) そんなことありません。

(D) 昨日です。

왜 결석했습니까?
(A) 머리가 아팠습니다.
(B) 어째서입니까?
(C) 그렇지 않습니다.
(D) 어제입니다.

■단어■
なぜ 왜 | 欠席(けっせき) 결석 | 頭(あたま) 머리 | 痛(いた)い 아프다

■정답■ (A)

Drill 4 관용어 및 어휘 문제

1. __________

今日、遅刻しました。

(A) なぜですか。

(B) いいですね。

(C) 何ですか。

(D) 下手ですね。

오늘 지각했습니다.
(A) 왜입니까?

(B) 좋군요.
(C) 무엇입니까?
(D) 서투르군요.

■ 단어 ■
遅刻(ちこく) 지각

■ 정답 ■　(A)

2. ________________

あなたは毎晩お酒を飲みますか。

(A) はい、飲みました。
(B) はい、飲みませんでした。
(C) はい、飲みましょう。
(D) はい、飲みます。

　당신은 매일 밤, 술을 마십니까?
　(A) 예, 마셨습니다.
　(B) 예, 마시지 않았습니다.
　(C) 예, 마십시다.
　(D) 예, 마십니다.

■ 단어 ■
毎晩(まいばん) 매일 밤(저녁) ｜ お酒(さけ) 술 ｜ 飲(の)む 마시다

■ 정답 ■　(D)

3. ________________

スポーツは何が得意ですか。

(A) いいえ、あまり上手ではありません。
(B) いいえ、見るのが好きです。
(C) スポーツは体にいいです。
(D) スポーツはどれも苦手です。

　스포츠는 무엇을 잘 하십니까?
　(A) 아니요, 별로 잘하지는 못합니다.
　(B) 아니요, 보는 것을 좋아합니다.
　(C) 스포츠는 몸에 좋습니다.
　(D) 스포츠는 어느 것도 잘 못합니다.

■ 단어 ■
得意(とくい) 잘함(숙련되어 있음), 자신 있음 ｜ 上手(じょうず) 능숙함 ｜ 体(からだ) 몸 ｜ 苦手(にがて) 서투름, 잘하지 못함

■ 정답 ■　(D)

4. ________________

あの公園に行ったことがありますか。

(A) だれですか。
(B) そうですか。
(C) いいえ、まだです。

(D) もうすぐです。

　저 공원에 간 적이 있습니까?
　(A) 누구십니까?
　(B) 그렇습니까?
　(C) 아니요, 아직 없습니다.
　(D) 이제 금방입니다.

■ 단어 ■
公園(こうえん) 공원 ｜ もうすぐ 이제 곧, 금방

■ 정답 ■　(C)

5. ________________

このかばんはあなたのですか、安田さんのですか。

(A) わたしのです。
(B) いいえ、かばんではありません。
(C) はい、そうです。
(D) その黒いかばんです。

　이 가방은 당신 것입니까? 야스다 씨 것입니까?
　(A) 내 것입니다.
　(B) 아니요, 가방은 아닙니다.
　(C) 예, 그렇습니다.
　(D) 그 검은 가방입니다.

■ 단어 ■
黒(くろ)い 검다

■ 정답 ■　(A)

6. ________________

明日うかがいます。

(A) お待ちしております。
(B) 参ります。
(C) いいえ、結構です。
(D) どうもありがとう。

　내일 찾아뵙겠습니다.
　(A) 기다리고 있겠습니다.
　(B) 옵니다(갑니다).
　(C) 아니요, 괜찮습니다.
　(D) 정말 고맙습니다.

■ 단어 ■
明日(あす・あした) 내일 ｜ うかがう 여쭙다, 찾아뵙다(겸양어) ｜ お＋동사ます형＋する ～하다(해드리다)(겸양의 표현) ｜ おる 「いる－있다」의 겸양어 ｜ 参(まい)る 「行(い)く－오다・来(く)る－가다」의 겸양어 ｜ 結構(けっこう) 충분함

■ 정답 ■　(A)

7. ___________

確かめておいて下さい。

(A) おいしいです。

(B) わかりません。

(C) わかりました。

(D) 今、行きます。

> 확인해 주십시오.
> (A) 맛있습니다.
> (B) 모르겠습니다.
> (C) 알겠습니다.
> (D) 지금, 가겠습니다.

■ 단어 ■

確(たし)かめる 확인하다 | おいしい 맛있다 | 行(い)く 가다

■ 주요 어구 ■

• 「〜ておく」: 미리〜해 놓다, 〜한 상태로 두다

「준비」와 「현 상태 그대로 둠」의 의미가 있다. 「〜ておく(teoku)」「〜でおく(deoku)」를 축약해서 말하려면 「〜ておく」는 「〜とく(toku)」, 「〜でおく」는 「〜どく(doku)」라고 한다.

今日中(きょうじゅう)にこのレポートを読(よ)んでおく。

오늘 안으로 이 보고서를 읽어 두다.

■ 정답 ■ (C)

8. ___________

窓を閉めましょうか。

(A) いいえ、閉めてください。

(B) はい、閉めないでください。

(C) いいえ、閉めないでください。

(D) はい、閉めません。

> 창문을 닫을까요?
> (A) 아니요, 닫아주세요.
> (B) 예, 닫지 마세요.
> (C) 아니요, 닫지 마세요.
> (D) 예, 닫지 않습니다.

■ 단어 ■

窓(まど) 창, 창문 | 閉(し)める 닫다 | 〜ましょうか 〜할까요?

> ※ 이와 같은 문제는 긍정 혹은 부정 다음에 이어지는 표현의 앞뒤가 조화를 이루어야 한다. 즉 대답은 긍정으로 하고 그 내용을 부정하는 표현을 한다든지 하는 함정을 주의해야 한다.

■ 정답 ■ (C)

9. ___________

ネオン・サインが光ってますね。

(A) きれいですね。

(B) 暑いですね。

(C) うるさいですね。

(D) かわいいですね。

> 네온사인이 빛나고 있군요.
> (A) 아름답군요.
> (B) 덥군요.
> (C) 시끄럽군요.
> (D) 귀엽군요.

■ 단어 ■

光(ひか)る 빛나다 | うるさい 시끄럽다 | かわいい 귀엽다

■ 정답 ■ (A)

10. ___________

日曜日は家にいますか。

(A) ええ、たいていいますよ。

(B) いいえ、たくさんはいません。

(C) ええ、家には来ません。

(D) いいえ、日曜日ではありません。

> 일요일에는 집에 있습니까?
> (A) 예, 대개 있습니다.
> (B) 아니요, 많이는 없습니다.
> (C) 예, 집에는 안 옵니다.
> (D) 아니요, 일요일은 아닙니다.

■ 단어 ■

日曜日(にちようび) 일요일 | たいてい 대개, 대부분

■ 정답 ■ (A)

실전문제

1. ___________

はじめまして。山本です。

(A) おめでとうございます。吉田です。

(B) ごちそうさまでした。吉田です。

(C) はじめまして。吉田です。

(D) いただきます。吉田です。

> 처음 뵙겠습니다. 야마모토입니다.

(A) 축하합니다. 요시다입니다.
(B) 잘 먹었습니다. 요시다입니다.
(C) 처음 뵙겠습니다. 요시다입니다.
(D) 잘 먹겠습니다. 요시다입니다.

■단어■
ごちそうさま(ごちそうさまでした) 잘 먹었습니다 │ いただきます
잘 먹겠습니다

■정답■ (C)

2. ______________________________

これはあなたのくつですか。
(A) いいえ、あれは机です。
(B) はい、あれは私のです。
(C) いいえ、それは田中さんのです。
(D) はい、あなたのくつです。

이것은 당신 구두입니까?
(A) 아니요, 저것은 책상입니다.
(B) 예, 저것은 내 것입니다.
(C) 아니요, 그것은 다나카 씨 것입니다.
(D) 예, 당신의 구두입니다.

■단어■
靴(くつ) 구두, 신발 │ 机(つくえ) 책상

■주요 어구■
• 「こ」「そ」「あ」「ど」: 지시대명사는 거리 감각에 따라 즉,
「これ(이것)」「それ(그것)」「あれ(저것)」「どれ(어느 것)」는 물
건을 가리킬 때 쓰는 말이다. 「これ」는 말하는 이에게 가까
이 있는 물건을 가리킬 때, 「それ」는 말하는 이가 상대편 가
까이에 있는 물건을 가리킬 때 쓰고, 「あれ」는 대화하는 양
쪽 모두에게 멀리 떨어져 있는 것을 가리킬 때 쓴다. 그리고
「どれ」는 많은 물건 중에서 확실히 단정 지을 수 없는 물건
을 가리킬 때 쓰는 말이다.

■정답■ (C)

3. ______________________________

すみませんが、バス停はどこですか。
(A) あの白い建物の前です。
(B) いいえ、よく分かりません。
(C) はい、あそこは交番です。
(D) そこで地下鉄に乗り換えます。

실례합니다만, 버스 정류장은 어디입니까?
(A) 저 흰 건물 앞입니다.
(B) 아니요, 잘 모르겠습니다.
(C) 예, 저기는 파출소입니다.

(D) 거기서 지하철을 갈아탑니다.

■단어■
バス停(てい) 버스 정류장 │ 建物(たてもの) 건물 │ 交番(こうばん)
파출소 │ 地下鉄(ちかてつ) 지하철 │ 乗(の)り換(か)える 갈아타다

■정답■ (A)

4. ______________________________

あそこにいる人は誰ですか。
(A) この人は私の会社の同僚です。
(B) あの人は私の高校時代の友人です。
(C) あの方は私のお母さんです。
(D) 私は看護婦です。

저기에 있는 사람은 누구입니까?
(A) 이 사람은 우리 회사 동료입니다.
(B) 저 사람은 내 고등학교 때 친구입니다.
(C) 저 분은 내 어머니입니다.
(D) 나는 간호사입니다.

■단어■
同僚(どうりょう) 동료 │ 高校時代(こうこうじだい) 고교시절 │
友人(ゆうじん) 친구 │ 看護婦(かんごふ) 간호사

■정답■ (B)

5. ______________________________

会議室はどこですか。
(A) この廊下のつきあたりにあります。
(B) 会議室は狭いです。
(C) いいえ、ここは会議室じゃありません。
(D) いいえ、そちらです。

회의실은 어디입니까?
(A) 이 복도 막다른 곳에 있습니다.
(B) 회의실은 좁습니다.
(C) 아니요, 여기는 회의실이 아닙니다.
(D) 아니요, 그쪽입니다.

■단어■
会議室(かいぎしつ) 회의실 │ 廊下(ろうか) 복도 │ つきあたり 막다
른 곳, 길이 막힌 곳 │ 狭(せま)い 좁다

■정답■ (A)

6. ______________________________

これはどこのワインですか。
(A) 2001年のものです。
(B) 冷蔵庫に入っています。
(C) 甘くて飲みやすいです。

(D) ドイツのです。

> 이것은 어디 와인입니까?
> (A) 2001년산입니다.
> (B) 냉장고에 들어 있습니다.
> (C) 달고 마시기 좋습니다.
> (D) 독일 것입니다.

■ 단어 ■
冷蔵庫(れいぞうこ) 냉장고 | 甘(あま)い 달다 | 동사ます형+やすい ~하기 쉽다

■ 정답 ■ (D)

7. _____________

診療は何時までですか。
(A) いいえ、6時までです。
(B) はい、遅くまでやってます。
(C) 毎日、10時からです。
(D) 平日は6時に終わります。

> 진료는 몇 시까지입니까?
> (A) 아니요, 6시까지입니다.
> (B) 예, 늦게까지 합니다.
> (C) 매일, 10시부터입니다.
> (D) 평일은 6시에 끝납니다.

■ 단어 ■
診療(しんりょう) 진료 | 遅(おそ)く 늦게 | やる 하다 | 平日(へいじつ) 평일

■ 정답 ■ (D)

8. _____________

お父さんは何をしていますか。
(A) 私の夫は居間で新聞を読んでいます。
(B) 私の父は警察官です。
(C) 母は何もしていません。
(D) 父は釣りが好きです。

> 아버지는 무엇을 하십니까?
> (A) 우리 남편은 거실에서 신문을 읽고 있습니다.
> (B) 우리 아버지는 경찰관입니다.
> (C) 어머니는 아무 일도 하지 않습니다.
> (D) 아버지는 낚시를 좋아합니다.

■ 단어 ■
夫(おっと) 남편 | 居間(いま) 거실 | 新聞(しんぶん) 신문 | 読(よ)む 읽다 | 警察官(けいさつかん) 경찰관 | 釣(つ)り 낚시

■ 정답 ■ (B)

9. _____________

証明写真はいくらですか。
(A) 4個で700円です。
(B) 4台で700円です。
(C) 4本で700円です。
(D) 4枚で700円です。

> 증명사진은 얼마입니까?
> (A) 4개에 700엔입니다.
> (B) 4대에 700엔입니다.
> (C) 4자루에 700엔입니다.
> (D) 4장에 700엔입니다.

■ 단어 ■
証明写真(しょうめいしゃしん) 증명사진 | 個(こ) 낱개로 된 물건을 세는 말 | 台(だい) 차, 기계 등을 세는 말 | 本(ほん) 길고 가는 것을 세는 말 | 枚(まい) (종이, 손수건, 스카프 등)얇고 평평한 것을 세는 말

■ 정답 ■ (D)

10. _____________

いつ出張から戻ったんですか。
(A) 今月の終りには帰る予定です。
(B) 今年いっぱいがんばるつもりです。
(C) おとといです。
(D) 2、3日は泊まると思います。

> 언제 출장에서 돌아왔습니까?
> (A) 이 달 말에는 돌아올 예정입니다.
> (B) 금년 내내 노력할 생각입니다.
> (C) 그저께입니다.
> (D) 2, 3일은 머무를 것입니다.

■ 단어 ■
出張(しゅっちょう) 출장 | 戻(もど)る 제자리로 돌아오다(가다) | 終(おわ)り 끝, 말 | がんばる 열심히 하다, 분발하다 | 泊(と)まる 머물다, 숙박하다

■ 정답 ■ (C)

11. _____________

この小包はいつ届きましたか。
(A) 近くの郵便局から送りました。
(B) 妻が包みました。
(C) 先週、届きました。
(D) 来週の月曜に送ります。

> 이 소포는 언제 도착했습니까?
> (A) 근처 우체국에서 보냈습니다.

(B) 아내가 포장했습니다.
(C) 지난주에 도착했습니다.
(D) 다음 주 월요일에 보냅니다.

■ 단어 ■

小包(こづつみ) 소포 | 届(とど)く 배달되다, 도착하다, 닿다 | 郵便局(ゆうびんきょく) 우체국 | 送(おく)る 보내다 | 妻(つま) 아내 | 包(つつ)む 포장하다, 싸다 | 月曜(げつよう) 월요(일)

■ 정답 ■ (C)

12. ___________________

彼氏はどのかたですか。
(A) 私は彼女です。
(B) 背が高くてハンサムです。
(C) いいえ、韓国人です。
(D) 真ん中の人です。

남자 친구는 어느 분입니까?
(A) 나는 애인입니다.
(B) 키가 크고 잘 생겼습니다.
(C) 아니요, 한국인입니다.
(D) 한가운데에 있는 사람입니다.

■ 단어 ■

彼氏(かれし) 남자 친구 | 方(かた) 분 | 彼女(かのじょ) (어떤 남성의) 애인, 연인 | 背(せ)が高(たか)い 키가 크다 | 真(ま)ん中(なか) 한가운데

■ 정답 ■ (D)

13. ___________________

あなたはどんなタイプの男性が好きですか。
(A) はい、彼氏はいません。
(B) まじめでやさしい人です。
(C) はい、どちらかと言えば嫌いです。
(D) やさしくて女らしい人です。

당신은 어떤 타입의 남성을 좋아합니까?
(A) 예, 남자 친구는 없습니다.
(B) 성실하고 자상한 사람입니다.
(C) 예, 어느 쪽인가 하면 싫어합니다.
(D) 상냥하고 여자다운 사람입니다.

■ 단어 ■

男性(だんせい) 남성 | まじめだ 성실하다 | 優(やさ)しい 상냥하다, 친절하다 | 嫌(きら)い 싫어함

■ 주요 어구 ■

• 명사+らしい(접미어) : ~답다

사람이 추구하는 이상적인 모습이나, 그래야만 하는 자세

나 상황을 나타내는 표현이다.

彼(かれ)はとても男(おとこ)らしい。

그는 매우 남자답다.

■ 정답 ■ (B)

14. ___________________

田中さんはいつ来ますか。
(A) 日本人です。
(B) はい、来ます。
(C) 明日の午後です。
(D) 昨日来ました。

다나카 씨는 언제 옵니까?
(A) 일본인입니다.
(B) 예, 옵니다.
(C) 내일 오후입니다.
(D) 어제 왔습니다.

■ 단어 ■

明日(あす・あした) 내일 | 午後(ごご) 오후 | 昨日(きのう) 어제

■ 정답 ■ (C)

15. ___________________

佐藤さん、コーヒーを入れてください。
(A) いいえ、けっこうです。
(B) はい、お願いします。
(C) いいえ、砂糖は入れないでください。
(D) はい、かしこまりました。

사토 씨, 커피 부탁합니다.
(A) 아니요, 됐습니다.
(B) 예, 부탁합니다.
(C) 아니요, 설탕은 넣지 마세요.
(D) 예, 알겠습니다.

■ 단어 ■

コーヒーを入(い)れる 커피를 내다(끓이다) | けっこう 괜찮음, 충분함 | 砂糖(さとう) 설탕 | 入(い)れる 넣다

■ 주요 어구 ■

•「かしこまる」: 황공해하다

「かしこまりました」의 형태로「알겠습니다(삼가 명령을 받들다)」의 뜻이 된다.

■ 정답 ■ (D)

16. ___________________

パーティーには誰が来ますか。
(A) いいえ、3人で行きます。

(B) 都合が悪くて行けません。
(C) 田中さんと佐藤さんです。
(D) ええ、一人も来ません。

파티에는 누가 옵니까?
(A) 아니요, 3명이 갑니다.
(B) 형편이 안 좋아 갈 수 없습니다.
(C) 다나카 씨하고 사토 씨입니다.
(D) 예, 한 명도 안 옵니다.

■ 단어 ■
都合(つごう)が悪(わる)い 형편, 사정이 좋지 않다

■ 정답 ■ (C)

17. ___________

田中さん、お茶でもどうですか。
(A) いいですね。飲みましょう。
(B) なかなかおいしいお茶ですね。
(C) 私は甘いものはどうも…。
(D) 駅前に新しくオープンしました。

다나카 씨, 차라도 어떠십니까?
(A) 좋지요. 마십시다.
(B) 꽤 맛있는 차군요.
(C) 나는 단 것은 아무래도….
(D) 역 앞에 새로 문을 열었습니다.

■ 단어 ■
なかなか 상당히, 꽤=「かなり」｜甘(あま)い 달다｜新(あたら)しい
새롭다

■ 주요 어구 ■
•「なかなか」: 문장 뒤에 부정의 말을 수반하여「좀처럼, 도저
히」, 긍정의 말을 수반하여「상당히, 꽤」가 된다.
この本(ほん)はなかなかおもしろいです。: 긍정
이 책은 상당히 재미있습니다.
いそがしくてなかなか本(ほん)が読(よ)めません。
: 부정
바빠서 좀처럼 책을 읽을 수 없습니다.

■ 정답 ■ (A)

18. ___________

この前、国技館で見た相撲はどうでしたか。
(A) いいえ、案の定つまらなかったです。
(B) 意外とおもしろかったです。
(C) 相撲は日本の国技です。
(D) 国技館はたくさんの人でにぎわっていました。

일전에, 국기관에서 본 스모는 어땠습니까?
(A) 아니요, 예상했던 대로 시시했습니다.
(B) 의외로 재미있었습니다.
(C) 스모는 일본의 국기입니다.
(D) 국기관은 많은 사람으로 붐볐습니다.

■ 단어 ■
この前(まえ) 일전, 요전=「この間(あいだ)、先日(せんじつ)」｜国
技館(こくぎかん) 국기관｜相撲(すもう) 스모(일본 씨름)｜案(あ
ん)の定(じょう) 예상대로｜つまらない 시시하다, 재미없다｜意外
(いがい)と 의외로｜国技(こくぎ) 국기｜にぎわう 활기차다, 떠들
썩하다

■ 정답 ■ (B)

19. ___________

何もありませんが、どうぞ召し上がってください。
(A) ごちそうさまでした。
(B) では、おじゃまします。
(C) では、遠慮なくいただきます。
(D) この服は私に似合いません。

아무 것도 없습니다만, 어서 드십시오.
(A) 잘 먹었습니다.
(B) 그럼, 실례하겠습니다.
(C) 그럼, 사양 않고 먹겠습니다.
(D) 이 옷은 나에게 어울리지 않습니다.

■ 단어 ■
召(め)し上(あ)がる 「たべる–먹다・のむ–마시다」의 존경동사, 드
시다｜遠慮(えんりょ) 사양함, 삼감｜いただく 「たべる・のむ」의
겸양동사, 먹다｜似合(にあ)う 어울리다

■ 정답 ■ (C)

20. ___________

宝くじにはずれてしまいました。
(A) それは、ラッキーですね。
(B) それは、大変ですね。
(C) それは、悪いですね。
(D) それは、残念ですね。

복권에 맞지 않았습니다.
(A) 그것, 행운이군요.
(B) 그것, 큰일이군요.
(C) 그거, 미안하네요.
(D) 그거, 안됐군요.

■ 단어 ■
宝(たから)くじ 복권｜はずれる 벗어나다, 빗맞다, 맞지 않다｜ラッ
キー 럭키(lucky)｜悪(わる)い 나쁘다, 좋지 않다, 미안하다｜残念
(ざんねん) 유감, 안됐음

■ 정답 ■　(D)

21. ____________________

すみません、教科書見せてもらえますか。

(A) はい、どうか。

(B) はい、どうも。

(C) はい、どうぞ。

(D) はい、どうにか。

> 미안합니다, 교과서를 보여 주실 수 있겠습니까?
> (A) 예, 부디.
> (B) 예, 감사합니다.
> (C) 예, 여기 있습니다.
> (D) 예, 그런대로.

■ 단어 ■
教科書(きょうかしょ) 교과서 | 見(み)せる 보여주다 | どうにか 이럭저럭, 그런대로

■ 정답 ■　(C)

22. ____________________

子供達が、歌を歌っていますね。

(A) 大好きですね。

(B) 上手ですね。

(C) 初めてですね。

(D) 危ないですね。

> 어린이들이 노래를 부르고 있군요.
> (A) 매우 좋아합니다.
> (B) 잘하는군요.
> (C) 처음이군요.
> (D) 위험하군요.

■ 단어 ■
歌(うた)を歌(うた)う 노래를 하다 | 大好(だいす)き 몹시 좋아함 | 上手(じょうず) 잘함, 능숙함 | 初(はじ)めて 처음, 비로소 | 危(あぶ)ない 위험하다

■ 정답 ■　(B)

23. ____________________

この服はどうですか。

(A) よく似合ってますよ。

(B) 上手ですよ。

(C) 下手ですよ。

(D) おいしいですよ。

> 이 옷은 어떻습니까?
> (A) 잘 어울려요.
> (B) 잘하는군요.

(C) 서툴러요.

(D) 맛있어요.

■ 단어 ■
服(ふく) 옷, 의복 | 似合(にあ)う 어울리다 | 上手(じょうず) 잘함, 능숙함 | 下手(へた) 서투름, 잘 못함 | おいしい 맛있다

■ 정답 ■　(A)

24. ____________________

おいしかったですか。

(A) いいえ、どういたしまして。

(B) お陰様で。

(C) もうすぐです。

(D) はい、ごちそうさまでした。

> 맛있었습니까?
> (A) 아니요, 천만에요.
> (B) 덕분에요.
> (C) 이제 곧 입니다.
> (D) 네, 잘 먹었습니다.

■ 단어 ■
お陰(かげ) 덕분, 덕택 | すぐ 곧, 바로

■ 정답 ■　(D)

25. ____________________

事故にあいました。

(A) 良かったですね。

(B) 大丈夫ですか。

(C) そうです。

(D) お願いします。

> 사고를 당했습니다.
> (A) 잘 됐군요.
> (B) 괜찮습니까?
> (C) 그렇습니다.
> (D) 부탁합니다.

■ 단어 ■
事故(じこ)にあう 사고를 당하다 | 大丈夫(だいじょうぶ) 괜찮음, 문제없음

■ 정답 ■　(B)

26. ____________________

明日、試験を受けます。

(A) 頑張って下さい。

(B) 行くのですか。

(C) おめでとう。

(D) どうしてですか。

내일 시험을 칩니다.
(A) 분발하세요.
(B) 가는 겁니까?
(C) 축하합니다.
(D) 어째서입니까?

■단어■
試験(しけん)を受(う)ける 시험을 치르다 | 頑張(がんば)る 열심히
하다, 힘내다

■정답■ (A)

27. ______________________________

雨が降って来ましたね。
(A) 待っていました。
(B) 早く帰りましょう。
(C) よさそうですね。
(D) また、来ます。

비가 내리는군요.
(A) 기다리고 있었습니다.
(B) 빨리 돌아갑시다.
(C) 좋을 거 같군요.
(D) 다시 오겠습니다.

■단어■
雨(あめ)が降(ふ)る 비가 내리다 | 待(ま)つ 기다리다 | また 또, 다
시

■주요 어구■
• 「よさそうだ」: 좋을 것 같다
양태의 조동사 「そうだ」는 「형용사의 어간＋そうだ」이나
「よい・ない」의 경우에는 「よさそうだ・なさそうだ」의
모양이 된다.

■정답■ (B)

28. ______________________________

大丈夫ですか。
(A) いつもです。
(B) ええ、大丈夫です。
(C) そうではありません。
(D) 知りません。

괜찮습니까?
(A) 언제나입니다.
(B) 네, 괜찮습니다.
(C) 그렇지 않습니다.
(D) 모릅니다.

■단어■
大丈夫(だいじょうぶ) 괜찮음, 문제없음 | 知(し)る 알다

■주요 어구■
• 「知りません」: 모릅니다
「知る」는 타동사로 학습을 통해 얻은 지식이나 지적인 측
면을 말하는 표현이다. 그러므로 단순히 「모르다」의 반대
개념에 가깝다. 사전 학습여부를 묻는 경우 「알고 있다」라
는 표현은 현재 상태를 나타내는 「知っている」로 해야 한
다.
　Q：この機械(きかい)の使(つか)い方(かた)を知(し)
　　っていますか。
　　이 기계의 사용법을 알고 있습니까?
　A：はい。知っています。/ いいえ。知りません。
　　예. 알고 있습니다. / 아니오. 모릅니다.

■정답■ (B)

29. ______________________________

ここに誰か来ましたか。
(A) いいえ、誰か来ました。
(B) はい、田中さんが来ました。
(C) 田中さんです。
(D) 昨日来ました。

여기에 누군가 왔습니까?
(A) 아니요, 누군가 왔습니다.
(B) 예, 다나카 씨가 왔습니다.
(C) 다나카 씨입니다.
(D) 어제 왔습니다.

■단어■
誰(だれ) 누구 | 来(く)る 오다 | 昨日(きのう) 어제

■주요 어구■
• 誰(だれ)か: 누군가
「의문명사＋か」의 형태는 불확실한 것에 대한 질문형태이
기 때문에 대답에 있어서 「はい」나 「いいえ」가 요구된다.

■정답■ (B)

30. ______________________________

すみません、お待たせしました。
(A) はい、15分前に着きました。
(B) はい、長い間待たされました。
(C) いいえ、私も今来たばかりです。
(D) いいえ、こちらこそ。

미안합니다. 오래 기다리셨습니다.

(A) 예, 15분 전에 도착했습니다.

(B) 예, 오랫동안 기다려야 했습니다.

(C) 아뇨, 나도 방금 막 왔습니다.

(D) 아뇨, 저야말로.

■단어■

待(ま)たせる 기다리게 하다 | 着(つ)く 도착하다 | 長(なが)い 길다, (세월이)오래다 | 間(あいだ) 사이, 동안 | 待(ま)たされる 「待(ま)つ – 기다리다」의 사역수동형

■주요 어구■

• 동사「た」+ばかりだ：막~했다

과거형에 접속하여 어떤 일을 한지 얼마 안 되었고, 동작이 방금 끝났음을 나타낸다.

先週(せんしゅう)、アメリカから日本(にほん)へ来(き)たばかりです。

지난주, 미국에서 일본으로 막 왔습니다.

■정답■ (C)

Part 3 회화문

연습문제

Drill 1 일상생활

1. ______________

A：もしもし。経理部の宮岡ですが、吉本部長をお願いします。

B：部長は、今席を外しており、1時間後には戻ると思いますが…。

A：そうですか。わかりました。また、お電話します。

B：はい、かしこまりました。

A：여보세요. 경리부의 미야오카입니다만, 요시모토 부장님 부탁드립니다.

B：부장님은 지금 자리에 안 계신데요. 1시간 후에는 돌아오실 거라고 생각합니다만.

A：그렇습니까? 알겠습니다. 다시 전화하겠습니다.

B：예, 알겠습니다.

■단어■

経理部(けいりぶ) 경리부 | 部長(ぶちょう) 부장(님) | 席(せき)を外(はず)す 자리를 비우다(자리에 없다) | 1時間後(いちじかんご) 1시간 후 | 戻(もど)る (제자리로)돌아오다(가다) | また 또, 다시 | 直接(ちょくせつ) 직접 | 帰(かえ)る 돌아오다(가다) | もう一度(いちど) 다시 한 번

미야오카 씨는 1시간 후에 무엇을 합니까?

(A) 회사로 돌아온다.

(B) 부장님을 직접 만난다.

(C) 집에 돌아간다.

(D) 다시 한 번 전화를 한다.

■정답■ (D)

2. ______________

A：よしお君の家は、学校から近いの。

B：ううん。ぼくの家は学校の近くの駅まで電車で50分かかって、そこから学校まで歩いて20分かかるんだよ。

A：あら。じゃあ、通学が大変ね。

B：ううん。電車の中ではほとんど居眠りしてるから平気だよ。

A：요시오 군의 집은 학교에서 가깝니?

B：아니, 우리 집은 학교 근처 역까지 전철로 50분 걸리고, 거기서 학교까지 걸어서 20분 걸려.

A：어머, 그러면 통학이 힘들겠구나.

B：아니, 전철 안에서는 대부분 잠들기 때문에 아무렇지도 않아.

■단어■

近(ちか)い 가깝다 | 近(ちか)く 근처 | 駅(えき) 역 | 電車(でんしゃ) 전차, 전철 | かかる (시간, 비용 등이)들다, 걸리다 | 歩(ある)く 걷다 | 通学(つうがく) 통학 | 大変(たいへん) 힘듦, 고생스러움 | 居眠(いねむ)り 앉아서 졺 | 平気(へいき) 태연함, 끄떡없음 | 10分(じゅっぷん) 10분 | 50分(ごじゅっぷん) 50분 | 20分(にじゅっぷん) 20분 | 7分(ななふん) 7분

요시오 군은 집에서 학교까지 얼마나 걸립니까?

(A) 1시간 10분

(B) 50분

(C) 20분

(D) 7분

■정답■ (A)

3. ______________

B：すみません。かばんをなくしてしまったんですけど、届いてませんか。

A：どんなかばんですか。

B：茶色で、中に財布と鍵が入ってるんですけど。

A：そうですね。まだ届いてませんね。明日、また来て下さい。

B：실례합니다. 가방을 잃어버렸습니다만, 신고 되어 있지 않습니까?

A : 어떤 가방입니까?

B : 갈색이고, 안에 지갑과 열쇠가 들어 있습니다만.

A : 그래요, 아직 신고되지 않았네요. 내일 또 와 주십시오.

■ 단어 ■

無(な)くす 없애다, 잃다 | 届(とど)ける 보내어 주다, 신고하다 | 届
(とど)く 닿다, 도달하다 | 茶色(ちゃいろ) 갈색 | 財布(さいふ) 지
갑 | 鍵(かぎ) 열쇠 | 入(はい)る 내용물이 들어가다, 안으로 들어오
다 | 手紙(てがみ) 편지 | 手帳(てちょう) 수첩

가방 안에 무엇이 들어 있습니까?

(A) 편지

(B) 지갑과 열쇠

(C) 수첩과 손수건

(D) 아무것도 들어 있지 않다.

■ 정답 ■　(B)

4. ______________________________

A : どうされましたか。

B : 風邪をひいたみたいで、熱があって鼻水が出ます。

A : そうですか。じゃ、今日は注射をうっておきましょ
　　う。それから、薬をもらって帰って下さいね。

B : はい。どうもありがとうございます。

> A : 무슨 일입니까?
>
> B : 감기에 걸린 것 같이, 열이 있고 콧물이 나옵니다.
>
> A : 그래요? 그러면 오늘은 주사를 놓아두지요. 그리고 나서 약을
>   받아가세요.
>
> B : 네, 정말 고맙습니다.

■ 단어 ■

される 「する」의 수동형 | 風邪(かぜ)を引(ひ)く 감기에 걸리다 |
熱(ねつ)がある 열이 나다 | 鼻水(はなみず)が出(で)る 콧물이 나
다 | 注射(ちゅうしゃ)をうつ 주사를 놓다 | それから 그리고, 그 다
음에 | 薬(くすり) 약 | もらう 받다 | 薬屋(くすりや)=薬局(やっ
きょく) 약국 | 雑貨店(ざっかてん) 잡화점 | 病院(びょういん) 병
원 | 郵便局(ゆうびんきょく) 우체국

■ 주요 어구 ■

• 「みたいだ」:「~인 것 같다」라는 추측의 조동사로 「ようだ」
와 같은 역할을 한다. 「ようだ」와 「みたいだ」는 같은 뜻을
나타내는데, 「ようだ」보다는 「みたいだ」가 회화체에서 주로
쓰인다. 즉 「みたいだ」 역시 비유나 예시의 뜻도 가지고 있
다. 「みたいだ」의 접속 형태는 「동사, い형용사」의 기본형,
「な형용사」의 어간, 「명사」 그 자체에 접속한다.

> ※ part5(정답 찾기), 6(오문정정)
>
> 「ようだ」와 같은 뜻을 가진 회화체 표현으로 「みたいだ」
> 가 있다. 「みたい」의 접속과 유사 표현에 대한 변별력을
> 묻는 문제가 나온다. 다시 말해 「みたいだ」는 「ようだ」
> 의 구어체 표현으로 동일한 의미(추측, 비유, 예시)를 갖
> 고 있다.
>
> 私(わたし)は、加藤(かとう)さんみたいに口(くち)が
> 重(おも)い人(ひと)が好(す)きです。 : 예시
> 나는, 가토 씨처럼 말수가 적은 사람을 좋아합니다.
>
> 道(みち)にたくさんの人が集(あつ)まっています。事
> 故(じこ)があったみたいですね。 : 불확실한 단정
> 길에 많은 사람이 모여 있습니다. 사고가 있었던 것 같습니다.
>
> 고수가 알아야 하는 문법으로, 열거하는 전후 내용이 동일
> 한 경우 「ようだ」대신 「みたいだ」를 쓸 수 없다.

여기는 어디입니까?

(A) 약국

(B) 잡화점

(C) 병원

(D) 우체국

■ 정답 ■　(C)

5. ______________________________

A : すみません。市内バスはいくらかかりますか。

B : 180円です。

A : バスから地下鉄に乗り継ぎたいんですけど…。

B : それでしたら270円を入れて、乗り継ぎ専用の切符
　　を受けとればいいですよ。

> A : 실례합니다. 시내버스는 얼마 듭니까?
>
> B : 180엔이요.
>
> A : 버스에서 지하철로 갈아타고 싶은데요.
>
> B : 그렇다면 270엔을 넣고, 갈아타기 전용 표를 받으면 됩니다.

■ 단어 ■

市内(しない) 시내 | 地下鉄(ちかてつ) 지하철 | 乗(の)り継(つ)ぐ
갈아타고 가다 | 入(い)れる 넣다 | 専用(せんよう) 전용 | 切符(き
っぷ) 표 | 受(う)け取(と)る 받다 | 料金(りょうきん) 요금

■ 주요 어구 ■

• 「~ばいい」:「~면된다」라는 뜻의 목적달성의 표현
どうやって行(い)けばよいか教(おし)えてください。
어떻게 가면 좋은지 가르쳐 주십시오.

山手線(やまのてせん)に乗(の)って上野(うえの)で降
(お)りればいいです。

야마노테 선을 타고 우에노에서 내리면 돼요.

지하철 요금은 얼마입니까?

(A) 180엔

(B) 450엔

(C) 90엔

(D) 270엔

■ 정답 ■ (C)

6. ______

A : 今年の冬は、思いきってスキーに行こうと思ってるんです。

B : いいですねえ。で、どこに行くんですか。信州ですか、北海道ですか。

A : カナダに行こうかと思ってるんですけど。

B : それは、うらやましい話ですねえ。

    A : 올해 겨울은 큰 맘 먹고 스키를 타러 가려고 생각하고 있습니다.
    B : 좋겠군요. 그러면 어디에 갑니까? 신슈인가요? 홋카이도인가요?
    A : 캐나다에 갈까 하고 생각하고 있습니다만.
    B : 그것 참 부러운 이야기군요.

■ 단어 ■
今年(ことし) 금년, 올해 | 思(おも)いきって 과감히, 큰 맘 먹고 | スキーに行(い)く 스키 타러 가다 | どこに 어디에 | うらやましい 부럽다

■ 주요 어구 ■
• 「동사 의지형(よ)う＋と思(おも)う」: ～하려고 생각하다
  この仕事(しごと)をやめようと思(おも)っている。
  이 일을 그만두려고 생각하고 있다.
• ～(よ)う＋かと思(おも)う : ～할까라고 생각하다
  私(わたし)、結婚(けっこん)しようかと思(おも)っています。
  저, 결혼할까 해요.

스키를 타러 어디에 갑니까?

(A) 캐나다

(B) 홋카이도

(C) 신슈

(D) 미국

■ 정답 ■ (A)

7. ______

A : 明男君、明日の遠足楽しみね。

B : うん。でも明日の天気予報は雨だと言ってたよ。

A : えー、本当。晴れるといいねえ。

B : てるてる坊主でも作ろうか。

    A : 아키오 군, 내일 소풍 기대 되는데.
    B : 응. 하지만 내일 일기예보는 비가 온다고 했어.
    A : 어머, 정말? 맑으면 좋을 텐데.
    B : 날씨가 좋아지길 기원하는 인형이라도 만들어 볼까?

■ 단어 ■
明日(あした) 내일 | 遠足(えんそく) 소풍 | 楽(たの)しみ 즐거움, 기대*「楽(たの)しみね : 기대되는데」 | 天気予報(てんきよほう) 일기예보 | 雨(あめ) 비 | 晴(は)れる 맑다, 개다 | 기본형＋といい ～면 좋겠다(희망・바람의 표현) | てるてる坊主(ぼうず) 맑은 날을 기원하며 처마 끝에 매달아 두는 종이로 만든 인형 | 天気(てんき) 날씨 | 晴(は)れ 맑음 | 曇(くも)り 흐림

■ 주요 어구 ■
• 「～のに」: 문장 끝에 와서 「～할 텐데」라는 간절한 바람을 나타낸다. 또한 이 표현의 변형된 꼴인 「～ばよかったのに : ～했으면 좋았을 텐데」라는 후회나 유감의 표현을 외워 두도록 한다.

내일 날씨는 어떻습니까?

(A) 맑음

(B) 흐림

(C) 비

(D) 모른다.

■ 정답 ■ (C)

8. ______

A : 吉田さん。今日、一杯どうですか。

B : そうしたいんですが、明日出張に行きますので、今日は遠慮しておきます。

A : では、戻られてから行きましょう。

B : はい、そうしましょう。

    A : 요시다 씨. 오늘 한 잔 어떻습니까?
    B : 그렇게 하고 싶습니다만, 내일 출장을 가기 때문에 오늘은 사양하겠습니다.
    A : 그러면, 돌아오시고 나서 갑시다.
    B : 예, 그러지요.

■ 단어 ■
一杯(いっぱい) 한 잔 | 出張(しゅっちょう)に行(い)く 출장 가다 | 동작성명사＋に行(い)く／来(く)る ～하러 가다/오다(목적의 표현) | 遠慮(えんりょ)する 사양하다, 삼가다 | 戻(もど)られる 「戻(もど)る－되돌아오다(가다)」의 존경표현, 되돌아오시다, 되돌아가시다 | 飲(の)み屋(や) 대중술집, 선술집=「居酒屋(いざかや)、酒場(さかば)」(＊주의! 「酒屋(さかや)」는 「주류 판매상, 양조장」을 의미

하는 말임) | 会社(かいしゃ) 회사

■ 주요 어구 ■

• 「ので」: 이유, 원인의 조사로 객관적 상황이나 다른 사람에
게 어떤 일을 부탁하거나 거절할 때, 변명이나 겸손하게 말해
야 하는 경우에 쓰인다. 「ので」는 활용어의 연체형에 붙는다.
이 조사는 의미 못지않게 접속 문제가 자주 출제된다.
今日(きょう)は気分(きぶん)がわるいのでさきに帰
(かえ)らせてください。
오늘은 속이 안 좋아서 먼저 돌아가겠습니다.

• 「～てから」: 「～하고부터, ～하고 나서」라는 의미로 앞의 일
이 끝난 후 뒤의 일을 한다는 식의 일의 진행 순서를 분명히
할 때 쓰는 말이다.
歯(は)を磨(みが)いてから、朝(あさ)ごはんを食(た)
べます。
이를 닦고 나서 아침밥을 먹습니다.

요시다 씨는 내일 어디에 갑니까?
(A) 출장
(B) 술집
(C) 회사
(D) 집

■ 정답 ■ (A)

9. ________________________

B : 玄関の鍵をかけましたか。
A : はい、ちゃんとかけました。
B : 窓の鍵は。
A : 窓はもうかけてありました。

　　B : 현관 열쇠를 채웠습니까?
　　A : 네, 확실히 잠갔습니다.
　　B : 창문 열쇠는?
　　A : 창문은 이미 잠겨 있었습니다.

■ 단어 ■
玄関(げんかん) 현관 | 鍵(かぎ)をかける 열쇠를 채우다 | 窓(まど)
창문 | 部屋(へや) 방

여자는 어디의 열쇠를 채웠습니까?
(A) 현관
(B) 창문
(C) 방문
(D) 현관과 창문

■ 정답 ■ (A)

10. ________________________

A : 遅くなってすみません。道がこんでいたものです
　　から。
B : いいえ。車でいらしたんですか。
A : ええ、地下の駐車場に止めてあります。
B : ここ、駐車料金が高いですよ。

　　A : 늦어서 죄송합니다. 길이 막혀서요.
　　B : 아니요. 차로 오셨습니까?
　　A : 네, 지하 주차장에 주차했습니다.
　　B : 여기 주차요금 비싸요.

■ 단어 ■
遅(おそ)い 늦다 | 道(みち)がこむ 길이 막히다 | 地下(ちか) 지
하 | 駐車場(ちゅうしゃじょう) 주차장 | 止(と)める 세우다, 멈추
다 | 駐車料金(ちゅうしゃりょうきん) 주차 요금 | 高速(こうそく)
バス 고속버스 | 地下鉄(ちかてつ) 지하철 | 自動車(じどうしゃ) 자
동차 | 歩(ある)き 걷기, 걸음, 외출

여자는 무엇으로 왔습니까?
(A) 고속버스
(B) 지하철
(C) 자동차
(D) 걸어서

■ 정답 ■ (C)

Drill 2 의문사 및 구체적인 내용을 묻는 문제

1. ________________________

A : あら。桃がなかったらスイカを買ってくるように
　　言ったじゃない。
B : だって、桃もスイカも無かったから、ブドウを買
　　って来たんじゃないか。
A : それだったら、何も買って来なかったら良かった
　　のに…。
B : まあ、そう言わずに食べよう。

　　A : 어머. 복숭아가 없으면 수박을 사오라고 말하지 않니.
　　B : 하지만 복숭아도 수박도 없었기 때문에 포도를 사왔잖아.
　　A : 그렇다면 아무것도 사오지 않는 게 좋았을 텐데.
　　B : 자, 그러지 말고 먹자.

■ 단어 ■
桃(もも) 복숭아 | すいか 수박 | 買(か)う 사다 | だって=でも 하지
만 | 葡萄(ぶどう) 포도 | 結局(けっきょく) 결국

■ 주요 어구 ■
• 동사기본형＋ように :「~하도록」이라는 뜻으로 앞 문장에 「현재형, 가능형, 없는 형」등, 상태를 나타내는 표현이 오고, 이것을 전제로 그 목적에 따른 동작이나 행위를 수반하는 경우에 쓰인다.
遅(おく)れないように急(いそ)ぎましょう。
늦지 않도록 서두릅시다.
熱(ねつ)が下(さ)がるように注射(ちゅうしゃ)をする。
열이 내리도록 주사를 놓다.

• たら :「(만일)~라면」이라는 뜻으로 상상해서 가정하거나 화자의 희망을 말할 때 쓰인다.
명사·な형용사어간＋だったら
い형용사어간＋かったら
동사＋たら(だら)
あなたが私の立場(たちば)だったらどうしますか。
당신이 나의 입장이었다면 어떻게 하겠습니까?

• ~たら(ば)よかったのに :「~면 좋았을 텐데」라는 뜻으로「~ばよかったのに」는 과거에 그렇게 하지 못한 것에 대한 가벼운 실망감의 표현이다(후회의 표현).
先(さき)に電話(でんわ)をかけてから来(く)ればよかったのに。
먼저 전화를 하고 나서 왔으면 좋았을 텐데.

• 言(い)わずに＝言(い)わないで :「~말하지 말고」라는 뜻이다. 문어체 부정의 조동사「ぬ(ん)」는「ない」와 같은 뜻으로 쓰이고 있으며,「ず」는 중지법으로 쓰이고,「に」와 연결하여「~ずに」가 되면「~ないで」의 문장체 표현이 되어「~하지 않고」란 뜻이 된다.
何(なん)とも答(こた)えず、黙(だま)っている。
＝何とも答えないで、黙っている。
　아무 대답도 안하고 잠자코 있다.

결국 무엇을 샀습니까?
(A) 수박
(B) 복숭아
(C) 포도
(D) 복숭아와 수박

■ 정답 ■　(C)

2. ___________________________________
B : お母さん。明日遠足の日だから、ちょっと早く起こしてね。
A : あら。いったい何時に起きるつもりなの。
B : 7時までに学校に集まらないといけないんだ。

A : そう。わかったわ。

　B : 어머니. 내일 소풍날이니까 조금 일찍 깨워줘요.
　A : 어머, 대체 몇 시에 일어날 생각인데?
　B : 7시까지 학교에 모이지 않으면 안 돼요.
　A : 그래, 알았어.

■ 단어 ■
遠足(えんそく) 소풍 | 起(お)こす 일으키다 | いったい 도대체 | 起(お)きる 일어나다 | つもり 생각, 계획, 작정 | 集(あつ)まる 모이다 | いけない 좋지 않다, 나쁘다, 안 된다 | 集合(しゅうごう) 집합 | 時間(じかん) 시간

■ 주요 어구 ■
• 기본형＋と :「~면」
동사 기본형＋「と」의 형태로 동사가 성립했을 경우, 필연적으로 뒤의 내용이 성립하는 것을 나타낸다.
はやく行(い)かないと母(はは)に叱(しか)られる。
빨리 가지 않으면 어머니에게 꾸지람을 듣는다.
ここを押(お)すと、テープが出(で)ます。
여기를 누르면 테이프가 나옵니다.

집합 시간은 몇 시입니까?
(A) 6시
(B) 7시
(C) 8시
(D) 9시

■ 정답 ■　(B)

3. ___________________________________
A : すみません。飛行機のチケットを買いたいんですけど、学生割引はありますか。
B : はい、ございますよ。10％割引となります。
A : でしたら、往復のチケットを下さい。
B : かしこまりました。

　A : 실례합니다. 비행기 티켓을 사고 싶은데, 학생 할인은 있나요?
　B : 네, 있습니다. 10% 할인이 됩니다.
　A : 그러면 왕복 티켓을 주세요.
　B : 알겠습니다.

■ 단어 ■
飛行機(ひこうき) 비행기 | チケット 티켓(표) | 割引(わりびき) 할인 | ござる 「ある」의 공손한 말로, 특수 활용을 하여「ございます」의 꼴이 됨 | 往復(おうふく) 왕복 | かしこまる 알아 모시다 | 入場券(にゅうじょうけん) 입장권 | 商品券(しょうひんけん) 상품권 | 航空券(こうくうけん) 항공권 | 乗車券(じょうしゃけん) 승차권

■ 주요 어구 ■

• 「명사+と(に)なる」: ~이(가) 되다
동작·작용의 결과(~으로, ~가)를 나타내는 경우 「~と
なる」「~になる」와 바꾸어 말할 수 있다. 의미상 차이는
같은 변화의 결과라도 「に」는 변화의 종착점에 비중을 두
는 말이고, 「と」는 변화의 내용에 중점을 두는 말이다.
大会(たいかい)もいよいよ最終日(さいしゅうび)とな
った。
대회도 드디어 최종일이 되었다.

학생은 무엇을 샀습니까?
(A) 입장권
(B) 상품권
(C) 항공권
(D) 승차권

■ 정답 ■ (C)

4. ____________________________

A : この本を借りたいんですが、期間はいつまでです
か。
B : 3週間です。一人2冊まで借りられます。
A : そうですか。では、この本を貸して下さい。
B : はい。4月21日までにお返しください。

　A : 이 책을 빌리고 싶은데, 기간은 언제까지입니까?
　B : 3주간입니다. 한 사람이 2권까지 빌릴 수 있습니다.
　A : 그래요? 그러면 이 책을 빌려 주세요.
　B : 예. 4월 21일까지 돌려주십시오.

■ 단어 ■
借(か)りる 빌리다 | 期間(きかん) 기간 | ~冊(さつ) 권(책을 세는
단위) | 借(か)りられる 빌릴 수 있다(*「~られる」는 가능의 역할도
함) | 貸(か)す 빌려주다, 임대하다 | 返(かえ)す 돌려주다, 반환하
다 | 組合(くみあ)わせ 조합 | 正(ただ)しい 올바르다 | 一週間(いっ
しゅうかん) 1주일 | 一冊(いっさつ) 1권

■ 주요 어구 ■

• 「お+동사ます형+ください」: ~해 주세요(존경의 의뢰)
お名前(なまえ)を忘(わす)れずにお書(か)きください。
성함을 잊지 말고 써 주십시오.
コピー機(き)はあちらにございますので、お使(つか)
いください。
복사기는 저쪽에 있으니, 사용하십시오.

조합이 맞게 짝지어진 것은 어느 것입니까?
(A) 1주일, 한 사람에 1권

(B) 2주일, 한 사람에 2권
(C) 3주일, 한 사람에 2권
(D) 4주일, 한 사람에 3권

■ 정답 ■ (C)

5. ____________________________

B : 何かご用でしょうか。
A : あの、コピーをしたいんですが、どこで、どのよ
うにすればいいですか。
B : 閲覧室の横にコピー室があります。その中にコピ
ー・カードの販売機がありますので、まずそこで
カードをお求めになってから、コピーをなさって
下さい。
A : わかりました。ありがとうございます。

　B : 뭔가 용무가 있으십니까?
　A : 저, 복사를 하고 싶은데, 어디에서 어떻게 하면 됩니까?
　B : 열람실 옆에 복사실이 있습니다. 그 안에 복사카드 판매기가
　　있으니까, 우선 거기서 카드를 구입하신 후 복사를 해 주세요.
　A : 알겠습니다. 고맙습니다.

■ 단어 ■
ご用(よう) 용무 | どのように 어떤 식으로, 어떻게 | 閲覧室(えつら
んしつ) 열람실 | 販売機(はんばいき) 판매기 | 求(もと)める 구입
하다, 사다 | なさる 「する-하다」의 존경동사, 하시다 | 必要(ひつよ
う) 필요 | 現金(げんきん) 현금 | 会員証(かいいんしょう) 회원증

복사를 하는데 필요한 것은 무엇입니까?
(A) 현금카드
(B) 신용카드
(C) 회원증
(D) 복사카드

■ 정답 ■ (D)

6. ____________________________

A : 山川さんは、明日から出張ですか。
B : ええ。秋田まで4日間の予定なんですが。
A : そうなんですか。しばらく家族の方と会えないの
は寂しいでしょう。
B : ええ。でも、仕方ないですね。

　A : 야마카와 씨는 내일부터 출장입니까?
　B : 네. 아키타까지 4일간 예정입니다만.
　A : 그렇습니까? 한 동안 가족과 만나지 못하는 것은 쓸쓸하겠네
　　요.
　B : 예. 하지만, 어쩔 수 없지요.

■ 단어 ■
出張(しゅっちょう) 출장 | 4日間(よっかかん) 4일간 | しばらく 잠
시, 한 동안 | 会(あ)える 「会(あ)う-만나다」의 가능동사 | 寂(さび)
しい 외롭다, 쓸쓸하다 | 仕方(しかた)ない 할 수 없다, 어쩔 수 없
다 | 出張先(しゅっちょうさき) 출장지(*「~先(さき)」는 동작이나
행위가 이루어지는 「목적지」의 의미임)

야마카와 씨의 출장지는 어디입니까?
(A) 아키타
(B) 아오모리
(C) 이와데
(D) 아이치

■ 정답 ■ (A)

7. _______________________________

A : 由利さん、まだ来ないわね。
B : あっ。風邪で熱があるから来られないって電話が
　　あったよ。
A : そう。じゃ二人で映画を見に行きましょうか。
B : たまにはそれもいいね。

　　A : 유리 씨, 아직 오지 않는구나.
　　B : 참, 감기 때문에 열이 있어서 오지 못한다고 전화가 왔었어.
　　A : 그래? 그럼 둘이서 영화 보러 갈까?
　　B : 가끔은 그것도 좋네.

■ 단어 ■
風邪(かぜ) 감기 | 熱(ねつ)がある 열이 나다 | 映画(えいが) 영
화 | たまに 이따금, 가끔 | 来(き)たくない 오고 싶지 않다 | 好(す)
きだ 좋아하다 | 風邪(かぜ)を引(ひ)く 감기에 걸리다 | 約束(やく
そく) 약속

유리 씨는 왜 오지 못합니까?
(A) 오고 싶지 않기 때문에.
(B) 영화를 좋아하지 않기 때문에.
(C) 감기에 걸렸기 때문에.
(D) 약속이 있기 때문에.

■ 정답 ■ (C)

8. _______________________________

B : 富士山には、夏でも雪があるそうですね。
A : ええ。日本で一番高い山ですからね。
B : 一度、登りに行ってみましょうか。
A : 私、山登りはちょっと…。

　　B : 후지산에는 여름에도 눈이 있다고 하는군요.
　　A : 네. 일본에서 가장 높은 산이니까요.

　　B : 한 번 올라가 볼까요?
　　A : 나는 등산은 조금….

■ 단어 ■
夏(なつ) 여름 | 雪(ゆき) 눈 | 一番(いちばん) 가장, 제일 | 高(た
か)い 높다 | 一度(いちど) 한 번 | 登(のぼ)る 오르다, 등산하다 |
山登(やまのぼ)り 등산 | ちょっと (부정적 의미를 동반하여) 쉽게는
할 수 없다, 힘들다 | 雲(くも) 구름 | 霧(きり) 안개 | 氷(こおり) 얼
음

후지산에는 무엇이 있습니까?
(A) 구름
(B) 눈
(C) 안개
(D) 얼음

■ 정답 ■ (B)

9. _______________________________

A : あの、お夕食は6時ごろでよろしいでしょうか。
B : まだ、お腹が空いていないんで1時間ぐらい遅くし
　　てもいいですか。
A : はい、もちろんでございます。お部屋にお運びい
　　たしましょうか。
B : ええ、そうしてもらえますか。

　　A : 저기, 저녁 식사는 6시쯤이 어떻습니까?
　　B : 아직 배가 고프지 않아서 1시간 정도 늦춰도 괜찮습니까?
　　A : 네, 물론입니다. 방에 갖다 드릴까요?
　　B : 네, 그렇게 할 수 있습니까?

■ 단어 ■
夕食(ゆうしょく) 저녁밥, 석식 | お腹(なか)が空(す)く 배가 고프
다 | 運(はこ)ぶ 옮기다, 나르다, 운반하다 | 夕食(ゆうしょく)を取
(と)る 저녁을 먹다(*「夕食(ゆうしょく)を食(た)べる」라고 하지 않
도록 한다.)

남자는 몇 시쯤 저녁식사를 합니까?
(A) 5시
(B) 6시
(C) 7시
(D) 8시

■ 정답 ■ (C)

10. _______________________________

A : おはようございます。夕べはよくお休みになれまし
　　たか。
B : ええ、おかげさまでぐっすり眠れました。

A：今日もよく晴れて、観光にはもってこいですね。

B：少しこの辺を回ってみたいので、タクシーを呼んで
もらえますか。

A : 안녕하세요. 어젯밤엔 푹 쉬셨어요?
B : 네, 덕분에 푹 잤습니다.
A : 오늘도 날씨가 좋아서 관광에는 안성맞춤이군요.
B : 좀 이 주변을 돌아보고 싶은데, 택시를 불러주시겠어요?

■ 단어 ■

ぐっすり眠(ねむ)る 푹 자다｜観光(かんこう) 관광｜もってこい
딱 맞음, 안성맞춤임, 최적임｜辺(へん) 주변, 근처｜回(まわ)る 돌
다, 돌아오다｜呼(よ)ぶ 부르다｜家(いえ)に帰(かえ)る 집에 돌아
가다｜病院(びょういん) 병원｜戻(もど)る 되돌아가다

남자는 왜 택시를 불러 달라고 했습니까?
(A) 집에 돌아가기 때문에.
(B) 병원에 가기 때문에.
(C) 관광을 하고 싶기 때문에.
(D) 회사에 돌아가기 때문에.

■ 정답 ■ (C)

Drill 3 비즈니스

1. ___________________________

A：太田さんの田舎はどちらですか。

B：山口なんですけど、育ちは大阪なんです。

A：そうなんですか。私の友達にも田舎が山口の人が
いましたよ。

B：山口の人はいい人が多いでしょう。

A : 오타 씨의 고향은 어디입니까?
B : 야마구치입니다만, 성장한 곳은 오사카입니다.
A : 그렇습니까? 내 친구 중에도 고향이 야마구치인 사람이 있었
어요.
B : 야마구치(출신) 사람은 좋은 사람이 많지요.

■ 단어 ■

田舎(いなか) 고향, 시골｜どちら 어디, 어느 쪽｜育(そだ)ち 성
장｜育(そだ)つ 자라다＊「生(う)まれる : 태어나다」｜山口(やまぐ
ち) 야마구치｜広島(ひろしま) 히로시마｜大阪(おおさか) 오사
카｜大分(おおいた) 오이타

오타 씨가 자란 곳은?
(A) 야마구치
(B) 히로시마
(C) 오사카

(D) 오이타

■ 정답 ■ (C)

2. ___________________________

A：すみません。岡田さんはどの方ですか。

B：あそこにいる、背が高くてメガネをかけている人
が岡田さんですよ。

A：ああ。ちょうどあそこにいる背の低い方の隣にい
る方ですね。

B：ええ。そうですよ。

A : 실례합니다. 오카다 씨는 어느 분입니까?
B : 저기에 있는 키가 크고 안경을 쓰고 있는 사람이 오카다 씨예
요.
A : 아. 마침 저기에 있는 키 작은 분의 옆에 있는 분이군요.
B : 네. 그래요.

■ 단어 ■

背(せ)が高(たか)い 키가 크다 ↔ 背(せ)が低(ひく)い 키가 작다｜
眼鏡(めがね)をかける 안경을 쓰다｜隣(となり) 옆(대칭 선상에서
동일한 사물을 지칭하는 말)｜特徴(とくちょう) 특징

오카다 씨의 특징으로 바른 것은 어느 것입니까?
(A) 키가 크고 안경을 쓰고 있다.
(B) 키가 크고 안경은 쓰고 있지 않다.
(C) 키가 작고 안경을 쓰고 있다.
(D) 키가 작고 안경은 쓰고 있지 않다.

■ 정답 ■ (A)

3. ___________________________

B：先週の日曜日、近くの公園の前で交通事故があっ
たんですよ。

A：まあ。けがをされた方はいらっしゃらなかったん
ですか。

B：幸い、誰もけがはしなかったみたいですよ。

A：それは何よりです。

B : 지난주 일요일에 근처 공원 앞에서 교통사고가 있었어요.
A : 어머, 부상당한 분은 안 계셨습니까?
B : 다행히 아무도 부상은 입지 않은 것 같아요.
A : 그것은 무엇보다 다행입니다.

■ 단어 ■

近(ちか)く 근처, 부근｜公園(こうえん) 공원｜交通事故(こうつう
じこ) 교통사고｜怪我(けが) 부상, 상처｜幸(さいわ)い 다행히, 운
좋게도｜何(なに)より 무엇보다(좋다), 더할 나위 없이｜いつ 언
제｜今週(こんしゅう) 이번 주｜先月(せんげつ) 지난달｜先週(せ
んしゅう) 지난주｜来週(らいしゅう) 다음 주

언제 교통사고가 있었습니까?

(A) 이번 주 일요일

(B) 지난 달 일요일

(C) 지난 주 일요일

(D) 다음 주 일요일

■ 정답 ■ (C)

4. _______

A：最近の大学生は、どこでよくアルバイトをしていますか。

B：やはり、カフェでのアルバイトが多いみたいですよ。

A：そうですか。私は大学の頃、スーパーやデパートでよくアルバイトをしましたけどね。

B：アルバイトの流行りも時代とともに変わるんですね。

　A : 요즘 대학생은 어디에서 흔히 아르바이트를 하고 있습니까?
　B : 역시, 카페에서 아르바이트를 많이 하는 것 같아요.
　A : 그래요? 나는 대학 때 슈퍼나 백화점에서 자주 아르바이트를 했는데.
　B : 아르바이트의 유행도 시대와 함께 바뀌는군요.

■ 단어 ■
最近(さいきん) 최근 | 大学生(だいがくせい)) 대학생 | カフェ 카페 | 流行(はや)り 유행 | 時代(じだい) 시대 | ～とともに ～와 더불어(함께) | 変(か)わる 변하다, 바뀌다

최근에 대학생이 흔히 아르바이트를 하는 곳은 어디입니까?

(A) 카페

(B) 레스토랑

(C) 슈퍼마켓

(D) 백화점

■ 정답 ■ (A)

5. _______

A：自転車をよく使う国といえば、どこだと思いますか。

B：そうですねえ。やはり中国が一番でしょう。

A：韓国はどうですか。

B：日本よりは、利用率が少ないと思いますよ。

　A : 자전거를 주로 사용하는 나라라고 하다면, 어디라고 생각합니까?
　B : 글쎄요. 역시 중국이 제일이겠지요.
　A : 한국은 어떻습니까?
　B : 일본보다는 이용률이 적다고 생각해요.

■ 단어 ■
自転車(じてんしゃ) 자전거 | 使(つか)う 사용하다 | 中国(ちゅうごく) 중국 | 利用率(りようりつ) 이용률 | 少(すく)ない 적다 | 順(じゅん)に 순서대로 | 並(なら)ぶ 늘어서다, 줄서다, 나열되다

자전거를 잘 타는 나라 순서로 배열된 것은 어느 것입니까?

(A) 일본 – 한국 – 중국

(B) 중국 – 일본 – 한국

(C) 한국 – 일본 – 중국

(D) 일본 – 중국 – 한국

■ 정답 ■ (B)

6. _______

B：美智子さん。明日は、どのデパートでショッピングをしましょうか。

A：私は、日大百貨店に行ってみたいんですが。

B：そう。でも、あそこは高いから阪神百貨店の方がいいよ。

A：そうですか。じゃ、そっちにしましょう。

　B : 미치코 씨. 내일은 어느 백화점에서 쇼핑을 할까요?
　A : 나는 니치다이 백화점에 가보고 싶은데요.
　B : 그래요? 하지만 그곳은 비싸서 한신 백화점 쪽이 좋겠어요.
　A : 그렇습니까? 그럼, 그쪽으로 합시다.

■ 단어 ■
明日(あした) 내일 | どの 어느 | 百貨店(ひゃっかてん) 백화점 | 高(たか)い 비싸다 | 方(ほう) 쪽, 편 | 結局(けっきょく) 결국 | 何(なに)デパート 무슨 백화점 | どこにも 어디에도, 아무데도

※ part6(오문정정), 7(공란 메우기)에서는 「あ(저)」와 「そ(그)」처럼 눈앞에 보이는 여러 가지 사물을 가리키는 경우와는 달리, 대화중에 나오는 「そ」와 「あ」의 의미는 다음과 같다. 「そ」는 자신과 상대방 중 어느 한 쪽이 대화 중 나온 내용을 알고 있지 못한 경우이고, 「あ」는 자신과 상대방이 대화 내용에 나온 사실을 서로 알고 있는 경우이다. 즉 대화 당사자가 서로 알고 있는 내용이나 회상하는 말에 대한 지칭으로「あの」「あんな」「あんなに」처럼「あ」가 사용됨을 알아야 한다. 이때「その」는 불가하다.
あの人(ひと)とは昔(むかし)からの知(し)り合(あ)いです。
그 사람과는 예전부터 아는 사이입니다.
かれは立派(りっぱ)な人(ひと)だ。わたしもあんな人(ひと)になりたい。
그는 훌륭한 사람이다. 나도 그런 사람이 되고 싶다.

결국 무슨 백화점에 갑니까?

(A) 니치다이 백화점

(B) 니치다이 백화점과 한신 백화점

(C) 한신 백화점

(D) 어디에도 가지 않는다.

■정답■ (C)

7.

B : これ見てください。私が大切に育てたんです。

A : わあ、きれいに咲いていますね。

B : 一輪だけしかないんですが、きれいに咲いたでしょう。

A : ええ。たくさんあるように見えますよ。

　　B : 이것 보세요. 내가 정성스레 키운 것입니다.
　　A : 와, 아름답게 피어 있군요.
　　B : 한 송이뿐이지만, 아름답게 피었죠?
　　A : 네. 많이 있는 것처럼 보이네요.

■단어■
大切(たいせつ) 소중함 | 育(そだ)てる 기르다, 양육하다 | 咲(さ)く 꽃이 피다 | 一輪(いちりん) 꽃 한 송이 | 見(み)える 보이다 | ~について ~에 대해 | 髪型(かみがた) 머리 형(모양) | 花(はな) 꽃 | 服(ふく) 옷

무엇에 대해서 이야기하고 있습니까?

(A) 사람들이 많이 있는 것

(B) 머리 모양

(C) 꽃

(D) 옷

■정답■ (C)

8.

B : 今、パソコンが欲しいんですが。

A : あら、あなたもですか。私も欲しいんですよ。

B : じゃ、今度一緒に行ってみましょう。

A : そうですね。いい所を知っていますから、一緒に
　　行きましょう。

　　B : 지금 PC를 갖고 싶습니다만.
　　A : 어머 당신도예요? 나도 갖고 싶어요.
　　B : 그러면, 다음에 함께 가 봅시다.
　　A : 그래요. 좋은 곳을 알고 있으니까, 함께 갑시다.

■단어■
欲(ほ)しい 원하다, 갖고 싶다(소유 희망을 나타냄) | 今度(こんど) 이번, 다음번 | 一緒(いっしょ)に 함께, 같이 | 携帯電話(けいたいで

 んわ) 휴대전화

■주요 어구■
•「~がほしい」: (사물에 한정하여)~을(이) 갖고 싶다, 필요
하다
薄手(うすで)の白(しろ)いジャケットがほしいんです
けど。
얇은 흰 자켓이 필요한데요.
*「~をほしがる」: ~을 갖고 싶어 하다, 필요로 하다
　(제3자의 필요 사항에 사용됨)

두 사람이 갖고 싶은 것은 무엇입니까?

(A) 컴퓨터

(B) 카메라

(C) 휴대전화

(D) 라디오

■정답■ (A)

9.

B : 普段履く黒い靴が欲しいんですが。

A : プライベートでお履きになるんでしたら、これな
　　どはいかがでしょうか。

B : うーん、このデザインはちょっと派手すぎます。
　　飾りのないやつはありませんか。

A : こちらなどはいかがですか。とても履きやすいで
　　すよ。

　　B : 보통 신는 검은 구두가 가지고 싶습니다만.
　　A : 개인적으로 신으실 거라면 이건 어떻습니까?
　　B : 음, 이 디자인은 너무 화려하네요. 장식이 없는 건 없습니까?
　　A : 이건 어떠십니까? 매우 신기 편합니다.

■단어■
普段(ふだん) 일상, 평상=「不断(ふだん)」 | 履(は)く 신다 | 靴(くつ) 구두 | 欲(ほ)しい 갖고 싶다 | 派手(はで) 화려함, 화사함 | 飾(かざ)り 장식, 장식품 | 普通(ふつう) 보통 | 茶色(ちゃいろ)い 갈색이다 | 黒(くろ)い 검다

남자는 어떤 구두를 가지고 싶어 합니까?

(A) 보통의 갈색 구두

(B) 심플한 검은 구두

(C) 하얀 스니커즈

(D) 화려한 검은 구두

■정답■ (B)

10. ______________________________

A：今までに日本の映画を見たことがありますか。

B：ええ、もう4、5本見ました。どれもおもしろかっ
　　たです。

A：日本語が全部分かりましたか。

B：いいえ、字幕なしでは見られません。

　　A：지금까지 일본 영화를 본 적이 있습니까?
　　B：네, 이미 4, 5편 보았습니다. 모두 재미있었습니다.
　　A：일본어를 전부 이해했습니까?
　　B：아니요, 자막 없이는 볼 수 없습니다.

■ 단어 ■

映画(えいが) 영화｜どれも 어느 것이나, 모두｜全部(ぜんぶ) 전
부｜字幕(じまく) 자막｜どうやって 어떻게, 어떻게 해서(방법)｜
内容(ないよう) 내용｜小説(しょうせつ) 소설｜あらかじめ 미리,
사전에=「前(まえ)もって」｜読(よ)む 읽다

남자는 어떻게 해서 일본 영화의 내용을 이해했습니까?

(A) 친구에게 배워서

(B) 팸플릿을 보고

(C) 소설로 미리 읽고

(D) 자막을 보고

■ 정답 ■　(D)

Drill 4　대화의 목적과 다양한 반응

1. ______________________________

A：もしもし。幸男君いますか。

B：えっ、どなたですか。

A：えっ、山田幸男君のお宅じゃないんですか。

B：いいえ、違いますよ。

　　A：여보세요. 유키오 군 있습니까?
　　B：어, 누구십니까?
　　A：어, 야마다 유키오 군의 집이 아닙니까?
　　B：아니요, 아닙니다.

■ 단어 ■

どなた「誰(だれ)－누구」의 높임말｜お宅(たく) 댁(남의 집을 높여
부르는 말)｜違(ちが)う 다르다, 틀리다｜いたずら 장난｜留守番電
話(るすばんでんわ)=留守電(るすでん) 자동응답전화｜残(のこ)す
남기다｜間違(まちが)い 잘못, 틀림

여자는 어떻게 했습니까?

(A) 장난전화를 했다.

(B) 자동응답전화에 메시지를 남겼다.

(C) 전화를 잘못 걸고 말았다.

(D) 유키오 군 가족과 이야기했다.

■ 정답 ■　(C)

2. ______________________________

B：洋子さん、あしたは暇ですか。

A：明日の午後はちょっと。

B：じゃ、土曜日の午後は。

A：ええ、いいわよ。

　　B：요코 씨, 내일은 한가합니까?
　　A：내일 오후는 좀.
　　B：그러면, 토요일 오후는?
　　A：네, 좋아요.

■ 단어 ■

明日(あした) 내일｜暇(ひま) 한가함, 여유 있음｜午後(ごご) 오
후｜二人(ふたり) 두 사람｜会(あ)う 만나다｜午前(ごぜん) 오전

두 사람은 언제 만나기로 했습니까?

(A) 내일 오전

(B) 내일 오후

(C) 토요일 오전

(D) 토요일 오후

■ 정답 ■　(D)

3. ______________________________

A：黒田君の学校は何時から始まるの。

B：8時半から始まって、5時に終わるよ。

A：まあ、長いのね。私の学校は9時から4時半よ。

B：へえ、うらやましいなあ。

　　A：쿠로다 군 학교는 몇 시부터 시작해?
　　B：8시 반부터 시작해서 5시에 끝나.
　　A：어머, 길구나. 우리 학교는 9시부터 4시 반까지야.
　　B：야, 부럽네.

■ 단어 ■

学校(がっこう) 학교｜何時(なんじ) 몇 시｜始(はじ)まる 시작되
다｜長(なが)い 길다｜うらやましい 부럽다

쿠로다 군의 학교는 몇 시부터 시작됩니까?

(A) 4시 반

(B) 5시

(C) 8시 반

(D) 9시

(D) 850엔

■ 정답 ■ (B)

6. ________________________________

A：いよいよ明日から夏休みね。

B：えっ、違うよ。あさってからだよ。

A：あっ、そうか。あさっての7月24日からだったわね。

B：気分はもう夏休みだね。

    A : 드디어 내일부터 여름방학이구나.
    B : 어머, 아니야. 모레부터야.
    A : 어머, 그래? 모레 7월 24일부터였구나.
    B : 마음은 벌써 여름방학이구나.

■ 단어 ■
いよいよ 드디어, 마침내 | 夏休(なつやす)み 여름방학 | 違(ちが)う 다르다, 틀리다 | 明後日(あさって) 모레 | 気分(きぶん) 기분, 마음 | 今日(きょう) 오늘 | 何日(なんにち) 며칠 | 24日(にじゅうよっか) 24일

오늘은 며칠입니까?
(A) 21일
(B) 22일
(C) 23일
(D) 24일

■ 정답 ■ (B)
*모레인 7월24일부터 여름방학이니까 오늘은 22일이 된다.

7. ________________________________

A：体の具合はどうですか。

B：最初の頃は熱が高かったんですが、今はもうすっかり良くなりました。

A：それは良かったですね。早く良くなって退院したら、また一緒に遊びに行きましょうね。

B：はい、ぜひそうしましょう。

    A : 몸 상태는 어떻습니까?
    B : 처음에는 열이 높았는데, 지금은 이제 깨끗이 좋아졌습니다.
    A : 그것 참 잘됐네요. 빨리 좋아져서 퇴원하면 다시 함께 놀러 가요.
    B : 예, 꼭 그렇게 하지요.

■ 단어 ■
体(からだ)の具合(ぐあい) 몸 상태, 컨디션 | 最初(さいしょ) 최초, 처음 | すっかり 완전히, 말끔히 | 退院(たいいん) 퇴원 | お見舞(みま)い 문안, 문병 | 迎(むか)え 마중 | 挨拶(あいさつ) 인사

■ 정답 ■ (C)

4. ________________________________

B：山下さんは、いつからこの研修を受けているんですか。

A：6月から受けています。

B：じゃ、もう半年も経ったんですねえ。

A：ええ。でも、あと3ヶ月も残っていますよ。

    B : 야마시타 씨는 언제부터 이 연수를 받고 있습니까?
    A : 6월부터 받고 있어요.
    B : 그러면, 벌써 반년이나 지났군요.
    A : 예. 하지만, 앞으로 3개월이나 남았어요.

■ 단어 ■
研修(けんしゅう)を受(う)ける 연수를 받다 | 半年(はんとし) 반년 | 経(た)つ 시간이 흐르다, 경과하다 | あと 앞으로 | 残(のこ)る 남다 | 今(いま) 지금 | 何月(なんがつ) 몇 월

지금은 몇 월입니까?
(A) 3월
(B) 6월
(C) 9월
(D) 12월

■ 정답 ■ (D)
*6월부터 연수를 받았고, 반년이나 지났다고 했음으로 지금은 12월이 된다.

5. ________________________________

A：すみません。このリンゴとなしは、1ついくらですか。

B：リンゴは1つ100円で、なしは1つ150円ですよ。

A：じゃ、リンゴ3つとなし1つ下さい。

B：ありがとうございます。

    A : 실례합니다. 이 사과와 배는 한 개 얼마입니까?
    B : 사과는 한 개 100엔이고, 배는 한 개 150엔이에요.
    A : 그러면, 사과 3개와 배 1개 주세요.
    B : 고맙습니다.

■ 단어 ■
りんご 사과 | 梨(なし) 배 | 全部(ぜんぶ)で 전부, 모두

전부 얼마입니까?
(A) 250엔
(B) 450엔
(C) 600엔

여자는 무엇을 하러 왔습니까?

(A) 병문안하러 왔다.

(B) 마중하러 왔다.

(C) 놀러 왔다.

(D) 인사하러 왔다.

■정답■ （A）

8. ______________________________

B：今日は朝から妻に「早く起きなさい」ってどなられま
　　したよ。

A：そういえば、今日は来るのが少し遅かったですね。

B：ええ。全く今日一日が思いやられますよ。

A：まあ、そう言わずにがんばってください。

　　B : 오늘은 아침부터 아내에게 「빨리 일어나요」라고 호통 맞았어
　　　　요.

　　A : 그러고 보니, 오늘은 오는 것이 조금 늦었군요.

　　B : 네. 정말 오늘 하루가 걱정이에요.

　　A : 어머, 그렇게 말하지 말고 힘내세요.

■단어■

朝(あさ) 아침 | 妻(つま) 처, 아내 | 早(はや)く 빨리 | 起(お)きる
일어나다 | 怒鳴(どな)る 야단치다, 호통 치다 | そういえば 그러고
보니 | 思(おも)いやられる 염려되다, 걱정되다 | 奥(おく)さん 부
인 | 寝(ね)る 자다

부인은 뭐하고 말했습니까?

(A) 빨리 가세요.

(B) 빨리 주무세요.

(C) 빨리 오세요.

(D) 빨리 일어나세요.

■정답■ （D）

9. ______________________________

A：あの、冷蔵庫がほしいんですが。

B：どのくらいの大きさがよろしいですか。

A：一人暮らしなんで小さめでいいんですが。

B：奥にたくさんございますので、こちらへどうぞ。

　　A : 저기, 냉장고를 사고 싶습니다만.

　　B : 어느 정도 크기가 괜찮겠습니까?

　　A : 혼자 살아서 작은 게 좋습니다만.

　　B : 안에 많이 있으니까 이쪽으로 오세요.

■단어■

冷蔵庫(れいぞうこ) 냉장고 | 一人暮(ひとりぐら)し 독신 생활 | 小
(ちい)さい 작다 | ～目(め) (형용사의 어간에 붙여)비교적~한 듯

함 | 奥(おく) 속, 깊숙한 안쪽 | 本屋(ほんや) 서점 | 電気屋(でんき
や) 가전제품 가게 | 郵便局(ゆうびんきょく) 우체국

여기는 어디입니까?

(A) 서점

(B) 가전제품 가게

(C) 우체국

(D) 레스토랑

■정답■ （B）

10. ______________________________

A：3つで500円のりんごにします。

B：おいくつですか。

A：1500円分ください。

B：ありがとうございます。1つおまけしときますね。

　　A : 3개에 500엔인 사과로 하겠습니다.

　　B : 몇 개요?

　　A : 1500엔어치 주세요.

　　B : 감사합니다. 하나는 덤으로 드리겠습니다.

■단어■

りんご 사과 | おいくつ 몇 개, (나이를 묻는 경우에도 사용함)몇
살 | おまけする 덤으로 주다, 경품으로 주다, 값을 싸게 해 주다 | い
くらで (전부 합쳐)얼마에 | 買(か)う 사다 | 4個(よんこ) 4개 | 6個
(ろっこ) 6개 | 9個(きゅうこ) 9개 | 10個(じゅっこ) 10개 | ～個
(こ) ～개(작고 덩어리진 것을 세는 조수사로 예를 들어 귤, 사과 등
의 과일이나 비누 따위를 세는 말)

여자는 얼마로 몇 개의 사과를 사게 되었습니까?

(A) 500엔으로 4개

(B) 1000엔으로 6개

(C) 1500엔으로 9개

(D) 1500엔으로 10개

■정답■ （D）

11. ______________________________

A：佐藤さん、まだ電子辞書を使いますか。

B：いいえ、もう使いません。

A：じゃあ、貸してもらってもいいですか。

B：ええ、もちろんですとも。

　　A : 사토 씨, 아직 전자사전을 사용하고 있습니까?

　　B : 아니요, 이제 사용하지 않습니다.

　　A : 그럼, 빌려주시겠어요?

　　B : 네, 물론입니다.

■단어■
電子辞書(でんしじしょ) 전자사전 │ 使(つか)う 사용하다 │ 貸(か)
す 빌려주다 │ これから 장차, 금후, 앞으로, 이제부터=「今後(こん
ご)」│ 借(か)りる 빌리다

여자는 이제부터 어떻게 합니까?

(A) 전자사전을 받습니다.

(B) 전자사전을 삽니다.

(C) 전자사전을 빌려 줍니다.

(D) 전자사전을 빌립니다.

■주요 어구■

• 조동사「とも」

　강한 단정으로「물론~이고말고」의 뜻으로 쓰인다.

■정답■ (D)

실전문제

1. ______________________________

B：すみません。今晩、部屋空いてますか。

A：いらっしゃいませ。何日ぐらい、お泊まりですか。

B：一晩だけですので、部屋は適当で構いません。

A：わかりました。それでは205号室になり、お支払は
　チェックアウトの時で結構でございます。

　　B：실례합니다. 오늘밤 빈 방 있습니까?

　　A：어서 오십시오. 며칠정도 묵으실 겁니까?

　　B：하룻밤뿐이니 방은 적당해도 상관없습니다.

　　A：알겠습니다. 그러면 205호실이고, 지불은 체크아웃 할 때 하
　　　시면 됩니다.

■단어■

今晩(こんばん) 오늘밤 │ 部屋(へや) 방 │ 空(あ)く 비다 │ 何日(な
んにち) 며칠 │ ～ぐらい ～정도 │ 泊(と)まる 묵다, 숙박하다=「宿泊
(しゅくはく)する」│ 一晩(ひとばん) 하룻밤 │ 構(かま)わない 상
관없다, 괜찮다 │ 支払(しはら)い 지불 │ 結構(けっこう) 충분함 │ で
ござる=である=だ ～이다 │ 予定(よてい) 예정

■주요 어구■

•「お＋동사ます형＋です(か)」：～하십니다(까)(존경의 표현)

　何番(なんばん)におかけですか。

　몇 번에 거셨습니까?

　今(いま)、どちらにお勤(つと)めですか。

　지금 어디에 근무하십니까?

남자는 며칠 정도 묵을 예정입니까?

(A) 1일

(B) 2일

(C) 3일

(D) 4일

■정답■ (A)

2. ______________________________

B：すみません。家庭用品売り場はどこですか。

A：7階でございます。エレベーターを降りると左手に
　見えます。

B：エレベーターはどちらですか。

A：ここを真っすぐ行ったところにございます。

　　B：실례합니다. 가정용품 매장은 어디입니까?

　　A：7층입니다. 엘리베이터를 내리면 왼쪽에 보입니다.

　　B：엘리베이터는 어느 쪽입니까?

　　A：여기를 곧바로 가면 있습니다.

■단어■

家庭用品(かていようひん) 가정용품 │ 売(う)り場(ば) 매장 │ 降(お)
りる 내리다 │ 左手(ひだりて) 왼쪽 │ 真(ま)っすぐ 곧장, 똑바로 │ ～
階(かい) (건물의)~층 ＊「三階(さんがい : 3층」│ 右(みぎ) 오른쪽 │
左(ひだり) 왼쪽 │ 前(まえ) 앞 │ 後(うし)ろ 뒤

가정용품 매장은 어디에 있습니까?

(A) 5층 엘리베이터를 내려 오른쪽

(B) 7층 엘리베이터를 내려 왼쪽

(C) 5층 엘리베이터를 내려 앞쪽

(D) 7층 엘리베이터를 내려 뒤쪽

■정답■ (B)

3. ______________________________

B：由希子さん、何を作っているんですか。

A：明日は花子さんの誕生日なので、ケーキを焼いて
　いるのです。

B：そうですか。きっと喜ばれることでしょうね。

A：そうだといいんですけど…。

　　B：유키코 씨, 무엇을 만들고 있습니까?

　　A：내일은 하나코 씨 생일이어서, 케이크를 굽고 있습니다.

　　B：그래요? 분명히 기뻐할 거예요.

　　A：그러면 좋겠습니다만.

■단어■

誕生日(たんじょうび) 생일 │ 焼(や)く 굽다 │ 喜(よろこ)ばれる
환영받다, 남이 기뻐하다

내일은 누구의 생일입니까?

(A) 미치코 씨

(B) 유키코 씨

(C) 유미 씨

(D) 하나코 씨

■ 정답 ■ (D)

4. ___________________________________

A : この花瓶に、バラの花をさしましょう。

B : わあ、すてきな花瓶ですね。外国の物ですか。

A : ええ。フランスの物で、父がヨーロッパに出張した時に買ってきてくれたのよ。

B : 佐藤さんのお父さんはセンスがいいですね。

    A : 이 꽃병에 장미꽃을 꽂읍시다.

    B : 어머 멋진 꽃병이군요. 외국 것입니까?

    A : 네. 프랑스 것으로 아버지가 유럽에 출장 가셨을 때 사다 준 거예요.

    B : 사토 씨 아버지는 감각이 좋으시네요.

■ 단어 ■

花瓶(かびん) 꽃병 | 花(はな)をさす 꽃을 꽂다 | すてき 아주 멋짐, 훌륭함 | 外国(がいこく) 외국 | 出張(しゅっちょう) 출장 | 동사 て＋くれる (상대가 내 쪽에)~해 주다 | どこの物(もの) 어디 것, 어느 나라 물건

꽃병은 어디 것입니까?

(A) 영국

(B) 독일

(C) 프랑스

(D) 미국

■ 정답 ■ (C)

5. ___________________________________

A : 田中さん、新しい家はどうですか。

B : 会社まで1時間以上かかり不便ですが、住むにはいい所です。

A : そうですか。買い物にも便利ですか。

B : ええ。それに近くにいい喫茶店もあり、歩いて10分ぐらいの所に静かな公園もありますよ。

    A : 다나카 씨, 새 집은 어때요?

    B : 회사까지 1시간 이상 걸려 불편하지만, 살기에는 좋은 곳입니다.

    A : 그렇습니까? 물건 사기에도 편리합니까?

    B : 네. 게다가 가까이에 좋은 커피숍도 있고, 걸어서 10분 정도인 곳에 조용한 공원도 있어요.

■ 단어 ■

新(あたら)しい 새롭다, 새 것이다 | 以上(いじょう) 이상 | 不便(ふべん) 불편함 | 住(す)む 거주하다, 살다 | 喫茶店(きっさてん) 찻집 | 歩(ある)く 걷다 | 静(しず)か 조용함 | 公園(こうえん) 공원 | 車(くるま) 차 | 走(はし)る 달리다 | 10分(じゅっぷん) 10분

공원은 어디에 있습니까?

(A) 차로 10분 정도인 곳

(B) 달려서 10분 정도인 곳

(C) 걸어서 10분 정도인 곳

(D) 걸어서 1시간 정도인 곳

■ 정답 ■ (C)

6. ___________________________________

A : すみません。毎日旅行社は、どこにありますか。

B : 毎日旅行社ですか…。それなら、そこの喫茶店を曲がった所にありますよ。

A : どうもありがとうございました。

B : どういたしまして。

    A : 실례합니다. 마이니치 여행사는 어디에 있습니까?

    B : 마이니치 여행사 말입니까? 거기라면 저기 커피숍을 돌아선 곳에 있어요.

    A : 고맙습니다.

    B : 천만에요.

■ 단어 ■

旅行社(りょこうしゃ) 여행사「旅行会社(りょこうがいしゃ)」의 준말 | 喫茶店(きっさてん) 찻집, 커피숍 | 曲(ま)がる 돌다 | 向(む)かい 맞은 편 | すぐ 바로 | 隣(となり) 곁, 옆 | 目(め)の前(まえ) 눈 앞

여행사는 어디에 있습니까?

(A) 커피숍을 돌아선 곳

(B) 커피숍 맞은 편

(C) 커피숍 바로 옆

(D) 바로 눈 앞

■ 정답 ■ (A)

7. ___________________________________

A : 山下さん、夏休みはどうされるんですか。

B : 家族と一緒に、旅行に行こうかと思っています。

A : どこまで行かれる予定なんですか。

B : 北海道です。

    A : 야마시타 씨, 여름방학은 어떻게 하실 겁니까?

B : 가족과 함께 여행을 갈까 생각하고 있습니다.
A : 어디까지 가실 예정인가요?
B : 훗카이도입니다.

■ 단어 ■
夏休(なつやす)み 여름방학 | 予定(よてい) 예정 | 冬休(ふゆやす)
み 겨울방학 | 春休(はるやす)み 봄방학

■ 주요 어구 ■
・「れる・られる」: ～하시다(존경)
「される(する): 하시다」「行(い)かれる : 가시다」에서와
같이 「れる・られる」는 존경의 의미로 쓰이기도 한다.
先生(せんせい)はボールを遠(とお)くに投(な)げられ
た。
선생님은 공을 멀리 던지셨다.

야마시타 씨는 언제 훗카이도에 갑니까?
(A) 겨울방학
(B) 봄방학
(C) 여름방학
(D) 황금연휴

■ 정답 ■ (C)

8. ____________________
A : すみません。通帳を作りたいんですが。
B : それでしたら、印鑑をお持ちになっていただけれ
ば結構ですよ。
A : そうですか。それなら、今日作っていただけます
か。
B : はい。もちろんです。

　A : 실례합니다. 통장을 만들고 싶은데요.
　B : 그러시면 인감을 가지고 오시면 됩니다.
　A : 그래요? 그러면 오늘 만들어 주실 수 있습니까?
　B : 네, 물론입니다.

■ 단어 ■
通帳(つうちょう) 통장 | 作(つく)る 만들다 | 印鑑(いんかん) 인
감 | 結構(けっこう) 충분함 | 身分証明書(みぶんしょうめいしょ)
신분증명서 | 株(かぶ) 주식

■ 주요 어구 ■
・「お/ご＋동사ます형＋になる」: ～하(이)시다(존경표현)
お預(あず)けになる荷物(にもつ)はありますか。
맡기실 짐은 있습니까?
今日(きょう)の会議(かいぎ)に社長(しゃちょう)はご
欠席(けっせき)になります。
오늘 회의에 사장님은 결석하십니다.

・「동사て＋いただけますか」: (상대에게)～해 받을 수 있겠
습니까?/(상대가)～해 주실 수 있겠습니까?
すみませんが、この荷物(にもつ)をしばらく見(み)て
いただけますか。
미안합니다만, 이 짐을 잠시 봐 주실 수 있겠습니까?

통장을 만드는 데 무엇이 필요합니까?
(A) 신분증명서
(B) 돈
(C) 주식
(D) 인감

■ 정답 ■ (D)

9. ____________________
B : チーズバーガーとコーラのSサイズを下さい。
A : 350円です。50円アップするだけでポテトがつきま
すが。
B : ポテトはいいです。
A : はい。では、1000円、お預かりいたします。

　B : 치즈버거와 콜라 S사이즈를 주십시오.
　A : 350엔입니다. 50엔 더 내시면, 포테이토가 추가됩니다만.
　B : 포테이토는 됐습니다.
　A : 예. 그럼 1,000엔, 받았습니다.

■ 단어 ■
つく 붙다, 따르다 | 預(あず)かる 맡다, 보관하다 | お＋동사ます
형＋する ～하다, ～해 드리다(겸양표현) | おつり 거스름돈 | いくら
얼마

남자는 거스름돈을 얼마 받습니까?
(A) 600엔
(B) 650엔
(C) 700엔
(D) 750엔

■ 정답 ■ (B)

10. ____________________
A : 私、英語の試験、3位だったわ。
B : へえ、すごいじゃない。クラスはたしか35人いる
んだよね。
A : ええ。でも、下から数えて3番目ってことよ。
B : そんなことだろうと思ったよ。

　A : 나, 영어 시험 3등이야.

B : 와, 대단하네! 반 인원은 아마 35명이지?

A : 그래. 하지만, 밑에서부터 세어 3번째라는 말이야.

B : 그럴 줄 알았어.

■ 단어 ■

英語(えいご) 영어 | 試験(しけん) 시험 | すごい 굉장하다 | たしか 아마 | 数(かぞ)える 수를 세다 | 本当(ほんとう) 사실, 진실, 정말임 | 何位(なんい) 몇 위(등)

여자는 사실은 반에서 몇 등이었습니까?

(A) 1위

(B) 3위

(C) 33위

(D) 35위

■ 정답 ■ (C)

11. _______________

B : 今日はさすがに疲れましたね。

A : ええ、朝9時から晩まで働き通しで。

B : 6時に上がれるはずが、3時間残業させられるなんて。

A : この間なんて10時まで働いたわよ。

B : 오늘은 정말 피곤하군요.

A : 예, 아침 9시부터 밤까지 계속 일을 하니까.

B : 6시에 끝나야 할 것이, 3시간이나 잔업을 시키다니.

A : 요전에도 10시까지 일했잖아요.

■ 단어 ■

さすが 과연, 역시 | 疲(つか)れる 피곤하다 | 上(あ)がる 끝나다, 마치다 | 残業(ざんぎょう) 잔업 | 働(はたら)く 일하다 | 何時(なんじ) 몇 시 | 仕事(しごと) 일, 작업, 업무 | 終(お)わる 끝나다 | 夜(よる) 밤

■ 주요 어구 ■

• 동사ます형 + 通(とお)す : 계속해서(끝까지)~하다

　やり通す。끝까지 해내다.

　走(はし)り通す。끝까지 달리다.

이 사람들은 오늘 몇 시에 일이 끝났습니까?

(A) 밤 7시

(B) 밤 8시

(C) 밤 9시

(D) 밤 10시

■ 정답 ■ (C)

12. _______________

A : 鈴木さんの苦手な食べ物は何ですか。

B : 子供の頃からにんじんがまったくだめなんですよ。田中さんは。

A : 私はおすしです。魚は焼かないと食べられないんです。

B : そうですか。あんなにおいしいのに…。

A : 스즈키 씨가 잘 먹지 못하는 음식은 무엇입니까?

B : 어릴 때부터 당근을 전혀 못 먹어요. 다나카 씨는요?

A : 나는 초밥입니다. 생선은 굽지 않으면 못 먹습니다.

B : 그래요? 그렇게 맛있는데….

■ 단어 ■

苦手(にがて) 다루기 벅찬 상대, 대하기 싫은 상대, 서투름, 자신이 없어 잘 못함 | 食(た)べ(もの) 음식 | にんじん 홍당무, 당근 | お寿司(すし) 초밥 | 魚(さかな) 생선 | 焼(や)く 굽다 | 卵(たまご) 계란 | にんにく 마늘

남자가 싫어하는 음식은 무엇입니까?

(A) 계란

(B) 마늘

(C) 초밥

(D) 당근

■ 정답 ■ (D)

＊ 전형적인 〈남〉〈녀〉 구별을 명확히 하고 들어야 하는 타입의 문제이다.

13. _______________

B : 赤と白、どちらになさいますか。

A : じゃ、今日は赤でお願いします。

B : グラスはいくつお持ちしましょうか。

A : 二人は飲めないから4つでいいです。

B : 적색과 흰색, 어느 쪽으로 하시겠습니까?

A : 그럼, 오늘은 적색으로 부탁합니다.

B : 컵은 몇 개 가져다 드릴까요?

A : 두 사람은 마시지 못하기 때문에 네 개면 됩니다.

■ 단어 ■

赤(あか) 빨강 | 白(しろ) 흰색 | 注文(ちゅうもん) 주문

여자는 무엇을 주문했습니까?

(A) 콜라

(B) 토마토주스

(C) 커피

(D) 와인

■정답■ (D)

＊사용된 단어를 통해 음식의 종류를 판단하는 유추형 문제
이다.

14. _______________________________

A：この赤い帽子、どう。

B：似合ってるけど、年を考えてもう少し落ち着いた
色がいいんじゃない。

A：じゃ、あそこにかかっている茶色い花柄にするわ。

B：ああ、悪くないね。

   A : 이 빨간 모자 어때?

   B : 어울리는데, 나이를 생각해서 좀 더 차분한 색이 좋지 않아?

   A : 그럼, 저기에 걸려있는 갈색의 꽃무늬로 할래.

   B : 아, 나쁘지 않네.

■단어■

帽子(ぼうし) 모자 | 似合(にあ)う 어울리다 | 年(とし) 나이 | 考
(かんが)える 생각하다 | 落(お)ち着(つ)く 차분하다, 침착하다 | 茶
色(ちゃいろ)い 갈색이다 | 花柄(はながら) 꽃무늬 | 選(えら)ぶ 고
르다, 선택하다 | 無地(むじ) 천, 종이 등이 전체가 한 빛깔로 무늬가
없음

여자는 어떤 모자를 골랐습니까?

(A) 갈색의 무늬가 없는 모자

(B) 빨간 꽃무늬 모자

(C) 갈색 꽃무늬 모자

(D) 아무것도 고르지 않았다.

■정답■ (C)

15. _______________________________

A：ねえ、このコートいくらだったと思う。

B：うーん。カシミヤ100％だよね。10万円ぐらいした。

A：ブー。バーゲンでその半額よ。

B：え、ほんと。いい買い物したね。

   A : 이 코트 얼마라고 생각해?

   B : 음. 캐시미어 100%네. 10만 엔 정도야?

   A : 아니, 바겐세일로 그 반값이야.

   B : 와, 정말? 잘 샀네.

■단어■

カシミヤ 캐시미어, 인도의 카시미르 지방의 염소 털로 짠 직물 또는
그것을 모방하여 짠 직물 | 半額(はんがく) 반액 | ほんと＝ほんとう
정말 | いくらで (다 합쳐)얼마에 | 買(か)う 사다

여자는 코트를 얼마주고 샀습니까?

(A) 3만 엔

(B) 5만 엔

(C) 7만 엔

(D) 10만 엔

■정답■ (B)

16. _______________________________

B：はい、ビューティー美容院です。

A：パーマの予約をしたいんですが、いつ頃が空いて
ますか。

B：やっぱり、土日が込みますね。平日の方がよろし
いかと…。

A：そうですか、あした、あさっては込むんですね。

   B : 네, 뷰티 미용실입니다.

   A : 파마 예약을 하고 싶은데요, 언제쯤 시간이 괜찮습니까?

   B : 역시 토, 일요일은 붐벼요. 평일이 좋습니다만.

   A : 그렇습니까? 내일, 모레는 붐비는군요.

■단어■

美容院(びよういん) 미용실 | 予約(よやく) 예약 | 空(あ)く 비다 |
込(こ)む 붐비다, 복잡하다 | 平日(へいじつ) 평일 | 何曜日(なんよ
うび) 무슨 요일

여자는 무슨 요일에 전화를 했습니까?

(A) 목요일

(B) 금요일

(C) 토요일

(D) 일요일

■정답■ (B)

17. _______________________________

A：あの、この小包を日本へ送りたいんですが。

B：船便にしますか、それとも航空便にしますか。

A：航空便でお願いします。どれくらいかかりますか。

B：そうですね。4、5日もあれば届くと思いますよ。

   A : 저, 이 소포를 일본에 보내고 싶습니다만.

   B : 배편으로 하시겠습니까? 아니면 항공편으로 하시겠습니까?

   A : 항공편으로 부탁합니다. 얼마나 걸립니까?

   B : 글쎄요. 4, 5일이면 도착할거라고 생각합니다.

■단어■

小包(こづつみ) 소포 | 送(おく)る (물건을)보내다, 부치다 | 船便(ふ
なびん) 배편 | 航空便(こうくうびん) 항공편 | 届(とど)く 도착되
다, 배달되다 | 駅(えき) 역 | 空港(くうこう) 공항 | 銀行(ぎんこう)
은행 | 郵便局(ゆうびんきょく) 우체국

여기는 어디입니까?

(A) 역

(B) 공항

(C) 은행

(D) 우체국

■정답■ (D)

18. _______________________

A：テープはここから入れて、取り出したい時はこの
　　ボタンを押してください。

B：再生と停止はこのボタンを押せばいいんですね。

A：ええ、録画はこの赤いしるしがついているボタン
　　です。

B：わかりました。じゃ、お借りします。

　A : 테이프는 여기에 넣고, 꺼내고 싶을 때는 이 버튼을 눌러주세
　　　요.
　B : 재생과 정지는 이 버튼을 누르면 되는군요.
　A : 네, 녹화는 이 빨간 표시가 되어있는 버튼입니다.
　B : 알겠습니다. 그럼 빌려가겠습니다.

■단어■

取(と)り出(だ)す 꺼내다｜押(お)す 누르다｜再生(さいせい) 재
생｜停止(ていし) 정지｜録画(ろくが) 녹화｜印(しるし) 표시｜借
(か)りる 빌리다｜使(つか)い方(かた) 사용법｜説明(せつめい) 설
명｜自動改札(じどうかいさつ) 자동개찰

여자는 무슨 사용법을 설명하고 있습니까?

(A) 컴퓨터

(B) 테이프 리코더

(C) 비디오

(D) 자동개찰

■정답■ (C)

19. _______________________

A：じゃ、明日は何時にしましょうか。

B：なるべく早く行った方が込まないでいいですね。

A：そうですね。朝食は車の中ですませましょう。

B：今日の夜は早く休まないといけませんね。

　A : 그럼, 내일은 몇 시로 할까요?
　B : 가능한 한 빨리 가는 편이 붐비지 않고 좋습니다.
　A : 그렇군요. 아침식사는 차 안에서 해결합시다.
　B : 오늘 밤은 빨리 쉬지 않으면 안 되겠군요.

■단어■

朝食(ちょうしょく) 조식, 아침식사｜済(す)ませる 끝내다, 해결하
다｜休(やす)む 쉬다｜昼食(ちゅうしょく)を取(と)る 점심을 들다

내일은 언제 갑니까?

(A) 점심식사를 하지 않고 가능한 한 빨리 간다.

(B) 아침식사를 하고 나서 천천히 간다.

(C) 아침식사를 하지 않고 빨리 간다.

(D) 밤 늦게 간다.

■정답■ (C)

20. _______________________

B：高橋さんは加藤さんより若いでしょう。

A：ええ、でも、最年少は佐藤さんですよ。

B：えっ、うそ。佐藤さん、僕より年上だと思って敬
　　語で話してましたよ。

A：ははは、みんなそう言ってますよ。

　B : 다카하시 씨는 가토 씨 보다 젊지요?
　A : 네, 그렇지만 최연소는 사토 씨에요.
　B : 네? 거짓말. 사토 씨, 저보다 나이가 많다고 생각해서 경어로
　　　이야기 했었어요.
　A : 하하하. 다들 그렇게 말해요.

■단어■

若(わか)い 젊다, 어리다｜最年少(さいねんしょう) 최연소｜年上
(としうえ) 연상, 나이가 많음｜敬語(けいご) 경어｜誰(だれ) 누구

가장 젊은 사람은 누구입니까?

(A) 다카하시 씨

(B) 가토 씨

(C) 남자

(D) 사토 씨

■정답■ (D)

21. _______________________

A：家に帰ってからすぐに料理の支度をします。

B：その後、すぐに夕飯ですか。

A：いいえ、夕飯は夫が帰って来てからです。それま
　　ではお風呂に入ったり、テレビを見たりしていま
　　す。

　A : 집에 돌아와서 곧장 요리 준비를 합니다.
　B : 그 다음 바로 저녁식사를 합니까?
　A : 아니요, 저녁 식사는 남편이 돌아 온 다음에 합니다. 그때까지
　　　는 목욕을 하거나, 텔레비전을 보거나 합니다.

■ 단어 ■
料理(りょうり) 요리 | 支度(したく) 준비 | 夕食(ゆうしょく) 저녁
식사 | 夫(おっと) 남편 | お風呂(ふろ)に入(はい)る 목욕하다 | 順
番(じゅんばん) 순번, 순서

여자는 어떤 순서로 합니까?
(A) 목욕을 하거나, 텔레비전을 본 후에 저녁 식사를 만든다.
(B) 저녁 식사를 만들고 나서 목욕을 하거나 텔레비전을 보거
　　나 한다.
(C) 남편이 돌아오고 나서 목욕을 하거나 텔레비전을 보거나
　　한다.
(D) 남편이 돌아온 다음부터 저녁 식사를 만든다.

■ 정답 ■ (B)

22. ___________________________________

A：高木先生の講演はどうでしたか。
B：うーん、一番後ろの席だったから、先生のお声が
　　はっきり聞き取れなくて…。
A：あら、それは残念でしたね。
B：そのせいで先生のお話の半分以上が分かりません
　　でした。

　　A : 다카기 선생님의 강연은 어땠습니까?
　　B : 음, 맨 뒷자리여서 선생님의 목소리를 제대로 알아들을 수 없
　　　　어서….
　　A : 아, 그거 안됐군요.
　　B : 그 때문에 선생님의 이야기의 반 이상을 이해하지 못했습니
　　　　다.

■ 단어 ■
講演(こうえん) 강연 | 声(こえ) 목소리 | 聞(き)き取(と)れる 알아
들을 수 있다, 이해하다 | ～せいで ～때문에, 탓으로(부정적 결과를
초래한 경우에 사용함) | 半分(はんぶん) 반, 반절 | 以上(いじょう)
이상 | 黒板(こくばん) 칠판 | はっきり 뚜렷이, 분명히, 똑똑히 | 遅
刻(ちこく) 지각

남자는 왜 강연의 반 이상을 이해하지 못했습니까?
(A) 칠판 글씨가 명확하게 보이지 않았기 때문에
(B) 선생님의 이야기가 잘 들리지 않았기 때문에
(C) 선생님의 이야기가 너무 어려웠기 때문에
(D) 지각해서 갔기 때문에

■ 정답 ■ (B)

23. ___________________________________

B：もみじの葉が赤くてきれいに色付いていますね。
A：ええ。今朝のニュースで今週が見頃だと言ってま

したよ。
B：そうだ。今週の土曜日、紅葉狩りに行きましょうか。
A：いいですね。そうしましょう。

　　B : 단풍잎이 빨갛고 예쁘게 물들었군요.
　　A : 네. 오늘 아침 뉴스에서 이번 주가 단풍 보기에 알맞은 시기
　　　　라고 했습니다.
　　B : 그렇지. 이번 주 토요일 단풍 구경 가시겠습니까?
　　A : 좋습니다. 그렇게 합시다.

■ 단어 ■
紅葉(もみじ) 단풍 | 葉(は) 잎 | 色付(いろづ)く 물이 들다 | 見頃
(みごろ) 한창 때(감상하기에 가장 적당한 시기) | 紅葉狩(もみじが)
り 단풍 구경 | 花見(はなみ) 꽃구경 | 遊園地(ゆうえんち) 유원지

두 사람은 이번 주 토요일 무엇을 할 예정입니까?
(A) 영화를 보러 간다.
(B) 꽃구경 하러 간다.
(C) 단풍을 보러 간다.
(D) 유원지에 간다.

■ 정답 ■ (C)

24. ___________________________________

A：天気予報によると明日も晴れるそうです。
B：ここんとこ、ずっと雨が降りませんね。
A：でも、週末は天気が崩れるそうです。
B：えっ、どうしよう。旅行に行く予定なのに…。

　　A : 일기예보에 의하면 내일도 화창하다고 합니다.
　　B : 요즘 계속 비가 내리지 않네요.
　　A : 그래도 주말은 날씨가 나빠진다고 합니다.
　　B : 네? 어떻하지? 여행에 갈 예정인데….

■ 단어 ■
天気予報(てんきよほう) 일기예보 | 晴(は)れる 맑다, 개다 | ずっ
と 계속, 쭉 | 雨(あめ) 비 | 天気(てんき)が崩(くず)れる 날씨가 나
빠지다 | 曇(くも)り 흐림 | 晴(は)れ 맑음 | 雪(ゆき) 눈

오늘의 날씨는 어떻습니까?
(A) 비
(B) 흐림
(C) 맑음
(D) 눈

■ 정답 ■ (C)

25. ___________________________________

B：もう少し焼いた方がいいですよ。

A：そうですね。豚肉はとくにしっかり焼かないと…。
B：こちらの牛肉はもう焼けていますから、どうぞ。
A：はい、いただきます。わあ、おいしい。

> B : 조금 더 굽는 게 좋겠습니다.
> A : 그렇군요. 돼지고기는 특히 확실히 굽지 않으면….
> B : 이 소고기는 이미 구워져 있으니깐 드세요.
> A : 네, 잘 먹겠습니다. 와. 맛있다.

■ 단어 ■
もう少(すこ)し 좀 더 | 焼(や)く 굽다 | 豚肉(ぶたにく) 돼지고기 | しっかり 확실히, 분명히 | 牛肉(ぎゅうにく) 소고기 | 焼(や)ける 구워지다 | しゃぶしゃぶ 얇게 저민 소고기를 끓은 물에 살짝 데쳐 양념장에 찍어먹는 냄비 요리

두 사람은 무엇을 먹고 있습니까?
(A) 우동
(B) 닭 꼬치
(C) 샤브샤브
(D) 불고기

■ 정답 ■ (D)

26. ___________

B：ご出産、おめでとうございます。
A：ありがとうございます。
B：待望の男の子でよかったですね。
A：ええ、主人は女の子の方がよかったみたいです。

> B : 출산 축하드립니다.
> A : 감사합니다.
> B : 기다리던 남자아이여서 잘됐네요.
> A : 네, 남편은 여자아이가 좋은 모양입니다.

■ 단어 ■
出産(しゅっさん) 출산 | 待望(たいぼう) 대망, 기다림, 고대함 | 主人(しゅじん) 남편 | 入社(にゅうしゃ) 입사 | 卒業(そつぎょう) 졸업 | 誕生日(たんじょうび) 생일 | 生(う)まれる 태어나다

여자는 어떻게 했습니까?
(A) 입사 했습니다.
(B) 졸업 했습니다.
(C) 생일입니다.
(D) 아이가 태어났습니다.

■ 정답 ■ (D)

27. ___________

A：このくつ下はいくらですか。

B：短いのは一足300円で、長いのは500円です。
A：じゃあ、長いのを一足と短いのを二足ください。
B：はい。ありがとうございます。

> A : 이 양말은 얼마입니까?
> B : 짧은 것은 한 켤레에 300엔이고, 긴 것은 500엔입니다.
> A : 그럼, 긴 것 하나랑 짧은 것 두 개 주세요.
> B : 네. 감사합니다.

■ 단어 ■
靴下(くつした) 양말 | 短(みじか)い 짧다 | 一足(いっそく) 한 켤레 | ～足(そく) 구두나 양말을 세는 단위 | 払(はら)う 돈을 지불하다 | ～ばいい ～하면 된다

여자는 얼마를 내면 됩니까?
(A) 800엔
(B) 900엔
(C) 1100엔
(D) 1300엔

■ 정답 ■ (C)

28. ___________

A：大阪へはいつ発ちますか。
B：8日は会議が入っているので、9日にしようかと思っているんですが。
A：その日は社長が本社からお見えになるそうですよ。
B：えっ、じゃあ、その翌日じゃないとまずいですね。

> A : 오사카에는 언제 출발합니까?
> B : 8일은 회의가 있어서, 9일에 출발할까 합니다만.
> A : 그날은 사장님이 본사에서 오신답니다.
> B : 네? 그럼, 그 다음날이 아니면 안 되겠군요.

■ 단어 ■
いつ 언제 | 発(た)つ 떠나다, 출발하다 | 会議(かいぎ) 회의 | 本社(ほんしゃ) 본사 | お見(み)えになる 오시다 | 翌日(よくじつ) 다음날 | 동사 현재형+つもり ～할 생각, ～할 예정 | 7日(なのか) 7일 | 8日(ようか) 8일 | 9日(ここのか) 9일 | 10日(とおか) 10일

남자는 언제 오사카에 갈 예정입니까?
(A) 7일
(B) 8일
(C) 9일
(D) 10일

■ 정답 ■ (D)

29. ___________

A：やっぱり、ラブストーリーはいつ見ても感動しますね。

Ｂ：僕はラブストーリーはちょっと…。アクションと
　　かホラーの方がいいです。
Ａ：アクションはストーリーが単純すぎるような気が
　　するんですが。
Ｂ：確かにそうかもしれませんが、見るとすかっとす
　　るんです。

> Ａ : 역시, 러브 스토리는 언제 봐도 감동적이네요.
> Ｂ : 저는 러브스토리는 좀…. 액션이나 공포 쪽이 좋습니다.
> Ａ : 액션은 스토리가 너무 단순한 느낌이 듭니다만.
> Ｂ : 아마 그럴지도 모르지만, 보면 마음이 후련해집니다.

■ 단어 ■
感動(かんどう) 감동 | ホラー 공포 | 単純(たんじゅん) 단순 | 確
(たし)かに 분명히, 틀림없이 | すかっと 개운하고 시원스러운 모양

여자는 어떤 장르의 영화를 좋아합니까?

(A) 공포

(B) 코미디

(C) 러브스토리

(D) 액션

■ 정답 ■　(C)

30. ___________

Ａ：あの眼鏡をかけている人が木村さんですか。
Ｂ：いいえ、その隣の隣が木村さんです。
Ａ：ああ、あのひげをはやしてタバコを吸っている人
　　ですか。
Ｂ：タバコは吸っていますが、ひげはなくて、帽子を
　　かぶっている人です。

> Ａ : 저 안경을 쓰고 있는 사람이 기무라 씨입니까?
> Ｂ : 아니요, 그 옆의 옆이 기무라 씨입니다.
> Ａ : 아, 저기 수염을 기르고 담배를 피우고 있는 사람입니까?
> Ｂ : 담배는 피우고 있는데, 수염은 없고, 모자를 쓰고 있는 사람입니다.

■ 단어 ■
眼鏡(めがね)をかける 안경을 쓰다 | 髭(ひげ)を生(は)やす 수염을
기르다 | タバコを吸(す)う 담배를 피우다 | 帽子(ぼうし)をかぶる
모자를 쓰다

기무라 씨는 어떤 사람입니까?

(A) 안경을 쓰고 수염을 기르고 있는 사람입니다.

(B) 수염을 기르고 담배를 피우고 있는 사람입니다.

(C) 안경을 쓰고 모자를 쓰고 있는 사람입니다.

(D) 모자를 쓰고 담배를 피우고 있는 사람입니다.

■ 정답 ■　(D)

Part 4 설명문

연습문제

Drill 1 개인 소개

[1- 4]

私は主人の転勤で現在韓国のソウルに住んでいま
す。主人は銀行に勤めています。子供は二人でまだ小
学生です。私は日本にいる時は、中学校の英語の教師
をしていました。二年前、主人は突然、海外転勤を言
われました。数週間の準備期間を与えられただけで、
慌ただしく韓国に来ました。私は中学校の教師の仕事
を続けるか、主人といっしょに韓国に行くか、最後の
最後まで決心がつきませんでした。しかし、結局、退
職しました。私が退職した最大の理由は、私が勤務す
る県では、休職が認められなかったことです。また、
もう一つの理由は、夫婦が別れて暮らすことに対する
危機感です。それから、子供の教育も大きい問題でし
た。いろいろと考えたあげく、私は仕事を捨てて、家
族を取ったのです。

　나는 남편의 전근으로 현재 한국의 서울에 살고 있습니다. 남편은
은행에 근무하고 있습니다. 아이는 둘이며 아직 초등학생입니다. 나는
일본에 있을 때에는 중학교 영어 교사를 하고 있었습니다. 2년 전, 남
편은 갑자기 해외 근무를 발령받았습니다. 수 주간의 준비 기간을 부
여받았을 뿐이며, 급하게 한국에 왔습니다. 나는 중학교 교사 일을 계
속할지, 남편과 함께 한국에 갈지, 마지막까지 결심이 서지 않았습니
다. 그러나 결국 퇴직했습니다. 내가 퇴직한 최대의 이유는 내가 근무
하는 현에서는 휴직이 인정되지 않았던 것입니다. 그리고 또 하나의
이유는 부부가 헤어져서 사는 것에 대한 위기감입니다. 그리고 아이의
교육도 큰 문제였습니다. 여러 가지로 생각한 끝에 나는 일을 버리고
가족을 선택했던 것입니다.

■ 단어 ■
主人(しゅじん) 남편 | 転勤(てんきん) 전근 | 現在(げんざい) 현
재 | 住(す)む 살다 | 銀行(ぎんこう) 은행 | 勤(つと)める 근무하
다 | 教師(きょうし) 교사 | 突然(とつぜん) 돌연, 갑자기 | 数週間
(すうしゅうかん) 수 주간 | 準備期間(じゅんびきかん) 준비기간 |
与(あた)えられる 「与(あた)える－부여하다」의 수동, 부여받다 |
慌(あわ)ただしい 부산하다, 조급하다 | 続(つづ)ける 계속하다 | 最
後(さいご) 최후, 마지막 | 決心(けっしん)がつく 결심이 서다 | 結
局(けっきょく) 결국 | 退職(たいしょく) 퇴직 | 最大(さいだい)
최대 | 勤務(きんむ) 근무 | 休職(きゅうしょく) 휴직 | 認(みと)め
られる 「認(みと)める－인정하다」의 수동, 인정받다 | 夫婦(ふうふ)
부부 | 別(わか)れる 헤어지다 | 暮(く)らす 생활하다 | 対(たい)す

る 대하다 | **危機感(ききかん)** 위기감 | **教育(きょういく)** 교육 | **捨(す)てる** 버리다 | **取(と)る** 취하다

■ **주요 어구** ■

• 「〜に住(す)む」: 〜에 살다
「住む」는 「거주하다」라는 의미를 나타내며, 「暮(く)らす : 살다」는 「생활하다」라는 의미를 가지고 있다.
私(わたし)は横浜(よこはま)に住んでいます。
나는 요코하마에 살고 있습니다.

• 「〜に勤(つと)める」: 〜에 근무하다
「勤める」 앞에는 조사 「に」가 오고, 「働(はたら)く : 일하다」 앞에는 조사 「で」가 온다.
学校(がっこう)に勤めている。
학교에 근무하고 있다.
銀行(ぎんこう)で働(はたら)いている。
은행에서 일하고 있다.

• 동사 「た」+あげく : 〜한 끝에, 한 결과
いろいろ考(かんが)えたあげく、進学(しんがく)することにした。
여러 가지 생각한 끝에 진학하기로 했다.

1. ___________________________

가족은 이 사람 외에 누가 있습니까?
(A) 부모님과 두 명의 아들
(B) 남편과 두 명의 자녀
(C) 부모님과 두 명의 딸
(D) 부인과 두 명의 자녀

■ **단어** ■
家族(かぞく) 가족 | 〜ほか 〜그 밖, 이외 | 誰(だれ) 누구 | 両親(りょうしん) 양친, 부모 | 息子(むすこ) 아들 | 主人(しゅじん) 남편 | お子(こ)さん 자제분, 어린이 | 娘(むすめ) 딸 | 奥(おく)さん 부인(남의 부인을 지칭하는 말)

■ **정답** ■ (B)

2. ___________________________

이 사람은 언제 한국에 왔습니까?
(A) 1년 전
(B) 2년 전
(C) 3년 전
(D) 4년 전

■ **단어** ■
いつ 언제 | 韓国(かんこく) 한국 | 来(く)る 오다 | 〜年前(ねんまえ) 〜년 전

■ **정답** ■ (B)

3. ___________________________

남편은 어디에 근무하고 있습니까?
(A) 중학교
(B) 전기메이커
(C) 슈퍼
(D) 은행

■ **단어** ■
ご主人(しゅじん) 남편(남의 남편을 지칭하는 말) | 中学校(ちゅうがっこう) 중학교 | 電器(でんき) 전기 기구 | 銀行(ぎんこう) 은행

■ **정답** ■ (D)

4. ___________________________

이 사람은 왜 한국에 살고 있습니까?
(A) 옛날부터의 꿈이었기 때문에
(B) 한국어를 배우고 싶었기 때문에
(C) 남편의 전근이 결정되었기 때문에
(D) 일본어를 가르치게 되었기 때문에

■ **단어** ■
昔(むかし) 옛날 | 夢(ゆめ) 꿈 | 学(まな)ぶ 배우다 | 転勤(てんきん) 전근 | 決(き)まる 결정되다 | 教(おし)える 가르치다

■ **정답** ■ (C)

[5-7]

私はいつもスーパーで買い物をしています。そして、スーパーで買ったものを使って料理を作ります。料理を作った後、いつも思うのですが、どうして、あんなにたくさんゴミが出るのでしょうか。中身よりゴミの方が多いのではないかと思えるぐらいです。肉、野菜、豆腐など、ゴミの出ないものはありません。ですから、一回料理をすると、ゴミ箱からゴミがあふれてしまいます。どうしてこんなに必要以上に品物を包んだり、パックに入れたりするのでしょうか。理由は簡単です。便利さです。一つ一つの品物が必要な分量に分けてあり、小さく、きれいに包んであれば、お客さんが買いやすいからです。私たちが品物に払う代金の中には、この便利さに対する代金も含まれているのです。

나는 항상 슈퍼에서 장보기를 하고 있습니다. 그리고 슈퍼에서 산 것을 사용하여 요리를 만듭니다. 요리를 만든 후, 항상 생각하는 것이지

만, 왜 그렇게 많은 쓰레기가 나오는 것일까요? 내용물보다 쓰레기 쪽이 많은 것은 아닌가라고 생각할 수 있을 정도입니다. 고기, 야채, 두부 등 쓰레기가 나오지 않는 것은 없습니다. 따라서 한 번 요리를 하면, 쓰레기통에 쓰레기가 넘쳐 나 버립니다. 왜 이렇게 필요 이상으로 물건을 포장하거나 팩에 넣거나 하는 것일까요? 이유는 간단합니다. 편리함입니다. 하나하나의 물건이 필요한 분량으로 나누어져 있고, 작고, 깨끗하게 포장되어 있으면 손님이 사기 편하기 때문입니다. 우리들이 물품에 지불하는 대금 속에는 이 편리함에 대한 대금도 포함되어 있는 것입니다.

■ 단어 ■

買(か)い物(もの) 장보기, 쇼핑｜使(つか)う 사용하다｜料理(りょうり) 요리｜ゴミ 쓰레기｜出(で)る 나오다｜中身(なかみ) 내용물｜方(ほう) 쪽, 방향｜肉(にく) 고기｜野菜(やさい) 야채｜豆腐(とうふ) 두부｜あふれる 넘쳐나다｜必要(ひつよう) 필요｜以上(いじょう) 이상｜品物(しなもの) 물건｜包(つつ)む 포장되다｜パック 팩｜便利(べんり) 편리함｜分量(ぶんりょう) 분량｜分(わ)ける 나누다｜払(はら)う 지불하다｜代金(だいきん) 대금｜含(ふく)まれる 포함되다

■ 주요 어구 ■

• 동사 「た」+後(あと)で : ~한 다음에

「동작이 완료된 다음에」라는 뜻이다. 「~た後で」와 유사한 의미로, 격식을 차린 표현으로 「~ての」를 쓰기도 한다.

仕事(しごと)が終(お)わった後で、一杯(いっぱい)やりませんか。

일이 끝난 다음에 한 잔 안 하시겠습니까?

• 형용사어간+さ : ~임(함)(전성명사)

「형용사」를 명사형으로 만들려면 형용사어간에 「さ」를 붙이면 된다. 그 외에도 접미어 「み、け」를 붙이기도 하는데 「み」는 주체의 감정적인 인상이나 상태를 나타낸다. 이에 비해 「け」는 느낌이나 기분을 나타내는데, 형용사에 붙으면 그런 느낌이 든다는 명사가 되며, 일부 형용사에 한해서만 쓴다.

暑(あつ)い 덥다｜暑(あつ)さ 더위

• 동사 「ます형」+やすい : ~하기 쉽다(복합형용사)

사물의 고유 속성이나 편리성 유무를 나타내는 말이다.

このかびんは壊(こわ)れやすい。

이 꽃병은 부서지기 쉽다.

5.

요리를 만든 후에 항상 생각하는 것은 무엇입니까?

(A) 왜 맛없는 것일까?

(B) 왜 맛있게 만들지 못하는 것일까?

(C) 왜 쓰레기가 많이 나오는 것일까?

(D) 왜 쓰레기가 나오지 않는 것일까?

■ 단어 ■

料理(りょうり) 요리｜作(つく)る 만들다｜~後(あと)に ~(한) 뒤에｜どうして 왜, 어째서｜まずい 맛없다｜うまい 맛있다=「おいしい」｜ゴミが出(で)る 쓰레기가 나오다

■ 정답 ■ (C)

6.

왜 상품을 포장하거나 팩에 넣어서 팔고 있습니까?

(A) 손님이 가격을 보기 쉽게 하기 위해서

(B) 손님이 먹기 쉽게 하기 위해서

(C) 점원이 팔기 쉽게 하기 위해서

(D) 손님이 사기 쉽게 하기 위해서

■ 단어 ■

品物(しなもの) 물건, 상품｜包(つつ)む 싸다, 포장하다｜入(い)れる 안에 집어넣다｜客(きゃく) 손님｜値段(ねだん) 가격｜店員(てんいん) 점원

■ 정답 ■ (D)

7.

요리를 만든 후, 주로 나오는 쓰레기는 무엇입니까?

(A) 먹다 남긴 것

(B) 야채 등의 먹을 수 없는 부분

(C) 물건을 포장한 팩 등

(D) 부패한 것

■ 단어 ■

主(おも)に 주로｜食(た)べ残(のこ)す 먹다 남기다｜野菜(やさい) 야채｜食(た)べられない 먹을 수 없다｜部分(ぶぶん) 부분｜腐(くさ)る 부패하다

■ 정답 ■ (C)

[8-10]

　父の仕事の関係でタイ・バンコクで生活を始めて1年半になります。高温多湿の気候、生活の中のタイ語、インターナショナルスクールでの英語と、戸惑いの連続でしたが、慣れるにつれ、この国にひかれるようになりました。タイ人以外にもアメリカ、韓国の友だちもできました。授業は日本のように教科書中心でなく、自分で調べてレポートを出すことが多く苦労しました。みんな日本では得られない経験でした。少し広い視野で物事を見ることができるようになった気がします。そんな時、また転校することになりました。今度はアメリカ・オハイオ州。環境ががらりと変わり、今度は英語一色です。タイでできた友だちとの別れはつらいですが、新しい世界にも期待しています。今までは、日本の大学に入りたいと考えていましたが、アメリカに行くことになって、それもどうなるかわかりません。どちらにせよ精いっぱい自分の進みたい道を進んで行きたいです。

아버지의 업무 관계로 타이·방콕에서 생활을 시작한지 1년 반이 됩니다. 고온 다습한 기후, 생활 속의 타이어, 국제학교에서의 영어와 당황함의 연속이었지만, 익숙해짐에 따라, 이 나라에 끌리게 되었습니다. 타이인 이외에도 미국, 한국의 친구들도 생겼습니다. 수업은 일본처럼 교과서 중심이 아니라, 스스로 조사해서 리포트를 내는 것이 많아서 힘들었습니다. 모두 일본에서는 얻을 수 없는 경험이었습니다. 조금 넓은 시야로 사물을 볼 수 있게 된 느낌이 듭니다. 그럴 때 다시 전학하게 되었습니다. 이번에는 미국 오하이오주. 환경이 완전히 변하고, 이번에는 영어 일색입니다. 타이에서 생긴 친구와의 이별은 괴롭지만, 새로운 세계에도 기대하고 있습니다. 지금까지는 일본의 대학에 들어가고 싶다고 생각하고 있었지만, 미국에 가게 되어, 그것도 어떻게 될지 모릅니다. 어느 쪽이든 열심히 자신이 나아가고 싶은 길을 나아가고 싶습니다.

■ 단어 ■

仕事(しごと) 일 | 関係(かんけい) 관계 | 生活(せいかつ) 생활 | 高温多湿(こうおんたしつ) 고온 다습 | 気候(きこう) 기후 | 戸惑(とまど)い 당황함, 망설임 | 連続(れんぞく) 연속 | 慣(な)れる 익숙해지다 | 引(ひ)かれる 끌리다 | 以外(いがい) 이외 | 教科書(きょうかしょ) 교과서 | 中心(ちゅうしん) 중심 | レポート 리포트, 보고서 | 苦労(くろう) 고생 | 得(え)られる 「得(え)る−얻다」의 가능형, 얻을 수 있다 | 経験(けいけん) 경험 | 視野(しや) 시야 | 物事(ものごと) 사물, 일 | できる ① 할 수 있다(가능) ② 생기다, 만들어지다 ③ 잘 하다 | 転校(てんこう) 전학 | 今度(こんど) 이번 | がらりと 환경이 갑자기 변하는 모양 | 変(か)わる 변하다, 바뀌다 | 一色(いっしょく) 일색 | 別(わか)れ 이별 | つらい 괴롭다 | 新(あたら)しい 새롭다 | 期待(きたい) 기대 | 考(かんが)える 생각하다 | 精一杯(せいいっぱい) 열심히 | 進(すす)む 나아가다, 앞서다

■ 주요 어구 ■

• 「동사기본형＋ことができる」: ～할 수가 있다(가능의 표현)
동사의 가능형과 「～ことができる」는 대부분 같은 의미로 사용할 수 있다. 단, 가능 동사 쪽이 구어체적이다.
日本語(にほんご)で手紙(てがみ)を書(か)くことができます。
일본어로 편지를 쓸 수가 있습니다.

• 「동사기본형＋ようになる」: ～하게 되다(변화의 표현)
「동사/가능 동사 기본형＋ようになる」는 「～하게 되다/～할 수 있게 되다」는 뜻으로, 차츰차츰 변화된 모습을 표현한다.
半年(はんとし)経(た)って、何(なん)とか仕事(しごと)の輪郭(りんかく)がつかめるようになりました。
반년 지나 그럭저럭 일의 윤곽을 파악할 수 있게 되었습니다.

• 「동사기본형＋ことになる」: ～게 되다(결정되어진 사항)
행동의 주체가 명확하지 않고, 어떤 결과가 된 경우에 쓰는 표현으로 결정되어진 내용을 말한다. 즉 결과, 예정, 규칙(룰)을 나타낸다.
来週(らいしゅう)、アメリカに出張(しゅっちょう)することになりました。
다음 주 미국에 출장 가게 되었습니다.

• 「～にせよ」: ～라 하더라도, ～라고 해도
行(い)くにせよ行(い)かないにせよ。
가든 안 가든.
何(なに)も知(し)らなかったにせよ。
아무 것도 몰랐다 하고 해도.

8. ___________

이 사람은 왜 타이에 살고 있습니까?

(A) 어머니가 타이사람이기 때문에
(B) 유학 왔기 때문에
(C) 아버지의 일로 함께 왔기 때문에
(D) 타이가 일본에 비해 살기 편하기 때문에

■ 단어 ■

住(す)む 살다 | 留学(りゅうがく) 유학 | 一緒(いっしょ)に 함께 | 比(くら)べる 비교하다

■ 정답 ■ (C)

9. ___________

타이에서 생활하며 고생한 것은 무엇입니까?

(A) 바로 친구가 생기지 않았던 일
(B) 더워서 잠자지 못한 것
(C) 음식이 입에 맞지 않았던 것
(D) 수업에서 리포트를 쓰는 일

■ 단어 ■

苦労(くろう) 고생 | すぐに 금방 | 眠(ねむ)れる 「眠(ねむ)る−자다」의 가능형, 잠잘 수 있다 | 口(くち)に合(あ)う 입에 맞다 | 授業(じゅぎょう) 수업

■ 정답 ■ (D)

10. ___________

다음에는 어디에서 삽니까?

(A) 오스트레일리아 시드니
(B) 미국 오하이오주
(C) 말레이시아 쿠알라룸푸
(D) 일본 도쿄

■ 단어 ■

次(つぎ) 다음 | 住(す)む 살다, 주거하다 | オーストラリア 오스트

레일리아 | マレーシア 말레이시아

■정답■ (B)

Drill 2 일상생활

[1-4]

나는 작년 가을부터 일기를 쓰기 시작했습니다. 계기는 12세부터 79세인 현재까지 일기를 쓰고 있는 할아버지의 이야기를 들은 것이었습니다. 할아버지는 무엇을 생각해서 일기를 쓰고 있는 것일까? 너무 불가사의해서 스스로도 써 보면 알 것 같은 생각이 들었습니다. 나는 매일 밤 자기 전에 일기를 쓰기로 하고 있습니다. 마음에 드는 핑크색 노트 앞에서 하루를 뒤돌아보는 시간은 마치 반성회 같습니다. 수업에 관한 것, 동아리 활동에 관한 것, 친구와의 일… 쓸 것은 많지만, 사건을 늘어놓을 뿐 아니라, 자신이 느끼거나 생각하거나 한 것을 쓰도록 신경 쓰고 있습니다. 그리고 쓴 페이지를 반복해 읽습니다. 매일이 이와 같은 반복. 하지만 이 시간이 좋아, 나도 일기를 계속 쓸 수 있을지도 모른다고 생각하고 있습니다. 몇 년인가 후에 일기를 다시 읽었을 때, 나는 무엇을 느낄까? 오랫동안 계속 쓰고 있는 할아버지의 생각을 조금 알 것 같은 느낌이 듭니다.

■ 단어 ■

日記(にっき) 일기 | きっかけ 계기 | 現在(げんざい) 현재 | 日記(にっき)をつける 일기를 쓰다 | 祖父(そふ) (나의) 할아버지 | 聞(き)く 듣다, 묻다 | 不思議(ふしぎ) 이상함, 불가사의함 | 気(き)がする 느낌(생각)이 들다 | 毎晩(まいばん) 매일저녁 | 気(き)に入(い)る 마음에 들다 | 振(ふ)り返(かえ)る 뒤돌아보다 | まるで 마치 | 反省会(はんせいかい) 반성회 | 部活(ぶかつ) 동아리활동, 특별활동 | 出来事(できごと) 일, 사건 | 並(なら)べる 가지런히 하다 |

感(かん)じる 느끼다 | 心(こころ)がける 마음 쓰다 | 読(よ)み返(かえ)す 되풀이하여 읽다, 다시 읽다 | 繰(く)り返(かえ)し 반복 | 続(つづ)ける 계속하다

■ 주요 어구 ■

• 「동사ます형+始(はじ)める」: ～하기 시작하다
어떤 일의 시작, 개시를 의미한다.
最近(さいきん)、水泳(すいえい)を習(なら)いはじめました。
최근 수영을 배우기 시작했습니다.

• 「동사기본형+ことにする」: ～하기로 하다(결심)
말하는 사람의 의지나 결심을 나타내는 표현으로 행동의 주체가 분명하여 무엇을 하기로 결정했다는 말이다. 이것을 동일한 의미의 다른 말로 바꾸면 의지형이 가미된 「～(よ)うと思(おも)っています」이다.
いろいろ比(くら)べてみて、この本(ほん)を買(か)うことにした。
여러 가지 비교해 보고, 이 책을 사기로 했다.

• 「～だけでなく」: ～뿐 아니라
문어체 표현으로 같은 뜻인 「～のみならず」, 유사 표현으로는 「～にとどまらず : 뿐만 아니라, ～도」가 있다.
ひらがなだけでなく、漢字(かんじ)も勉強(べんきょう)します。
히라가나뿐만 아니라, 한자도 공부합니다.

• 「동사ます형+返(かえ)す」: 반복해서～하다
何回(なんかい)も繰(く)り返して発音(はつおん)する。
몇 번이고 반복해서 발음하다.

• 「～かも知(し)れない」: ～일지도 모른다
「～かもしれない」는 말하는 사람이 어느 정도 가능성이 있다고 판단될 때 쓰는 표현이다. 독단적 추측으로서 실현 가능성에 대한 확률이 가장 낮은 말투이다.
今日(きょう)は大雨(おおあめ)なので、電車(でんしゃ)が遅(おく)れるかもしれない。
오늘은 비가 많이 와서 전철이 늦을지도 모른다.

• 「동사ます형+続(つづ)ける」: 계속해서～하다
離婚率(りこんりつ)が増(ふ)え続けています。
이혼율이 계속 증가하고 있습니다.

> ※part5(정답 찾기), 7(공란 메우기)에서는 「계속해서 ～하다」라는 의미를 나타내는 표현으로 「동사 기본형＋一方(いっぽう)だ : 계속～하기만 하다」가 있는데, 이것으로의 변환을 묻는 문제가 출제된다.
> 最近(さいきん)、円(えん)は値上(ねあ)がりする一方(いっぽう)だ。
> 최근, 엔은 계속 가격이 오르기만 한다.

1. _______________

왜 일기를 쓰기 시작하기로 했습니까?

(A) 할아버지에게 쓰도록 권유받았기 때문에

(B) 친구와 교환일기를 하기로 했기 때문에

(C) 일기를 계속 쓰고 있는 할아버지의 생각을 알고 싶어서

(D) 여름방학 숙제로 제출하지 않으면 안 되기 때문에

■ 단어 ■

日記(にっき) 일기 | 勧(すす)める 권하다 | 交換(こうかん) 교환 | 祖父(そふ) 조부 | 思(おも)い 생각, 마음 | 宿題(しゅくだい) 숙제 | 提出(ていしゅつ) 제출

■ 정답 ■ (C)

2. _______________

할아버지는 몇 년간 일기를 쓰고 있습니까?

(A) 12년간

(B) 22년간

(C) 47년간

(D) 67년간

■ 단어 ■

お爺(じい)さん 할아버지 | 何年間(なんねんかん) 몇 년간 | 日記(にっき) 일기

■ 정답 ■ (D)

3. _______________

이 사람은 언제 일기를 쓰고 있습니까?

(A) 수업 중

(B) 점심시간

(C) 방과 후

(D) 자기 전

■ 단어 ■

授業中(じゅぎょうちゅう) 수업 중 | 昼休(ひるやす)み 점심시간 | 放課後(ほうかご) 방과 후

■ 정답 ■ (D)

4. _______________

일기에는 특히 어떤 일을 쓰도록 하고 있습니까?

(A) 자신이 느끼거나, 생각하거나 한 것

(B) 할아버지에게 배운 것

(C) 그 날의 계획

(D) 그 날의 날씨와 뉴스

■ 단어 ■

自分(じぶん) 자기 자신 | 感(かん)じる 느끼다 | 教(おし)える 가

르치다 | 計画(けいかく) 계획 | 天気(てんき) 날씨

■ 정답 ■ (A)

[5-7]

> 僕は三人兄弟の末っ子です。おじいちゃん、おばあちゃんもいて七人の家族ですが、みんな料理が大好き。僕がお母さんと一緒に考えたキンピラ入りのオムライス「オムキンピライス」が昨年、食品会社が開催した大会で大賞に選ばれ、新聞に載りました。そうしたら、朝から電話が何本もかかって来ました。僕が料理を始めるきっかけになったのは五歳の誕生日に、お母さんから子供用の包丁をプレゼントされたことです。僕の得意な料理はカレーライスとかハンバーグなどですが、このオムキンピライスも人気があります。休日のわが家の台所は、とてもにぎやかです。これからも家族と一緒に楽しく、おいしい料理を作ろうと思います。

나는 삼 형제의 막내입니다. 할아버지와 할머니도 있어서 7인 가족이지만, 모두 요리를 매우 좋아합니다. 내가 어머니와 함께 생각한 우엉이 들어간 오므라이스 '오므킴삐라이스'가 작년 식품회사가 개최한 대회에서 대상에 선발되어 신문에 실렸습니다. 그랬더니 아침부터 전화가 몇 통이나 걸려 왔습니다. 내가 요리를 시작한 계기가 된 것은 다섯 살 생일날에 어머니로부터 어린이용 부엌칼을 선물 받았던 것입니다. 나의 특기인 요리는 카레라이스라든가 햄버거 등이지만, 이 오므킴삐라이스도 인기가 있습니다. 휴일의 우리 집 부엌은 매우 북적거립니다. 앞으로도 가족과 함께 즐겁게 맛있는 요리를 만들려고 생각합니다.

■ 단어 ■

兄弟(きょうだい) 형제 | 末(すえ)っ子(こ) 막내 | 大好(だいす)き 매우 좋아함 | 考(かんが)える 생각하다 | キンピラ 「キンピラごぼう－우엉」의 준말 | 昨年(さくねん) 작년 | 食品会社(しょくひんがいしゃ) 식품회사 | 開催(かいさい) 개최 | 大会(たいかい) 대회 | 大賞(たいしょう) 대상 | 選(えら)ばれる 선출(선발)되다 | 載(の)る 실리다 | 電話(でんわ)がかかる 전화가 걸리다 | 包丁(ほうちょう) 부엌칼 | 得意(とくい) 특기, 잘함 | 人気(にんき) 인기 | 休日(きゅうじつ) 휴일 | 台所(だいどころ) 부엌

■ 주요 어구 ■

• 동음이의어(同音異義語) : 「のる」

電車(でんしゃ)に乗(の)る。
전철을 타다.

新聞(しんぶん)に載(の)る。
신문에 게재되다.

5. _______________

이 사람의 가족은 몇 명입니까

(A) 3명

(B) 5명

(C) 7명

(D) 9명

■ 단어 ■

何人家族(なんにんかぞく) 몇 명 가족(가족 구성원이 몇 명인지를 의미함)

■ 정답 ■ (C)

6. ____

가족 중에서 요리를 좋아하는 사람은 누구입니까?

(A) 나

(B) 어머니와 나

(C) 할머니와 나

(D) 전원

■ 단어 ■

料理(りょうり) 요리 | 母(はは) 어머니 | お祖母(ばあ)さん 할머니 | 全員(ぜんいん) 전원

■ 정답 ■ (D)

7. ____

요리를 시작한 계기는 무엇입니까?

(A) 선생님에게 권유받았다.

(B) 어머니에게 부엌칼을 받았다.

(C) 먹는 것을 좋아했었다.

(D) 학교 선생님에게 칭찬받았다.

■ 단어 ■

きっかけ 계기, 동기 | 包丁(ほうちょう) 부엌칼 | 学校(がっこう) 학교 | 誉(ほ)められる 「誉(ほ)める－칭찬하다」의 수동형, 칭찬받다

■ 정답 ■ (B)

[8-10]

今年家族がひとり増えました。犬が私の家に来たんです。みんなは「なあんだ、犬か」と言いますが、「マイケル」君はちゃんと家族として迎えられました。でも、家に犬が来るまでには、長い歴史があったのです。母が大の犬嫌いだったことです。母は小さいころから、動物嫌いの祖母に、「犬を見たら逃げろ!」と教え込まれて育ち、母自身も犬に追いかけられ、こわい思いをしたことがあるそうです。私は、犬に指をかまれたことがありますが、それでも恐怖心はなく、獣医師になりたいと思っているくらいです。しかし、マイケルが来てから、母はガラッと変わりました。あれほど犬嫌い

だった母が、かわいがっているのです。これほどまで人間を変える力が、犬にはあるんだと実感しました。

금년에 가족이 하나 늘어났습니다. 개가 우리 집에 온 것입니다. 모두는 '뭐야! 개잖아' 라고 하지만, '마이클' 군은 틀림없이 가족으로 맞아들여졌습니다. 하지만 집에 개가 오기까지에는, 긴 역사가 있었습니다. 엄마가 대단히 개를 싫어했던 것입니다. 엄마는 어릴 때부터 동물을 싫어하는 할머니에게 '개를 보면 도망쳐라!' 라고 주입 받으며 성장하였고, 어머니 자신도 개에게 쫓겨, 무서웠던 기억이 있다고 합니다. 나는 개에게 손가락을 물린 적이 있지만, 그래도 공포심은 없으며, 수의사가 되고 싶다고 생각하고 있을 정도입니다. 그러나 마이클이 오고 나서 엄마는 확 변했습니다. 그렇게 개를 싫어했던 어머니가 귀여워하고 있는 것입니다. 이 정도로까지 인간을 바꾸는 힘이 개에게는 있구나 라고 실감했습니다.

■ 단어 ■

増(ふ)える 늘어나다 | 迎(むか)える 마중하다, 맞이하다 | 歴史(れきし) 역사 | 大(だい)の 대단한 | 嫌(きら)い 싫어함 | 動物嫌(どうつぎら)い 동물을 싫어함 | 祖母(そぼ) 할머니 | 逃(に)げる 도망치다 | 教(おし)え込(こ)まれる 충분히 가르치다, 철저히 가르치다 | 育(そだ)つ 자라다, 성장하다 | 追(お)いかける 뒤쫓다 | 怖(こわ)い 무섭다 | 指(ゆび) 손가락 | 噛(か)む 물다 | 恐怖心(きょうふしん) 공포심 | 獣医師(じゅういし) 수의사 | ガラッと 갑자기 변하는 모양, 싹 | あれほど 그 정도로(그렇게까지) | かわいがる 귀여워하다 | 人間(にんげん) 인간 | 力(ちから) 힘 | 実感(じっかん) 실감

■ 주요 어구 ■

• 수동을 만드는 조동사「れる・られる」

기본적인 수동 표현으로, 말하는 사람인「내」입장을 중심으로 한 말투이다. 동작을 하는 사람 뒤에는「に」를 붙인다. 동작의 주체나 동작의 대상이 사람이나 동물인 경우로 동작의 영향을 받거나 피해를 당하는 뜻을 가진다. 동작의 주체는 수동문에서「동작의 주체＋に(から)」의 형태를 취한다. 특히 신체의 일부, 소유물, 관계가 있는 것이 어떤 사람의 행위를 받았을 때는 수동 표현을 사용하며, 신체의 일부나 사물에는「を」를 붙인다.

会議中(かいぎちゅう)に社長(しゃちょう)に呼(よ)ばれた。

회의 중에 사장님에게 호출되었다.

そのスターは大勢(おおぜい)のファンに囲(かこ)まれた。

그 스타는 많은 팬에 둘러싸였다.

私(わたし)はとなりの犬(いぬ)に手(て)を噛(か)まれました。

나는 옆 집 개에게 손을 물렸습니다.

• 동사「ます형」＋こむ : ① 안으로 들어오다(가다) ② (어떤

상태에)잠기다, 골똘히 ~하다 ③ 철저히 ~하다(몰두하다)

そんなに考(かんが)えこんでもどうにもなりませんよ。

그렇게 골똘히 생각해도 어쩔 수 없어요.

• 「逃(に)げろ」 : 도망쳐라(동사의 명령형)

명령형은 「~해라」라는 의미를 가진 일방적 명령 표현이다. 1Group동사(5단 동사)는 기본형의 「う단음」어미를 「え단음」으로 바꾼다. 또 2Group동사(상·하1단 동사)는 끝 어미 「る」를 「ろ」 또는 「よ」로 바꾼다.

このノートに書(か)け。

이 노트에 써라.

早(はや)く食(た)べろ。

빨리 먹어.

• 「変(か)わる」(변하다, 바뀌다) : 자동사

「変(か)える」(바꾸다) : 타동사

자동사, 타동사의 구별은 시험에서 매우 비중 있게 다루어지고 있다. 자동사와 타동사는 모두가 짝을 이루고 있는 것은 아니며 예외의 경우가 많다. 따라서 틈틈이 자동사와 타동사를 명확하게 구분하여 암기하는 학습 자세가 필요하다.

8. ______________________

한 사람 늘어난 가족이란 누구를 말하는 겁니까?

(A) 남동생

(B) 여동생

(C) 개인 마이클

(D) 할머니

■ 단어 ■

増(ふ)える 늘다 | 弟(おとうと) 남동생 | 妹(いもうと) 여동생 | 犬(いぬ) 개

■ 정답 ■ (C)

9. ______________________

이 사람은 장래 무엇이 되고 싶습니까?

(A) 개의 미용사

(B) 동물의 의사선생

(C) 학교 선생님

(D) 애완동물 가게의 점원

■ 단어 ■

将来(しょうらい) 장래 | 美容師(びようし) 미용사 | 動物(どうぶつ) 동물 | 医者(いしゃ) 의사 | ペット 애완동물 | ショップ 숍(가게) | 店員(てんいん) 점원

■ 정답 ■ (B)

10. ______________________

왜 어머니는 개를 싫어했습니까?

(A) 개에게 손가락을 물려서 아픈 기억이 있기 때문에

(B) 할아버지에게 '개를 보면 도망쳐라!'라고 교육받았기 때문에

(C) 산책에 데리고 가거나 하는 것이 힘들기 때문에

(D) 개에게 쫓겨서 무서운 기억이 있기 때문에

■ 단어 ■

犬嫌(いぬぎら)い 개를 싫어함 | 指(ゆび) 손가락 | 痛(いた)い 아프다 | 思(おも)い 생각, 기분, 느낌 | 逃(に)げる 도망치다 | 教育(きょういく) 교육 | 散歩(さんぽ) 산책 | 連(つ)れて行(い)く 데리고 가다 | 追(お)いかけられる 쫓기다 | 怖(こわ)い 무섭다

■ 정답 ■ (D)

Drill 3 알림·통지

[1-3]

　高校生になった今年の4月から、自分の中で生まれる気持ちを「詩」にして、ノートに書いています。喜びや不安など、私の心に生まれる思いを詩にしているのです。今ではノートに詩を書くことは、私にとって大切な日課の一つになりました。中学、高校と学年が上がるにつれ、たくさんの人に出会って、様々な気持ちを持つようになりました。本やテレビなどを通して、人の言葉を読んだり聞いたり、また、感動する機会も増えました。しかし、気持ちというものはどんどん忘れてしまうものです。「ひとこと」だけでも残しておきたい、そんな思いから書き始めました。

고교생이 된 금년 4월부터 내 안에서 생겨나는 느낌을 '시'로 하여 노트에 쓰고 있습니다. 기쁨이나 불안 등 나의 마음에 생겨나는 생각을 시로 하고 있는 것입니다. 지금은 노트에 시를 쓰는 것은 나에게 있어서 중요한 일과의 하나가 되었습니다. 중학교, 고등학교로 학년이 올라감에 따라 많은 사람을 만나고, 다양한 느낌을 갖게 되었습니다. 책과 텔레비전 등을 통하여 사람의 말을 읽기도 하고 듣기도 하며 또한 감동할 기회도 늘어났습니다. 그러나 기분이라는 것은 점점 잊혀져 버리는 것입니다. '한 마디'만이라도 남겨 두고 싶다, 그런 생각에서 쓰기 시작했습니다.

■ 단어 ■

気持(きも)ち 기분, 마음 | 詩(し) 시 | 喜(よろこ)び 기쁨 | 不安(ふあん) 불안 | 生(う)まれる 태어나다 | 思(おも)い 생각 | 大切(たいせつ) 소중함 | 日課(にっか) 일과 | 学年(がくねん) 학년 | 上(あ)がる 오르다 | 出会(であ)う 만나다 | 様々(さまざま) 다양함 | 通

(とお)す 통과시키다, 통하다 | 言葉(ことば) 말 | 感動(かんどう) 감동 | 機会(きかい) 기회 | 増(ふ)える 늘어나다 | 忘(わす)れる 잊다 | 残(のこ)す 남기다

■ 주요 어구 ■

• 명사+になる : ～(이)가 되다
동작, 작용의 결과를 나타낸다.
夏(なつ)になると、なぜかホラー映画(えいが)が見(み)たくなる。
여름이 되면 왠지 공포 영화가 보고 싶어진다.

• 「～にとって」: ～에 있어서(자격)
日本(にほん)にとっては大(おお)きな問題(もんだい)であった。
일본에 있어서는 큰 문제였다.

• 동사기본형+につれ(て) : ～함에 따라(서)
전후 문장의 관계가 비례(比例)하는 경우에 사용한다.
物(もの)が豊(ゆた)かになるにつれてゴミの量(りょう)が増(ふ)えていきます。
물자가 풍부해짐에 따라 쓰레기 양이 늘어갑니다.

1.

이 사람은 언제부터 노트에 시를 쓰고 있습니까?

(A) 재작년 4월부터

(B) 작년 4월부터

(C) 금년 4월부터

(D) 4개월 전부터

■ 단어 ■
詩(し) 시 | 一昨年(おととし) 재작년 | 去年(きょねん) 작년 | 今年(ことし) 금년 | 4ヶ月(よんかげつ) 4개월

■ 정답 ■ (C)

2.

어떤 것을 노트에 쓰고 있습니까?

(A) 학교에서 일어난 사건

(B) 어머니로부터 주의 받은 일

(C) 수업에서 이해하지 못했던 내용

(D) 기쁨이나 불안 등 자신의 생각

■ 단어 ■
起(お)きる 일어나다, 발생하다 | 事件(じけん) 사건 | 注意(ちゅうい) 주의 | 授業(じゅぎょう) 수업 | 理解(りかい) 이해 | 内容(ないよう) 내용 | 喜(よろこ)び 기쁨 | 不安(ふあん) 불안 | 自分(じぶん) 자기 자신

■ 정답 ■ (D)

3.

왜 노트에 시를 쓰기 시작했습니까?

(A) 자신의 느낌을 남기고 싶었기 때문에

(B) 친구와 교환하기로 했기 때문에

(C) 선생님으로부터 말을 들었기 때문에

(D) 시인이 되고 싶기 때문에

■ 단어 ■
どうして 왜, 어째서 | 書(か)き始(はじ)める 쓰기 시작하다 | 気持(きも)ち 기분, 마음 | 残(のこ)す 남기다 | 友達(ともだち) 친구 | 交換(こうかん) 교환 | 詩人(しじん) 시인

■ 정답 ■ (A)

[4-6]

ただ今地震が発生しております。窓の側や倒れやすいものの側にいらっしゃる方はご注意下さい。本館は地震に強い構造になっております。そのまま座席にてお待ち下さい。慌てずにそのままお待ち下さい。安全の為一時館外に避難していただきます。係員の誘導に従って落ち着いて避難してください。お子さんやご老人を優先に安全にご避難願います。お近くの非常口から安全に速やかに避難して下さい。

지금 지진이 발생하고 있습니다. 창문 옆이나 쓰러지기 쉬운 것 옆에 계신 분은 주의해 주십시오. 본관은 지진에 강한 구조로 되어 있습니다. 그대로 좌석에서 기다려주십시오. 허둥대지 말고 그대로 기다려 주십시오. 안전을 위해 일시 관외로 피난하십시오. 담당자의 안내에 따라 침착하게 피난해 주십시오. 어린이나 노인을 우선적으로 안전하게 피난 부탁합니다. 근처 비상구로 안전하고 신속하게 피난해 주십시오.

■ 단어 ■
ただ今(いま) 지금 | 地震(じしん) 지진 | 発生(はっせい) 발생 | おる 「いる－있다」의 겸사말 | 窓(まど) 창문 | 側(そば) 옆, 근처 | 倒(たお)れる 흔들리다, 쓰러지다 | 本館(ほんかん) 본관 | 強(つよ)い 강하다, 세다 | 構造(こうぞう) 구조 | 座席(ざせき) 좌석 | 慌(あわ)てる 당황하다 | 一時(いちじ) 일시, 잠시 | 避難(ひなん) 피난 | 係員(かかりいん) 계원(담당자) | 誘導(ゆうどう) 유도 | 従(したが)う 따르다 | 落(お)ち着(つ)く 안정되다 | 老人(ろうじん) 노인 | 優先(ゆうせん) 우선 | 非常口(ひじょうぐち) 비상구 | 速(すみ)やか 신속함

■ 주요 어구 ■

• 「お(ご)+동사ます형+ください」: ～해 주세요(존경의 의뢰)
たくさんおあがりください。
많이 잡수십시오.

少々(しょうしょう)お待(ま)ちください。
잠깐 기다려 주십시오.

- ~ずに=ないで : ~하지 않고

　「~ずに」는「~ないで」의 문장체 표현으로「~하지 않고」의 뜻이다.

　おととい、財布(さいふ)を持(も)たずに会社(かいしゃ)に行(い)って、とても困(こま)った。

　그저께 지갑을 안 가지고 회사에 가서 매우 곤란했다.

- 「~に従(したが)って」: ~에(을) 따라서

　物価(ぶっか)の上昇(じょうしょう)にしたがって、庶民(しょみん)たちの生活(せいかつ)が苦(くる)しくなる。

　물가가 상승함에 따라, 서민들의 생활이 어려워진다.

4. ______________________

이것은 무엇에 대한 안내방송입니까?

(A) 화재발생시의 안내

(B) 긴급호출

(C) 지진발생시의 안내

(D) 비디오 촬영금지 안내

■ 단어 ■

アナウンス 아나운스(안내방송을 함) | 火災(かさい) 화재 | 発生時(はっせいじ) 발생시 | 緊急(きんきゅう) 긴급 | 呼(よ)び出(だ)し 호출 | 地震(じしん) 지진 | 撮影禁止(さつえいきんし) 촬영금지

■ 정답 ■ （C）

5. ______________________

누가 먼저 피난합니까?

(A) 어른 남성

(B) 어린이와 노인

(C) 어른 여성

(D) 점원

■ 단어 ■

先(さき)に 먼저 | 避難(ひなん) 피난 | 大人(おとな) 어른 | 男性(だんせい) 남성 | 老人(ろうじん) 노인 | 女性(じょせい) 여성 | 店員(てんいん) 점원

■ 정답 ■ （B）

6. ______________________

이 건물은 어떤 구조입니까?

(A) 지진에 강하다

(B) 바람에 강하다

(C) 타기 어렵다

(D) 비에 강하다

■ 단어 ■

建物(たてもの) 건물 | 構造(こうぞう) 구조 | ~に強(つよ)い ~에 강하다 | 風(かぜ) 바람 | 燃(も)える 타다 | 雨(あめ) 비

■ 정답 ■ （A）

[7-10]

私は昨年、アメリカに行く機会に恵まれました。カナダ人の友だちと買い物をしている時のことでした。近くにいた女性が大きなくしゃみをしました。すると、店にいたほとんどの人が、彼女に何か言いました。彼女は「サンクス」と言い返しました。後で友だちに尋ねて、彼らは「Bless you!」と言ったのだと知りました。アメリカでは、知人であろうが他人であろうが、近くにいる人がくしゃみをしたら、くしゃみと同時に幸せが逃げていかないようにとの意味を込めてこの言葉を使うのだそうです。日本で、もし周りにいる知らない人がくしゃみをしたら、私たちはどうするでしょう。見て見ぬ振りをするか、ちらっとその人を見てしまうか…。いずれにしろ、「大丈夫ですか？」などと声をかけたりしないことは確かです。これも文化の違いだろうが、こんなふうに相手を気づかう言葉が、日本にもあればいいなと思いました。

나는 작년에 미국에 갈 기회가 주어졌습니다. 캐나다인 친구와 쇼핑을 하고 있을 때의 일이었습니다. 근처에 있었던 여성이 크게 재채기를 했습니다. 그러자 가게에 있었던 대부분의 사람이 그녀에게 뭔가 말했습니다. 그녀는 '탱큐'라고 응대했습니다. 후에 친구에게 물어서, 그들은 '당신을 축복합니다!'라고 말한 것임을 알았습니다. 미국에서는 아는 사람이든 타인이든 근처에 있는 사람이 재채기를 하면, 재채기와 동시에 행복이 도망가 버리지 않도록 이라는 의미를 담아서 이 말을 사용하는 것이라고 합니다. 일본에서, 만일 주위에 있는 모르는 사람이 재채기를 하면 우리들은 어떻게 할까요? 보아도 못 본 채 하든가, 힐끔 그 사람을 봐 버리든가…. 어쨌든 '괜찮습니까?' 등의 말을 걸거나 하지 않는 것은 확실합니다. 이것도 문화의 차이겠지만, 이런 식으로 상대를 배려하는 말이 일본에도 있으면 좋겠구나하고 생각했습니다.

■ 단어 ■

恵(めぐ)む 은혜를 베풀다, 사랑을 베풀다 * 「~に恵(めぐ)まれる : ~에 혜택 받다」 | くしゃみをする 재채기를 하다 | ほとんど 거의, 대부분 | 言(い)い返(かえ)す 응대하다 | 尋(たず)ねる 질문하다 | 知人(ちじん) 지인, 아는 사람 | 他人(たにん) 타인 | 同時(どうじ)に 동시에 | 幸(しあわ)せ 행복 | 逃(に)げる 도망가다 | 込(こ)める 담다 | 周(まわ)り 주위 | ちらっと 힐끔 | いずれにしろ 어쨌든, 어차피, 결국=「いずれにしても」 | 大丈夫(だいじょうぶ) 괜찮음, 문제없음 | 確(たし)か 확실함 | 文化(ぶんか) 문화 | 相手(あいて) 상대 | 気(き)づかう 신경 쓰다, 배려하다

• 「～ら」: ～들(복수표현)

「～ら」는 사람의 복수 및 일련의 대표를 나타낸다.

「～ら」는 「～たち」에 비해 격이 낮은 말이다.

親(おや)たち(부모들)・若者(わかもの)たち(젊은이들)

ぼくら(우리들)・彼(かれ)ら(그들)

• 「見(み)て見(み)ぬ振(ふ)りをする」: 보고도 못 본 채 하다

「ぬ」는 부정의 조동사 「ない」의 문어체이다.

「見(み)ぬ」=「見(み)ない」

「振(ふ)りをする」: ～(인/한)채 하다

7. _______________

이 이야기는 어디에서 일어난 이야기입니까?

(A) 일본

(B) 미국

(C) 캐나다

(D) 영국

■단어■

話(はなし) 이야기 | 起(お)きる 일어나다, 일이 생기다, 발생하다

■정답■ (B)

8. _______________

재채기를 한 사람은 누구입니까?

(A) 점원

(B) 가게의 손님

(C) 친구

(D) 나

■단어■

くしゃみをする 재채기를 하다 | 店員(てんいん) 점원 | 店(みせ) 가게 | 客(きゃく) 손님

■정답■ (B)

9. _______________

재채기를 한 후에 말하는 「Bless you!」에는 어떤 의미가 있습니까?

(A) 감기가 빨리 낫도록.

(B) 누군가가 소문을 내고 있으니까 조심하세요.

(C) 행복이 도망가지 않도록.

(D) 따뜻하게 하고 쉬세요.

■단어■

治(なお)る 낫다, 치료되다 | うわさをする 소문을 내다 | 幸(しあわ)せ 행복 | 逃(に)げる 도망가다 | あたたかい 따뜻하다 | 休(やす)む 쉬다

■정답■ (C)

10. _______________

일본에서 모르는 사람이 재채기를 하면 주위 사람은 어떻게 합니까?

(A) 힐끔 보든가, 모르는 체합니다.

(B) '건강 조심하세요' 라고 말해 줍니다.

(C) '괜찮습니까' 라고 말을 걸어 줍니다.

(D) 힐끔힐끔 봅니다.

■단어■

お大事(だいじ)に 건강에 주의하세요, 몸조리를 잘 하세요 | 声(こえ)をかける 말을 걸다, 권유하다=「話(はな)しかける」| じろじろ 힐끔힐끔

■정답■ (A)

Drill 4 의견

[1-4]

> クラスメートのお兄さんが、病気のため17歳で亡くなりました。担任の先生は、この悲しい知らせを報告した時、先生自身も大切な友人を失ったことを私たちに語ってくれました。ニューヨーク生活が長い先生は、現地にたくさんの友だちがいますが、その一人をテロで亡くしました。世界貿易センタービルの銀行で働いていた人だそうです。先生は涙を流しながら話し、私たちも泣きながら聞いていました。「生きていることは、それだけですばらしい。生きたくても生きられなかった人がいたことを忘れないで」と先生は最後に言いました。命の重みを分かち合ったクラスのみんなと充実した高校生活を送りたい。そして、夢や目標に少しでも近づけるよう、今を一生懸命生きたいと思います。

반 친구(클래스메이트)의 형님이 병 때문에 17세에 죽었습니다. 담임 선생님은 이 슬픈 소식을 보고했을 때, 선생님 자신도 소중한 친구를 잃은 일을 우리들에게 말해 주었습니다. 뉴욕 생활이 긴 선생님은 현지에 많은 친구가 있지만, 그 한 사람을 테러로 잃었습니다. 세계 무역 센터 빌딩에 있는 은행에서 일하고 있었던 사람이라고 합니다. 선생님은 눈물을 흘리면서 이야기하고, 우리들도 울면서 듣고 있었습니다. '살아 있는 것은 그것만으로 훌륭하다. 살고 싶어도 살 수 없었던 사람이 있었던 것을 잊지 마세요' 라고 선생님은 끝으로 말했습니다. 생명의 소중함을 서로 나눈 학급의 모두와 충실한 고교 생활을 보내고 싶다. 그리고 꿈과 목표에 조금이라도 다가가도록 지금을 열심히 살고 싶다고 생각합니다.

■ 단어 ■

病気(びょうき) 병 | 亡(な)くなる 죽다 | 担任(たんにん) 담임 | 悲(かな)しい 슬프다 | 知(し)らせ 알림, 통지 | 報告(ほうこく) 보고 | 友人(ゆうじん) 친구 | 失(うしな)う 잃다 | 語(かた)る 말하다 | 現地(げんち) 현지 | テロ 테러 | 世界貿易(せかいぼうえき) 세계무역 | 働(はたら)く 일하다 | 涙(なみだ) 눈물 | 流(なが)す 흘리다 | 泣(な)く 울다 | 生(い)きる 살다 | 命(いのち) 생명, 목숨 | 重(おも)み 무게, 중량 | 分(わ)かち合(あ)う 서로 나누어 가지다 | 充実(じゅうじつ) 충실 | 送(おく)る 보내다 | 目標(もくひょう) 목표 | 近(ちか)づける 가까이 다가가다 | 一生懸命(いっしょうけんめい) 열심히

■ 주요 어구 ■

• 「명사＋のため」 : ～때문에
「ため」가 원인・이유로 사용될 때는 감정의 개입을 피하고 중립적인 입장을 나타내는 표현으로서, 뒤에 이어지는 말은 부정적인 혹은 긍정적인 감정 표출과는 상관없는 객관적인 상황을 묘사하는 것이 원칙이다.

• 동사「ます형」＋ながら : ～하면서
「～ながら」가 시험에 출제되는 패턴은 다음과 같다. 아주 쉽게 출제되면 ① 접속「ます형」을 묻고, 다음은 ② 의미〈동작의 동시 진행/역접〉를 묻는다. 또한 중 고급 레벨에서는 ③「～ながら」와 동일한 접속과 의미를 가진 문어체적 표현「～つつ(～하면서)」가 출제된다.
テレビを見(み)ながら勉強(べんきょう)してはいけません。 – 동작의 동시 진행
텔레비전을 보면서 공부를 해서는 안 됩니다.

• 동사＋「ないで(ください)」 : ～하지 마세요
「～ないでください」는 가족이나 친한 사이에는「ください」를 생략하여「～ないで」만을 쓴다. 그러나 누구에게 주의를 줄 입장이 아니면서 이렇게 말하면 상대방에게 불쾌감을 줄 수 있으므로 상황에 주의해서 써야 한다.
ここでたばこを吸(す)わないでください。
여기서 담배를 피우지 마세요.

1.

17세에 죽은 사람은 누구입니까?

(A) 선생님의 친구
(B) 클래스메이트의 누나
(C) 선생님의 여동생
(D) 클래스메이트의 형

■ 단어 ■

亡(な)くなる 죽다, 돌아가시다 | 友人(ゆうじん) 친구 | お姉(ねえ)さん 누나, 언니 | 妹(いもうと)さん 여동생 | お兄(にい)さん 형, 오빠

■ 정답 ■ (D)

2.

선생님은 어떤 말을 했습니까?

(A) 뉴욕생활이 긴 것
(B) 테러로 죽은 친구가 있는 것
(C) 빌딩에서 일하고 있었던 것
(D) 친구가 많이 있는 것

■ 단어 ■

生活(せいかつ) 생활 | 長(なが)い 길다 | 亡(な)くす 없애다, 잃다, 잃어버리다＝「失(うしな)う」 | 働(はたら)く 일하다

■ 정답 ■ (B)

3.

이 사람은 앞으로 어떻게 살고 싶다고 말하고 있습니까?

(A) 열심히 하지 않고, 자연스럽게 살고 싶다.
(B) 꿈과 목표를 향하여 열심히 살고 싶다.
(C) 효도를 하며 살고 싶다.
(D) 좋아하는 것만을 하며 살고 싶다.

■ 단어 ■

これから 앞으로 | 生(い)きる 살다 | がんばる 열심히 하다, 분발하다 | 自然(しぜん)に 자연히, 저절로 | 夢(ゆめ) 꿈 | 目標(もくひょう) 목표 | 向(む)かう 향하다 | 一生懸命(いっしょうけんめい) 열심히 | 親孝行(おやこうこう) 효도 | 好(す)きだ 좋아하다 | ～だけ ～만, ～뿐

■ 정답 ■ (B)

4.

학급의 모두는 선생님의 말에서 무엇을 배웠습니까?

(A) 목숨의 짧음
(B) 테러의 두려움
(C) 목숨의 중요함
(D) 친구의 소중함

■ 단어 ■

教(おし)える 가르치다 | 命(いのち) 목숨, 생명 | 短(みじか)さ 짧음 | 恐(おそ)ろしさ 두려움 | 重(おも)み 무게, 무거움, 중후함 | 大切(たいせつ)さ 소중함

■ 정답 ■ (C)

[5-7]

毎日部活がある私は、ちょうど仕事帰りのサラリーマンたちが多く乗っている満員電車で帰ります。部活の後は、すごく疲れて、座れないと立ったまま寝てしまうほどです。運よく座れたある日のことです。40代後半ぐらいの女性が、私の前に立って、「あ～あ、今日は疲れたわ。足も痛いし。席をかわってくれてもいいのに」と、私に聞こえるように言うのです。あまりにもうるさいので、その時は席を立ちましたが、よく考えると、おかしいと思いました。私は、お年寄りに席を譲るのは当たり前だと思います。しかし、お年寄りよりはずっと若い人が、当たり前のように席を譲らせるのはおかしいと思います。子どもでも、ひどく疲れていたり、具合が悪かったりする時もあるのですから。みなさんはどう思いますか?

매일 동아리 활동이 있는 나는 마침 퇴근하는 샐러리맨들이 많이 타고 있는 만원 전철로 귀가합니다. 동아리 활동 후에는 너무 피곤해서 앉지 못하면 선 채로 자 버릴 정도입니다. 운 좋게 앉을 수 있었던 어느 날의 일입니다. 40대 후반 정도의 여성이 내 앞에 서서 '아- 오늘은 피곤하네. 다리도 아프고. 자리를 바꿔 줘도 좋을 텐데'라며 나에게 들리도록 말하는 것입니다. 너무나 시끄러워서 그때는 자리를 일어섰지만, 가만히 생각하니 이상하다고 생각했습니다. 나는 노인에게 자리를 양보하는 것은 당연하다고 생각합니다. 그러나 노인보다는 훨씬 젊은 사람이 당연한 듯이 자리를 양보하게 하는 것은 이상하다고 생각합니다. 어린이일지라도 심하게 피곤하거나, 몸 상태가 좋지 않거나 할 때도 있기 때문입니다. 여러분은 어떻게 생각합니까?

■ 단어 ■

部活(ぶかつ) 동아리 활동 | 仕事帰(しごとがえ)り 퇴근 후 귀가 | 満員(まんいん) 만원 | すごい 굉장하다 | 疲(つか)れる 피곤하다 | 座(すわ)れる 「座(すわ)る-앉다」의 가능동사, 앉을 수 있다 | 運良(うんよ)い 운이 좋다 | ある 어느(연체사) | 後半(こうはん) 후반 | 席(せき)を代(か)わる 자리를 바꾸다 | 聞(き)こえる 들리다 | あまりにも 너무나도 | うるさい 시끄럽다 | 考(かんが)える 생각하다 | お年寄(としよ)り 노인 | 席(せき)を譲(ゆず)る 자리를 양보하다 | 当(あ)たり前(まえ) 당연함 | 若(わか)い 젊다 | おかしい 이상하다 | ひどい 심하다 | 具合(ぐあい)がわるい 몸 상태가 좋지 않다

■ 주요 어구 ■

• まま：～한 채로
접속은 「명사の／な형용사な／い형용사い＋まま／동사た＋まま」로, 특히 동사에 접속하는 형태를 묻는 문제가 비교적 자주 출제된다. 특히 「な형용사」의 접속에 주의하자.
ストーブをつけたまま出掛(でか)けたので、もう少(すこ)しで火事(かじ)になるところだった。
스토브를 켠 채 나가서, 하마터면 화재가 날 뻔했다.

• 「～てくれる」：상대가 내 쪽에 ～해 주다
駅(えき)までの道(みち)をわかりやすく教(おし)えてくれた。
역까지 가는 길을 알기 쉽게 가르쳐 주었다.
山田(やまだ)さんが、怪我(けが)をした私(わたし)の代(か)わりに走(はし)ってくれました。
야마다 씨가 부상을 당한 나 대신에 뛰어 주었습니다.

• 「～のに」：～인데도(불구하고)－접속조사
「のに」는 앞 사항에 비해 기대에 어긋나는 사항이 뒤에 올 때 쓰는 표현이다. 역접을 나타내는 말로 앞 뒤 상반되는 문장에 주로 사용되는 조사이다.
大(おお)きさは同(おな)じなのにもっと高(たか)い。
크기는 같은데도 더 비싸다.
あんなに勉強(べんきょう)したのに、また試験(しけん)に落(お)ちてしまった。
그렇게 공부했는데도 또 시험에 떨어지고 말았다.

5. ___________________________________

이 사람은 매일 방과 후에 무엇을 하고 있습니까?

(A) 도서관에서 공부하고 있습니다.

(B) 친구와 이야기를 하고 있습니다.

(C) 클럽활동을 하고 있습니다.

(D) 아르바이트를 하고 있습니다.

■ 단어 ■

毎日(まいにち) 매일 | 放課後(ほうかご) 방과 후 | 図書館(としょかん) 도서관 | 勉強(べんきょう) 공부 | おしゃべりをする 수다 떨다(이야기를 하다) | クラブ活動(かつどう) 클럽활동

■ 정답 ■ (C)

6. ___________________________________

무엇으로 집에 돌아갑니까?

(A) 자전거로 돌아갑니다.

(B) 전철로 돌아갑니다.

(C) 버스로 돌아갑니다.

(D) 걸어서 돌아갑니다.

■ 단어 ■

何(なに)で 무엇으로 | 帰(かえ)る 돌아가다, 돌아오다 | 自転車(じてんしゃ) 자전거 | 電車(でんしゃ) 전차, 전철 | 歩(ある)く 걷다

■ 정답 ■ (B)

7. ___________________________________

이 사람은 무엇이 이상하다고 말하고 있습니까?

(A) 아주머니가 순서를 지키지 않는 것

(B) 할머니가 당연한 듯이 자리에 앉는 것

(C) 노인도 아닌데 아이에게 자리를 양보하게 하는 것

(D) 내리는 사람이 있는데 문 근처에 서 있는 사람

■단어■
おかしい 이상하다=「変(へん)だ」| 順番(じゅんばん) 순서 | 守(まも)る 지키다 | 当(あ)たり前(まえ) 당연함=「当然(とうぜん)」| 席(せき)に座(すわ)る 자리에 앉다 | お年寄(としよ)り 노인, 나이든 사람=「老人(ろうじん)」| 子供(こども) 아이, 어린이 | 席(せき)を譲(ゆず)る 자리를 양보하다 | 降(お)りる 내리다 | 近(ちか)く 근처 | 立(た)つ 서다, 일어서다

■정답■ (C)

[8-10]

ある夜、駅のホームから改札へ向かう階段で、女性に声をかけられました。その方は車いすを利用していて、「階段を上りたいので、駅員を呼んでほしい」とのことでした。私は、改札近くにいた駅員を呼びに行きましたが、駅員は特に急ぐという態度ではありませんでした。しばらくしてその場を立ち去った私は、彼女が無事階段を上れたかどうか、ずっと気になりました。駅などの公共施設は、誰もが利用しやすいようにエレベーターやエスカレーターなどが設置されるようになりました。車いすを利用している人だけでなく、疲れている人、ベビーカーを押す人など多くの人が利用できるようになりました。しかし、今回のように、駅員が少ない夜間は、すぐに手助けを受けられるとは限りません。このような設備のなかったころは、すべて人の手でやっていたことを考えると、設備のあるなしに関係なく、私たちが本来持っている思いやりのある行動を忘れてはならないと再認識しました。

어느 날 밤, 역의 플랫폼에서 개찰로 향하는 계단에서, 여성이 말을 걸어 왔습니다. 그 분은 휠체어를 이용하고 있어서, '계단을 오르고 싶으니 역무원을 불러 주길 바란다' 는 것이었습니다. 나는 개찰 가까이에 있었던 역무원을 부르러 갔는데, 역무원은 특별히 서두른다는 태도는 아니었습니다. 잠시 있다가 그 장소를 물러난 나는, 그녀가 무사히 계단을 오를 수 있었는지 어떤지 줄곧 걱정이 되었습니다. 역 등의 공공시설은 누구나 이용하기 쉽도록 엘리베이터나 에스컬레이터 등이 설치되게 되었습니다. 휠체어를 이용하는 사람뿐만 아니라, 피곤한 사람, 유모차를 미는 사람 등 많은 사람이 이용할 수 있게 되었습니다. 그러나 이번처럼 역무원이 적은 야간에는 바로 도움을 받을 수 있는 것만은 아닙니다. 이와 같은 설비가 없었던 때는 모두 사람의 손으로 하고 있었던 것을 생각하면 설비의 있고 없음에 관계없이, 우리들이 본래 갖고 있는 배려있는 행동을 잊어서는 안 된다고 재인식했습니다.

■단어■
改札(かいさつ) 개찰 | 向(む)かう 향하다 | 階段(かいだん) 계단 | 声(こえ)をかける 말을 걸다 | 車(くるま)いす 휠체어 | 駅員(えきいん) 역무원 | 急(いそ)ぐ 서두르다 | 態度(たいど) 태도 | しばらく 잠시, 한동안 | 立(た)ち去(さ)る 일어나서 떠나다, 물러나다 | 無事(ぶじ) 무사함 | 気(き)になる 걱정되다 | 公共施設(こうきょうしせつ) 공공시설 | 設置(せっち) 설치 | ベビーカー 유모차 | 押(お)す 밀다 | 夜間(やかん) 야간 | 手助(てだす)け 도와줌 | 受(う)ける 받다 | 設備(せつび) 설비 | すべて 모두 | あるなし 있고 없음 | 関係(かんけい) 관계 | 思(おも)いやり 헤아림, 배려 | 行動(こうどう) 행동 | 再認識(さいにんしき) 재인식

■주요 어구■
• 「동사+てほしい」: ~해 주기를 바란다
다른 사람에 대한 화자의 바람을 나타내는 표현이다. 즉 상대방에게 말하는 사람 자신을 위하여 어떤 행동을 해 주었으면 하고 바랄 때 쓰는 말이다.
人(ひと)の悪口(わるぐち)を言(い)うのはやめてほしいです。
남의 험담을 하는 것은 그만 두었으면 합니다.
こっちの仕事(しごと)を手伝(てつだ)ってほしいんだけど。
이쪽 일을 거들어 주었으면 좋겠는데.

• 「~かどうか」: ~인지 어떤지
「용언의 기본형+かどうか」의 형태로 「~인지 ~어떤지」의 뜻을 나타낸다. 어떤 사항에 대한 사실 여부, 실현 여부에 대한 불확실한 경우를 나타내며, 특히 「どうか」부분을 빠트리지 않도록 주의해야 한다.
おいしいかどうか食(た)べてみます。
맛있는지 어떤지 먹어 봅니다.
サイズが合(あ)うかどうか一度(いちど)着(き)てみます。
사이즈가 맞는지 어떤지 한 번 입어 보겠습니다.

• 「~とは限(かぎ)りません」: ~인 것은 아닙니다
주로 「必(かなら)ずしも~とは限らない」의 꼴로 쓰인다. 「必ずしも」와 같은 확신도 100%의 말을 앞에 두고, 뒤에는 부정의 예외적인 경우를 나타내는 말이 와서 '100% ~인 것은 아니다' 는 의미를 나타낸다.
値段(ねだん)の高(たか)い物(もの)が必ずしもおいしいとは限らない。
가격이 비싼 것이 반드시 맛있다고는 할 수 없다.

• 「~てはならない」: ~해서는 안 된다
강한 느낌이 드는 금지나 규제를 나타내는 표현이다.
病院(びょういん)の中(なか)で携帯電話(けいたいでんわ)を使(つか)ってはならない。

병원 안에서 휴대 전화를 사용해서는 안 된다.

8. _______________

왜 역무원을 부르러 갔었습니까?

(A) 계단에서 쓰러져 있는 사람을 보았기 때문에

(B) 유모차를 밀고 있는 사람이 있었기 때문에

(C) 휠체어를 탄 여성에게 부탁 받았기 때문에

(D) 에스컬레이터가 고장 나 있었기 때문에

■단어■
駅員(えきいん) 역무원 | 呼(よ)ぶ 부르다 | 階段(かいだん) 계단 |
倒(たお)れる 쓰러지다 | 押(お)す 밀다, 누르다 | 車(くるま)いす
휠체어 | 頼(たの)まれる 「頼(たの)む－부탁하다」의 수동형, 부탁
받다 | 故障(こしょう)する 고장 나다

■정답■ (C)

9. _______________

역무원을 부른 후 이 사람은 어떻게 했습니까?

(A) 여성이 계단을 오르는 것을 도와주었습니다.

(B) 여성이 계단을 다 오를 때까지 보고 있었습니다.

(C) 어떻게 하면 좋을지 잠시 역원과 이야기했습니다.

(D) 잠시 지나고 나서 그 장소를 떠났습니다.

■단어■
～た後(あと) ～한 후에 | 女性(じょせい) 여성 | 階段(かいだん)
を上(のぼ)る 계단을 오르다 | 手伝(てつだ)う 돕다 | 동사ます형＋
終(お)わる 다～하다 | しばらく 잠시 | 経(た)つ (시간 등이)지나
다 | その場(ば) 그 자리, 그곳 | 離(はな)れる 떠나다, 벗어나다

■정답■ (D)

10. _______________

휠체어 탄 여성을 통하여 이 사람은 무엇을 재인식했습니까?

(A) 곤란해 있는 사람에게 배려 있는 행동을 할 것

(B) 역 설비가 불충분한 것

(C) 설비가 정비되어 있지 않을 때는 반드시 몸이 부자유한 사
람을 도와주는 것

(D) 역무원이 적은 야간에는 가능한 한 외출하지 않는 것

■단어■
通(とお)す 통하다 | 再認識(さいにんしき) 재인식 | 困(こま)る 곤
란하다 | 思(おも)いやり 남을 위하는 마음, 동정, 배려=「同情(どう
じょう)」 | 行動(こうどう) 행동 | 設備(せつび) 설비 | 不十分(ふ
じゅうぶん) 불충분 | 整(ととの)う 정비되다 | 必(かなら)ず 반드
시, 꼭, 틀림없이 | 体(からだ) 몸 | 不自由(ふじゆう) 부자유스러움
*体(からだ)の不自由な人(ひと) 신체 거동이 불편한 사람, 장애인 |
助(たす)ける 돕다 | 少(すく)ない 적다 | 夜間(やかん) 야간 | なる
べく 가능한 한, 될 수 있으면=「できるだけ」 | 出(で)かける 나가다,

외출하다

■정답■ (A)

실전문제

[1-3]

> 本日もご来店頂きまして、誠にありがとうございま
> す。エスカレーターをご利用のお客様にお願い申し上げ
> ます。必ず左右のベルトにおつかまりになり、黄色の
> 線を踏まないようお願い申し上げます。特に、お子様
> や、お年寄りの方はご注意下さいますようお願い致し
> ます。尚、エスカレーター付近でのお遊びは大変危険
> ですのでご注意下さいませ。

오늘도 저희 가게를 찾아주셔서 대단히 감사합니다. 에스컬레이터를
이용하시는 손님 여러분께 부탁 말씀드립니다. 반드시 좌우의 벨트를
잡으시고, 노란 선을 밟지 않도록 부탁드립니다. 특히 어린이나 노인께
서는 주의하시도록 부탁드립니다. 또한 에스컬레이터 부근에서의 놀이
는 대단히 위험하기 때문에 주의해 주십시오.

■단어■
本日(ほんじつ) 오늘, 「今日(きょう)」의 격식을 차린 말 | 来店(ら
いてん) 내점(가게를 찾아 줌) | 誠(まこと)に 정말로, 진심으로 | 必
(かなら)ず 반드시 | 左右(さゆう) 좌우 | つかまる 매달리다, 꽉 잡
다 | 黄色(きいろ) 노란색 | 踏(ふ)む 밟다 | 尚(なお) 덧붙여 말하
면, 또한 | 付近(ふきん) 부근 | 遊(あそ)び 놀이 | 危険(きけん) 위
험

■주요 어구■

- 「お(ご)＋동사ます형＋申(もう)し上(あ)げる」: ～(해) 드리
  다(겸양 표현)
  お願(ねが)い申し上げます。
  부탁드리겠습니다.
  ご報告(ほうこく)申し上げます。
  보고 드리겠습니다.

- 「お(ご)＋동사ます형＋になる」: ～하시다(존경의 표현)
  お預(あず)けになる荷物(にもつ)はありますか。
  맡기실 짐은 있습니까?
  ご試着(しちゃく)になりますか。
  입어 보시겠습니까?

- 「お(ご)＋동사ます형／명사＋ください」: ～해 주세요(존경
  의 의뢰표현)
  お名前(なまえ)を忘(わす)れずにお書(か)きください。
  성함을 잊지 말고 써 주십시오.
  自由(じゆう)にご覧(らん)ください。

자유롭게 보십시오.

1.
에스컬레이터를 타면 어떻게 합니까?

(A) 벨트를 잡고, 하얀 선을 밟지 않는다.

(B) 벨트를 매고, 하얀 선을 밟는다.

(C) 벨트를 잡고, 노란 선을 밟지 않는다.

(D) 벨트를 매고, 노란 선을 밟는다.

■ 단어 ■
乗(の)る 타다｜捕(つか)まる 매달리다, 꽉 잡다｜白(しろ)い 하얗다｜線(せん) 선｜踏(ふ)む 밟다｜ベルトをしめる 벨트를 매다｜黄色(きいろ)い 노랗다

■ 정답 ■ (C)

2.
특히 어떤 사람이 주의를 하지 않으면 안 됩니까?

(A) 머리카락이 긴 여성

(B) 큰 물건을 든 사람

(C) 임신한 사람

(D) 아이와 노인

■ 단어 ■
特(とく)に 특히, 특별히｜気(き)をつける 조심하다｜髪(かみ)の毛(け) 머리카락｜長(なが)い 길다｜女性(じょせい) 여성｜大(おお)きい 크다｜荷物(にもつ) 짐｜妊娠(にんしん) 임신｜老人(ろうじん) 노인

■ 정답 ■ (D)

3.
에스컬레이터 가까이에서 무엇을 하는 것이 위험합니까?

(A) 노는 것

(B) 말하는 것

(C) 우는 것

(D) 큰 소리를 내는 것

■ 단어 ■
近(ちか)く 근처｜危(あぶ)ない 위험하다｜遊(あそ)ぶ 놀다｜しゃべる 말하다, 지껄이다｜泣(な)く 울다｜大声(おおごえ)を出(だ)す 큰 소리를 내다

■ 정답 ■ (A)

[4-7]

「一円玉貯金」というのをやっています。特別なことではなくて、文字通り一円玉をためているだけです。買い物をする時も一円玉は絶対使わず、おつりの一円玉が多くなるようにしています。さらに、父や母、友人にも協力してもらって、一円玉があればもらっています。五百円玉と違って、みんな一円玉ということなら喜んで渡してくれます。聞くところによると、一円玉の製造コストは約3円だそうです。それだけの価値のもので流通をストップさせるというと悪いことのようだが、1万枚くらいなら罪もないでしょう。第一、まだほんの少ししかたまっていない。今朝、たくさんたまったと思って、数えてみたら、五百円玉にして2枚分にしかならないのを知り、がっかりしました。それでもその一円玉の小さな山にしばらく見入っていました。また、がんばろう。目標は1万枚。使い道は今のところ未定です。

'1엔짜리 동전 저축'이라는 것을 하고 있습니다. 특별한 것이 아니라, 문자대로 1엔 동전을 모으고 있을 뿐입니다. 쇼핑을 할 때도 1엔 동전은 절대 사용하지 않고, 거스름돈에서도 1엔 동전이 많아지도록 하고 있습니다. 더욱이 아버지나 어머니, 친구에게도 협력 받아서 1엔 동전이 있으면 받고 있습니다. 5백 엔 동전과 달리 모두 1엔 동전이라고 하면 기꺼이 건네줍니다. 들은 바에 의하면 1엔 동전의 제조원가는 약 3엔이라고 합니다. 그만큼의 가치의 것으로 유통을 스톱시킨다고 하면 나쁜 일 같지만, 1만개 정도라면 죄가 되는 일도 아닐 것이다. 첫째, 아직 아주 조금밖에 쌓이지 않았다. 오늘 아침 많이 모였다고 생각해서 세어 보니 5백 엔 동전으로 하여 2개분 밖에 되지 않는 것을 알고 실망했습니다. 그래도 그 1엔 동전의 작은 무더기에 잠시 넋을 잃고 보고 있었습니다. 다시 열심히 해야겠다. 목표는 1만개. 사용처는 지금에 있어서는 미정입니다.

■ 단어 ■
～玉(だま) ～짜리 동전｜貯金(ちょきん) 저금｜文字(もじ) 문자｜貯(た)める 모으다｜絶対(ぜったい) 절대｜おつり 거스름돈｜協力(きょうりょく) 협력｜違(ちが)う 다르다｜喜(よろこ)ぶ 기뻐하다｜渡(わた)す 건네주다｜製造(せいぞう) 제조｜コスト 코스트, 원가｜価値(かち) 가치｜流通(りゅうつう) 유통｜罪(つみ) 죄｜第一(だいいち) 제일, 첫째｜本(ほん)の少(すこ)し 아주 조금｜貯(た)まる 모이다, 쌓이다｜数(かぞ)える 헤아리다, 세다｜～ならない ～안 된다｜がっかりする 실망하다｜見入(みい)る 열심히 보다, 넋을 잃고 보다｜目標(もくひょう) 목표｜使(つか)い道(みち) 사용처｜未定(みてい) 미정

■ 주요 어구 ■
• 「～通(とお)り」：～한 대로, ～한 것 같이
　명사의 연결되는 경우는 「～どおり」가 된다.

彼(かれ)が言(い)ったとおりにしたらできた。
그가 말한 대로했더니 되었다.
思(おも)いどおりにならなくても、あきらめないでください。
마음대로 되지 않더라도 포기하지 마세요.

• 「~てもらう」: 상대에게 ~해 받다, (다른 사람이) ~해 주다
私(わたし)はきのう車(くるま)を直(なお)してもらった。
나는 어제 차를 수리 받았다.
恋人(こいびと)に服(ふく)を買(か)ってもらいました。
애인이 옷을 사 주었습니다.

• 「~てくれる」: (다른 사람이)나 혹은 내 쪽에 ~해 주다
ホテルの部屋(へや)を予約(よやく)してくれました。
호텔 방을 예약해 주었습니다.
彼(かれ)が車(くるま)で家(いえ)まで送(おく)ってくれました。
그가 차로 집까지 바래다주었습니다.

• 「~によると」: ~에 의하면
전문의 「そうだ」와 잘 어울린다.
天気予報(てんきよほう)によると、明日(あした)は晴(は)れるそうです。
일기예보에 의하면 내일은 맑다고 합니다.

4. ___________________

지금 얼마 모여 있습니까?

(A) 5백 엔
(B) 천 엔
(C) 2천 엔
(D) 5천 엔

■ 단어 ■
今(いま) 지금 | いくら 얼마 | 貯(た)まる 돈이 늘다, 모이다

■ 정답 ■　(B)

5. ___________________

1엔 동전을 모으기 위해 어떤 일을 하고 있습니까?

(A) 쇼핑을 할 때 1엔 동전을 내지 않도록 하거나, 가족과 친구로부터 받고 있습니다.
(B) 점원에게 부탁하여 10엔 동전을 10개로 바꾸어 받거나 합니다.
(C) 용돈을 전부 1엔 동전으로 받고 있습니다.
(D) 특별히 아무것도 하고 있지 않습니다.

■ 단어 ■
買(か)い物(もの) 쇼핑, 물건을 삼 | 家族(かぞく) 가족 | 友人(ゆうじん) 친구 | 店員(てんいん) 점원 | 替(か)える 바꾸다 | おこづかい 용돈 | 全(すべ)て 모두 | 特(とく)に 특히, 특별히

■ 정답 ■　(A)

6. ___________________

얼마 저금하는 것이 목표입니까?

(A) 천 엔
(B) 5천 엔
(C) 1만 엔
(D) 10만 엔

■ 단어 ■
貯金(ちょきん) 저금 | 目標(もくひょう) 목표 | 一万円(いちまんえん) 만 엔

■ 정답 ■　(C)

7. ___________________

모은 돈을 무엇에 사용합니까?

(A) 부모님의 선물을 삽니다.
(B) 어려운 사람에게 줍니다.
(C) 만화책을 삽니다.
(D) 아직 결정하지 않았습니다.

■ 단어 ■
使(つか)う 사용하다 | 両親(りょうしん) 부모님 | 困(こま)る 곤란하다, 어렵다 | 漫画(まんが) 만화 | 決(き)める 결정하다

■ 정답 ■　(D)

[8-10]

僕は昨年12月末まで5ヶ月間、入院しました。ベッドで寝たきりという日が何日も続きました。やっと、水のような食べ物が食べられるようになった時、こんなにおいしいものは他にはないと思ったほどです。入院生活で得たことはたくさんあります。そのひとつが「心から感謝する」という気持ちです。すぐそばでいつも見守ってくれたお医者さんや看護師さんはもちろん、いろいろと僕を励ましてくれたすべての人に、「ひとこと」では言い表せないほど感謝しています。最近では、「好きな食事がとれて感謝」とか「自宅のベッドで寝られて感謝」と、心の底から感じます。今まで当たり前にできたことができなくなり、それが、またできるようになると、不思議とそのたったひとつのことに感謝の気持ちが生まれて来るのです。僕はまた入院するし、できないことが多くなるけれど、ささやかなことでも、当たり前にできたことに感謝の気持ちで生きていきたいと思います。

　나는 작년 12월말까지 5개월 간 입원했었습니다. 침대에 누운 채인 날이 며칠이나 계속되었습니다. 간신히 물 같은 음식물을 먹을 수 있게 되었을 때, 이렇게 맛있는 것은 달리 없다고 생각했을 정도입니다. 입원생활에서 얻은 것은 많이 있습니다. 그 하나가 '마음으로 감사한다' 는 기분입니다. 바로 옆에서 항상 지켜봐 준 의사 선생님과 간호사는 물론, 여러 가지로 나를 격려해 준 많은 사람에게 '한마디' 로는 말로 표현할 수 없을 정도로 감사하고 있습니다. 최근에는 '좋아하는 식사를 할 수 있어서 감사' 라든가 '자기 집 침대에서 잘 수 있어서 감사' 라고 마음속 깊이 느낍니다. 지금까지 당연하게 할 수 있었던 것을 할 수 없게 되고, 그것을 다시 할 수 있도록 되면, 이상하게도 그 단 하나의 것에 감사의 마음이 생겨 나오는 것입니다. 나는 또 입원하고, 할 수 없는 것이 많아지겠지만, 사소한 일이라도 당연히 할 수 있었던 것에 감사의 마음으로 살아가고 싶다고 생각합니다.

■ 단어 ■

入院(にゅういん) 입원 | やっと 겨우, 간신히 | 他(ほか)にない 그 밖에 없다, 달리 없다 | 得(え)る 얻다 | 感謝(かんしゃ) 감사 | 見守(みまも)る 지켜보다 | もちろん 물론 | 励(はげ)ます 격려하다 | 一言(ひとこと) 한마디 | 言(い)い表(あらわ)す 말로 표현하다 | 食事(しょくじ)をとる 식사를 하다 | 自宅(じたく) 자택, 자기 집 | 感(かん)じる 느끼다 | 当(あ)たり前(まえ) 당연함 | たった 단지 | ささやか 사소함 | 生(い)きる 살다

■ 주요 어구 ■

• 동사 「た」+きり : ～한 채로(그대로)

「～きり、～きりで＋부정」의 형태로 「～을 마지막으로, ～한 채」라는 의미를 가진다. 뒤에 부정을 나타내는 말이 오면 「그것을 마지막으로 해서～뿐/～뿐이다」의 뜻으로 「～っきり」의 형태로 쓰인다.

彼女(かのじょ)には去年(きょねん)会(あ)ったきりだ。
그녀와는 작년에 만났을 뿐이다.

朝(あさ)早(はや)く出(で)かけていったきり、夜(よる)になっても帰(かえ)ってこない。
아침 일찍 나간 채 밤이 되어도 돌아오지 않는다.

• 「～はもちろん」: ～은 물론, ～은 말할 것도 없고

日曜(にちよう)・祭日(さいじつ)はもちろん土曜日(どようび)も出社(しゅっしゃ)しなければならない。
일요일, 기념일은 물론 토요일도 출근하지 않으면 안 된다.

• 동사 「たい」+と思(おも)う : ～하고 싶다고 생각한다, ～했으면 한다

「기본형＋と思(おも)います」: ～라고 생각한다

사고(思考)하는 내용을 인용하는 표현으로 앞의 말을 받아 단정을 피하고 완곡하게 자신의 의견이나 생각을 약화시켜 말하는 부드러운 표현이다. 주의할 점은 「～と思います」 앞에는 공손한 표현이 올 수 없다는 점이다.

土曜日(どようび)には山登(やまのぼ)りに行(い)きたいと思っています。
토요일에는 등산을 가고 싶습니다.

8. ____________

입원생활에서 얻은 것은 무엇입니까?

(A) 자유로운 시간

(B) 맛있는 식사

(C) 텔레비전을 보는 시간

(D) 감사의 마음

■ 단어 ■

入院生活(にゅういんせいかつ) 입원생활 | 得(え)る 얻다 | 自由(じゆう)な 자유로운 | 食事(しょくじ) 식사 | 感謝(かんしゃ) 감사 | 気持(きも)ち 마음, 기분

■ 정답 ■ (D)

9. ____________

이 사람은 언제부터 언제까지 입원했습니까?

(A) 작년 8월부터 12월말까지

(B) 작년 12월말부터 금년 5월까지

(C) 금년 5월부터 12월말까지

(D) 금년 2월부터 6월까지

■ 단어 ■

入院(にゅういん) 입원 | 昨年(さくねん) 작년 | ～末(まつ)～말 * 「～末(すえ) : ～말」 | 今年(ことし) 금년

■ 정답 ■ (A)

10. ____________

이 사람은 앞으로 어떻게 할 겁니까?

(A) 퇴원합니다.

(B) 진학합니다.

(C) 다시 입원합니다.

(D) 문병하러 갑니다.

■ 단어 ■

退院(たいいん) 퇴원 | 進学(しんがく) 진학 | お見舞(みま)いに行(い)く 문병(문안) 가다

■ 정답 ■ (C)

[11-14]

중학생 시절 역에서 전철을 기다리고 있었을 때, 플랫폼에 있었던 할아버지와 간혹 눈이 마주쳤습니다. 백발에 베레모를 쓴, 매우 자상해 보이는 할아버지. 내가 미소 지으면 웃는 얼굴로 답례해 주셨습니다. 단지 그것뿐이었지만, 할아버지는 나를 기억하고 있었던 모양으로, 다음에 만났을 때에는 말을 걸어 주셨습니다. 할아버지는 매일 정해진 시각에 전철을 이용하고 있으며, 같은 전철에 함께 타면 세상 이야기를 하게 되었습니다. 지금도 그 교류는 계속되고 있습니다. 가족과 일, 학교에 관한 것…. 차 안 이외에서 만나는 일은 없으며, 사실은 이름도 명확하게 기억하고 있지 않습니다. 그래도 내릴 때까지의 30분간은 마음이 편안해지는 즐거운 한 때입니다. 지금은 인터넷 등으로도 쉽게 친구를 만들 수 있습니다. 하지만 일상생활에서의 이런 사심 없는 만남을 앞으로도 소중히 하고 싶습니다.

■ 단어 ■

ホーム 플랫폼 | おじいさん 할아버지 | たまたま 간혹 | 目(め)が合(あ)う 눈이 맞다 | 白髪頭(しらがあたま) 백발 | ベレー帽(ぼう)をかぶる 베레모를 쓰다 | 優(やさ)しい 상냥하다, 친절하다 | 微笑(ほほえ)む 미소 짓다 | 笑顔(えがお) 웃는 얼굴, 미소 | 返(かえ)す 되돌려주다, 돌려보내다 | 覚(おぼ)える 기억하다 | 見(み)かける 발견하다, 눈에 띄다 | 話(はな)しかける 말을 걸다 | 決(き)まる 정해지다, 결정되다 | 時刻(じこく) 시각 | 乗(の)り合(あ)わせる (우연히) 함께 타다, 같은 차를 타다 | 世間話(せけんばなし) 세상 이야기 | 交流(こうりゅう) 교류 | 続(つづ)く 계속되다 | 以外(いがい) 이외 | はっきり 분명함, 확실함 | 落(お)ち着(つ)ける 차분해지다, 안정되다 | 楽(たの)しみ 즐거움 | 日常生活(にちじょうせいかつ) 일상생활 | 何気(なにげ)ない 아무렇지도 않다 | 出会(であ)い (우연한) 만남 | 大切(たいせつ) 소중함, 중요함

■ 주요 어구 ■

• 「형용사어간+そうだ」: ~인 것 같다(양태의 「そうだ」)
「동사ます형/형용사 어간+そうだ」는 양태 표현으로 「~

인 것 같다, ~하게 보이다, ~할(일) 것 같다(동사), 그렇게 보인다, 그런 느낌이다(형용사)」라는 뜻으로 특히 동사의 경우는 그럴 가능성이 높을 때 사용된다.

おいしそうなアイスクリームですね。
맛있을 것 같은 아이스크림이군요.

楽(たの)しそうにおしゃべりをしている。
즐거운 듯이 얘기하고 있다.

11. ______________

아저씨의 첫 인상은 어땠습니까?

(A) 무서운 것 같음

(B) 자상해 보임

(C) 시끄러워 보임

(D) 머리가 좋은 것 같음

■ 단어 ■

第一印象(だいいちいんしょう) 첫 인상 | 怖(こわ)い 무섭다, 두렵다 | 優(やさ)しい 상냥하다, 친절하다 | うるさい 시끄럽다, 성가시다, 까다롭다 | 頭(あたま)がよい 머리가 좋다

■ 정답 ■ (B)

12. ______________

왜 아저씨와 전철 안에서 말하게 되었습니까?

(A) 친구의 아버지이기 때문에

(B) 자리를 양보해 주었기 때문에

(C) 웃음을 보낸 것을 아저씨가 기억하고 있었기 때문에

(D) 근처 아저씨이기 때문에

■ 단어 ■

どうして 왜, 어째서 | 電車(でんしゃ) 전철 | 席(せき)を譲(ゆず)る 자리를 양보하다 | 笑(わら)いかける 웃음을 던지다 | 覚(おぼ)える 기억하다 | 近所(きんじょ) 근처, 부근

■ 정답 ■ (C)

13. ______________

이 사람은 아저씨와 말하는 것을 어떻게 생각하고 있습니까?

(A) 아저씨가 일방적으로 말하기 때문에 피곤하다.

(B) 항상 말하는 내용이 같아서 재미없다.

(C) 시간 때우기에 딱 좋다.

(D) 기분이 편해져 즐겁다.

■ 단어 ■

一方的(いっぽうてき) 일방적 | 疲(つか)れる 지치다, 피로하다, 힘들다 | 内容(ないよう) 내용 | 同(おな)じだ 같다, 동일하다 | つまらない 시시하다, 재미없다 | 暇(ひま)つぶし 시간 때우기 | ちょうど 마침, 바로 | リラックス 긴장을 품, 편안히 쉼 | 楽(たの)しい 즐겁다

■ 정답 ■ (D)

14.

전철 안에서 어떤 이야기를 합니까?

(A) 정치, 경제

(B) 최근의 사회문제

(C) 비즈니스

(D) 세상 이야기

■단어■

政治(せいじ) 정치 | 経済(けいざい) 경제 | 最近(さいきん) 최근 | 社会(しゃかい) 사회 | 世間話(せけんばなし) 세상 이야기, 잡담

■정답■ (D)

[15-17]

> この間友だち8人と本栖湖(もとすこ)という湖に行って来ました。その地域の環境問題を、みんなで調べるためだったのですが、ごみがあまりにも多いのに驚きました。最初の日は、近くの山に登りました。登山コースにはごみは少なかったのですが、草木のかげには、空き缶がけっこう捨ててありました。私たちは空き缶などを拾い集めました。次の日は地元の人たちと船に乗って湖の底のごみを集めました。ほとんどが缶やびんでしたが、中には古タイヤなどもありました。どうして、この湖にごみを捨てて行くんだろうと不思議に思いました。でも、その答えはすぐに見つかりました。みんな持ち帰るのが嫌なのです。きれいな自然は、みんなで守らなくてはいけないのに、どうしてそれが分からないのでしょう。私は「ごみは持ち帰る」「落ちているごみはなるべく拾う」ことを、毎日の生活でも守っていこうと心に決めました。

지난번 친구들 8명과 모토스코라는 호수에 갔다 왔습니다. 그 지역 환경문제를 함께 조사하기 위해서였지만, 쓰레기가 너무나도 많은데 놀랐습니다. 첫날은 근처 산에 올랐습니다. 등산 코스에는 쓰레기는 적었지만, 초목 그늘에는 빈 깡통이 상당히 버려져 있었습니다. 우리들은 빈 깡통 등을 주워 모았습니다. 다음날에는 지역 주민들과 배를 타고 호수 바닥의 쓰레기를 모았습니다. 대부분이 깡통이나 병이었지만, 그 중에는 낡은 타이어 등도 있었습니다. 어째서 이 호수에 쓰레기를 버리고 가는 것일까 라고 이상하게 생각했습니다. 하지만 그 답은 바로 나왔습니다. 모두 갖고 돌아가는 것이 싫은 것입니다. 깨끗한 자연은 모두가 지키지 않으면 안 되는데도, 왜 그것을 모르는 것일까요. 나는 「쓰레기는 갖고 돌아가자」「떨어져 있는 쓰레기는 가능한 한 줍는다」는 것을 매일의 생활에서도 지켜 가자고 결심했습니다.

■단어■

湖(みずうみ) 호수 | 地域(ちいき) 지역 | 環境(かんきょう) 환경 |

調(しら)べる 조사하다 | あまりにも 너무나도 | 驚(おどろ)く 놀라다 | 最初(さいしょ) 최초 | 登(のぼ)る 오르다 | 登山(とざん) 등산 | 少(すく)ない 적다 | 草木(くさき=そうもく) 초목 | 陰(かげ) 그늘 | 空(あ)き缶(かん) 빈 깡통 | けっこう 꽤, 상당히 | 捨(す)てる 버리다 | 拾(ひろ)い集(あつ)める 주워 모으다 | 地元(じもと) 그 지역 | 底(そこ) 바닥 | 瓶(びん) 병 | 不思議(ふしぎ) 이상함 | 見(み)つかる 발견되다 | 持(も)ち帰(かえ)る 가지고 돌아가다 | 嫌(いや) 싫어함, 불쾌함 | 自然(しぜん) 자연 | 守(まも)る 지키다 | 拾(ひろ)う 줍다 | 決(き)める 결정하다

■주요 어구■

• 「타동사+てある」: 타동사의 상태

「타동사+てある」는 어떤 동작의 결과가 계속되는 것을 나타낸다. 즉 인위적인 행위의 결과를 나타낸다. 누군가 「〜ておく」한 뒤의 상태에 비중을 두는 표현이다. 가령 말하는 사람이 창문의 상태를 보고 표현하는 점은 같으나, 그 상태를 단순 묘사한 것인지, 아니면 무언가를 위한 의도의 결과였다고 판단하는지 또는 말하는 사람의 이해관계에 어떤 관련이 있는가에 따라 표현이 달라진다.

窓(まど)が開(あ)けてあります。
창문이 열려 있습니다.

答(こた)えが書(か)いてあります。
답이 쓰여 있습니다.

つくえの上(うえ)に本(ほん)が置(お)いてあります。
책상 위에 책이 놓여 있습니다.

• 「〜なくてはいけない」: 〜하지 않으면 안 된다

의무를 나타내는 표현에는 「〜なくてはいけない」외에 「〜なければいけない」도 있는데 이처럼 「いけない」와 같은 표현은 주로 개인적이고 구체적인 이야기를 할 경우에 사용한다. 축약형은 「〜なくちゃいけない」이다.

来週(らいしゅう)試験(しけん)がありますから、勉強(べんきょう)しなくてはいけない。
다음 주 시험이 있기 때문에 공부하지 않으면 안 된다.

野菜(やさい)はたくさん食(た)べなくてはいけません。
야채는 많이 먹지 않으면 안 됩니다.

• 「동사+ていく」: 〜하고(해) 가다

어느 시점을 기준으로 그 이후로 지속적으로 행위나 변화가 발생함을 나타낸다.

15.

호수의 쓰레기 중에서 가장 많았던 것은 무엇입니까?

(A) 타이어

(B) 빈 깡통

(C) 종이

(D) 비닐봉지

■단어■
湖(みずうみ) 호수 | ごみ 쓰레기 | 一番(いちばん) 가장, 제일 | 多(おお)い 많다 | 空(あ)き缶(かん) 빈 깡통 | 紙(かみ) 종이 | ビニール袋(ぶくろ) 비닐봉지

■정답■ (B)

16. ________________________________

산 어디에 쓰레기가 많이 버려져 있었습니까?

(A) 화장실

(B) 등산 코스

(C) 초목의 그늘

(D) 쓰레기 통

■단어■
山(やま) 산 | たくさん 많음 | 捨(す)てる 버리다 | 登山(とざん) 등산 | 草木(くさき=そうもく) 초목 | かげ 그늘 | ごみ箱(ばこ) 쓰레기통

■정답■ (C)

17. ________________________________

이 사람은 매일의 생활 속에서 무엇을 지키기로 했습니까?

(A) 가능한 한 쓰레기를 내지 않도록 생활할 것

(B) 쓰레기는 갖고 돌아갈 것과 떨어져 있는 쓰레기는 가능한 한 주울 것

(C) 숙제를 잊지 않고 할 것

(D) 산에서 도시락이나 과자를 먹지 않을 것

■단어■
毎日(まいにち) 매일 | 守(まも)る 지키다 | なるべく 가능한 한 | 出(だ)す 내다 | 持(も)ち帰(かえ)る 가지고 돌아가다 | 落(お)ちる 떨어지다 | 拾(ひろ)う 줍다 | 宿題(しゅくだい) 숙제 | 忘(わす)れる 잊다 | 山(やま) 산 | お弁当(べんとう) 도시락 | お菓子(かし) 과자 | 食(た)べる 먹다

■정답■ (B)

[18-20]

> 館内のお客様に迷子のご案内をいたします。赤色の服を着たはるかちゃんという名前の女の子を見かけた方、お母さんが探しておられます。身長は80センチで黄色の帽子をかぶっています。見かけた方は正面1階の本部までご連絡下さい。又お近くにいるようでしたら本部までお願いいたします。

관내에 계신 손님 여러분께 미아 안내를 해드리겠습니다. 빨강 옷을 입은 하루카라는 이름의 여자아이를 발견하신 분, 어머니가 찾고 있습

니다. 신장은 80센티이며, 노란 모자를 쓰고 있습니다. 보신 분은 정면 1층 본부까지 연락 주십시오. 혹은 가까이에 있는 것 같으면 본부까지 부탁드립니다.

■단어■
館内(かんない) 관내 | 迷子(まいご) 미아 | 赤色(あかいろ) 빨간색 | 着(き)る 입다 | 名前(なまえ) 이름 | 見(み)かける 발견하다 | 探(さが)す 찾다 | おる 있다 | 身長(しんちょう) 신장 | 黄色(きいろ) 노란색 | 被(かぶ)る (모자 등을)쓰다 | 正面(しょうめん) 정면 | 本部(ほんぶ) 본부 | 連絡(れんらく) 연락 | 又(また) 또, 그리고

18. ________________________________

누가 없어졌습니까?

(A) 노란 모자를 쓴 남자아이

(B) 빨간 모자를 쓴 여자아이

(C) 노란 옷을 입은 남자아이

(D) 빨간 옷을 입은 여자아이

■단어■
誰(だれ) 누구 | いなくなる (있던 사람이)없어지다 | 黄色(きいろ) 노란색 | 帽子(ぼうし)をかぶる 모자를 쓰다 | 赤色(あかいろ) 빨간색 | 服(ふく)を着(き)る 옷을 입다

■정답■ (D)

19. ________________________________

이것은 무엇에 대한 안내 방송입니까?

(A) 바겐세일의 안내

(B) 미아 안내

(C) 폐점 안내

(D) 분실물 안내

■단어■
案内(あんない) 안내 | 迷子(まいご) 미아 | 閉店(へいてん) 폐점 | 落(お)とし物(もの) 분실물

■정답■ (B)

20. ________________________________

하루카 양을 발견하면 어떻게 합니까?

(A) 근처 경찰에 연락한다.

(B) 정면 입구 안내에 연락한다.

(C) 근처 점원에게 알린다.

(D) 정면 1층 본부에 연락한다.

■단어■
見(み)かける 발견하다 | 警察(けいさつ) 경찰 | 連絡(れんらく) 연락 | 正面(しょうめん) 정면 | 入(い)り口(ぐち) 입구 | 近(ちか)く 근처, 부근 | 店員(てんいん) 점원 | 知(し)らせる 알리다

■정답■ (D)

II. 독해 파트

PART V 정답찾기

PART VI 오문정정

PART VII 공란 메우기

PART VIII 독해

Part 5 정답찾기

연습문제

Drill 1 한자

1. ______________________

내일은 8월 8일입니다.

■ 단어 ■
明日(あした・あす) 내일 | 8日(ようか) 8일 | 20日(はつか) 20일 | 4日(よっか) 4일

■ 정답 ■   (D)

2. ______________________

수업이 끝나면 함께 돌아갑시다.

■ 단어 ■
授業(じゅぎょう) 수업 | 終(お)わる 끝나다 | 一緒(いっしょ)に 함께 | 帰(かえ)る 돌아가다(오다)

■ 정답 ■   (C)

3. ______________________

하늘에서 바라본 경치는 그림 같았습니다.

■ 단어 ■
空(そら) 하늘 | 眺(なが)める 조망하다, 전망하다 | 景色(けしき) 경치 | 絵(え) 그림 | 명사+の+ようだ ～같다(비유표현)

■ 정답 ■   (A)

4. ______________________

그녀는 순수하고 상냥합니다.

■ 단어 ■
素直(すなお) 순수함, 솔직함 | 優(やさ)しい 상냥하다 | 正直(しょうじき) 정직 | 誠実(せいじつ) 성실 | 真面目(まじめ) 진지함, 성실함

■ 정답 ■   (B)

5. ______________________

비가 심하게 내리고 있습니다.

■ 단어 ■
雨(あめ) 비 | 激(はげ)しい 격렬하다, 격심하다 | 降(ふ)る (눈, 비가)내리다 | ひどい 심하다 | 珍(めずら)しい 드물다 | 厳(きび)しい 엄격하다, 혹독하다

6. ______________________

지금 회의 중이므로 조용히 해 주세요.

■ 단어 ■
会議中(かいぎちゅう) 회의 중 | 静(しず)か 조용함 | 清(きよ)い 맑다 | 青(あお)い 파랗다

■ 정답 ■   (D)

7. ______________________

어려운 말은 사전으로 조사합니다.

■ 단어 ■
難(むずか)しい 어렵다 | 言葉(ことば) 말 | 辞書(じしょ) 사전 | 調(しら)べる 조사하다 | 並(なら)べる 늘어놓다, 가지런히 하다

■ 정답 ■   (A)

8. ______________________

야마다 씨는 매우 성실한 사람입니다.

■ 단어 ■
真面目(まじめ) 성실함 | 誠実(せいじつ) 성실

■ 정답 ■   (C)

9. ______________________

오늘은 몇 월 며칠입니까?

■ 단어 ■
今日(きょう) 오늘 | 何日(なんにち) 며칠

■ 정답 ■   (C)

10. ______________________

일본어 선생님은 매우 엄합니다.

■ 단어 ■
日本語(にほんご) 일본어 | 先生(せんせい) 선생님 | とても 매우, 대단히 | 厳(きび)しい 엄하다 | 激(はげ)しい 심하다, 격렬하다 | 優(やさ)しい 상냥하다 | 難(むずか)しい 어렵다

■ 정답 ■   (D)

11. ______________________

자동차 보험에 드는 것이 좋아요.

■ 단어 ■
自動車(じどうしゃ) 자동차 | 保険(ほけん) 보험

■ 정답 ■   (A)

12. _______________

젊었을 때 여러 가지 자격을 취득해 두는 것이 좋다.

■단어■
若(わか)い 젊다, 어리다, 경험이 미숙하다│資格(しかく)を取(と)る) 자격을 취득하다

■정답■ (B)

13. _______________

친구에게 아직 책을 돌려받지 못했다.

■단어■
友達(ともだち) 친구│本(ほん) 책│返(かえ)す (빌린것을)돌려주다│渡(わた)す 건네다, 넘기다│探(さが)す 찾다│戻(もど)す 되돌리다

■정답■ (D)

14. _______________

누나는 다음달 1일에 20세가 됩니다.

■단어■
来月(らいげつ) 다음달│二十日(はつか) 20일│1日(ついたち) 초하루, 1일│二日(ふつか) 초이틀, 2일

■정답■ (B)

15. _______________

일본의 아키하바라는 전자제품이 싸고, 품목 수도 풍부한 것으로 유명합니다.

■단어■
電子製品(でんしせいひん) 전자제품│品数(しなかず) 상품의 종류, 품목의 수│豊富(ほうふ) 풍부│有名(ゆうめい) 유명

■정답■ (D)

16. _______________

지금, 일본은 매우 불경기여서, 취직 못하는 사람도 많이 있습니다.

■단어■
不景気(ふけいき) 불경기│就職(しゅうしょく) 취직│大勢(おおぜい) 사람이 많음

■정답■ (C)

17. _______________

일본에 체재 중, 일본 꽃꽂이를 배우고 싶습니다.

■단어■
滞在(たいざい) 체재│生花(いけばな) 꽃꽂이│習(なら)う 배우다

■정답■ (A)

18. _______________

내년, 그와 결혼하기로 했습니다.

■단어■
来年(らいねん) 내년│結婚(けっこん) 결혼

■정답■ (B)

Drill 2 유사표현 고르기

1. _______________

오늘 아침에는 밥을 먹었습니다.
(A) 어제 아침에는 밥을 먹었습니다.
(B) 어젯밤에는 밥을 먹었습니다.
(C) 오늘 아침에는 밥을 먹었습니다.
(D) 오늘밤에는 밥을 먹었습니다.

■단어■
今朝(けさ) 오늘 아침│ごはん 밥│食(た)べる 먹다

■정답■ (C)

2. _______________

여기는 교통이 불편합니다.
A) 역이 멉니다.
(B) 역이 깁니다.
(C) 역이 가깝습니다.
(D) 역이 작습니다.

■단어■
交通(こうつう) 교통│不便(ふべん) 불편함│駅(えき) 역│遠(とお)い 멀다│長(なが)い 길다│近(ちか)い 가깝다│小(ちい)さい 작다

■정답■ (A)

3. _______________

이 노래는 18번입니다.
(A) 가장 잘하는 것입니다.
(B) 가장 서툰 것입니다.
(C) 가장 어려운 것입니다.
(D) 가장 간단한 것입니다.

■단어■
十八番(じゅうはちばん) 18번, 가장 잘하는 것│得意(とくい) 잘함, 뛰어남│苦手(にがて) 잘 못함, 서툼│難(むずか)しい 어렵다│

簡単(かんたん) 간단함

■정답■　(A)

4.

다나카 씨는 '다녀 오겠습니다' 라고 했습니다.

(A) 다나카 씨는 집에 돌아 왔습니다.

(B) 다나카 씨는 집을 나섭니다.

(C) 다나카 씨는 목욕했습니다.

(D) 다나카 씨는 밥을 먹습니다.

■단어■

帰(かえ)る 돌아오다(가다) | 出(で)る 나오다, 나가다 | お風呂(ふろ)に入(はい)る 목욕하다 | 食(た)べる 먹다

■해설■

「いってきます」는 집을 나서면서 하는 인사에 해당되며, 공손한 말로는 「行(い)ってまいります」라고 한다. 이에 대한 응대 표현인 「다녀오세요」는 「いっていらっしゃい」라고 한다.

■정답■　(B)

5.

김 씨는 다나카 씨에게 받은 책을 스즈키 씨에게 주었습니다.

(A) 다나카 씨는 김 씨에게 책을 받았습니다.

(B) 스즈키 씨는 다나카 씨에게 책을 받았습니다.

(C) 김 씨는 스즈키 씨에게 책을 주었습니다.

(D) 스즈키 씨는 김 씨에게 책을 주었습니다.

■단어■

もらう 받다 | あげる (내 쪽에서 상대에게) 주다

■정답■　(C)

6.

테이블에서 지금이라도 컵이 떨어질 것 같다.

(A) 컵은 테이블에서 벌써 떨어졌다.

(B) 컵은 테이블에서 아직 떨어지지 않았다.

(C) 컵은 테이블에서 떨어져 버렸다.

(D) 컵은 테이블에서 떨어졌음에 틀림없다.

■단어■

今(いま)にも 지금이라도 | コップ 컵 | 落(お)ちる 떨어지다

■해설■

• 동사「ます형」+そうだ : ～할(일) 것 같다

　지금이라도 그 일이 일어날 것 같은 가능성이 있을 때 사용되는 추측 표현으로, 아직 일이 발생하지 않았음을 알 수 있게 된다. 따라서 컵은 아직 떨어지지 않은 상태이

며, 떨어질 것 같은 모습을 표현하고 있다.

• まだ ～ていない : 아직 ～하지 않았다

• ～に違(ちが)いない : ～임에 틀림없다

■정답■　(B)

7.

오늘은 비가 안 내리는 것은 아닐까요?

(A) 오늘은 비가 내릴 것입니다.

(B) 오늘은 비가 내리지 않습니다.

(C) 오늘은 비가 안 내릴지도 모릅니다.

(D) 오늘은 비가 내립니다.

■해설■

• でしょうか : ～일까요

• かも知(し)れません : ～일지도 모릅니다
　＝ かも知れないです

•「비가 안 내리는 것은 아닐까요?」라는 말은「비가 안 내릴지도 모르겠네요.」라는 추측을 표현하고 있다.

■정답■　(C)

8.

오늘은 배가 아파서 조퇴했습니다.

(A) 시작할 시간에 늦었습니다.

(B) 정시보다 빨리 돌아갔습니다.

(C) 병원에 갔습니다.

(D) 입원했습니다.

■단어■

お腹(なか)が痛(いた)い 배가 아프다 | 早退(そうたい)する 조퇴하다 | 始(はじ)まる 시작되다 | 遅(おく)れる 늦어지다 | 定時(ていじ) 정시 | 病院(びょういん) 병원 | 入院(にゅういん) 입원

■정답■　(B)

9.

지금이라도 비가 내릴 것 같습니다.

(A) 반드시 온다고 했습니다.

(B) 갑자기 오기 시작했습니다.

(C) 조금 있으면 올 것처럼 보입니다.

(D) 틀림없이 올 거라고 생각합니다.

■단어■

今(いま)にも 지금이라도, 당장이라도 | 雨(あめ)が降(ふ)る 비가 오다(내리다) | 必(かなら)ず 반드시, 꼭 | 急(きゅう)に 갑자기 | 見(み)える 보이다 | きっと 반드시, 틀림없이

■정답■　(C)

10. ______________

대부분의 사람이 해외여행을 간 적이 있습니다.

(A) 몇몇 사람

(B) 대부분의 사람

(C) 일반 사람

(D) 외국 사람

■ 단어 ■

ほとんど 거의, 대부분 | 海外旅行(かいがいりょこう) 해외여행 | 何人(なんにん)か 몇 명인가 | 大部分(だいぶぶん) 대부분 | 一般(いっぱん) 일반 | 外国(がいこく) 외국

■ 정답 ■　(B)

Drill 3 유사문법 고르기

1. ______________

전화를 하고 나서 전철을 탑니다.

(A) 시간이 없으니까 서두릅시다.

(B) 방 청소가 끝나고 나서 외출합니다.

(C) 오늘은 10페이지부터 읽습니다.

(D) 영업은 아침 9시부터입니다.

■ 단어 ■

電話(でんわ) 전화 | 電車(でんしゃ) 전철 | ～に乗(の)る (교통수단 등)을 타다 | 急(いそ)ぐ 서두르다 | 掃除(そうじ) 청소 | 終(お)わる 끝나다 | 出(で)かける 외출하다 | 営業(えいぎょう) 영업

■ 해설 ■

• 동사「て」+から : ～하고 나서(순서의 표현)

• 명사+から : ～부터(출발)

• 용언의 종지형+から : ～이기 때문에(이유, 원인)

■ 정답 ■　(B)

2. ______________

어머니는 지난주 막 돌아 가셨습니다.

(A) 그는 언제나 책만 읽고 있습니다.

(B) 몇 사람정도 데리고 갈까요?

(C) 산 지 얼마 안 된 옷이 더러워져 버렸다.

(D) 돌아가지 않은 탓에 그녀를 만나지 못했다.

■ 단어 ■

先週(せんしゅう) 지난주 | 帰(かえ)る 돌아오(가)다 | 連(つ)れる 데리고 가다(오다), 동반하다 | 汚(よご)れる 더러워지다 | 会(あ)える「会(あ)う-만나다」의 가능형

■ 해설 ■

• 명사+ばかり : (수, 양의)정도

• 명사+ばかり/동사「て」+ばかりいる : 만, 뿐

• 동사「た」+ばかり : 막 ～했다, ～한지 얼마 안 되었다

• ばかりに : ～탓으로(다만 ～만이 원인이 되어서)

■ 정답 ■　(C)

3. ______________

내가 아는 바로는, 그녀는 지난달 결혼했을 겁니다.

(A) 내가 말해봤자, 귀를 기울일 사람은 아닙니다.

(B) 나는 그가 살고 있는 곳을 모릅니다.

(C) 해보았더니 의외로 간단했습니다.

(D) 본 바로는 대단한 상처는 아닌 것 같습니다.

■ 해설 ■

「ところ」

주어진 문제에서의「ところ」는「～바(문제가 되는 어느 점)」을 의미하며, (A)의「た＋ところ」는「～(해 보)았자, ～댔자」라는 뜻이다. (B)는 장소를 나타내는「곳」의 의미이며, (C)의「た＋ところ」는「～한 결과, ～했더니」의 뜻으로 쓰인다.

■ 정답 ■　(D)

4. ______________

이 이상은 이제 먹을 수 없습니다.

(A) 이 라디오는 외국에서 만들어졌습니다.

(B) 옆 사람이 답을 봐 버렸습니다.

(C) 영어는 못하지만, 일본어라면 가르칠 수 있습니다.

(D) 선생님은 언제 오셨습니까?

■ 단어 ■

外国(がいこく) 외국 | 作(つく)る 만들다 | 隣(となり) 옆, 이웃 | 教(おし)える 가르치다

■ 해설 ■

가능의 역할로서의「(ら)れる」는 제시된 문제와 (C)이고, 수동의 역할로는 (A)(B)이며, 존경의 역할로는 (D)가 해당된다.

■ 정답 ■　(C)

5. ______________

한 번 내가 만든 요리를 먹어 보세요.

(A) 그 영화는 어제 보았습니다.

(B) 내가 부모님을 돌보고 있습니다.

(C) 홋카이도에는 전부터 가 보고 싶다고 생각하고 있습니다.

(D) 병원에서 진찰 받는 게 좋습니다.

■ 단어 ■

料理(りょうり) 요리 | 映画(えいが) 영화 | 両親(りょうしん) 부모님 | 面倒(めんどう) 돌봄, 보살핌 | 病院(びょういん) 병원

■ 해설 ■

동사「見(み)る」의 역할에 포인트가 있다.

- 동사「て＋みる」는 보조동사의 역할로「〜해 보다」라는 시도의 뜻
- (B)의「面倒(めんどう)を見(み)る」는「돌보다」라는 관용적 표현
- (D)의「診(み)る」는「진찰하다」라는 의미

■ 정답 ■ (C)

6. ______________________________

우리 아이는 아무리 주의해도 좀처럼 말을 듣지 않는다.

(A) 교토 역 근처에 상당히 좋은 가게가 있다.

(B) 새 부장님은 상당한 수완가이다.

(C) 좀처럼 이길 수 없는 승부에 어제는 깨끗이 이겨 버렸다.

(D) 이 요리는 상당히 맛있네요.

■ 단어 ■

注意(ちゅうい) 주의 | 聞(き)く 듣다 | やり手(て) 수완가, 수단가 | 勝(か)つ 이기다 | 勝負(しょうぶ) 승부 | あっさり 깨끗이 | いける (물건의 질, 음식의 맛이)꽤 쓸 만하다, 맛있다, 제법 준수하다

■ 해설 ■

「なかなか」: ・긍정문에서는「꽤, 상당히」
　　　　　　　・부정문에서는「좀처럼」

■ 정답 ■ (C)

7. ______________________________

잘도 그런 거짓말을 할 수 있군요.

(A) 그런 나쁜 짓을 잘도 하는군.

(B) 저 가게는 학생시절에 자주 간 가게입니다.

(C) 좋지도 나쁘지도 않습니다.

(D) 잘 하셨습니다. 훌륭합니다.

■ 단어 ■

うそをつく 거짓말하다 | 悪(わる)い 나쁘다 | 素晴(すば)らしい 훌륭하다

■ 해설 ■

- 「つける」:「つく」의 가능동사
- 동사기본형＋もの(もん)だ : 강조나 감탄의 표현
- 「できる」: ① 할 수 있다(가능) ② 만들어지다, 생기다
　　　　　　③ 잘하다
- 「よく」: ① 잘 ② 자주 ③ 좋게

- 형용사어간＋くもない : 〜하지도 않다

■ 정답 ■ (A)

8. ______________________________

일본어는 공부하면 할수록 어렵습니다.

(A) 사장님은 곧 오시리라 생각합니다.

(B) 마실수록 취기가 돌았습니다.

(C) 진위만큼은 모르겠습니다.

(D) 입으로 말할 정도로 간단하지 않습니다.

■ 단어 ■

ほどなく 얼마 안 있어, 곧 | 参(まい)る「行く－가다・来る－오다」의 겸양동사 | 酔(よ)いが回(まわ)る 취기가 돌다 | 真偽(しんぎ) 진위

■ 해설 ■

「ほど」의 역할

- 〜ば＋ほど : 〜(하)면 〜(할)수록
- 만큼 : 비교의 내용이며, 주로 뒤에 부정의 말을 수반함.
- 정도 : 대략의 범위, 한도, 기준

■ 정답 ■ (B)

9. ______________________________

아무래도 열이 있는 것 같다.

(A) 도저히 이해할 수 없다.

(B) 아무래도 이상하다고 생각했다.

(C) 일전에는 감사했습니다.

(D) 정말 미안합니다.

■ 단어 ■

熱(ねつ)がある 열이 있다 | 理解(りかい) 이해 | 変(へん) 이상함＝「異常(いじょう)」 | 先日(せんじつ) 요전, 지난번

■ 해설 ■

「どうも」

① 뒤에 부정어를 동반하면「도저히 〜않다」의 뜻이 된다.

② 아무래도, 왠지

③「ありがとう」나「すみません」등의 축약형 인사말

■ 정답 ■ (B)

10. ______________________________

그녀는 저렇게 보여도 여자다운 데가 있습니다.

(A) 일본인다운 행동을 하다.

(B) 어제 교차로에서 사고가 난 것 같습니다.

(C) 그 영화는 재미있는 것 같아요.

(D) 저쪽에서 오는 것은 어머니인 것 같다.

■단어■
行動(こうどう) 행동 | 交差点(こうさてん) 교차점, 교차로 | 事故
(じこ) 사고 | 映画(えいが) 영화

■해설■
「らしい」
① 뒤조동사 : ～인 것 같다, ～한 것 같다
② 접미어 : ～답다

■정답■ (A)

11. _______________________________
어릴 때, 아버지에게 야단맞곤 했습니다.
(A) 이 일기는 초등학생 때 쓴 것입니다.
(B) 원하는 것은 아무 것도 없습니다.
(C) 대학 시절에는 여러 가지 아르바이트를 하곤 했습니다.
(D) 빌린 돈은 바로 돌려줘야 하는 법입니다.

■단어■
小(ちい)さい 작다, 나이가 어리다 | 父親(ちちおや) 아버지 | 日記
(にっき) 일기 | 欲(ほ)しい 갖고 싶다, 원하다 | 借(か)りる 빌리
다 | 返(かえ)す 돌려주다, 반환하다

■해설■
「もの」
• 동사기본형＋ものだ : ～하기 마련이다(당연성, 보편성)
• 동사「た」＋ものだ : ～하고는 했다(회상)

■정답■ (C)

Drill 4 동음이의어

1. _______________________________
그녀는 기막히게 미인이었기 때문에, 많은 사람의 눈을 끌었다
(주목을 받았다).
(A) 10에서 3을 빼면 7입니다.
(B) 의미를 몰랐기 때문에 사전을 찾았다.
(C) 왠지 그 사람은 나의 주의를 끌었다.
(D) 어제 감기에 걸려 버렸다.

■단어■
美人(びじん) 미인 | 多(おお)く 많음 | 意味(いみ) 의미 | 辞書(じ
しょ) 사전 | 注意(ちゅうい) 주의
■해설■
「引(ひ)く」
① 끌다, 잡아당기다 ② 빼다
③ 辞書(じしょ)をひく 사전을 찾다

④ 風邪(かぜ)をひく 감기에 걸리다

■정답■ (C)

2. _______________________________
더우니까 창문을 열어 주세요.
(A) 날이 새는 것을 이제나저제나 기다리고 있었습니다.
(B) 노인에게는 자리를 양보합시다.
(C) 문을 열어 둔 채 잠들어 버렸습니다.
(D) 그러면 내일 밤은 시간을 비워 두겠습니다.

■단어■
今(いま)か今(いま)か 이제나저제나 | 老人(ろうじん) 노인 | 席(せ
き) 자리 | 戸(と) 문

■해설■
「あける」
① 開(あ)ける 열다
② 明(あ)ける 밝다 ↔ 夜(よ)があける 날이 밝다
③ 空(あ)ける 비우다

■정답■ (C)

3. _______________________________
앞으로 20년, 자네는 아직 앞날이 창창하다.
(A) 다나카 씨는 나보다 먼저 와 있었습니다.
(B) 회사를 그만두고, 앞으로 어떻게 할 작정입니까?
(C) 오늘은 볼일이 있어서 먼저 실례하겠습니다.
(D) 야마다 씨는 맨 앞에 서서 모두를 안내했습니다.

■단어■
君(きみ) 너, 자네 | 会社(かいしゃ)を辞(や)める 회사를 그만두
다 | 用事(ようじ) 볼일, 용무 | 失礼(しつれい) 실례 | 案内(あんな
い) 안내

■해설■
문제와 (B)는 「전도(前途), 장래」를 나타낸다. (A)는 「시간적
으로 먼저, 그 이전」, (C)는 「시간, 순서에 있어 빠름」, (D)
는 「선두, 맨 앞」을 나타낸다.

■정답■ (B)

4. _______________________________
어머니 얼굴에는 슬픈 표정이 나타나 있다.
(A) 이 문제를 푸는 방법은 여러 가지가 있다.
(B) 색에 대한 취향은 사람에 따라 다릅니다.
(C) 상황으로 볼 때 이미 패전의 기색이 짙다.
(D) 시합에 지고 실망하는 표정이 역력하다.

悲(かな)しみ 슬픔 | 表(あらわ)れる 나타나다, 드러나다 | 解(と)き
方(かた) 풀이 법, 푸는 방법 | 好(この)み 취향, 기호 | 違(ちが)う
다르다, 틀리다 | 状況(じょうきょう) 상황 | 敗戦(はいせん) 패전 |
濃(こ)い 진하다 | 試合(しあい) 시합 | 負(ま)ける 지다, 패하다 |
失望(しつぼう) 실망 | あらわにする 노골적으로 나타내다

■해설■
문제와 (D)는「낯빛, 안색, 표정」의 의미가 있다.
(A) 종류 (B) 색, 색깔 (C) 기미, 기색

■정답■ (D)

실전문제

1. ___________________________________

학교 근처에 백화점이 있습니다.

■단어■
学校(がっこう) 학교 | 近(ちか)く 근처, 가까운 곳 | 百貨店(ひゃか
てん) 백화점 =「デパート」

■정답■ (A)

2. ___________________________________

해마다 결혼식은 화려해져 가는 경향에 있습니다.

■단어■
年々(ねんねん) 해마다 | 結婚式(けっこんしき) 결혼식 | 派手(は
で) 화려함 ↔ 地味(じみ) 수수함 | 傾向(けいこう) 경향

■정답■ (B)

3. ___________________________________

내 취미는 독서입니다.

■단어■
趣味(しゅみ) 취미 | 読書(どくしょ) 독서

■정답■ (B)

4. ___________________________________

공원 안에는 개가 세 마리 있습니다.

■단어■
公園(こうえん) 공원 | 公演(こうえん) 공연 | 講演(こうえん) 강
연 | 後援(こうえん) 후원

■정답■ (D)

5. ___________________________________

오늘 하늘은 구름이 많네요.

■단어■
雲(くも) 구름 | 雷(かみなり) 천둥, 번개

■정답■ (A)

6. ___________________________________

이 방은 좁습니다.
(A) 이 방은 넓지 않습니다.
(B) 이 방은 좁지 않습니다.
(C) 이 방은 조용하지 않습니다.
(D) 이 방은 깨끗하지 않습니다.

■단어■
狭(せま)い 좁다 | 広(ひろ)い 넓다 | 静(しず)か 조용함 | 綺麗(き
れい) 깨끗함

■정답■ (A)

7. ___________________________________

오늘은 목요일입니다.
(A) 내일은 화요일입니다.
(B) 내일은 금요일입니다.
(C) 내일은 토요일입니다.
(D) 내일은 일요일입니다.

■정답■ (B)

8. ___________________________________

여기는 학교입니다.
(A) 여기는 회사원들이 있습니다.
(B) 여기는 여성사원들이 있습니다.
(C) 여기는 학생과 선생님이 있습니다.
(D) 여기는 의사와 간호사가 있습니다.

■단어■
女子(じょし) 여자 ↔「男子(だんし)남자」| 生徒(せいと) 학생 |
医者(いしゃ) 의사 | 看護婦(かんごふ) 간호사

■정답■ (C)

9. ___________________________________

오늘 밤에는 공부합니다.
(A) 오늘 저녁때는 공부합니다.
(B) 오늘 밤에는 공부합니다.
(C) 오늘 낮에는 공부합니다.
(D) 오늘 아침에는 공부합니다.

■단어■
今晩(こんばん) 오늘 저녁, 밤 | 夕方(ゆうがた) 저녁때 | 夜(よる) 밤

■정답■ (B)

10. _______________________

이것은 미국제입니다.

(A) 이것은 미국에서 샀습니다.

(B) 이것은 미국에서 사용했습니다.

(C) 이것은 미국에서 만들었습니다.

(D) 이것은 미국에서 팔았습니다.

■단어■

アメリカ製(せい) 미국 제품 | 買(か)う 사다 | 使(つか)う 사용하다 | 作(つく)る 만들다 | 売(う)る 팔다

■정답■ (C)

11. _______________________

여기는 교실입니다.

(A) 여기는 노는 곳입니다.

(B) 여기는 밥을 먹는 곳입니다.

(C) 여기는 공부를 하는 곳입니다.

(D) 여기는 운동을 하는 곳입니다.

■단어■

教室(きょうしつ) 교실 | 遊(あそ)ぶ 놀다 | ごはんを食(た)べる 밥을 먹다 | 勉強(べんきょう)をする 공부를 하다 | 運動(うんどう) 운동

■정답■ (C)

12. _______________________

다나카 씨는 '나의 어머니는 선생님입니다' 라고 했습니다.

(A) 다나카 씨의 아버지는 선생님입니다.

(B) 다나카 씨의 어머니는 선생님입니다.

(C) 다나카 씨의 형은 선생님입니다.

(D) 다나카 씨의 누나는 선생님입니다.

■단어 및 해설■

	나의 가족	상대의 가족
아버지	父(ちち)	お父(とう)さん
어머니	母(はは)	お母(かあ)さん
형, 오빠	兄(あに)	お兄(にい)さん
누나, 언니	姉(あね)	お姉(ねえ)さん

■정답■ (B)

13. _______________________

그만 말해 버렸습니다.

(A) 말할 생각은 아니었지만, 참을 수 없었습니다.

(B) 말하고 싶어도 말해서는 안 됩니다.

(C) 말해서는 안 된다고 생각했기 때문에 말하지 않았습니다.

(D) 말하고 싶으면 언제라도 말할 생각입니다.

■단어■

つい 그만 | 話(はな)す 말하다 | つもり 생각, 계획, 작정 | 我慢(がまん)する 참다 | いつでも 언제라도

■해설■

•동사「て」+しまう：「~해 버리다」라는 유감, 완료의 표현 「つい話(はな)してしまいました」는 말할 의도는 없었는데 유감스럽게도 말해버렸다라는 의미로 해석하게 된다.

■정답■ (A)

14. _______________________

그는 키가 작습니다.

(A) 그는 키가 짧지 않습니다.

(B) 그는 키가 강하지 않습니다.

(C) 그는 키가 크지 않습니다.

(D) 그는 키가 작지 않습니다.

■단어■

背(せ)が低(ひく)い 키가 작다 | 背(せ)が高(たか)い 키가 크다 | 短(みじか)い 짧다 | 強(つよ)い 강하다, 세다

■정답■ (C)

15. _______________________

그렇게 기뻤던 적은 없습니다.

(A) 그렇게 기쁘지 않습니다.

(B) 조금 기쁘다고 생각했습니다.

(C) 이제까지 중에서 가장 기쁩니다.

(D) 지금까지 기쁜 일이 없었습니다.

■단어■

嬉(うれ)しい 기쁘다 | 今(いま)まで 지금까지

■정답■ (C)

16. _______________________

남산타워에 오르면 서울 시내가 잘 보입니다.

(A) 그 공부 방법으로는 효과가 오르지 않습니다.

(B) 엘리베이터가 아니라 계단을 올라가세요.

(C) 많은 사람 앞에서는 흥분해 버려서 능숙하게 말하지 못합니다.

(D) 비가 그치자 거짓말처럼 파란 하늘이 되었다.

■단어■

市内(しない) 시내 | 方法(ほうほう) 방법 | 効果(こうか) 효과 |

大勢(おおぜい) 많은 사람 | 上手(じょうず)に 능숙하게 | うそ 거
짓말 | 青空(あおぞら) 파란 하늘

■ 해설 ■

• 「あがる」: (높은 곳에)오르다, (물가가)오르다, 흥분하다, (비
가)그치다

• 「명사+の+ような」: ~와 같은 – 비유의 표현

■ 정답 ■ (B)

17. ___________________________

지금 4시 5분입니다.

(A) 지금 4시 5분 전입니다.

(B) 지금 정각 4시입니다.

(C) 이제 곧 4시입니다.

(D) 지금 4시 지났습니다.

■ 단어 ■

ちょうど 정각 | もうすぐ 이제 곧 | すぎ 지남

■ 정답 ■ (D)

18. ___________________________

다나카 씨는 상사의 권유로 술을 마셨습니다.

(A) 다나카 씨가 상사에게 술을 권했습니다.

(B) 상사는 다나카 씨에게 술을 마시게 했습니다.

(C) 다나카 씨는 상사에게 술을 마셔도 좋다는 말을 들었습니다.

(D) 상사는 다나카 씨에게 술을 마시고 싶다고 말했습니다.

■ 단어 ■

上司(じょうし) 상사 | お酒(さけ) 술 | 飲(の)む 마시다 | 勧(すす)
める 권하다

■ 정답 ■ (B)

19. ___________________________

내일부터 정기 국회가 열립니다.

(A) 정원의 꽃이 활짝 피었다.

(B) 황무지를 개간하여 밭을 만들었다.

(C) 토요일은 송별회를 엽시다.

(D) 상대 팀과의 점수가 크게 벌어졌다.

■ 단어 ■

定期(ていき) 정기 | 国会(こっかい) 국회 | 荒(あ)れ地(ち) 황무지 |
畑(はたけ) 밭 | 送別会(そうべつかい) 송별회 | 相手(あいて) 상대

■ 정답 ■ (C)

20. ___________________________

그 사람과는 3년 전에 헤어진 채로 입니다.

(A) 3년 동안 단 한 번 만났다.

(B) 3년 전에 헤어지려고 생각했을 뿐이다.

(C) 3년 만에 만났다.

(D) 3년 동안 한 번도 만나지 않았다.

■ 단어 ■

別(わか)れる 헤어지다 | ~ぶり ~만에(시간의 경과를 나타내는 말
에 붙음)

■ 해설 ■

「きり」

① ~만, 밖에, 뿐 (그것이 마지막임을 나타냄)

これきりありません。

이것밖에 없습니다.

② 동사「た」+きり ~한 채로. / 이후, 그 후(동작이 끝나고
기대했던 동작이 따르지 않음을 나타냄)

朝(あさ)出(で)かけたきり、まだ帰(かえ)らない。

아침에 나간 채 아직 돌아오지 않고 있다.

■ 정답 ■ (D)

Part 6 오문정정

연습문제

Drill 1 동사

1. ___________________________

숙제가 끝난 뒤에 시내에 있는 찻집에서 커피를 마십시다.

■ 단어 ■

宿題(しゅくだい) 숙제 | 終(お)わる 끝나다 | 市内(しない) 시내 |
喫茶店(きっさてん) 찻집, 커피숍

■ 해설 ■

동사「た」+後(あと)で : ~한 후에

終わった後で 끝난 후에

■ 정답 ■ (A)

2. ___________________________

엄마에게 전화를 건 뒤에 편지를 썼습니다.

■ 단어 ■

電話(でんわ)をかける 전화를 걸다 | 手紙(てがみ) 편지 | 書(か)
く 쓰다

■해설■

「あとで」는 반드시 동사「た」에 연결된다는 것이 포인트다.

■정답■ (B)

3. ___________

나는 매일 아침 공원에서 운동을 한 뒤 신문을 읽기로 하고 있습니다.

■단어■

毎朝(まいあさ) 매일 아침 | 公園(こうえん) 공원 | 運動(うんどう) 운동 | 新聞(しんぶん) 신문 | 동사기본형+ことにする ～하기로 하다(결심)

■해설■

運動をしたあと 운동을 한 뒤

■정답■ (C)

4. ___________

이 구두는 일본에 가기 전에 샀습니다.

■단어■

くつ 구두 | 前(まえ)に 전에 | 買(か)う 사다

■해설■

「前に」는 앞의 동사가 이루어지기 전의 상황이기 때문에 반드시 동사기본형에 연결된다는 것이 포인트다.

行く前に 가기 전에

■정답■ (C)

5. ___________

저 모자를 쓴 사람은 누구입니까?

■단어■

ぼうし 모자 | かぶる (머리 등에)쓰다

■해설■

동사「た」+명사 : ～한+명사

착용 동사의 현재 상태 표현은「～ている」혹은「～た」의 모양을 취한다는 것이 포인트! 따라서「모자를 쓴 사람」은「ぼうしをかぶったひと」혹은「ぼうしをかぶっているひと」가 되어야 한다.

■정답■ (B)

6. ___________

이번 휴가에는 일본에 관한 책을 읽으려고 생각하고 있습니다.

■단어■

今度(こんど) 이번 | 休(やす)み 휴가, 방학 | 関(かん)する 관련하

다, 관계하다 | 考(かんが)える 생각하다

■해설■

「～에 관한+명사」의 경우에는「関する+명사」의 꼴이 되어야 한다. 따라서「일본에 관한 책」은「日本に関する本」이 된다.

■정답■ (C)

7. ___________

어제 꿈속에서 돌아가신 아버지를 만났습니다.

■단어■

夢(ゆめ) 꿈 | 死(し)ぬ 죽다

■해설■

과거형 명사 수식은「た+명사」의 꼴이므로「の」가 개입될 필요가 없다. 따라서「돌아가신 아버지」는「死んだ父(ちち)」가 된다.

■정답■ (C)

8. ___________

모르는 단어가 있으면 사전을 찾아서 읽으세요.

■단어■

単語(たんご) 단어 | 辞書(じしょ)を引(ひ)く 사전을 찾다

■해설■

용언의 부정 명사 수식은 「～ない+명사」이므로「모르는 단어」는「わからない単語」가 된다.

■정답■ (A)

9. ___________

커피를 마셨더니 아무래도 위 상태가 이상하다.

■단어■

コーヒー 커피 | 飲(の)む 마시다 | どうも 아무래도 | 胃(い) 위 | 調子(ちょうし) 상태 | おかしい 이상하다

■해설■

음료 및 커피를「마시다」는 행위는「飲む」로 표현한다.「커피를 마시다」는「コーヒーを飲む」라고 해야 한다.

■정답■ (A)

10. ___________

방안에 의자가 3개 있습니다.

■단어■

部屋(へや) 방 | いす 의자

■**해설**■

존재 동사 : 사물·식물의 있고 없음을 나타낼 때에는「あります·ありません」, 사람·동물의 있고 없음은「います·いません」으로 표현한다. 문제에서는 의자가 주체이므로「あります」를 사용해야 한다.

■**정답**■ (D)

---

11. _______________________________________

과장인 다나카 씨는 어디에 있습니까?

■**단어**■

課長(かちょう) 과장(님)

■**해설**■

주체가 사람인「たなかさん」이므로「いますか」가 와야 한다.

■**정답**■ (D)

---

12. _______________________________________

근처에 슈퍼가 있어서, 이 부근은 매우 편리합니다.

■**단어**■

近(ちか)く 근처 | 辺(あた)り 주변, 부근 | 便利(べんり) 편리

■**해설**■

「슈퍼」라는 무생물 주어이기 때문에, 동사「いる」 대신에「ある」를 사용해야 한다.

■**정답**■ (B)

---

13. _______________________________________

나는 여름방학 동안에 누나가 있는 전주에 갔었습니다.

■**단어**■

夏休(なつやす)み 여름방학 | 間(あいだ) 동안 | 姉(あね) 누나, 언니

■**해설**■

주체가「누나」라는 사람이기 때문에,「ある」를「いる」로 고쳐야 한다.

■**정답**■ (C)

---

14. _______________________________________

30대의 남성이라면 첫 사랑의 추억을 갖고 있지 않는 사람은 없을 것입니다.

■**단어**■

30代(だい) 30대 | 男性(だんせい) 남성 | 初恋(はつこい) 첫사랑 | 思(おも)い出(で) 추억 | 持(も)つ 들다, 가지다

■**해설**■

• 이 문제의 주체는「추억을 갖고 있지 않는 사람」이기 때문에 그런 사람은 없을 것이라는「없다」에서「ない」를「いない」로 고쳐야만 한다.「ある」의 부정은「ない」,「いる」의 부정은「いない」라는 점을 유의해야만 한다.

•「もっていない」는「もっている」의 부정 표현에 해당된다.

■**정답**■ (D)

---

15. _______________________________________

나는 한국에서 온 김이라고 합니다. 잘 부탁합니다.

■**단어**■

~と申(もう)します ~라고 합니다(겸양의 표현)

■**해설**■

「한국에서 온 김」이라는 뜻이므로,「来(く)る」를「来(き)た」의 꼴로 변형해야 한다.

■**정답**■ (B)

---

16. _______________________________________

텔레비전을 보면서 공부했기 때문에, 시험은 거의 잘 보지 못했습니다.

■**단어**■

試験(しけん) 시험 | ほとんど 거의, 대부분 | できる 잘하다

■**해설**■

동사 ます형＋ながら :「~하면서」라는 동시 진행 표현이 와야 하므로,「見(み)ながら」의 꼴이 되어야 한다.

■**정답**■ (B)

---

17. _______________________________________

밥을 먹으러 식당에 갑시다.

■**단어**■

食堂(しょくどう) 식당

■**해설**■

목적의「に」는「~하러」의 뜻으로 접속은 아래와 같다.

• 동사「ます형」＋に
　買(か)う → 買います → 買いにいく (사러 가다)
• 동작성 명사＋に : 散歩(さんぽ)にいく (산책하러 가다)
　따라서「먹으러」라는 표현은「食(た)べに」가 된다.

■**정답**■ (B)

18. _______________________________________

언니는 로비에서 신문을 읽고 있습니다.

■단어■

姉(あね) 언니, 누나 | 新聞(しんぶん) 신문 | 読(よ)む 읽다

■해설■

「언니가 신문을 읽고 있다」라는 동작의 진행 표현이므로, 상태의 「てある」는 사용할 수 없다. 따라서 「読んでありま す」를 「読んでいます」로 고쳐야 한다.

■정답■ (D)

19. _______________________________________

거기에 놓여 있는 담배를 집어 주시겠습니까?

■단어■

置(お)く 놓다, 두다 | 取(と)る 집다, 잡다

■해설■

• 놓여 있는 담배가 주체이므로 상태 표현이 되어야 한다. 「置く」는 타동사이므로, 타동사의 표현인 「置いてある」 로 고쳐야 한다.

• 「동사＋ていただけますか」는 「いただく」를 가능형으로 고친 것이며, 상대에게 뭔가를 요청할 때 사용하는 겸양 의 표현으로 「～해 받을 수 있습니까」 즉, 「～해 주실 수 있나요」의 뜻이 된다.

■정답■ (B)

20. _______________________________________

지금 선생님이 말하고 있는 것은 이 책에 쓰여 있는 것이어서, 열심히 듣고 있을 필요가 있다고는 생각하지 않습니다.

■단어■

一生懸命(いっしょうけんめい) 열심임 | 聞(き)く 듣다 | 必要(ひつ よう) 필요

■해설■

(A)「선생님이 말하고 있다」, (C)「듣고 있다」라는 「ている」 는 적절하지만, (B)의 경우는 「(내용이)책에 쓰여 있다」라는 뜻이므로, 동사 「書(か)く」를 「書いてある(쓰여 있다)」라는 상태로 표현해야만 한다.

■정답■ (B)

21. _______________________________________

실례합니다만, 시청이 어디에 있는지 가르쳐 주지 않겠습니까?

■단어■

市役所(しやくしょ) 시청 | 教(おし)える 가르치다

■해설■

내 쪽에서 상대방에게 ～해 주다 : ～てやる／あげる

상대방이 내 쪽에게 ～해 주다(주시다) : ～てくれる／くださる

내 쪽에서 상대방에게 ～해 받다 : ～てもらう／いただく

※ 문제의 경우는 「(나에게) 가르쳐 주지 않겠습니까?, 가르 쳐 주세요」라는 뜻이므로, 「教えてくれませんか／くだ さいませんか」「教えてもらえませんか／いただけま せんか」 등의 형태가 와야한다.

> 평소에 애매했던 단어들이 바로 시험에 나오므로, 확실 하게 구별하여 암기해 두도록 하자.

■정답■ (D)

22. _______________________________________

우리 형은 고등학생이 아니라 대학생입니다.

■단어■

兄(あに) 형, 오빠 | 高校生(こうこうせい) 고등학생 | 大学生(だい がくせい) 대학생

■해설■

• 「Aでは(じゃ)なくてBだ」 : 「A가 아니라 B다」의 문형 이다.

• 「AないでB～する」 : 「A라는 일(동작)을 하지 않고 B라 는 일(동작)로 대신하다」라는 의미를 갖고 있으며, 동사 에서만 사용된다는 점을 주의해야 한다.

※ 문제는 「고등학생이 아니라 대학생」이라고 하였으므로, 「ないで」를 「なくて」로 고쳐야 한다.

■정답■ (C)

23. _______________________________________

여름휴가를 연인과 함께 지낼 것을 생각하니 가슴이 두근거립니다.

■단어■

夏休(なつやす)み 여름휴가 | 恋人(こいびと) 연인 | 過(す)ぎる 지 나다, 통과하다 | 胸(むね) 가슴 | ドキドキする 두근거리다

■해설■

이 문장은 「애인과 함께 지낸다」라는 타동사적 문장이기 때 문에 자동사인 「過ぎる」 대신에 「지내다」라는 의미의 타동 사 「過(す)ごす」가 어울린다.

冬(ふゆ)が過(す)ぎる。

겨울이 지나다(끝나다).

家族(かぞく)と過(す)ごした日々(ひび)。

가족과 지낸 날들.

■ 정답 ■ （C）

24. ______________________

전기를 켜 둔 채 밖에 외출했습니다.

■ 단어 ■
電気(でんき) 전기 | つく 켜지다 | 出(で)かける 외출하다, 나가다

■ 해설 ■
• 자, 타동사 문장의 이해
　「電気が켜지다」는「電気がつく」에서「전기가 켜져 있다」라는「電気がついている」의 꼴로 흔히 사용되며, 「전기를 켜다」라고 할 때는「電気をつける」라고 해야 한다.
• 동사「た」+まま : ~인 그대로, ~한 채로
　そのまま (그대로)
　窓(まど)を開(あ)けたまま (창문을 열어 둔 채로)
따라서 이 문장의 올바른 표현은「電気をつけたまま…」가 된다.

■ 정답 ■ （B）

25. ______________________

우리 형은 안경을 쓰고 있지 않지만, 평상시는 콘택트렌즈를 끼고 있습니다.

■ 단어 ■
眼鏡(めがね) 안경 | かかる 걸리다(自) | かける 걸다(他) | 普段(ふだん) 보통, 평소

■ 해설 ■
「안경을 쓰다」는「めがねをかける」이다. 따라서 「かかって」를「かけて」로 고쳐야 바른 문장이 된다.

■ 정답 ■ （B）

Drill 2 형용사 활용문제

1. ______________________

이 가게의 고기는 딱딱하고 맛이 없습니다.

■ 단어 ■
固(かた)い 단단하다, 딱딱하다 | まずい 맛없다, 서툴다

■ 해설 ■
い형용사의 문장 연결은「くて」라는 점이 포인트! 따라서 「固いで」를「固くて」로 고친다.

■ 정답 ■ （C）

2. ______________________

이 테이블은 둥글고 큽니다.

■ 단어 ■
丸(まる)い 둥글다 | 大(おお)きい 크다

■ 정답 ■ （C）

3. ______________________

저 건물은 오래된 것으로 유명합니다.

■ 단어 ■
建物(たてもの) 건물 | 古(ふる)い 오래되다 | 有名(ゆうめい) 유명

■ 해설 ■
い형용사의 문장 연결인「くて」는 이유, 원인의 역할도 한다. 따라서 이 문장에서의「ふるい」는「ふるくて」로 변형되면서「오래되어서」라는 이유, 원인의 역할을 하게 된다.

■ 정답 ■ （C）

4. ______________________

집 근처에 학교가 있습니다.

■ 단어 ■
近(ちか)い 가깝다 | 学校(がっこう) 학교

■ 해설 ■
い형용사의 전성명사
近(ちか)い (가깝다) → 近く (근처)
遠(とお)い (멀다) → 遠く (먼 곳)
多(おお)い (많다) → 多く (많은)
「집 근처에」라는 의미로「いえのちかく」+「に」의 꼴이 만들어져다 한다.

■ 정답 ■ （B）

5. ______________________

그 사람은 조용한 음악이 듣고 싶다고 했습니다.

■ 단어 ■
静(しず)か 조용함 | 音楽(おんがく) 음악 | 聞(き)く 듣다 | 동사ます형+たい ~하고 싶다 | 言(い)う 말하다 | ~という ~라고 말하다

■ 해설 ■
포인트는 な형용사의 명사 수식인「어간+な+명사」에 있다. 따라서「조용한 음악」은「静かなおんがく」가 된다.

■ 정답 ■ （A）

6. ______________________________

이 바다는 파랗고 넓습니다.

■단어■
海(うみ) 바다 | 青(あお)い 파랗다 | 広(ひろ)い 넓다

■정답■ (C)

7. ______________________________

작년 여름은 특별히 더웠기 때문에, 식욕이 없어서 5킬로그램
이나 빠져 버렸습니다.

■단어■
特別(とくべつ) 특별 | 暑(あつ)い 덥다 | 食欲(しょくよく) 식욕 |
やせる 살 빠지다, 마르다

■해설■
• 이 문제의 포인트는 い형용사의 과거형인 「어간+かった
  (です)」에 있기 때문에 「暑いでした」를 「暑かったです」
  로 고쳐야만 한다.
• 이유, 원인의 조사 「から」는 종지형 접속이며 「です、ま
  す」 접속이 가능하다. 따라서 「더웠기 때문에」라는 말은
  「あつかったから」와 「あつかったですから」둘 다 가능
  하다.

■정답■ (A)

8. ______________________________

대학생 시절 아버지에게 받은 만년필을 지금도 소중히 간직하
고 있습니다.

■단어■
万年筆(まんねんひつ) 만년필 | 今(いま)も 지금도 | 大事(だいじ)
소중함, 중요함 | 持(も)つ 들다, 가지다

■해설■
な형용사의 부사화 : 「어간+に」, 즉 어미 「だ」를 「に」로 변화
시킬 때 부사표현이 된다.
「大事に : 소중하게」「静(しず)かに : 조용하게(조용히)」

■정답■ (D)

9. ______________________________

지난주 본 시험은 생각보다 어려웠습니다.

■단어■
先週(せんしゅう) 지난주 | 試験(しけん)を受(う)ける 시험을 보
다 | 思(おも)ったより 생각보다, 예상외로 | 難(むずか)しい 어렵다

■해설■
「難しい」의 과거형은 「難しかった」이므로, 「難しかったで

す」로 고쳐야 한다.

■정답■ (D)

Drill 3 조사

1. ______________________________

공기는 깨끗하고, 물은 맛있고, 시골은 역시 좋군요.

■단어■
空気(くうき) 공기 | 綺麗(きれい) 깨끗함, 아름다움 | 田舎(いなか)
시골 | やっぱり 역시, 과연

■해설■
접속조사 「し」의 접속 상태(종지형 접속)에 포인트가 있다.
「し」는 「명사+だ/な형용사어간+だ/い형용사기본형/동
사기본형」에 접속한다.

■정답■ (B)

2. ______________________________

오늘은 몸 상태가 그다지 좋지 않아서 쉬었으면 합니다.

■단어■
体(からだ) 몸 | 調子(ちょうし) 상태 | 休(やす)ませる 「休(やす)
む－쉬다」의 사역, 쉬게 하다

■해설■
• 「調子が悪(わる)い／よくない」:「상태가 좋지 않다」혹은
  「컨디션이 좋지 않다」라는 의미로 쓰이는 관용적 표현에 해
  당된다.
• 사역의 「て」+いただく :「～하겠다」라는 자신의 생각을
  표현할 때 상대의 양해를 구하는 듯한 겸양으로 표현하는
  문형이다.

■정답■ (B)

3. ______________________________

그 사람과 이야기하고 있는 동안에 그의 생각을 알았다.

■단어■
彼(かれ) 그 남자, 그 사람 | うち 사이, 동안 | 考(かんが)え 생각 |
わかる 알다, 이해하다

■해설■
동사 「わかる」는 「～がわかる」의 형태로 조사 「が」를 동반
하여 「～을(를) 알았다」라는 의미를 나타낸다.

■정답■ (D)

4. __________

5년 전에 일본어 공부를 시작했을 때는, 나는 일본어의 어려움을 몰랐습니다.

■**단어**■
始(はじ)める 시작하다 | 難(むずか)しい 어렵다

■**정답**■ (D)

5. __________

도쿄 역까지 버스나 택시로 갑시다.

■**단어**■
東京(とうきょう) 도쿄 | 駅(えき) 역

■**해설**■
「A나 B」라는 선택의 경우에는 조사 「か」를 취해야 한다.

■**정답**■ (B)

6. __________

저 검은 것은 제 가방입니다.

■**단어**■
黒(くろ)い 검다 | かばん 가방

■**해설**■
では → のは

■**정답**■ (B)

7. __________

내일은 백화점에서 쇼핑을 할 생각입니다.

■**단어**■
百貨店(ひゃっかてん)= デパート 백화점 | 買(か)い物(もの) 쇼핑, 장보기 | つもり 생각, 계획

■**해설**■
「と」는 명사와 명사 사이에서는 「와, 과」라는 접속의 역할을 한다 「어떠한 장소에서」라는 의미로 쓰일 때에서 조사 「で」를 사용해야 한다.

■**정답**■ (A)

8. __________

테이블 위에 과일과 차가운 맥주가 두 병 있습니다.

■**단어**■
果物(くだもの) 과일 | 冷(つめ)たい 차갑다 | ビール 맥주*「ビル : 빌딩」 | ~本(ほん) 가늘고 긴 것(필기구, 꽃, 병, 우산 등을) 세는 말

■**해설**■
위치(~에)를 나타내는 표현이기 때문에 조사 「に」를 사용

해야 한다.

■**정답**■ (B)

9. __________

오늘 회의는 몇 시에 시작됩니까?

■**단어**■
会議(かいぎ) 회의 | 始(はじ)まる 시작되다

■**해설**■
시각에는 때를 나타내는 조사 「に」가 반드시 연결되어야 한다.

■**정답**■ (C)

10. __________

냉장고 안에 차가운 맥주가 있습니다.

■**단어**■
冷蔵庫(れいぞうこ) 냉장고 | 冷(つめ)たい 차다

■**해설**■
「~에」라는 장소 및 위치를 나타낼 때에는 조사 「に」가 쓰인다.

■**정답**■ (A)

11. __________

당신은 평소 몇 시경 회사에 갑니까?

■**단어**■
会社(かいしゃ) 회사 | 行(い)く 가다

■**해석**■
「~에, ~로」라는 목적지 및 방향을 나타낼 때에는 조사 「に」나 「へ」를 사용하기 때문에 「会社に(へ) 行きますか」라고 해야 한다.

■**정답**■ (C)

12. __________

누구와 함께 학교에 왔습니까?

■**단어**■
学校(がっこう) 학교

■**해설**■
「와, 과」를 나타낼 때에는 조사 「と」를 사용하므로, 「~와 함께」는 「~といっしょに」의 꼴이 된다.

■**정답**■ (A)

13. _______________________________________

당신은 담배를 하루에 몇 개피 피웁니까?

■ 단어 ■

一日(いちにち) 하루 | 何本(なんぼん) 몇 개 | たばこを吸(す)う 담배를 피우다

■ 해설 ■

「담배를 피우다」라는 타동사 문장이기 때문에 조사「を」를 사용한다.

■ 정답 ■ (A)

14. _______________________________________

영어를 배우러 미국에 갑니다.

■ 단어 ■

英語(えいご) 영어 | 習(なら)う 배우다

■ 해설 ■

「習う」와 같은 타동사를 동반하는 문장은 목적격조사「を」를 동반하여「을, 를」을 표현한다.

■ 정답 ■ (A)

15. _______________________________________

날씨가 좋으니, 하이킹이라도 갑시다.

■ 단어 ■

天気(てんき) 날씨 | ハイキング 하이킹 | 명사+でも ~라도

■ 해설 ■

「~(하)러 가다」와 같은 목적을 표현할 때에는 명사의 경우 「명사+に行(い)く」와 같은 꼴을 만들어야 한다.

ハイキングに行く。하이킹 하러 가다.

ハイキングにでも行く。하이킹이라도 하러 가다.

■ 정답 ■ (B)

16. _______________________________________

어제 학교에서 지갑을 잃어버렸는데, 누군가가 보내 주었습니다.

■ 단어 ■

学校(がっこう) 학교 | 財布(さいふ) 지갑 | 落(お)とす 떨어뜨리다, 잃어버리다 | 届(とど)ける 보내다, 전하다, 신고하다

■ 해설 ■

장소에서 동작, 작용이 행해질 때에는 조사「で」로 표현하게 된다. 따라서 학교에서 지갑을 잃어버린 표현은「学校で…」가 된다.

■ 정답 ■ (A)

17. _______________________________________

나의 어린 시절 꿈은 파일럿이 되는 것이었습니다.

■ 단어 ■

夢(ゆめ) 꿈 | パイロット 파일럿

■ 해설 ■

• 「명사+になる」:「~(이)가 되다」라는 변화의 표현으로 조사 「に」에 주의해야 한다.

• 「こと」: 형식명사로 문장의 전반부 내용을 받아서「일, 것」 등의 뜻으로 쓰인다.

■ 정답 ■ (B)

18. _______________________________________

내가 그녀를 만난 것은 중학교 3학년 겨울 방학의 일이었습니다.

■ 단어 ■

彼女(かのじょ) 그녀 | 会(あ)う 만나다 | 冬休(ふゆやす)み 겨울방학

■ 해설 ■

동사「会う」는 조사「に」를 동반하여「~(을)를 만나다」의 뜻이 된다.

「に」를 동반하는 동사

「~に乗(の)る」 ~을(를) 타다

「~に慣(な)れる」 ~에 익숙해지다

「~に似(に)る」 ~을(를) 닮다

「~に勤(つと)める」 ~에 근무하다

「~に気(き)をつける」 ~을 조심하다

■ 정답 ■ (A)

19. _______________________________________

친구의 소개로 만난 사람은 일류회사에 근무하고 있어서 나는 안심이 되었습니다.

■ 단어 ■

紹介(しょうかい) 소개 | 一流(いちりゅう) 일류 | 勤(つと)める 근무하다 | 安心(あんしん) 안심

■ 해설 ■

「なる」동사를 동반할 때에는「명사+に」「な 형용사어간＋に」「い 형용사어간＋く」의 꼴이 되어야 한다.

■ 정답 ■ (D)

20. ________________________________

우리 아버지는 상사에서 일하고 있지만, 형은 은행에 근무하고
있습니다. 그리고 나는 대학에 다니면서 근처 슈퍼에서 일을
하고 있습니다.

■ 단어 ■
商社(しょうしゃ) 상사 | 働(はたら)く 일하다 | 銀行(ぎんこう) 은
행 | 勤(つと)める 근무하다 | 通(かよ)う 다니다(통학, 통근하다) | 近
(ちか)く 근처 | 仕事(しごと) 일

■ 해설 ■
조사와 함께 외워두도록 하자
「～に勤(つと)める」 ～에 근무하다
「～で働(はたら)く」 ～에서 일하다
「～に通(かよ)う」 ～에 다니다

■ 정답 ■ (B)

21. ________________________________

다음 역에서 전철을 내려, 이번에는 버스를 갈아탑니다.

■ 단어 ■
次(つぎ) 다음 | 駅(えき) 역 | 降(お)りる 내리다 | 今度(こんど)
이번, 다음번 | 乗(の)り換(か)える 갈아타다

■ 해설 ■
[교통수단]
「～に乗(の)る」 ～을(를) 타다
「～に乗(の)り換(か)える」 ～으로 갈아타다
「～を降(お)りる」 ～을(에서) 내리다

■ 정답 ■ (D)

22. ________________________________

오늘은 늦잠을 자서 학교에 늦어졌기 때문에 선생님에게 야단
맞았습니다.

■ 단어 ■
朝寝坊(あさねぼう)をする 늦잠자다 | 遅(おく)れる 늦어지다 |
叱(しか)る 야단치다

■ 해설 ■
직접수동문의 경우에는 「어떤 대상에게 어떠한 일을 당하
다」, 혹은 「받게 되다」라는 의미로 쓰이게 되므로 대상을 나
타내는 조사 「に」를 사용해야 한다.
先生(せんせい)が叱る。
선생님이 야단치다.
先生に叱られる。
선생님에게 야단맞다.

■ 정답 ■ (D)

Drill 4 어휘

1. ________________________________

맥주를 조금 마시는 것은 괜찮다고 생각하지만, 담배는 끊는
편이 좋을 겁니다.

■ 단어 ■
少(すこ)し 조금 | やめる 그만두다, 중지하다 | 동사「た」+ほうがい
い ～하는 편이 좋다(권유, 충고)

■ 해설 ■
「～と思(おも)う」는 「명사+だ／な형용사+だ／い형용사
기본형/동사기본형」에 접속하여 「～라고 생각하다」는 의미
를 나타낸다.

■ 정답 ■ (B)

2. ________________________________

바깥은 추우니까 반드시 문을 닫아 주세요.

■ 단어 ■
外(そと) 바깥 | 寒(さむ)い 춥다 | ドア 문 | 閉(し)める 닫다

■ 해설 ■
• 꼭, 반드시
  きっと : 「～と思(おも)う」「～だろう」와 같은 추량 표
  현을 동반
  ぜひ : 「～たい」「～てください」와 같은 희망 및 의뢰 표
  현을 동반
  必(かなら)ず : 100% 확신을 갖고 하는 말
  따라서 「きっと」는 「ぜひ」로 바꿔야 한다.
• 이유, 원인의 조사 「から」는 종지형 접속으로 「です、ま
  す」체의 접속이 가능하다.

■ 정답 ■ (C)

3. ________________________________

그 책은 내가 꼭 읽고 싶다고 생각하고 있었던 책이기 때문에
조금 비쌌지만 샀습니다.

■ 단어 ■
読(よ)む 읽다 | 高(たか)い 비싸다 | 買(か)う 사다

■ 해설 ■
• ぜひ～たい : 꼭～하고 싶다
• 명사＋な／な형용사＋な／い형용사기본형/동사기본형＋
  ので : ～이기 때문에, ～이어서

■ 정답 ■ (A)

4. ______________________

최근 20년 만에 시골에 돌아갔는데, 마을이 많이 변해서 깜짝
놀랐습니다.

■단어■
最近(さいきん) 최근｜ぶり 만｜田舎(いなか) 시골, 고향｜村(む
ら) 마을｜変(か)わる 변하다, 바뀌다｜びっくりする 깜짝 놀라다

■해설■
ぶりで → ぶりに (만에)

■정답■ (B)

5. ______________________

나의 즐거움은 회사에서 돌아오면 우선 목욕을 하고, 그리고
차가운 맥주를 마시는 것입니다.

■단어■
楽(たの)しみ 즐거움, 기대｜まず 우선, 먼저｜風呂(ふろ) 목욕｜
冷(つめ)たい 차갑다

■해설■
「목욕하다」는 「お風呂に入(はい)る」이다. 여기서 「入る」를
사용한다는 것이 포인트이다.

■정답■ (C)

6. ______________________

처음 뵙겠습니다. 나는 일본 중공업의 야마다라고 합니다. 잘
부탁합니다.

■단어■
始(はじ)め 처음, 시작｜お目(め)にかかる 「会(あ)う－만나다」의
겸양 표현, 만나 뵙다｜重工業(じゅうこうぎょう) 중공업｜申(も
う)す 「言(い)う－말하다」의 겸양 동사

■해설■
「처음으로, 비로소」라는 의미의 표현은 「はじめて」로 해야
한다.

■정답■ (A)

7. ______________________

이번 여행에서는 친구와 함께 노래를 부를 시간이 없었다.

■단어■
今度(こんど) 이번, 다음번｜旅行(りょこう) 여행｜歌(うた) 노
래｜歌(うた)う 노래하다

■해설■
歌を歌う 노래를 부르다

■정답■ (C)

8. ______________________

야채는 몸에 아주 좋습니다.

■단어■
野菜(やさい) 야채｜体(からだ) 몸｜便利(べんり) 편리

■해설■
「몸에 좋다」라는 의미이므로 「体にいい」의 형태여야 한다.

■정답■ (D)

9. ______________________

공부를 하고 나서 텔레비전을 봅니다.

■단어■
勉強(べんきょう) 공부｜동사「て」＋から ～하고 나서｜読(よ)む
읽다

■해설■
「読む」는 책 등의 글을 「읽다」라는 의미이므로, 「텔레비전
을 보다」라고 할 때에는 동사 「見(み)る」가 와야 한다.

■정답■ (D)

10. ______________________

나는 회사에서 집으로 돌아오면 매일 커피를 마십니다.

■단어■
来(く)る 오다｜毎日(まいにち) 매일

■해설■
「집, 고향, 고국」으로 간다는 것은 「돌아오다(가다)」의 뜻이
기 때문에 동사 「帰(かえ)る」를 사용하게 된다.

■정답■ (C)

11. ______________________

나는 회사에서 일주일 동안의 휴가를 얻어 제주도로 여행을
했습니다.

■단어■
1週間(いっしゅうかん) 일주일 동안｜休(やす)み 휴일, 휴가｜くれ
る (상대방이 나 혹은 내 쪽에 물건 등을)주다

■해설■
•休みをとる 휴가를 얻다

■정답■ (C)

12. ______________________

작년에는 여름에도 추운 날이 계속되어, 농작물에 많은 피해가
났습니다.

■단어■
去年(きょねん) 작년 | 天気(てんき) 날씨 | 続(つづ)く 계속되다 |
農作物(のうさくぶつ) 농작물 | 被害(ひがい) 피해 | 出(で)る 나다

■해설■
「天気」는 「날씨가 좋다, 좋지 않다」에 사용되며, 춥다, 덥
다, 따뜻하다, 서늘하다 등의 형용사와 「天気」는 함께 쓰이
지 않는다. 따라서 추운 날은 「寒(さむ)い日(ひ)」라고 해야
한다.

■정답■ (A)

13.
술을 조금 마시는 것은 괜찮지만, 담배는 좋지 않습니다.

■단어■
少(すこ)し 조금 | 飲(の)む 마시다 | いい 좋다

■해설■
「좋다」라는 형용사 「いい」의 부정은 「よくない／よくあり
ません」의 꼴이 되어야 한다.

■정답■ (D)

14.
대전은 한국의 도시 중에서 유명한 도시의 하나입니다.

■단어■
都市(とし) 도시 | 有名(ゆうめい) 유명

■해설■
「たち」는 「들」이라는 복수 개념이며 사람에게 사용된다. 일
본어에서 「무생물」은 단어 자체가 단·복수의 의미를 내포
하고 있으므로 별도의 복수단어가 붙지 않는다.
- わたしたち 우리들
- 子供(こども)たち 아이들
- 友達(ともだち) 친구, 친구들(친구의 경우는 단수, 복수의 구별
  없이 사용된다)

■정답■ (B)

Drill 5 부사

1.
태어나서 처음으로 자신의 힘으로 돈을 벌었습니다.

■단어■
生(う)まれる 태어나다 | はじめ 처음, 시작 | 自分(じぶん) 자신 |
力(ちから) 힘 | 稼(かせ)ぐ 돈을 벌다

■해설■
「처음으로, 비로소」라는 의미로 쓰일 때에는 「はじめて」라
고 해야 한다.

■정답■ (B)

2.
그 후, 몇 시간이 지나서야 우리들의 버스는 간신히 목적지에
도착했다.

■단어■
経(た)つ (시간, 때가)지나다, 경과하다 | 目的地(もくてきち) 목적
지 | 着(つ)く 도착하다

■해설■
어려웠던 일이 가까스로 실현되거나, 가능해졌을 때는 「や
っと」로 표현한다.
いよいよ(드디어, 마침내) → やっと(가까스로, 간신히, 겨우)

■정답■ (C)

3.
오늘은 아침부터 아주 추워져, 강물도 완전히 얼어 있었다.

■단어■
朝(あさ) 아침 | 冷(ひ)え込(こ)む 날씨가 추워지다 | 凍(こお)る 얼
다

■해설■
すっきり(말쑥이, 산뜻이) → すっかり(완전히, 죄다, 몽땅)

■정답■ (C)

4.
이만큼 공부했으므로 설마 시험에 떨어지는 일은 없을 것이다.

■단어■
勉強(べんきょう) 공부 | とにかく 아무튼, 어쨌든 | まさか 설마 |
試験(しけん) 시험 | 落(お)ちる 떨어지다

■해설■
「まさか〜ない」의 꼴로 「〜라니 믿을 수 없다」는 의미이다.

■정답■ (B)

5.
갑자기 비가 내렸으나 마침 가방 안에 우산이 들어있었으므로
도움이 되었다.

■단어■
急(きゅう)に 갑자기, 느닷없이 | 雨(あめ)が降(ふ)る 비가 내리
다 | とりあえず 우선, 일단 | たまたま 우연히, 때마침 | 傘(かさ) 우

산 | 助(たす)かる (노력, 비용, 고통이)덜 들다, 도움이 되다

■해설■
「たまたま」는 빈도를 나타내는 경우에는 「가끔, 이따금」의 뜻이다. 그러나 JPT시험에서는 이 문제에서 사용된 또 다른 의미인 「우연히, 때마침」이 자주 출제된다. 「とりあえず」는 일의 진행에 있어 여러 가지 경우의 수가 있지만 우선적으로 어떤 사항을 선행한다는 의미로 사용한다.

■정답■ (B)

6. _______________________________________
선생님 댁을 방문하니까, 미리 전화를 해 두는 편이 좋다고 생각합니다.

■단어■
お宅(たく) 댁(남의 집을 높여 부르는 말) | おじゃまする 「訪(たず)ねる－방문하다」의 겸양 표현, 방문하다 | 前(まえ)もって 미리, 먼저 | いったん 일단

■해설■
「前もって」는 어떤 일을 잘 하기 위해 무언가를 미리 해 둔다는 의미이다. 「いったん」은 우리말 표현만으로 보면 사용이 가능할 것 같지만, 일본어에서의 의미는 「어떤 일을 한 번 한 이후로 변함이 없다」「한번 어떤 행위를 했으나 그것이 계속 지속 될지 여부는 알 수 없다」는 의미로 사용된다.

■정답■ (C)

7. _______________________________________
택시가 빠를 거라고 생각해서 탔으나, 도로가 막혀, 오히려 늦어 버렸다.

■단어■
乗(の)る 타다 | 渋滞(じゅうたい) 정체, 지체 | かえって 오히려 | むしろ 차라리 | 遅(おそ)い 늦다

■해설■
「かえって」는 앞에 제시한 내용에 대해 결과가 기대에 어긋나거나 부작용을 초래한 상황에 쓸 수 있는 말이다. 이에 비해 「むしろ」는 전후의 내용이 어떤 사항에 대한 선택의 관계에서 한쪽을 택할 때 사용하는 말이다.

■정답■ (D)

8. _______________________________________
튀김은 매일 먹고 싶지만, 몸에 좋지 않으므로 가끔 먹으려고 한다.

■단어■
毎日(まいにち) 매일 | 体(からだ) 몸 | そろそろ 이제 그만, 슬슬 |

時々(ときどき) 가끔, 때때로

■해설■
「時々」는 빈도를 나타내는 말로 「가끔, 때때로」의 의미이다. 이에 비해 「そろそろ」는 어떤 일을 하기 위한 마침 좋은 상황이나 시간이 되었음을 나타내는 말이다.

■정답■ (C)

실전문제

1. _______________________________________
내 사전에는 예쁜 글씨로 이름이 쓰여 있습니다.

■단어■
辞書(じしょ) 사전 | きれい 깨끗함, 예쁨 | 名前(なまえ) 이름 | 書(か)く 쓰다

■해설■
「きれいだ」는 な형용사이므로 명사수식의 경우는 「きれいな」의 꼴이 된다.

■정답■ (B)

2. _______________________________________
다음 주 파티에 초대하고 싶은데 어떠신가요.

■단어■
来週(らいしゅう) 다음 주 | 招待(しょうたい) 초대 | いかが 「どう－어떻게」의 공손한 말

■해설■
• 「に(~에)」: 장소, 위치, 때, 대상 등을 나타낼 때 사용된다.
• 「で(~에서)」: 어떤 장소에서 동작이나 행위가 이루어질 때에 사용된다.

■정답■ (B)

3. _______________________________________
이 전철은 교토에 갑니까?

■단어■
電車(でんしゃ) 전차, 전철 | 京都(きょうと) 교토 | 行(い)く 가다

■해설■
방향이나 위치를 나타내기에 적당한 조사는 「へ」이다.

■정답■ (C)

4. _______________________________________
공원에서 선생님과 함께 사진을 찍었습니다.

■단어■
公園(こうえん) 공원 | 一緒(いっしょ)に 함께 | 写真(しゃしん)を
とる 사진을 찍다

■해설■
「~와 함께」라는 의미이므로 「~といっしょに」의 모양이
된다.

■정답■ (B)

5. ____
나는 조용한 음악을 좋아합니다.

■단어■
静(しず)か 조용함 | 音楽(おんがく) 음악 | 好(す)き 좋아함

■해설■
기호나 능력을 나타내는 「な형용사」인 「好(す)き・嫌(きら)
い・上手(じょうず)・下手(へた)」 앞에서는 「을, 를」을 의
미하는 조사로서 「が」를 사용해야 한다.

■정답■ (C)

6. ____
나는 밤 6시에 잡니다.

■단어■
夜(よる) 밤 | 寝(ね)る 자다

■해석■
「時(じ)」는 시각을 나타내기 때문에 언제나 조사 「に」가 따
라다니지만, 「時間(じかん)」은 시간의 표현이므로 조사
「に」가 붙지 않는다.

■정답■ (C)

7. ____
이 기모노는 가격이 비싸군, 좀 더 싸게 안 될까?

■단어■
着物(きもの) 기모노(일본 고유의 옷), 일본 옷의 통칭 | 値段(ねだ
ん) 가격 | もっと 좀 더

■해설■
「い」형용사의 부사적 변형은 어미 「い」를 「く」로 바꾸는 것
이다. 따라서 「싸지다(싸게 되다)」라는 표현은 「安(やす)く
なる」의 모양이 된다. 「くて」는 문장 연결 및 이유, 원인의
역할로 쓰이고 있다.

■정답■ (C)

8. ____
다음 주에 친구와 바다에 갑니다.

■단어■
来週(らいしゅう) 다음 주 | 海(うみ) 바다

■해설■
「~에(로)」라는 방향 및 위치조사는 「へ」나 「に」를 사용해야
한다.

■정답■ (C)

9. ____
우리들은 해변에 차를 세우고 지친 몸을 쉬었습니다.

■단어■
海辺(うみべ) 해변, 바닷가 | 止(と)める 세우다, 정지하다 | 疲(つ
か)れる 피곤하다 | 休(やす)む 쉬다 | 休(やす)める 쉬게 하다

■해설■
「体(からだ)を休(やす)める」라고 해야 한다.

■정답■ (D)

10. ____
어제는 10월 15일이었습니다.

■단어■
昨日(きのう) 어제

■해설■
1월부터 12월까지의 「月」읽기는 「がつ」라고 해야 하며, 특
히 「四月(しがつ)」「七月(しちがつ)」「九月(くがつ)」의 읽기
에 주의해야 한다. 「~개월」을 읽을 때에는 「~ヶ月(かげ
つ)」라고 한다.

■정답■ (B)

11. ____
목욕물이 너무 뜨거웠기 때문에 우리들은 바로는 목욕할 수
없었습니다.

■단어■
お風呂(ふろ) 목욕 | 熱(あつ)い 뜨겁다 | お風呂(ふろ)に入(はい)
る 목욕하다 | 入(い)れる 넣다

■해설■
「お風呂に入る」의 가능형인 「お風呂に入れる」가 맞는 표
현이다.

■정답■ (D)

12. ______________________________________

그 사람을 따라 가다 신호 있는 곳에서 아는 아저씨를 만났다.

■ 단어 ■
つく 붙다 | 信号(しんごう) 신호 | 知(し)り合(あ)い 친지, 아는 사람 | おじさん 아저씨

■ 해설 ■
「누군가를 따라가다」는 「〜について行(い)く」로 표현한다. 조사의 쓰임새에 주의할 것!

■ 정답 ■ (A)

13. ______________________________________

중학교 생활에서는 수학여행밖에 머리에 남아있지 않습니다. 다른 것은 전부 잊어버렸습니다.

■ 단어 ■
生活(せいかつ) 생활 | 修学旅行(しゅうがくりょこう) 수학여행 | 残(のこ)る 남다 | 忘(わす)れる 잊다

■ 해설 ■
「だけ」는 「만, 뿐」이라는 긍정문에 쓰이며, 부정문에서는 「〜밖에(〜하지 않다)」라는 의미의 「しか」를 사용해야 한다.

■ 정답 ■ (C)

14. ______________________________________

버스 안에서 많은 시간을 보내서 모두 지쳐 버렸다.

■ 단어 ■
多(おお)く 많은 | 暮(く)らす 생활하다 | 疲(つか)れる 피곤하다

■ 해설 ■
「시간을 보내다」라는 표현이므로 「보내다, 지내다」라는 의미의 동사 「過(す)ごす」를 사용해야 한다.

■ 정답 ■ (C)

15. ______________________________________

읽기 시작하니 너무 재미있어서 나는 그 책을 계속해서 읽었습니다.

■ 단어 ■
동사ます형+だす 〜하기 시작하다 | おもしろい 재미있다 | 続(つづ)く 계속되다 | 続(つづ)ける 계속하다

■ 해설 ■
자, 타동사의 구별 능력을 묻는 문제이다.

■ 정답 ■ (D)

16. ______________________________________

지난번 휴일에 경주에 갔다 왔는데, 정말로 멋있어서 감격했습니다.

■ 단어 ■
さき 먼저, 끝 | 休(やす)み 휴일, 휴가 | 素晴(すば)らしい 훌륭하다, 멋지다 | 感激(かんげき) 감격

■ 해설 ■
この前(まえ)・この間(あいだ) (이전・요전)

■ 정답 ■ (A)

17. ______________________________________

열심히 공부한 결과 모르는 단어는 사전을 찾으면서 읽을 수 있게 되었습니다.

■ 단어 ■
一生懸命(いっしょうけんめい) 열심임 | 結果(けっか) 결과 | 単語(たんご) 단어 | 辞書(じしょ) 사전 | 読(よ)める 「読(よ)む－읽다」의 가능동사, 읽을 수 있다 | 동사기본형+ようになる 〜하게 되다

■ 해설 ■
「사전을 찾다」는 「辞書を引(ひ)く」라고 한다. 동사에 주의하도록 하자.

■ 정답 ■ (C)

18. ______________________________________

이번 휴가는 여행하려고 하는데, 괜찮다면 당신도 함께 가지 않겠습니까?

■ 단어 ■
今度(こんど) 이번, 다음번 | 休(やす)む 쉬다 | 一緒(いっしょ)に 함께

■ 해설 ■
• 「휴가」 혹은 「휴일」을 의미하는 명사는 「休(やす)み」라고 한다.
• 「よかったら(괜찮다면)」는 「よい」의 「たら」형태이며, 상대에게 양해를 구할 때 사용된다.

■ 정답 ■ (A)

19. ______________________________________

오늘은 일요일이어서 우체국이 휴무라는 것을 완전히 잊고 있었습니다.

■ 단어 ■
郵便局(ゆうびんきょく) 우체국 | すっかり 완전히, 말끔히 | 忘(わす)れる 잊다

■해설■
「잊고 있었다」라는 의미이므로 「ている」의 꼴이 되어야 한
다.

■정답■ (D)

20. ______________________________________
여행을 떠나는 날 아침 비가 내렸기 때문에 몹시 걱정했습니
다.

■단어■
出(で)かける 나가다, 외출하다 | 降(ふ)る (비, 눈 등이) 내리다 |
心配(しんぱい)する 걱정하다

■해설■
「たくさん(많이)」은 수량이 많은 모양을 나타내는 말, 혹은
「충분하다, 지긋지긋하다」라는 의미이므로, 이 문장에서는
부적절하다. 대신 「とても(대단히, 더없이)」는 정도가 지나
치거나 심한 경우를 나타내는 말로 구어체에서 「굉장한, 대
단한」이라는 뜻의 「大変(たいへん)」과 더불어 가장 많이 사
용된다.

■정답■ (D)

Part 7 공란 메우기

연습문제

Drill 1 조동사 · 조사

1. ______________________________________
오늘은 빨리 돌아오라고 어머니가 말씀하셨습니다.

■단어■
今日(きょう) 오늘 | 무(はや)く 빨리, 일찍 | 帰(かえ)る 돌아가다,
돌아오다 | 母(はは) 어머니

■정답■ (D)

2. ______________________________________
저 사람은 야구를 잘한다고 합니다.

■단어■
野球(やきゅう) 야구 | うまい 잘하다, 능숙하다=「上手(じょうず)
だ」

■정답■ (A)

3. ______________________________________
다나카 씨는 조금 늦는다고 말했습니다.

■단어■
少(すこ)し 조금 | 遅(おく)れる 늦다, 지각하다

■정답■ (B)

4. ______________________________________
저 사람은 무엇이라 하는 사람입니까?

■단어■
あの人(ひと) 저 사람 | 言(い)う 말하다(「言う」는 입을 통해 또는
글을 통해 생각한 것을 말로 표현하는 의미로, 정리된 내용을 표현하
는 경우뿐 아니라 누군가가 얘기한 것을 전달하거나 반사적으로 나오
는 말이나 문장에도 사용함)

■정답■ (C)

5. ______________________________________
오늘은 비가 올 것 같습니다.

■단어■
今日(きょう) 오늘 | 雨(あめ)が降(ふ)る 비가 내리다

■정답■ (B)

6. ______________________________________
오늘은 비가 내리지 않을 것 같습니다.

■단어■
雨(あめ)が降(ふ)らない 비가 안 내리다

■정답■ (A)

7. ______________________________________
나는 내일도 도서관에 가려고 생각합니다.

■단어■
明日(あした) 내일 | 図書館(としょかん) 도서관 | 行(い)く 가다

■정답■ (B)

8. ______________________________________
이 펜은 잉크가 별로 없기 때문에 잘 써지지 않겠지요.

■단어■
あまり 그다지, 별로 | 無(な)い 없다 | 書(か)く 쓰다

■정답■ (D)

9. ______________________________________
실례합니다. 이 테이프를 들어도 되겠습니까?

■단어■
テープ 테이프 | 聞(き)く 듣다

■정답■ (B)

10. ______________________

오늘은 비 맞았다.

■단어■
今日(きょう) 오늘 | 雨(あめ) 비 | 降(ふ)る 비, 눈 등이 내리다

■정답■ (A)

11. ______________________

어젯밤 친구가 와서 공부를 하지 못했습니다.

■단어■
昨夜(ゆうべ) 어젯밤 | 友(とも)だち 친구 | 勉強(べんきょう) 공부 | できない 할 수 없다

■정답■ (D)

12. ______________________

엄마는 매일 아이에게 우유를 먹입니다.

■단어■
母(はは) 엄마, 어머니 ↔「父(ちち) : 아버지」| 毎日(まいにち) 매일 | 子供(こども) 아이 | 飲(の)む 마시다

■정답■ (A)

13. ______________________

비가 내릴지도 모르니까 우산을 가지고 가는 편이 좋습니다.

■단어■
降(ふ)る 비, 눈 등이 내리다 | ～かも知(し)れない ～일지 모른다 | 傘(かさ) 우산 | 持(も)つ 들다, 가지다

■정답■ (A)

14. ______________________

버스와 지하철 중에 어떤 것이 편리합니까?

■단어■
地下鉄(ちかてつ) 지하철 | どちら 어느 쪽 | 便利(べんり) 편리

■정답■ (C)

Drill 2 형용사

1. ______________________

도쿄는 매우 번화한 도시입니다.

■단어■
賑(にぎ)やか 번화함 | 町(まち) 마을, 도시

■정답■ (A)

2. ______________________

이것은 편리하고 좋은 사전입니다.

■단어■
便利(べんり) 편리 | 辞書(じしょ) 사전

■정답■ (A)

3. ______________________

근처에는 큰 집이 많이 있습니다.

■단어■
近所(きんじょ) 근처, 부근 | 大(おお)きい 크다 | 家(いえ) 집

■정답■ (A)

4. ______________________

저 사람은 유명한 가수입니다.

■단어■
有名(ゆうめい) 유명 | 歌手(かしゅ) 가수 | 便利(べんり) 편리 | 不味(まず)い 맛없다 | 大(おお)きい 크다

■정답■ (B)

5. ______________________

1년 동안 쉴 수 있는 날이 3일밖에 없다니 힘든 일이네요.

■단어■
一年間(いちねんかん) 1년간 | 休(やす)む 쉬다 | ～しかない ～밖에 없다 | 大変(たいへん) 큰일임, 힘듦, 어려움 | 仕事(しごと) 일, 업무 | 不便(ふべん) 불편 | 嫌(きら)い 싫어함 | 元気(げんき) 건강함, 기운참

■정답■ (D)

6. ______________________

백화점에서 빨간 꽃을 샀습니다.

■단어■
デパート 백화점 | 赤(あか)い 빨갛다 | 花(はな) 꽃 | 美味(おい)しい 맛있다 | 静(しず)か 조용함 | 暑(あつ)い 덥다

■정답■ (A)

7. _______________________________

여기는 매우 조용한 동네입니다.

■단어■
静(しず)か 조용함 | 町(まち) 마을, 도시

■정답■ (C)

8. _______________________________

글씨가 엉망이네요. 좀 더 깔끔한 글씨로 씁시다.

■단어■
字(じ) 글씨, 글자 | 汚(きたな)い 더럽다 | もっと 좀 더 | 丁寧(ていねい) 공손함, 친절함, 정성을 기울임 | 親切(しんせつ) 친절함 | 大切(たいせつ) 소중함, 귀중함, 중요함 | 贅沢(ぜいたく) 사치스러움

■정답■ (D)

9. _______________________________

이 요리는 맛없습니다.

■단어■
料理(りょうり) 요리 | 美味(おい)しい 맛있다

■정답■ (C)

10. _______________________________

우리 회사는 작지 않습니다.

■단어■
会社(かいしゃ) 회사 | 小(ちい)さい 작다

■정답■ (B)

11. _______________________________

이 시계는 그다지 좋지 않습니다.

■단어■
時計(とけい) 시계 | 良(よ)い 좋다

■정답■ (D)

12. _______________________________

이 사전은 매우 편리하고 쌉니다.

■단어■
辞書(じしょ) 사전 | 便利(べんり) 편리함 | 安(やす)い 싸다

■정답■ (D)

13. _______________________________

좀 더 정성들인 글씨로 써주세요. 너무 지저분합니다.

■단어■
丁寧(ていねい) 정중함, 공손함 | 字(じ) 글씨 | あまりにも 너무나도 | 乱暴(らんぼう) 난폭함 | 贅沢(ぜいたく) 사치 | 大切(たいせつ) 소중함 | 窮屈(きゅうくつ) 궁색함

■정답■ (A)

14. _______________________________

여기서 집까지 가깝습니까?

■단어■
家(いえ) 집 | 近(ちか)い 가깝다 | 遠(とお)い 멀다 | 短(みじか)い 짧다 | 長(なが)い 길다

■정답■ (D)

15. _______________________________

도쿄는 매우 편리합니다.

■단어■
便利(べんり) 편리함 | 便利(べんり)な 편리한 | 便利(べんり)に 편리하게

■정답■ (A)

16. _______________________________

겨울은 춥습니다만, 여름은 덥습니다.

■단어■
冬(ふゆ) 겨울 | 寒(さむ)い 춥다 | 夏(なつ) 여름 | 暑(あつ)い 덥다

■정답■ (D)

17. _______________________________

남대문 시장은 많은 사람으로 매우 북적거린다고 들었습니다만, 정말 대단하네요.

■단어■
市場(いちば) 시장 | 大変(たいへん) 대단함 | 賑(にぎ)やか 번화함, 북적거림 | すごい 대단하다, 굉장하다 | すばらしい 훌륭하다 | うまい 맛있다, 능숙하다 | 恥(は)ずかしい 부끄럽다

■정답■ (B)

18. _______________________________

홋카이도의 겨울은 매우 춥습니다.

■단어■
寒(さむ)さ 추위 | 厳(きび)しい 혹독하다, 엄격하다 | 怖(こわ)い 무섭다 | 強(つよ)い 강하다 | 高(たか)い 비싸다, 높다

■정답■ (B)

19. ______________________________

나는 성격이 밝고 자상한 남성을 좋아합니다.

■단어■
性格(せいかく) 성격 | 明(あか)るい 밝다 | 優(やさ)しい 상냥하다,
부드럽다 | 男性(だんせい) 남성

■정답■ (A)

20. ______________________________

이 고기는 부드럽고 맛있습니다.

■단어■
肉(にく) 고기 | 柔(やわ)らかい 부드럽다 | 美味(おい)しい 맛있다

■정답■ (D)

21. ______________________________

그녀는 아름답고 매우 친절합니다.

■단어■
美(うつく)しい 아름답다 | 親切(しんせつ) 친절함

■정답■ (C)

22. ______________________________

그녀는 상냥하고 매우 아름답습니다.

■단어■
彼女(かのじょ) 그녀 | やさしい 상냥하다 | 美(うつく)しい 아름답
다

■정답■ (C)

23. ______________________________

이 집은 새 것이고 큽니다.

■단어■
新(あたら)しい 새롭다 | 大(おお)きい 크다

■정답■ (D)

24. ______________________________

일본의 여름은 온도가 높아서 정말 지내기 어렵습니다.

■단어■
夏(なつ) 여름 | 温度(おんど) 온도 | 高(たか)い 높다 | 過(す)ごす
지내다 | 大(おお)きい 크다 | 少(すく)ない 적다 | きびしい 엄하다

■정답■ (C)

25. ______________________________

지하철은 편리하고 빠릅니다.

■단어■
地下鉄(ちかてつ) 지하철 | 便利(べんり) 편리 | 速(はや)い 빠르다

■정답■ (B)

26. ______________________________

이 생선은 신선하고 맛있습니다.

■단어■
魚(さかな) 생선 | 新鮮(しんせん) 신선

■정답■ (A)

27. ______________________________

어제는 매우 더웠습니다.

■단어■
昨日(きのう) 어제 | たいへん 대단히, 몹시 | 暑(あつ)い 덥다

■정답■ (D)

28. ______________________________

테니스가 매우 능숙하게 되었습니다.

■단어■
とても 매우 | 上手(じょうず) 능숙함

■정답■ (D)

29. ______________________________

아무리 새 집이라도 청소를 하지 않으면 더러워집니다.

■단어■
新(あたら)しい 새롭다 | 家(いえ) 집 | 掃除(そうじ) 청소 |
汚(きたな)い 지저분하다

■정답■ (D)

30. ______________________________

여자아이들은 자신을 귀엽게 보이려고 열심이다.

■단어■
女(おんな)の子(こ) 여자아이 | 自分(じぶん) 자신 | かわいい 귀엽
다 | 見(み)せる 보여주다 | 一生懸命(いっしょうけんめい) 열심임

■정답■ (B)

31. ______________________________

청소를 하면 방이 깨끗해집니다.

■단어■
掃除(そうじ) 청소 | 部屋(へや) 방 | きれい 깨끗함

■정답■ (C)

32.

그녀는 일본 노래를 능숙하게 부릅니다.

■단어■
上手(じょうず) 능숙함 | 歌(うた)を歌(うた)う 노래를 부르다

■정답■ (A)

33.

저 사람은 결혼하고 나서 예뻐졌습니다.

■단어■
結婚(けっこん) 결혼 | きれいだ 예쁘다, 아름답다

■정답■ (B)

34.

당신의 신장은 얼마입니까?

■단어■
背(せ) 키 | 高(たか)さ 높이 | 値段(ねだん) 가격 | 価格(かかく) 가격

■정답■ (C)

35.

나의 집은 공항 근처입니다.

■단어■
空港(くうこう) 공항 | 近(ちか)く 근처

■정답■ (B)

36.

오늘은 아침부터 차가운 바람이 불고 있습니다.

■단어■
朝(あさ) 아침 | 冷(つめ)たい 차다 | 風(かぜ) 바람 | 吹(ふ)く 불다 | 雲(くも) 구름 | 雪(ゆき) 눈 | 嵐(あらし) 폭풍

■정답■ (D)

37.

별이 반짝반짝 빛나고 있는 해변을 두 사람이 산책하다니, 어쩜 그렇게 로맨틱할까요.

■단어■
星(ほし) 별 | きらきら 반짝반짝 | 輝(かがや)く 빛나다 | 海辺(う

みべ) 해변 | 散歩(さんぽ) 산책 | ~なんて ~하다니, ~이라니 | クラシックな 클래식한 | カラフルな 컬러풀한, 화려한=「多彩(たさい) : 다채로움」 | シンプルな 심플한, 단순한 | ロマンチックな 로맨틱한

■정답■ (D)

38.

여러 가지 실패를 하는 일도 있다고 생각하지만, 장기적 안목으로 봐 주었으면 좋겠습니다.

■단어■
失敗(しっぱい) 실패 | ~と思(おも)う ~라고 생각하다 | ~てほしい ~해 주기를 바란다 | 長(なが)い 길다 *「長い目(め)で見(み)る 긴 안목으로 보다」 | 太(ふと)い 굵다 | 細(ほそ)い 가늘다 | 大(おお)きい 크다

■정답■ (A)

39.

이 옷 사이즈는 조금 큽니다.

■단어■
服(ふく) 옷 | 少(すこ)し 조금 | 狭(せま)い 좁다 | 大(おお)きい 크다 | 短(みじか)い 짧다 | 広(ひろ)い 넓다

■정답■ (B)

40.

최근 텔레비전 방송은 쓸데없는 방송이 너무 많습니다. 조금 더 어떻게 안 될까요?

■단어■
最近(さいきん) 최근 | 番組(ばんぐみ) 방송프로그램 | くだらない 시시하다 | 多(おお)すぎる 너무 많다 | なんとか 어떻게든 | 素晴(すば)らしい 훌륭하다 | うまい 능숙하다 | ありがたい 고맙다

■정답■ (D)

Drill 3 동사

1.

차를 끓이는 방법을 가르쳐주시지 않겠습니까?

■단어■
お茶(ちゃ)を入(い)れる 차를 끓이다 | 入(い)れ方(かた) 넣는 법, 끓이는 법 | 教(おし)える 가르치다

■정답■ (A)

2. _______________________________________

걸으면서 담배를 피워서는 안 됩니다.

■ 단어 ■
歩(ある)く 걷다 | ～ながら ～하면서 | タバコを吸(す)う 담배를 피우다 | 동사ます형+たい ～하고 싶다 | ～すぎる 지나치게～하다

■ 정답 ■ (C)

3. _______________________________________

그는 최근, 학교를 자주 쉽니다.

■ 단어 ■
彼(かれ) 그 | 最近(さいきん) 최근 | 学校(がっこう) 학교 | 休(やす)む 쉬다 | 동사ます형+がち ～하는 경향이 많다

■ 정답 ■ (C)

4. _______________________________________

그녀의 설명은 어려워서 알기 어렵습니다.

■ 단어 ■
彼女(かのじょ) 그녀 | 説明(せつめい) 설명 | 難(むずか)しい 어렵다 | 分(わ)かる 알다 | 동사ます형+やすい／にくい ～하기 쉽다/어렵다 | 동사た+ばかり ～한지 얼마 안 됨

■ 정답 ■ (C)

5. _______________________________________

학생들이 이야기 하면서 걷고 있습니다.

■ 단어 ■
学生(がくせい)たち 학생들 | 話(はな)す 이야기하다 | 歩(ある)く 걷다

■ 정답 ■ (B)

6. _______________________________________

이번 휴일에는 영화를 보러 가고 싶습니다.

■ 단어 ■
今度(こんど) 이번, 금번 | 休(やす)み 휴일 | 映画(えいが) 영화 | 見(み)に行(い)く 보러 가다

■ 정답 ■ (D)

7. _______________________________________

나는 매일 아침밥을 먹으러 식당에 갑니다.

■ 단어 ■
毎月(まいにち) 매일 | 食(た)べる 먹다 | 食堂(しょくどう) 식당 | 동사ます형+に行(い)く ～하러 가다

■ 정답 ■ (C)

8. _______________________________________

담배를 피우면서 걷고 있습니다.

■ 단어 ■
たばこを吸(す)う 담배를 피우다 | 歩(ある)く 걷다

■ 정답 ■ (B)

9. _______________________________________

술을 너무 많이 마셔서 속이 좋지 않게 되었습니다.

■ 단어 ■
お酒(さけ) 술 | 飲(の)む 마시다 | 동사ます형+すぎる 지나치게～하다 | 気分(きぶん) 기분 | 悪(わる)い 나쁘다

■ 정답 ■ (D)

10. _______________________________________

배가 고파서 뭔가 먹고 싶습니다.

■ 단어 ■
お腹(なか)が空(す)く 배가 고프다 | ので ～이므로, 때문에 | なにか 뭔가 | 食(たべ)る 먹다

■ 정답 ■ (C)

11. _______________________________________

나는 내년에 영어 공부를 하고 싶습니다.

■ 단어 ■
来年(らいねん) 내년 | 英語(えいご) 영어 | 勉強(べんきょう) 공부 | 동사ます형+たい ～하고 싶다 | ほしがる 갖고 싶어하다 | 読(よ)む 읽다

■ 정답 ■ (B)

12. _______________________________________

음악을 들으면서 공부합니다.

■ 단어 ■
音楽(おんがく) 음악 | 聞(き)く 듣다

■ 정답 ■ (B)

13. _______________________________________

텔레비전을 보면서 공부를 해서는 안 됩니다.

■ 단어 ■
見(み)る 보다 | ～てはいけない ～해서는 안 된다(금지)

■ 정답 ■ (A)

14. _______________________________________

이 볼펜은 잘 안 써집니다.

■ 단어 ■
書(か)く 쓰다｜동사ます형+にくい ～하기 어렵다

■ 정답 ■ (A)

15. _______________________________________

전철에 타려고 할 때 갑자기 문이 닫혀서 탈 수 없었습니다.

■ 단어 ■
電車(でんしゃ) 전차, 전철｜乗(の)れる「乗(の)る－타다」의 가능형, 탈 수 있다｜急(きゅう)に 갑자기｜しまる 닫히다｜동사う／よう＋とする ～하려고 하다

■ 정답 ■ (A)

16. _______________________________________

어제는 어디에도 가지 않고 집에 있었습니다.

■ 단어 ■
昨日(きのう) 어제｜いる 있다｜AないでBする A하지 않고 B하다

■ 정답 ■ (A)

17. _______________________________________

시간이 있으니까 서두르지 않아도 됩니다.

■ 단어 ■
時間(じかん) 시간｜急(いそ)ぐ 서두르다｜～なくてもいい ～하지 않아도 된다

■ 정답 ■ (A)

18. _______________________________________

늦어도 8시까지는 돌아가지 않으면 안 됩니다.

■ 단어 ■
遅(おそ)い 늦다｜帰(かえ)る 돌아오(가)다｜～なければならない ～하지 않으면 안 된다

■ 정답 ■ (A)

19. _______________________________________

이 일은 할 사람은 남자가 아니면 안 됩니다.

■ 단어 ■
仕事(しごと) 일｜男(おとこ) 남자｜＊명사부정 : 명사＋で／では／じゃ＋ない

■ 정답 ■ (B)

20. _______________________________________

비행기는 9시이니까 8시까지 가지 않으면 안 됩니다.

■ 단어 ■
飛行機(ひこうき) 비행기｜9時(くじ) 9시

■ 정답 ■ (B)

21. _______________________________________

여기에 짐을 두지 말아주세요.

■ 단어 ■
荷物(にもつ) 짐｜置(お)く 놓다, 두다

■ 정답 ■ (B)

22. _______________________________________

연필로 쓰지 말아주세요.

■ 단어 ■
鉛筆(えんぴつ) 연필｜書(か)く 쓰다

■ 정답 ■ (C)

23. _______________________________________

어디에서 전철을 내립니까?

■ 단어 ■
電車(でんしゃ) 전차, 전철｜降(お)りる (교통수단을) 내리다

■ 정답 ■ (A)

24. _______________________________________

여기서 버스에서 내립시다.

■ 단어 ■
バス 버스｜降(お)りる 탈 것에서 내리다

■ 정답 ■ (A)

25. _______________________________________

선생님과 한 번 만나보고 싶습니다만….

■ 단어 ■
一度(いちど) 한 번｜お目(め)にかかる「会(あ)う－만나다」의 겸양표현, 뵙다｜けど=けれども ～지만｜見(み)せる 보여주다

■ 정답 ■ (C)

26. _______________________________________

선생님은 병원까지의 길을 물어보셨습니다.

■ 단어 ■
病院(びょういん) 병원｜道(みち) 길｜尋(たず)ねる 묻다｜お＋동사ます형＋になる ～하시다(존경표현)

■ 정답 ■ (A)

27. ______________________________

오늘은 새 구두를 신고 갑시다.

■단어■
新(あたら)しい 새롭다 | 靴(くつ) 구두, 신발 | しめる 매다 | はく (하의를)입다, (신발을)신다 | つける 붙이다 | かぶる (모자를)쓰다

■정답■ (B)

28. ______________________________

다나카 씨는 안경을 쓰고 있습니다.

■단어■
眼鏡(めがね)をかける 안경을 쓰다 | はめる (시계, 반지를)차다, 끼다 | さす 꽂다

■정답■ (D)

29. ______________________________

아무리 늦어도 9시에는 돌아옵니다.

■단어■
いくら～ても 아무리～해도 | 遅(おそ)い 늦다 | 帰(かえ)る 돌아오(가)다

■정답■ (A)

30. ______________________________

어린아이가 파란 모자를 쓰고 있습니다.

■단어■
子供(こども) 어린아이 | 青(あお)い 파랗다 | 帽子(ぼうし)をかぶる 모자를 쓰다

■정답■ (B)

31. ______________________________

오늘은 오랜만에 모자를 쓰고 갑시다.

■단어■
今日(きょう) 오늘 | 久(ひさ)しぶり 오랜만임 | かける 걸다

■정답■ (A)

32. ______________________________

선생님은 안경을 쓰고 있습니다.

■단어■
眼鏡(めがね)をかける 안경을 쓰다 | 服(ふく) 옷

■정답■ (D)

33. ______________________________

스커트를 입고 있는 사람은 누구입니까?

■단어■
スカートをはく 스커트를 입다 | 着(き)る (상의를)입다

■정답■ (A)

34. ______________________________

좀 더 큰 글씨로 써주세요.

■단어■
もう少(すこ)し 조금 더 | 大(おお)きい 크다 | 字(じ) 글씨 | 書(か)く 쓰다

■정답■ (C)

35. ______________________________

어제 도서관에 가서 공부를 했습니다.

■단어■
昨日(きのう) 어제 | 図書館(としょかん) 도서관 | 勉強(べんきょう) 공부

■정답■ (C)

36. ______________________________

이 주변에는 가게가 많이 있습니다.

■단어■
近(ちか)く 근처 | 店(みせ) 가게 | おる 「いる－있다」의 겸양동사

■정답■ (B)

37. ______________________________

창문이 열려 있습니다.

■단어■
窓(まど) 창문 | 開(あ)ける 열다 | 타동사て＋ある 해져 있다(상태)

■정답■ (C)

38. ______________________________

창문이 열려 있습니다.

■단어■
窓(まど) 창, 창문 | 開(あ)く 열리다

■정답■ (D)

39. ______________________________

회의 서류는 책상 위에 가지런히 (놓여) 있습니다.

■단어■
会議(かいぎ) 회의 | 書類(しょるい) 서류 | つくえ 책상 | 並(なら)べる 가지런히 하다 | 並(なら)ぶ 나란히 하다 | 止(と)める 세우

다 | 止(と)まる 서다, 정지하다

■ 정답 ■ (A)

40.

어제는 일요일이었습니다.

■ 단어 ■
昨日(きのう) 어제 | 日曜日(にちようび) 일요일

■ 정답 ■ (B)

41.

어제 영화관에 갔습니다.

■ 단어 ■
映画館(えいがかん) 영화관

■ 정답 ■ (D)

42.

오늘의 날씨는 정말로 맑습니다.

■ 단어 ■
天気(てんき) 날씨 | 晴(は)れる 맑다, 개다

■ 정답 ■ (D)

43.

전화를 걸고 나서 집을 나갑니다.

■ 단어 ■
電話(でんわ)をかける 전화를 걸다 | ～てから ～하고나서 | 家(いえ) 집 | 出(で)る 나오다, 나가다

■ 정답 ■ (D)

44.

영화를 보고 나서 식사를 합시다.

■ 단어 ■
映画(えいが) 영화 | 동사「た」＋あとで ～한 다음에 | 食事(しょくじ) 식사

■ 정답 ■ (A)

45.

밥을 먹고 나서 텔레비전을 봅니다.

■ 단어 ■
御飯(ごはん) 밥 | 見(み)る 보다

■ 정답 ■ (C)

46.

신문을 읽고 나서 아침밥을 먹습니다.

■ 단어 ■
新聞(しんぶん) 신문 | 読(よ)む 읽다 | 朝(あさ)ごはん 아침밥 | 食(た)べる 먹다

■ 정답 ■ (D)

47.

책을 읽은 후에 잡니다.

■ 단어 ■
本(ほん) 책 | ～たあとで ～한 다음에 | 寝(ね)る 자다

■ 정답 ■ (D)

48.

방문이 열려 있습니다.

■ 단어 ■
部屋(へや) 방 | 開(あ)く 열리다 | 咲(さ)く (꽃이)피다 | 吹(ふ)く 불다

■ 정답 ■ (C)

49.

수업이 끝나고 나서 영화를 봅시다.

■ 단어 ■
授業(じゅぎょう) 수업 | 終(お)わる 끝나다 | 映画(えいが) 영화

■ 정답 ■ (D)

50.

당신이 쓴 작문은 어느 것입니까?

■ 단어 ■
書(か)く 쓰다 | 作文(さくぶん) 작문

■ 정답 ■ (C)

51.

은행에서 돈을 찾습니다.

■ 단어 ■
銀行(ぎんこう) 은행 | お金(かね)を下(お)ろす 돈을 찾다 | 出(だ)す 내다, 제출하다 | 探(さが)す 찾다 | 売(う)る 팔다

■ 정답 ■ (A)

52.

컴퓨터가 고장 나서 곤란합니다.

■단어■
壊(こわ)れる 고장나다, 부서지다 | 困(こま)る 곤란하다, 난처하다 |
急(いそ)ぐ 서두르다 | 乗(の)る 타다 | 切(き)れる 끊어지다

■정답■ (C)

53. _______________________________________

약속은 반드시 지켜주세요.

■단어■
約束(やくそく) 약속 | 必(かなら)ず 반드시 | 守(まも)る 지키다 |
払(はら)う 지불하다

■정답■ (B)

54. _______________________________________

매일 아침 면도를 하고 출근합니다.

■단어■
毎朝(まいあさ) 매일 아침 | 髭(ひげ)を剃(そ)る 면도를 하다(수염
을 깎다) | 出勤(しゅっきん) 출근 | 髪(かみ)の毛(け) 머리카락 | 眉
毛(まゆげ) 눈썹 | 爪(つめ) 손톱

■정답■ (D)

55. _______________________________________

숙제를 하고 나서 샤워를 했습니다.

■단어■
宿題(しゅくだい) 숙제 | シャワーを浴(あ)びる 샤워를 하다 |
かかる 걸리다 | 飲(の)む 마시다 | 入(はい)る 들어가다

■정답■ (B)

56. _______________________________________

나는 어젯밤 친구에게 편지를 썼습니다.

■단어■
ゆうべ 어젯밤 | 友(とも)だち 친구 | 手紙(てがみ) 편지 | 書(か)く
쓰다 | 電話(でんわ) 전화 | 音楽(おんがく) 음악 | 鉛筆(えんぴつ)
연필

■정답■ (A)

57. _______________________________________

다카다 씨는 기타를 능숙하게 칩니다.

■단어■
ギター 기타 | 上手(じょうず)に 능숙하게 | 弾(ひ)く (악기를)치다,
켜다 | 打(う)つ 치다 | 叩(たた)く 두드리다 | 持(も)つ 들다, 가지다

■정답■ (C)

58. _______________________________________

3박 4일의 여행으로 일본에 갔을 때는 싼 일본식 여관에 묵었
습니다.

■단어■
3泊4日(さんぱくよっか) 3박4일 | 旅行(りょこう) 여행 | 安(や
す)い 싸다 | 日本式(にほんしき) 일본식 | 旅館(りょかん) 여관 |
泊(と)まる 머물다, 숙박하다 | 住(す)む 살다 | 暮(くら)す 생활하
다 | 過(す)ごす 지내다

■정답■ (D)

59. _______________________________________

기무라 씨는 지난달 규슈의 지점으로 전근되었습니다.

■단어■
先月(せんげつ) 지난달 | 支店(してん) 지점 | 転勤(てんきん) 전
근 | 引(ひ)っ越(こ)し 이사 | 就職(しゅうしょく) 취직 | 転職(てん
しょく) 전직

■정답■ (A)

60. _______________________________________

최근 겨우 새로운 생활에도 적응했습니다.

■단어■
最近(さいきん) 최근 | やっと 겨우, 간신히 | 新(あたら)しい 새롭
다 | 生活(せいかつ) 생활 | 慣(な)れる 익숙해지다 | 習(なら)う 배
우다 | 治(なお)る 낫다, 치료되다 | なる 되다

■정답■ (C)

61. _______________________________________

나는 매일 아침 6시가 되면 저절로 눈이 떠집니다.

■단어■
一人(ひとり)でに 혼자서, 저절로 | 目(め)がさめる 눈이 떠지다 |
開(ひら)く 열리다 | 置(お)く 놓다, 두다 | 動(うご)く 움직이다

■정답■ (A)

62. _______________________________________

어제 시합이 신문에 났습니다.

■단어■
試合(しあい) 시합 | 新聞(しんぶん) 신문 | 出(で)る 나오(가)다 |
読(よ)む 읽다 | 書(か)く 쓰다

■정답■ (B)

63. _______________________________________

산에서 뜨거운 물을 끓여 마신 커피의 맛은 잊을 수 없습니다.

■단어■
お湯(ゆ) 따뜻한 물 | 沸(わ)かす 끓이다 | 飲(の)む 마시다 | 味(あじ) 맛 | 忘(わす)れる 잊다 | 焼(や)く 굽다 | 煮(に)る 조리다, 삶다 | ゆでる 삶다

■정답■ (C)

64. _______________

그녀는 미인인 것을 우쭐대서 싫습니다.

■단어■
美人(びじん) 미인 | 명사+である 명사+이다 | 鼻(はな)にかける 자랑하다 | 嫌(きら)い 싫어함 | 目(め)にかける 특별히 보살피다

■정답■ (D)

65. _______________

나는 야마다 씨에게 안내받았습니다.

■단어■
案内(あんない) 안내 | ~てもらう ~해 받다 | ~てあげる (상대에게)~해 주다 | ~てくれる (상대가 내 쪽에)~해 주다 | さしあげる 드리다

■정답■ (A)

Drill 4 부사

1. _______________

다나카 씨는 영어를 그다지 잘하지 않습니다.

■단어■
英語(えいご) 영어 | あまり 별로, 그다지 | 上手(じょうず) 능숙함 | たくさん 많음 | とても 매우, 대단히 | よく 충분히, 자세히

■정답■ (B)

2. _______________

이 방은 매우 좁습니다.

■단어■
部屋(へや) 방 | 狭(せま)い 좁다

■정답■ (C)

3. _______________

회의는 10시부터이니까 이미 시작되었습니다.

■단어■
会議(かいぎ) 회의 | もう 이제, 이미 | 始(はじ)まる 시작되다 | やっと 겨우 | まだ 아직 | さっき 조금 전

■정답■ (A)

4. _______________

내일은 설령 비가 내리더라도 바다에 갑니다.

■단어■
たとえ~ても 설령~하더라도 | 雨(あめ)が降(ふ)る 비가 내리다 | 海(うみ) 바다

■정답■ (C)

5. _______________

내일 그 사람은 아마 올겁니다.

■단어■
たぶん 아마 | もし 만약 | そして 그리고 | しかし 그러나

■정답■ (A)

6. _______________

버스가 좀처럼 오지 않습니다.

■단어■
ぜひ 꼭 | かならず 반드시 | なかなか 꽤, 상당히(긍정문)/좀처럼(부정문)

■정답■ (D)

7. _______________

영어는 전혀 모릅니다.

■단어■
全然(ぜんぜん) 전혀 | せっかく 모처럼 | たいへん 대단히

■정답■ (B)

8. _______________

장황하게 이야기 하지 말고, 확실하게 요점만 이야기 해주세요.

■단어■
くどくど 장황하게 말함 | 言(い)う 말하다 | はっきり 분명히, 확실히 | 要点(ようてん) 요점 | だけ 만, 뿐 | ひそひそ 남에게 들리지 않도록 작은 소리로 말하는 모양, 소곤소곤 | すらすら 술술 | どんどん 점점

■정답■ (A)

9. _______________

저희 교실은 1층에 있습니다.

■단어■
教室(きょうしつ) 교실 | 一階(いっかい) 1층 | いっぱい 가득

一台(いちだい) 1대 | 一枚(いちまい) 1장

■ 정답 ■ (B)

10. _______________________

오늘은 일요일이므로 사람이 많습니다.

■ 단어 ■
今日(きょう) 오늘 | 〜ので 〜이므로 | 〜でいっぱい 〜로 가득하
다 | 一度(いちど) 한 번

■ 정답 ■ (C)

11. _______________________

이번 보너스를 받으면 사고 싶은 물건이 많이 있습니다.

■ 단어 ■
もらう 받다 | 買(か)う 사다 | 物(もの) 물건, 것 | たくさん 많이 |
取(と)る 잡다 | 出(で)る 나오다 | 受(う)ける 받다

■ 정답 ■ (B)

Drill 5 조사

1. _______________________

비행기가 하늘을 날고 있습니다.

■ 단어 ■
飛行機(ひこうき) 비행기 | 空(そら)を飛(と)ぶ 하늘을 날다

■ 정답 ■ (A)

2. _______________________

선생님이 가시면 학생도 갑니다.

■ 단어 ■
先生(せんせい) 선생님 | 学生(がくせい) 학생

■ 정답 ■ (B)

3. _______________________

일요일에 시간이 있으면 전화를 해 주십시오.

■ 단어 ■
日曜日(にちようび) 일요일 | 時間(じかん) 시간 | 電話(でんわ)を
する 전화를 하다

■ 정답 ■ (A)

4. _______________________

길을 횡단할 때는 좌우를 확실히 보고나서 건넙시다.

■ 단어 ■
道(みち)を横切(よこぎ)る 길을 가로지르다, 횡단하다 | 左右(さゆ
う) 좌우 | しっかり 분명히, 확실히 | 渡(わた)る 건너다

■ 정답 ■ (B)

5. _______________________

만약 가능하다면 한 번이라도 좋으니까 남극에 가보고 싶다.

■ 단어 ■
もし 만약, 만일 | 一度(いちど) 한 번 | 南極(なんきょく) 남극

■ 정답 ■ (A)

6. _______________________

보면 볼수록 예쁩니다.

■ 단어 ■
見(み)る 보다 | きれいだ 예쁘다, 아름답다 | 〜ば〜ほど 〜하면〜
할수록

■ 정답 ■ (C)

7. _______________________

역에 도착하면 전화 주십시오.

■ 단어 ■
駅(えき) 역 | 着(つ)く 도착하다

■ 정답 ■ (A)

8. _______________________

일기예보에 의하면 내일은 화창하다고 합니다.

■ 단어 ■
天気予報(てんきよほう) 일기예보 | 明日(あした) 내일 | 晴(は)れ
る 맑다, 화창하다 | 〜によって 〜에 따라

■ 정답 ■ (B)

9. _______________________

우리 아버지는 몸이 건강하기 때문에 감기로 회사를 쉰 적이
없습니다.

■ 단어 ■
父(ちち) 아버지 | 体(からだ) 몸, 신체 | 丈夫(じょうぶ) 튼튼함, 건
강함 | 風邪(かぜ) 감기 | 休(やす)む 쉬다

■ 정답 ■ (A)

10. _______________________

나는 내일 그녀와 영화를 보러 갈 예정입니다.

■단어■
明日(あした) 내일 | 映画(えいが) 영화 | つもり 생각, 예정 | 用意(ようい) 준비

■정답■ (D)

11. __________________________

책을 사러 서점에 갑니다.

■단어■
買(か)う 사다 | 本屋(ほんや) 책방, 서점

■정답■ (B)

12. __________________________

이 숙제는 언제까지 제출하면 됩니까?

■단어■
宿題(しゅくだい) 숙제 | 提出(ていしゅつ) 제출 | いつ 언제

■정답■ (D)

13. __________________________

여기서부터 역까지 멉니까?

■단어■
駅(えき) 역 | 遠(とお)い 멀다

■정답■ (C)

14. __________________________

내일은 시험이 있어서 어디에도 가지 않습니다.

■단어■
明日(あした) 내일 | テスト 테스트, 시험 | どこへも 아무데도

■정답■ (C)

15. __________________________

담배는 몸에 나쁘니까 끊읍시다.

■단어■
タバコ 담배 | 体(からだ)に悪(わる)い 몸에 해롭다 | 止(や)める 그만두다

■정답■ (B)

16. __________________________

야마다 씨는 오늘은 사정이 좋지 않아서 갈 수 없다고 합니다.

■단어■
都合(つごう)が悪(わる)い 형편이 안 좋다, 사정이 나쁘다

■정답■ (A)

17. __________________________

스즈키 씨는 어디에 있습니까?

■단어■
どこ 어디 | 誰(だれ) 누구 | どれ 어느 것

■정답■ (D)

18. __________________________

당신의 가방은 어느 것입니까?

■단어■
鞄(かばん) 가방

■정답■ (B)

19. __________________________

어디가 당신의 교실입니까?

■단어■
教室(きょうしつ) 교실

■정답■ (C)

20. __________________________

어제는 5시간 밖에 자지 않았습니다.

■단어■
昨日(きのう) 어제 | しか ~밖에(부정어 동반) | 寝(ね)る 자다 | ~など ~등, ~따위

■정답■ (B)

21. __________________________

오후에는 비가 올지도 모릅니다.

■단어■
午後(ごご) 오후 | かもしれない ~일지도 모른다

■정답■ (B)

22. __________________________

그가 언제 오는지 알고 있습니까?

■단어■
彼(かれ) 그, 그 사람 | 知(し)る 알다

■정답■ (A)

23. __________________________

내일은 10시나 10시 반에 만납시다.

■단어■
10時半(じはん) 10시 반 | ~に会(あ)う ~을(를) 만나다

■정답■ (B)

24. ____________________

오늘은 날씨도 나쁘고하니 집에 있기로 합시다.

■단어■
今日(きょう) 오늘 | 天気(てんき) 날씨 | 悪(わる)い 나쁘다 |
家(いえ) 집

■정답■ (A)

25. ____________________

오늘 수업은 이것으로 끝내겠습니다.

■단어■
授業(じゅぎょう) 수업 | これで 이것으로(한정) | 終(お)わる 끝나다

■정답■ (C)

26. ____________________

오늘은 도서관에서 공부합니다.

■단어■
図書館(としょかん) 도서관 | 勉強(べんきょう) 공부

■정답■ (A)

27. ____________________

당신은 회사까지 무엇으로 갑니까?

■단어■
会社(かいしゃ) 회사 | 何(なん／なに) 무엇

■정답■ (A)

28. ____________________

식당에서 밥을 먹읍시다.

■단어■
食堂(しょくどう) 식당 | 御飯(ごはん) 밥 | 食(た)べる 먹다

■정답■ (D)

29. ____________________

역까지 버스로 갔습니다.

■단어■
駅(えき) 역 | バスで 버스로(수단)

■정답■ (B)

30. ____________________

학교까지 자전거로 갑시다.

■단어■
学校(がっこう) 학교 | 自転車(じてんしゃ) 자전거

■정답■ (A)

31. ____________________

오늘은 택시로 갑시다.

■단어■
今日(きょう) 오늘 | タクシー 택시 | 行(い)く 가다

■정답■ (D)

32. ____________________

매일 도서관에서 공부합니다.

■단어■
毎日(まいにち) 매일 | 図書館(としょかん) 도서관 | 勉強(べんきょう) 공부

■정답■ (C)

33. ____________________

그는 식당에서 기다리고 있습니다.

■단어■
食堂(しょくどう) 식당 | 待(ま)つ 기다리다

■정답■ (B)

34. ____________________

가까운 슈퍼에서 쇼핑을 합니다.

■단어■
近(ちか)く 근처 | スーパー 슈퍼 | 買(か)い物(もの)をする 쇼핑을
하다, 물건을 사다

■정답■ (A)

35. ____________________

도서관에서 책을 읽습니다.

■단어■
図書館(としょかん) 도서관 | 読(よ)む 읽다

■정답■ (C)

36. ____________________

당신은 어디에서 밥을 먹습니까?

■단어■
どこ 어디 | 御飯(ごはん) 밥 | 食(た)べる 먹다

■정답■ (B)

37. ____

나는 장래, 의사가 되고 싶습니다.

■단어■
将来(しょうらい) 장래 | 医者(いしゃ) 의사 | 名＋になる 〜가(이) 되다

■정답■ （D）

38. ____

다나카 씨는 몇 시에 잡니까?

■단어■
何時(なんじ) 몇 시 | 寝(ね)る 자다

■정답■ （D）

39. ____

전철은 8시에 도착했습니다.

■단어■
電車(でんしゃ) 전차, 전철 | 着(つ)く 도착하다

■정답■ （B）

40. ____

회의 시간에 늦었습니다.

■단어■
会議(かいぎ) 회의 | 時間(じかん) 시간 | 遅(おく)れる 늦다, 지각하다

■정답■ （B）

41. ____

저는 회사에 전화를 걸었습니다.

■단어■
会社(かいしゃ) 회사 | 電話(でんわ) 전화

■정답■ （A）

42. ____

어제 엄마에게 편지를 썼습니다.

■단어■
母(はは) 엄마 | 手紙(てがみ) 편지 | 書(か)く 쓰다

■정답■ （A）

43. ____

다나카 씨는 지금 어디에 있습니까?

■단어■
今(いま) 지금 | どこ 어디

■정답■ （A）

44. ____

오후에는 집에 있습니다.

■단어■
午後(ごご) 오후 | 家(いえ) 집

■정답■ （D）

45. ____

선생님은 어디에 있습니까?

■단어■
先生(せんせい) 선생님

■정답■ （A）

46. ____

다음 전철을 탑시다.

■단어■
次(つぎ) 다음 | 電車(でんしゃ) 전차, 전철 | 〜に乗(の)る 〜을(를) 타다

■정답■ （A）

47. ____

어렸을 때 아버지가 돌아가셔서, 고생스러운 소년시절을 보냈습니다.

■단어■
子供(こども) 어린 아이 | 〜ころ 무렵, 〜때 | 父(ちち) 아버지 | 死(し)ぬ 죽다 | 苦(くる)しい 괴롭다, 고생스럽다 | 少年時代(しょうねんじだい) 소년 시절 | 過(す)ごす 시간을 보내다

■정답■ （C）

48. ____

올해도 1년에 한 번 있는 파티가 다음 주 토요일에 열립니다.

■단어■
今年(ことし) 금년, 올해 | 一度(いちど) 한 번 | 来週(らいしゅう) 다음주 | 土曜日(どようび) 토요일 | 開(ひら)く 열리다

■정답■ （C）

49. ____

장래에는 선생님이 되고 싶습니다.

■단어■
将来(しょうらい) 장래│先生(せんせい) 선생님│成(な)る 되다

■정답■ (D)

50. ______________________
점심시간에 운동장에 갑니다.

■단어■
昼休(ひるやす)み 점심시간│運動場(うんどうじょう) 운동장

■정답■ (B)

51. ______________________
어제는 6시간이나 공부했습니다.

■단어■
昨日(きのう) 어제│勉強(べんきょう) 공부

■정답■ (C)

52. ______________________
회사에서 집까지 어느 정도 걸립니까?

■단어■
会社(かいしゃ) 회사│家(いえ) 집│かかる 시간이 걸리다

■정답■ (A)

53. ______________________
슈퍼에서 과일과 달걀을 샀습니다.

■단어■
スーパー 슈퍼│果物(くだもの) 과일│卵(たまご) 달걀

■정답■ (B)

54. ______________________
책상 위에 연필과 지우개가 있습니다.

■단어■
机(つくえ) 책상│鉛筆(えんぴつ) 연필│消(けし)ゴム 지우개

■정답■ (B)

55. ______________________
저는 어제 친구와 함께 영화관에 갔습니다.

■단어■
昨日(きのう) 어제│友達(ともだち) 친구│一緒(いっしょ)に
함께│映画館(えいがかん) 영화관

■정답■ (B)

56. ______________________
요시다 씨는 어느 분입니까?

■단어■
どの人(ひと) 어느 분=「どなた」

■정답■ (A)

57. ______________________
영어도 일본어도 모릅니다.

■단어■
英語(えいご) 영어│日本語(にほんご) 일본어│分(わ)かる 알다,
이해하다

■정답■ (B)

58. ______________________
누구든지 좋으니까 좀 와주세요.

■단어■
ちょっと 좀, 약간

■정답■ (D)

59. ______________________
조금 시간이 있으니까 커피라도 마실까요?

■단어■
少(すこ)し 좀, 조금│時間(じかん) 시간│コーヒー 커피│飲(の)
む 마시다

■정답■ (A)

60. ______________________
저는 스테레오를 갖고 싶습니다.

■단어■
ステレオ 스테레오│欲(ほ)しい 갖고 싶다, 원하다

■정답■ (B)

61. ______________________
어느 것이 당신 가방입니까?

■단어■
どれ 어느 것│あなた 너, 당신│鞄(かばん) 가방

■정답■ (B)

62. ______________________
저것은 나의 가방입니다.

■정답■ (A)

63. _______________________________________

이것은 일본어 교과서입니다.

■ 단어 ■
日本語(にほんご) 일본어 | 教科書(きょうかしょ) 교과서

■ 정답 ■ (B)

64. _______________________________________

이 책은 제 것입니다.

■ 단어 ■
本(ほん) 책

■ 정답 ■ (C)

65. _______________________________________

요시다 씨는 아직 오지 않았습니까?

■ 단어 ■
まだ 아직 | いつか 언젠가 | もしも 만약 | ちょうど 마침, 딱

■ 정답 ■ (C)

66. _______________________________________

형은 외국에 간 이후 돌아오지 않습니다.

■ 단어 ■
兄(あに) 형 | 外国(がいこく) 외국 | 帰(かえ)る 돌아오(가)다 |
～きり ～한채(～을 마지막으로의 의미)

■ 정답 ■ (B)

67. _______________________________________

어제는 텔레비전을 켠 채로 잠들어 버렸습니다.

■ 단어 ■
テレビをつける 텔레비전을 켜다 | 動詞た＋まま ～인 그대로, ～인
채 | 寝(ね)る 자다

■ 정답 ■ (A)

68. _______________________________________

전철 안에서 책을 읽으면 눈이 나빠지기 때문에, 전철 안에서
는 나는 가능한 한 읽지 않기로 했습니다.

■ 단어 ■
電車(でんしゃ) 전차, 전철 | 読(よ)む 읽다 | できるだけ 가능한 한

■ 정답 ■ (C)

69. _______________________________________

서점에서 책을 한 권 샀습니다.

■ 단어 ■
本屋(ほんや) 책방, 서점 | 買(か)う 사다 | 足(そく) 켤레

■ 정답 ■ (B)

70. _______________________________________

동물원에 사자가 두 마리 있습니다.

■ 단어 ■
動物園(どうぶつえん) 동물원 | 頭(とう) 큰 동물을 헤아리는 단위
(마리)

■ 정답 ■ (A)

71. _______________________________________

감기에 걸려 버렸습니다.

■ 단어 ■
風邪(かぜ)を引(ひ)く 감기에 걸리다 | ～てしまう ～해버리다

■ 정답 ■ (A)

72. _______________________________________

교실에는 아무도 없습니다.

■ 단어 ■
教室(きょうしつ) 교실 | 誰(だれ) 누구

■ 정답 ■ (B)

73. _______________________________________

이 요리는 누가 만들었습니까?

■ 단어 ■
料理(りょうり) 요리 | だれ 누구 | 作(つく)る 만들다 | いつ 언
제 | どれ 어느 것

■ 정답 ■ (D)

74. _______________________________________

이 책이 얼마인지 압니까?

■ 단어 ■
本(ほん) 책 | いくら 얼마 | わかる 알다 | 의문사＋か ～인지(인가),
～할지(불확실함을 나타냄)

■ 정답 ■ (B)

75. _______________________________________

이 방에는 아무도 없습니다.

■단어■
部屋(へや) 방 | 誰(だれ) 누구

■정답■ (A)

실전문제

1. ___________________________________
여러분에게 안부 전해 주세요.

■단어■
皆(みな)さん 여러분 | 伝(つた)える 전하다, 전달하다

■정답■ (D)

2. ___________________________________
여성은 여자답게 행동하세요.

■단어■
女性(じょせい) 여성 | 振(ふ)る舞(ま)う 행동하다, 처신하다, 대하다

■정답■ (B)

3. ___________________________________
효도를 하려고 할 때는 이미 늦다.

■단어■
親孝行(おやこうこう) 효도 | 遅(おそ)い 늦다

■정답■ (C)

4. ___________________________________
좋아하는 사람 앞에서 두근두근 거리는 것은 당연합니다.

■단어■
どきどき 두근두근 | 当然(とうぜん) 당연함 | はらはら 나뭇잎이 팔랑팔랑, 눈물이 뚝뚝, 조마조마, 두근두근 | びくびく 벌벌, 오들오들 | がくがく 부들부들, 덜덜, 오들오들

■정답■ (B)

5. ___________________________________
그 사람이 그런 일을 할 리가 없다.

■단어■
~はずがない ~할 리가 없다

■정답■ (C)

6. ___________________________________
그저께 도서관에서, 기무라 씨를 만났습니다.

■단어■
一昨日(おととい) 그저께 | 図書館(としょかん) 도서관

■정답■ (C)

7. ___________________________________
어제 본 영화는 별로 재미없었습니다.

■단어■
映画(えいが) 영화 | おもしろい 재미있다

■정답■ (B)

8. ___________________________________
길이 막혀서 안절부절 못 했습니다.

■단어■
道(みち)が込(こ)む 길이 막히다, 도로가 정체되다 | いらいら 안절부절 못하는 모양 | はらはら ① 아슬아슬, 조마조마 ② 팔랑팔랑, 뚝뚝 | わくわく (기대, 기쁨으로)울렁울렁, 두근두근 | どきどき (가슴이)두근두근

■정답■ (B)

9. ___________________________________
외국어는 일본어밖에 못합니다.

■단어■
外国語(がいこくご) 외국어 | 日本語(にほんご) 일본어 | しか 밖에 (부정어 동반) | 話(はな)す 말하다 | のみ 만, 뿐

■정답■ (C)

10. ___________________________________
비가 오기 전에 집에 돌아갑시다.

■단어■
雨(あめ)が降(ふ)る 비가 오다 | 家(いえ) 집 | 帰(かえ)る 돌아가다, 돌아오다 | ~ないうちに ~하기 전에

■정답■ (B)

11. ___________________________________
그가 회사를 그만둔 사실을 전혀 몰랐습니다.

■단어■
会社(かいしゃ)を止(や)める 회사를 그만두다 | ぜんぜん (부정어를 수반하여) 전혀, 조금도

■정답■ (C)

12. ___________________________________
아버지는 휴일마다 낚시에 데려가 주셨다.

■단어■
父(ちち) 아버지 | 休(やす)み 휴일, 쉬는 날 | 釣(つ)り 낚시 | 連(つ)れる 데리고 가다, 동행하다 | たびに ~할 때마다 | おきに ~걸러(사이를 둠)

■정답■ (D)

13. ______________________________

사고 때문에 하행선이 통행금지가 되어 있습니다.

■단어■
事故(じこ) 사고 | 下(くだ)り線(せん) 하행선 | 通行止(つうこうど)め 통행금지 | ため 때문(원인·이유) | せい 탓 | おかげ 덕분에

■정답■ (B)

14. ______________________________

크면 비행사가 되고 싶습니다.

■단어■
大(おお)きい 크다, 나이가 많다 | パイロット 파일럿, 비행사

■정답■ (C)

15. ______________________________

내일 날씨가 좋으면 드라이브하러 갑시다.

■단어■
明日(あした) 내일 | 天気(てんき) 날씨

■정답■ (D)

16. ______________________________

그 장난감을 보면 틀림없이 아이가 갖고 싶어 하겠지요.

■단어■
おもちゃ 장난감 | きっと 틀림없이, 반드시 | 子供(こども) 어린 아이 | ほしい 원하다 | ほしがる 갖고 싶어하다

■정답■ (C)

17. ______________________________

육법전서를 일주일에 다 읽었다.

■단어■
六法全書(ろっぽうぜんしょ) 육법전서 | 一週間(いっしゅうかん) 일주일 | 동사ます형+きる 완전히~하다

■정답■ (B)

18. ______________________________

서류가 다 되는대로 팩스로 보내겠습니다.

■단어■
書類(しょるい) 서류 | できあがる 완성되다, 다 만들어지다 | 送(おく)る 보내다, 발송하다 | 동사ます형+しだい ~하는 즉시

■정답■ (A)

19. ______________________________

하마터면 차에 치일 뻔 했다.

■단어■
もう少(すこ)しで 하마터면 | 車(くるま) 차 | 轢(ひ)く (차로)치다 | 車(くるま)にひかれる 차에 치이다

■정답■ (A)

20. ______________________________

잠시 컴퓨터를 빌려주시겠습니까?

■단어■
しばらく 잠시 | 貸(か)す 빌려주다 | 借(か)りる 빌리다 | 返(かえ)す 돌려주다, 반환하다

■정답■ (B)

21. ______________________________

빨간 우산을 쓴 여자아이가 김 씨의 여동생입니다.

■단어■
赤(あか)い 빨갛다 | 傘(かさ)をさす 우산을 쓰다

■정답■ (B)

22. ______________________________

벽에 포스터가 붙어 있습니다.

■단어■
壁(かべ) 벽 | 貼(は)る 붙이다

■정답■ (B)

23. ______________________________

이것은 다나카 선생님이 여동생에게 주신 인형입니다.

■단어■
妹(いもうと) 여동생 | くださる 주시다 | 人形(にんぎょう) 인형 | 差(さ)し上(あ)げる 드리다 | 受(う)ける 받다

■정답■ (B)

24. ______________________________

나는 그녀의 사고방식이 좋다고 생각합니다.

■단어■
彼女(かのじょ) 그녀, 그 여자 | 考(かんが)え方(かた) 사고방식

■정답■ (A)

25.

미안합니다만, 말씀하시는 것을 잘 모르겠습니다.

■단어■
おっしゃる 말씀하시다 | わかる 알다, 이해하다 | 知(し)る (지식·경험으로)알다

■정답■ (C)

26.

저 네거리를 오른쪽으로 돌아 주세요.

■단어■
十字路(じゅうじろ) 십자로, 네거리=「四(よ)つ角(かど)、四(よ)つ辻(つじ)」| 曲(ま)がる 구부러지다, 돌다

■정답■ (B)

27.

해안을 따라 흰 가드레일이 있습니다.

■단어■
海岸(かいがん) 해안 | 沿(そ)う 잇닿다, 따라가다 | ～にそって ～을 따라 | 白(しろ)い 하얗다

■정답■ (B)

28.

조금 전에 숙제를 막 끝낸 참입니다.

■단어■
さっき 조금 전 | 宿題(しゅくだい) 숙제 | 동사た＋ばかりだ ～한 지 얼마 안 되었다 | 終(お)える 끝내다

■정답■ (D)

29.

남동생이 아끼던 플라스틱 모형을 망가트렸습니다.

■단어■
大事(だいじ) 소중함 | プラモデル 플라스틱으로 된 조립용 모형 완구 | 壊(こわ)す 부수다, 고장내다 | 壊(こわ)れる 부서지다

■정답■ (C)

30.

날씨를 볼 때 오후부터 날이 갤 것 같군요.

■단어■
空模様(そらもよう) 날씨 | 午後(ごご) 오후 | 晴(は)れる 맑다, 개다

■정답■ (C)

Part 8 독해

연습문제

Drill 1

[1-5]

　내 친구인 브라운 씨는 미국인으로 일본역사를 전공하고 있습니다. 브라운 씨는 3년 전, 일본에 유학하고 있는 동안에 결혼했습니다. 상대는 일본인 여성으로 교제했을 때에는 긴자에 있는 백화점에서 일하고 있었습니다. 그녀는 결혼하고 나서 백화점을 그만두고, 브라운 씨가 대학에서 공부하고 있는 동안에 타이프 학교에 다니고 있었다고 합니다. 그리고 브라운 씨가 논문을 쓸 때에는 항상 그녀가 도와주었습니다.
　금년 봄, 브라운 씨는 석사학위를 취득하고 미국으로 돌아갈 예정입니다. 지금 그녀는 '아이가 생기기 전에 다양한 일을 해 보고 싶다' 며 재즈댄스를 배우고 있습니다.

■단어■
友人(ゆうじん) 친구 | 歴史(れきし) 역사 | 専攻(せんこう) 전공 | 留学(りゅうがく) 유학 | 間(あいだ) 사이, 동안 | 結婚(けっこん) 결혼 | 相手(あいて) 상대, 상대방 | 女性(じょせい) 여성 | 知(し)り合(あ)う 서로 알다, 사귀다 | 働(はたら)く 일하다 | 辞(や)める 직장을 그만두다, 사직하다, 사임하다 | ～に通(かよ)う ～에 다니다 | そして 그리고 | 論文(ろんぶん) 논문 | 手伝(てつだ)う 돕다, 거들다 | 修士号(しゅうしごう) 석사학위 | ～ないうちに ～하기 전에 | 習(なら)う 배우다

1.

브라운 씨가 결혼한 여성은 결혼 전에 무엇을 했었습니까?

(A) 백화점에서 일했습니다.

(B) 학생이었습니다.

(C) 집에서 어머니를 도왔습니다.

(D) 재즈댄스를 배웠습니다.

■단어■
百貨店(ひゃっかてん)=デパート 백화점 | 手伝(てつだ)う 돕다 | 習(なら)う 배우다

■힌트■
知り合ったときは銀座のデパートで働いていました。
교제했을 때에는 긴자에 있는 백화점에서 일하고 있었습니다.

■정답■ (A)

2.

브라운 씨는 왜 일본에 왔습니까?

(A) 결혼

(B) 놀러

(C) 공부

(D) 일하러

■단어■
結婚(けっこん) 결혼 | 遊(あそ)びに 놀러 | 勉強(べんきょう) 공부 | 働(はたら)き 일함

■힌트■
· 日本のれきしをせんこうしています。
   일본 역사를 전공하고 있습니다.

· 日本にりゅうがくしている間に…。
   일본에 유학하고 있는 동안에….

■정답■ (C)

3.

그녀가 지금 생각하고 있는 것은 무엇입니까?

(A) 재즈댄스를 배우고 싶다.

(B) 영어를 배우고 싶다.

(C) 대학에 가고 싶다.

(D) 무엇이든지 해 보고 싶다.

■단어■
考(かんが)える 생각하다 | なんでも 무엇이든지

■힌트■
「子供ができないうちに、いろいろなことをやってみたい」といって…。
'아이가 생기기 전에 다양한 일을 해 보고 싶다' 며….

■정답■ (D)

4.

타이프 학교에 다닌 사람은 누구입니까?

(A) 브라운의 처(아내)

(B) 브라운

(C) 브라운의 친구

(D) 일본인

■단어■
妻(つま) 아내, 처 | 友人(ゆうじん) 친구

■힌트■
彼女は結婚してから、…、タイプの学校に通っていたそうです。
그녀는 결혼하고 나서 …타이프 학교에 다니고 있었다고 합니다.

■정답■ (A)

5.

이 글의 내용이 아닌 것을 하나 고르시오.

(A) 브라운 씨는 3년 전 결혼했습니다.

(B) 브라운 씨는 그녀에게 여러 가지 면에서 도움을 받았습니다.

(C) 아이가 생기기 전에 미국에 돌아갈 예정입니다.

(D) 그녀는 재즈댄스를 배웁니다.

■단어■
色々(いろいろ)な 다양한 | 助(たす)ける 돕다

■정답■ (C)

[6-8]

현관은 신발을 벗는 부분과 그 보다 한 단계 높은, 방으로 통하는 부분으로 나누어져 있습니다. 그래서, 집 안에 손님을 들일 때에 '들어오세요' 라는 인사 외에 '올라오세요' 라는 인사가 흔히 쓰이고 있습니다.
   현관에는 신발장이 놓여 있습니다. 최근 게타(나막신)를 신는 사람이 적어졌지만, 구두 등을 넣어 두는 곳을 지금도 게타바코(신발장)라고 부르고 있습니다.

■단어■
玄関(げんかん) 현관 | 脱(ぬ)ぐ 벗다 | 通(つう)じる 통하다 | 分(わ)かれる 나뉘다 | 招(まね)き入(い)れる 초대해 들이다 | あいさつ 인사 | げた箱(ばこ) 신발장 | 少(すく)ない 적다 | しまう 넣다

6.

①げんかん의 한자로 바른 것을 다음 중에서 고르시오.

■단어■
庭園(ていえん) 정원 | 玄関(げんかん) 현관

■정답■ (C)

7.

___②___ 에 들어갈 말을 다음에서 고르시오.

(A) 그래서

(B) 그러나

(C) 그렇지만

(D) 하지만

■단어■
それで 그래서, 그러므로, 그런 까닭으로(*앞의 문장이 이유를 나타내고, 뒤의 문장이 이유가 설명되는 표현이다.) | しかし 그러나 | だけど 그렇지만 | でも 하지만

■힌트■
앞 문장에서 현관에서 실내로 들어설 때의 '턱' 이 있으므로 인한 인사방법을 뒤에서 말하고 있기 때문에 ___①___ 안의 접속사는 설명을 나타내는 「それで」가 된다.

■ 정답 ■ (A)

8. _______________________________

왜 '올라오세요'라는 인사가 흔히 쓰이는 것입니까?

(A) 집 안에서 손님에게 맛있는 것을 대접하고 싶기 때문에.

(B) 집 안은 신분이 높은 사람밖에 들어올 수 없기 때문에.

(C) 신발을 벗는 부분보다 방으로 통하는 부분이 한 단계 높게 되어 있기 때문에.

(D) 손님이 신발을 벗을 때에 한 번 앉은 후에 벗어야만 하기 때문에.

■ 단어 ■
ごちそうする 대접하다 | 身分(みぶん) 신분 | 入(はい)れる「入(はい)る－들어가다」의 가능형, 들어갈 수 있다 | 座(すわ)る 앉다 | 脱(ぬ)ぐ 벗다 | ～なければならない ～지 않으면 안된다

■ 힌트 ■
현관에서 방으로 통하는 부분이 한 단계 높기 때문이다.

■ 정답 ■ (C)

Drill 2

[1-3]

한 해의 마지막 날을 섣달 그믐날, 한 해의 첫날을 정월 초하루라고 합니다만, 이 섣달 그믐날 밤부터 정월 초하루의 동틀 무렵에 걸쳐 절이나 신사 등에 가서 참배하는 것을 「하츠모우데」라고 합니다. 새로운 해가 좋은 한 해가 될 수 있도록 부처님이나 신에게 기원하는 것입니다. 대도시의 유명한 신사 등에서는 새해 첫 참배객이 너무 많아서 매우 복잡하여, 경찰관도 교통정리를 합니다. 그 때문에 정월 초하루뿐만 아니라 2일이나 3일에 참배를 하는 사람도 많이 있습니다.

■ 단어 ■
年(とし) 해, 일년 | 終(お)わり 끝, 마지막 | 日(ひ) 날 | 大晦日(おおみそか) 섣달 그믐날 | 初(はじ)め 처음 | 元日(がんじつ) 원일, 정월 초하루 | 明(あ)け方(がた) 새벽, 동틀녘 | 寺(てら) 절 | 神社(じんじゃ) 신사 | お参(まい)りする 참배하다 | 仏様(ほとけさま) 부처님 | 神様(かみさま) 신 | 祈(いの)る 기도하다, 기원하다 | 大都市(だいとし) 대도시 | 込(こ)み合(あ)う 복잡하다, 붐비다 | 警察官(けいさつかん) 경찰관 | 交通整理(こうつうせいり) 교통 정리 | 大勢(おおぜい) 많은 사람

1. _______________________________

「元日」은 언제입니까?

(A) 12월 31일

(B) 3월 3일

(C) 7월 7일

(D) 1월 1일

■ 단어 ■
元日(がんじつ) 원일, 정월 초하루 | 1日(ついたち) 1일 | 3日(みっか) 3일 | 7日(なのか) 7일

■ 정답 ■ (D)

2. _______________________________

「初詣で」는 무엇입니까?

(A) 작년에 있었던 일을 잊기 위해 절이나 신사에 가는 것

(B) 안전운전을 하면서 절이나 신사에 가는 것

(C) 새로운 해에 가족과 함께 드라이브 하는 것

(D) 새로운 해가 좋은 한 해가 되도록 부처님이나 신에게 기도하는 것

■ 단어 ■
前(まえ)の年(とし) 전 해, 작년 | 忘(わす)れる 잊다, 망각하다 | 安全運転(あんぜんうんてん) 안전운전 | 一緒(いっしょ)に 함께

■ 정답 ■ (D)

3. _______________________________

경찰관은 왜 교통정리를 합니까?

(A) 설날뿐만이 아니라 2일과 3일도 참배를 하는 사람이 있기 때문에.

(B) 대도시에서 지방으로 많은 사람이 참배하러 가기 때문에.

(C) 初詣로 손님이 너무 많아서 매우 붐비기 때문에.

(D) 밤 중부터 새벽은 어두워서 위험하기 때문에.

■ 단어 ■
～だけでなく ～뿐만 아니라 | 明(あ)け方(がた) 새벽녘, 동틀 녘 | 暗(くら)い 어둡다 | 危(あぶ)ない 위험하다

■ 정답 ■ (C)

[4-6]

보도란 많은 사람에게 뉴스를 알리는 것입니다. 그 대표적인 것이 신문이나 텔레비전, 라디오 방송입니다. 그 중에서도 텔레비전은 새로운 뉴스를 바로 전할 수 있다는 점에서 신문보다 뛰어나며, 실제의 모습을 눈으로 볼 수 있다는 점에서 라디오보다 훌륭합니다.

■ 단어 ■
報道(ほうどう) 보도 | 知(し)らせる 알리다 | 代表的(だいひょうてき) 대표적 | 放送(ほうそう) 방송 | 新(あたら)しい 새롭다 | 伝(つた)える 전하다 | 優(すぐ)れる 뛰어나다, 훌륭하다 | 実際(じっさい) 실제 | 様子(ようす) 모습

4. ___________________________

①伝える의 읽는 법을 다음에서 고르시오.

(A) 가르치다

(B) 전달하다

(C) 돌아가다

(D) 기억하다

■단어■

教(おし)える 가르치다 | 覚(おぼ)える 외우다

■정답■ (B)

5. ___________________________

텔레비전이 라디오보다 뛰어난 것은 어떤 점입니까?

(A) 새로운 뉴스를 바로 전할 수 있다.

(B) 한자를 몰라도 이해할 수 있다.

(C) 실제 모습을 눈으로 볼 수 있다.

(D) 집에서 느긋하게 뉴스를 들을 수 있다.

■단어■

優(すぐ)れる 우수하다, 뛰어나다 | 点(てん) 점 | 漢字(かんじ) 한
자 | 理解(りかい) 이해 | 実際(じっさい) 실제 | 様子(ようす) 모습,
표정, 차림 | ゆっくりと 느긋하게 | 聞(き)く 듣다

■정답■ (C)

6. ___________________________

많은 사람에게 뉴스를 알리는 것을 뭐라고 합니까?

(A) 보도

(B) 방송

(C) 신문

(D) 전언

■단어■

多(おお)くの人(ひと) 많은 사람 | 報道(ほうどう) 보도 | 放送(ほ
うそう) 방송 | 新聞(しんぶん) 신문 | 伝言(でんごん) 전언, 전할
말=「ことづけ」

■정답■ (A)

[7-8]

인간사회에 구조가 복잡해지면 질수록 사람을 만나는 일이나 사
람과 이야기를 하거나, 나아가 남들 앞에서 이야기를 할 기회가 늘
어나고 있다. 이제는 자신이 생각하고 있는 일, 혹은 말하고 싶은
것을 신속하게, 정확하게 전하지 않으면 안 되게 되어 있다.

■단어■

人間(にんげん) 인간 | 構造(こうぞう) 구조 | 複雑(ふくざつ) 복잡 |
増(ふ)える 늘어나다, 증가하다 | 考(かんが)える 생각하다 | 速(すみ)

やか 신속함, 빠름 | 正確(せいかく) 정확함 | 伝(つた)える 전하다

7. ___________________________

이 글의 내용이 아닌 것을 하나 고르시오.

(A) 사람과 사람이 만날 기회가 점점 늘어나고 있다.

(B) 자신이 생각하고 있는 것을 정확하게 말하지 않으면 안 된
다.

(C) 사람 앞에서 말할 때도 있다.

(D) 사회가 복잡하지 않으면 사람을 만날 일이 늘어나게 된다.

■단어■

文章(ぶんしょう) 문장, 글 | 内容(ないよう) 내용 | 選(えら)ぶ 고
르다 | 機会(きかい) 기회 | 自分(じぶん) 자신, 자기 | 考(かんが)え
る 생각하다 | 正確(せいかく)に 정확히 | 人前(ひとまえ) 남들 앞 |
複雑(ふくざつ) 복잡 | 増(ふ)える 늘다, 증가하다

■정답■ (D)

8. ___________________________

_____①_____ 에 들어갈 가장 적당한 말을 고르시오.

(A) 게다가

(B) 그러나

(C) 그다지

(D) 이제

■단어■

しかも 게다가 | しかし 그러나=「しかしながら」| それほど 생각보
다, 그다지, 그렇게 | もはや 이미, 어느새, 이제 와서는

■정답■ (D)

실전문제

[1-4]

나는 때때로 아버지가 정말로 우리들에게 애정을 갖고 있는지
어떤지 의문으로 생각하는 경우가 있다. 물론 나는 아버지를 존경
하고 있고 신뢰하고도 있다. 하지만 때때로 아버지의 태도를 모를
때가 있다. 지난번에도 이런 일이 있었다. 나는 형제 둘로 밑에 남
동생이 있다. 나는 대학 2학년이고, 동생은 고등학교 3학년이다.
남동생은 대학수험 때문에 매일 밤늦게까지 공부하고 있었다. 동생
은 사립대학을 4군데 시험 보았다. 결국 전부 불합격이었다. 마지
막 대학의 합격발표는 동생 혼자서 보러 갔었다. 저녁때 아버지는
회사에서 돌아와 동생이 마지막 대학도 실패했다고 듣게 되었다.
아버지는 이렇게 대답했다. '안됐니? 내년에 다시 치르면 되지' 라
고 말하는 것이었다. 화도 내지 않고, 슬픈 듯한 표정도 짓지 않고,
난감하다는 표정도 짓지 않고, 아무런 관심도 없는 듯이 보였다.
어머니는 동생을 격려해 주었는데… 동생에게 있어서는 인생을 좌
우할 일인데, 아버지는 정말로 관심이 없는 것일까?

■단어■

愛情(あいじょう) 애정 | 疑問(ぎもん) 의문 | 尊敬(そんけい) 존경 | 信頼(しんらい) 신뢰 | 態度(たいど) 태도 | この間(あいだ) 지난번 | 兄弟(きょうだい) 형제 | 高校(こうこう) 고등학교 | 大学受験(だいがくじゅけん) 대학수험 | 夜遅(よるおそ)く 밤늦게 | 不合格(ふごうかく) 불합격 | 最後(さいご) 최후, 마지막 | 発表(はっぴょう) 발표 | 夕方(ゆうがた) 저녁때 | 答(こた)える 대답하다 | 駄目(だめ) 소용없음, 못 씀 | 受(う)ける (시험을)치르다 | 怒(おこ)る 화내다 | 悲(かな)しい 슬프다 | 困(こま)る 곤란하다, 난처하다 | 励(はげ)ます 격려하다 | ～にとって ～에 있어서 | 左右(さゆう) 좌우 | 関心(かんしん) 관심

■해설■

• 「だろう」: 「だ」의 추측형으로 ～이겠지, 일 것이다

말하는 사람의 개인적인 판단에 대한 의존도가 비교적 높으며 주관적인 추측이다.

보통 「～だろうと思(おも)います : (장담할 수는 없지만 아마)～일 거라고 생각합니다」의 꼴로 사용한다.

ソウルは東京(とうきょう)より交通事故(こうつうじこ)が多(おお)いだろうと思(おも)います。

서울은 도쿄보다 교통사고가 많을 거라고 생각합니다.

• 「～せず」: 「～しないで」의 문장체이다.

一日(いちにち)も欠席(けっせき)せず遅刻(ちこく)もしなかった。

하루도 결석하지 않고 지각도 하지 않았다.

• 양태의 조동사 「そうだ」: 「형용사어간+そうだ」

형용사에 연결된 양태의 조동사 「そうだ」는 「～할(일) 것 같다(동사), 그렇게 보인다, 그런 느낌이다」란 의미이다.

おいしそうなアイスクリームですね。

맛있을 것 같은 아이스크림이군요.

楽(たの)しそうにおしゃべりをしている。

즐거운 듯이 얘기하고 있다.

• 「のに」: ～인데, ～한데(도 불구하고)

앞 뒤 문장을 상반관계에 놓이게 하는 접속조사이다. 주로 자신의 예측과 다른 결과가 나오거나, 당초의 예상과 반대의 결과가 나왔을 때 쓰는 역접의 표현이다.

呼(よ)んでいるのに、返事(へんじ)もしない。

부르고 있는데도, 대답도 하지 않는다.

あんなに勉強(べんきょう)したのに、また試験(しけん)に落(お)ちてしまった。

그렇게 공부했는데도 또 시험에 떨어지고 말았다.

1. _______________________________________

이 사람은 본인을 포함하여 몇 명 가족입니까?

(A) 3명

(B) 4명

(C) 5명

(D) 6명

■단어■

含(ふく)める 포함하다 | 何人家族(なんにんかぞく) 몇 가족, 가족이 몇 명

■정답■ (B)

2. _______________________________________

_____①_____ 에 들어갈 말로 가장 적합한 것을 고르시오.

(A) 이런 일

(B) 그런 일

(C) 저런 일

(D) 어떤 일

■단어■

言葉(ことば) 말, 단어 | 最(もっと)も 가장, 제일 | 適(てき)する 적당하다, 적합하다 | 選(えら)ぶ 고르다

■정답■ (A)

3. _______________________________________

이 사람은 아버지에 대해 어떤 것을 의문으로 생각하고 있습니까?

(A) 자신이 아버지를 마음에서 존경하고 있는지 어떤지.

(B) 아버지는 가족의 일을 싫어하는 것은 아닌지.

(C) 아버지가 자신과 동생을 사랑하고 있는 것인지 어떤지.

(D) 아버지는 일을 너무 하는 것은 아닌지.

■단어■

疑問(ぎもん) 의문 | 명사+の+こと 그 명사에 관한 일, 사항, 것 | 心(こころ)から 마음으로부터 | 尊敬(そんけい) 존경 | 嫌(きら)い 싫어함 | 弟(おとうと)남동생 | 愛(あい)する 사랑하다 | しすぎ 지나치게 함 | 동사ます형+すぎる 지나치게～하다, 너무～하다

■정답■ (C)

4. _______________________________________

동생은 왜 매일 밤늦게까지 공부하고 있었습니까?

(A) 학교의 기말시험이 있기 때문에.

(B) 대학 입학시험을 치르기 때문에.

(C) 수업의 예습, 복습을 해야 하기 때문에.

(D) 학급에서 일등이 되고 싶기 때문에.

■단어■

期末(きまつ) 기말 | 試験(しけん)を受(う)ける 시험을 보다(치르다) | 予習(よしゅう) 예습 | 復習(ふくしゅう) 복습 | 一番(いちばん) 1번, 가장, 최고

■정답■ (B)

[5-7]

> 옛날 우리 집은 가난했었다. 때때로 학교에 도시락을 갖고 가지 못하는 경우도 있었다. 어머니는 나에게 도시락이라며 도시락을 갖고 가게 했지만, 안에 돌이 들어 있는 경우가 있었다. 물론 나는 그것이 돌인 것은 알았지만, 아무 말도 하지 않고 그것을 갖고 학교에 갔었다. 어느 날 학급 아이의 돈이 없어진 적이 있었다. 선생님은 난처해지고 말았다. 학급 안에 도둑이 있다고는 생각하고 싶지 않지만, 자신의 가슴에 손을 대어보고 자신이 잘못했다고 생각하면 나중에 직원실로 오라고 선생님은 말했다. 그러나 누구도 가지 않았다. 학급 친구들은 너의 집은 가난하니까 네가 했음에 틀림없다고 말했다. 그리고 쉬는 시간에도 놀이 그룹에 넣어주지 않았다. 노는 것과 가난한 것과 무슨 관계가 있는 것일까. 나는 초등학교, 중학교 9년 동안 몇 번인가 차별을 받았다. 그러나 다행스럽게도 공부는 항상 학급에서 1, 2등이었기 때문에 차별에 지는 일은 없었다.

■ 단어 ■

貧乏(びんぼう) 가난함 | 弁当(べんとう) 도시락 | 石(いし) 돌 | 言(い)わず「言(い)わないで」의 문장체, 말하지 않고 | 持(も)つ 들다, 가지다 | ある 어느(연체사) | 困(こま)る 곤란하다, 난처하다 | 泥棒(どろぼう) 도둑 | 胸(むね) 가슴 | 手(て)を当(あ)てる 손을 대다 | 職員室(しょくいんしつ) 직원실 | おまえ 너 | やる 하다 | 遊(あそ)び 놀이 | 差別(さべつ) 차별 | 受(う)ける 받다 | 幸(しあわ)せ 행복함, 운이 좋음 | 負(ま)ける 패배하다

■ 해설 ■

- 동사기본형+ことがある／ない : ~하는 경우(일)이 있다/없다
- 동사「た」+ことがある／ない : ~한 적이 있다/없다
  모두 경험의 유무를 나타내는 말이다.
  大学(だいがく)の時(とき)、日本(にほん)へ旅行(りょこう)に行(い)ったことがあります。
  대학 때, 일본에 여행을 간 적이 있습니다.
  交通事故(こうつうじこ)を起(お)こしたことがありますか。
  교통사고를 일으킨 적이 있습니까?
  わたしはその国(くに)へ行(い)ったことがないんです。
  나는 그 나라에 간 적이 없습니다.
- 명사+である : 「だ」의 문장체 표현
  명사에 반말「~だ」를 붙이면「~이다」가 되고, 문어체「~である」는 의미는 같으나 신문, 논문, 학술적 리포트 등의 문장체에서 사용한다. 사물에 대한 단정을 나타낸다.
  今日(きょう)は日曜日(にちようび)だ。
  오늘은 일요일이다.
  それは新聞(しんぶん)である。
  그것은 신문이다.
- 동사+てしまう : ~해 버리다(유감, 완료)
  「~てしまう」「~でしまう」라는 표현은 회화체에서 주로「~ちゃう」「~じゃう」와 같은 축약형을 쓰며, 「~ちま

う」「~じまう」와 같이 쓸 수도 있다. 또 의미상으로 볼 때 동작의 완료나 후회(유감)의 뜻을 나타낸다.
300ページもある本(ほん)を徹夜(てつや)して読(よ)んじゃった。
300페이지나 되는 책을 밤을 새워 전부 읽어 버렸다.
新(あたら)しいコーヒーカップを割(わ)ってしまいました。
새 커피 잔을 깨 버렸습니다.
- 동사+てもらう : 상대에게「~해 받다」즉 상대가「~해 주다」라는「~てくれる」의 의미이다.
  「~もらう」및「~てもらう」에 관한 문제는 자주 출제된다. 이 문제를 대할 때는 특히 조사와 주어 관계를 잘 살펴 답하도록 한다. 일반적인 패턴은「(대상)に／から／~を もらう」라고 해서 상대로부터 혹은 상대에게「받다」라는 표현으로 조사는「から」「に」둘 다 사용할 수 있다. 단, 어떤 단체나 회사로부터 받을 때는 반드시「から」이다.
  鈴木(すずき)さんは山田(やまだ)さんに引(ひ)っ越(こ)しを手伝(てつだ)ってもらいました。
  야마다 씨는 스즈키 씨의 이사를 도와주었습니다.
  = 山田さんは鈴木さんの引っ越しを手伝ってあげました。

5. _______________

_____①_____ 에 들어갈 말로 가장 적합한 것을 고르시오.

■ 단어 ■

持(も)つ 들다, 가지다, 소지하다 | 持(も)たれる「持つ」의 수동형 | 持(も)たせる「持つ」의 사역 | 持(も)たされる=持(も)たせられる「持つ」의 사역수동

■ 힌트 ■

이 문장에서는 어머니가 도시락을 갖고 가게 했다는 표현이므로 사역의 문장이 어울린다.

■ 정답 ■ (C)

6. _______________

_____②_____ 에 들어갈 말로 가장 적합한 것을 고르시오.

(A) ~한 적이 없다

(B) ~임에 틀림없다

(C) ~하기로 하자

(D) ~한 것 같다

■ 단어 ■

~(た)ことがない ~한 적이 없다(경험) | ~に違(ちが)いない ~임에 틀림없다(*「~に違いない」는「~はずだ」와 거의 비슷하게 쓰이기는 하지만, 「~はず」가 객관적인 이야기를 할 때 주로 사용하는데 비

해 「~に違いない」는 같은 확신이긴 하나 그때그때의 느낌이나 주관적이고 직감적인 확신을 나타내는 말이다.) | ~ことにする ~하기로 하다 (*말하는 사람 자신의 결심(결정)이나 각오를 나타내는 표현이다. 「~うと思(おも)っています(~하려고 합니다)」와 의미가 통한다.)

■ 정답 ■ (B)

7. ______________________
본문의 내용과 맞는 것을 고르시오.
(A) 어느 날 돈이 없어서 어떤 사람의 돈을 훔쳐 버렸다.
(B) 집에 돈이 없어서 도시락을 갖고 가지 못하는 일이 있었다.
(C) 집이 가난했었지만 차별을 받는 일은 없었다.
(D) 어린 시절에는 그다지 공부를 좋아하지는 않았다.

■ 단어 ■
ある日(ひ) 어느 날 | 盗(ぬす)む 훔치다 | お弁当(べんとう) 도시락 | 貧乏(びんぼう) 가난함 | 差別(さべつ)を受(う)ける 차별을 받다 | 子供(こども)の頃(ころ) 어릴 때

■ 정답 ■ (B)

[8-10]

> 지난달 휴가를 얻을 수 있어서, 아이를 부모님에게 맡기고 아내와 태국을 여행했습니다. 태국은 전부터 가고 싶었던 나라였었기 때문에 출발 전날에는 기뻐서 잘 수 없었습니다. 싼 단체여행을 고른 것은 좋았지만, 식사는 정말 힘들었습니다. 왜냐하면 태국 국내 여행은 중국인의 단체와 함께였었기 때문에 식사는 매일 중국요리였었던 것입니다. 나는 일본인이지만, 중국요리는 좋아하는 편으로 일본에서도 자주 먹고 있었습니다. 처음에는 좋았습니다. 맛있는 중국요리를 먹을 수 있어서 몹시 행복했습니다. 그러나 중국요리를 좋아하는 나도 돌아갈 무렵에는 질려 버렸습니다. 마지막 밤에는 이제 먹고 싶지 않게 되어 버렸습니다. 그래서 혼자서 일본요리를 먹으로 갔습니다. 일본에 돌아온 지금도 중국요리를 보는 것조차 싫어져 버렸습니다.

■ 단어 ■
休(やす)みが取(と)れる 휴가를 받다(얻을 수 있다) | 預(あず)ける 맡기다 | 妻(つま) 아내, 처 | 出発(しゅっぱつ) 출발 | うれしい 기쁘다 | 眠(ねむ)れる 「眠る-자다」의 가능형, 잠들 수 있다 | 団体(だんたい) 단체 | 選(えら)ぶ 고르다, 선택하다 | というのは ~라는 것은(*「왜냐하면」 앞의 사항을 설명할 때 사용됨) | 中華料理(ちゅうかりょうり) 중국요리 | 初(はじ)め 처음 | 大変(たいへん) 대단히, 몹시 | 幸(しあわ)せ 행복함 | 飽(あ)きる 질리다 | さえ 조차, 마저 | 嫌(いや) 싫음, 불쾌함

■ 해설 ■
• 동사 「ます형」+たい : ~하고 싶다 「희망의 조동사」
  い형용사 활용을 하여서 과거형은 「~たかった」가 된다. 나(1인칭), 너(2인칭)의 희망을 나타내는 것으로 말하는 사람 자신의 희망을 나타낸다. 조사 「を」대신 「が」를 쓰는

경우가 많다.
わたしはジュースが飲(の)みたい。
나는 주스를 마시고 싶다.
一日(いちにち)も早(はや)くあなたに会(あ)いたかった。
하루라도 빨리 당신을 만나고 싶었다.

• **い형용사어간+くなる** : ~해 지다 「변화의 표현」
  「い형용사」를 동사 및 조사에 연결하여 말할 때는 이미 공부한 「~て(~하고)」에 연결하는 것처럼 어미 「い」를 「く」로 바꾸면 된다. 상황이나 성질의 변화를 나타내는 표현이다.
  雨(あめ)がやんで急(きゅう)にあたたかくなった。
  비가 그치고 갑자기 따뜻해 졌다.

• **な형용사어간+になる** : ~해 지다 「변화의 표현」
  변화를 나타내는 표현은 「な형용사」의 활용어미 「だ」를 「に」로 고치면 「~하게」라고 하는 부사적 의미가 된다.
  毎日(まいにち)運動(うんどう)をして丈夫(じょうぶ)になりました。
  매일 운동을 해서 튼튼해졌습니다.

> **주의 :** 「い형용사」는 사전에 실려 있는 형태가 기본형과 동일한데 반해 「な」형용사의 경우는 사전에 어미 「だ」를 뺀 기본형의 어간 부분만 실려 있다. 따라서 「きれい」「きらい」와 같은 「な」형용사를 「きれくて(×)」나 「きれくなる(×)」처럼 「い형용사」로 착각하여 활용하지 않도록 한다.

8. ______________________
누구와 함께 태국을 여행했습니까?
(A) 아이와 아내와 부모님
(B) 아이와 부모님
(C) 아내
(D) 부모님

■ 단어 ■
子供(こども) 아이 | 妻(つま) 아내, 처 | 両親(りょうしん) 양친, 부모

■ 힌트 ■
子供を両親に預けて妻とタイを旅行しました。
아이는 부모님에게 맡기고 아내와 태국을 여행했습니다.

■ 정답 ■ (C)

9. ______________________
___①___ 에 들어갈 말로 가장 적합한 것을 고르시오.

(A) 그러나

(B) 왜냐하면

(C) 그런데

(D) 예를 들면

■ 단어 ■
ところが 그런데, 그러나(역접의 표현에 쓰이는 접속사) | ところで 그런데(화제를 전환하는 접속사)

■ 정답 ■ (A)

10. _______________

태국 여행에서 곤란했던 것은 무엇입니까?

(A) 아이가 미아가 된 것

(B) 말이 통하지 않아 쇼핑을 할 수 없었던 것

(C) 나오는 식사가 항상 중국요리였던 것

(D) 식사가 입에 맞지 않아 배탈이 나 버렸던 것

■ 단어 ■
迷子(まいご) 미아 | 通(つう)じる 통하다 | 出(だ)される 「出す－내놓다」의 수동형, 내놓아지다 | 合(あ)う 맞다 | お腹(なか)をこわす 배탈 나다

■ 정답 ■ (C)

[11-14]

나는 그림을 그리는 것을 어린 시절부터 좋아했었습니다. 유치원 시절이지만, 사생대회가 있어서 절 그림을 그린 적이 있습니다. 그 그림은 원장 선생님에게 대단히 칭찬 받고, 오랫동안 원장 선생님 방에 장식되었다고 합니다. 초등학교, 중학교 시절에도 그림 수업은 좋아했었고, 매번 즐거움이었습니다. 그런데 고등학교에 들어가자 전혀 그림을 그리지 않게 되었습니다. 이유는 분명히는 모르겠습니다. 어쨌든 화필을 드는 일은 거의 없어져 버렸던 것입니다. 그러던 어느 날 미술 선생님이 그림 콩쿨이 있으니까 한 장 그려보지 않겠냐고 했습니다. 선생님은 내가 예전에 그림 그리는 것을 좋아했었던 것을 알고 있었던 것입니다. 나도 오랜만에 그려볼까 라는 생각이 들어 일주일 걸려서야 겨우 다 그렸습니다. 스스로도 좋은 그림이라고 생각했습니다. 자신도 있었고, 학급 친구들에게도 가족에게도 잘 되어 간다고 말해 버렸습니다. 그러나 내 그림은 입선되지 않았습니다. 일주일 걸려 그렸는데 선생님도 좋다고 해 주셨는데…. 나는 정말로 실망해 버렸습니다. 그 이후 나는 화필을 드는 일은 없어졌습니다.

■ 단어 ■
絵(え)を描(か)く 그림을 그리다 | 幼稚園(ようちえん) 유치원 | お絵描(えか)き 사생(그림 그리기) | 大会(たいかい) 대회 | お寺(てら) 절 | 園長(えんちょう) 원장 | 誉(ほ)められる 「ほめる－칭찬하다」의 수동형, 칭찬받다 | 長(なが)い間(あいだ) 오랫동안 | 飾(かざ)る 장식하다 | 授業(じゅぎょう) 수업 | 毎回(まいかい) 매회, 매번 | 楽(たの)しみ 즐거움, 기대 | はっきり 분명히, 확실히 | 絵筆(えふで) 화필, 그

림 붓 | 美術(びじゅつ) 미술 | かつて 이전에, 예전에 | 久(ひさ)しぶりに 오랜만에 | 気持(きも)ち 기분, 생각 | かかる (시간, 비용 등)걸리다, 들다 | 動詞ます형+終(お)える ~하기를 마치다 | 自信(じしん) 자신 | うまくいく 잘 되어 가다 | 入選(にゅうせん) 입선 | かける 걸다, 들이다 | 以来(いらい) 이래, 이후

■ 해설 ■
• 타동사+てある(타동사의 상태표현) : ~해(져) 있다
「타동사+てある」는 어떤 동작의 결과가 계속되는 것을 나타내며, 인위적인 행위의 결과를 나타낸다. 즉 누군가 「~ておく」한 뒤의 상태에 비중을 두는 표현이다.
案内(あんない)の紙(かみ)が貼(は)ってあります。
안내 용지가 붙여져 있습니다.
花瓶(かびん)に花(はな)が飾(かざ)ってあります。
꽃병에 꽃이 꽂혀 있습니다.
• 용언의 종지형+そうだ(전문의 표현) : ~라고 한다
기본형(동사, い형용사 기본형, 명사だ, な형용사 기본형)에 접속한다. 전문의 조동사「そうだ」는「そうだ/そうです/そうで」외의 활용은 하지 못한다.
今日(きょう)は雨(あめ)でしたが、明日(あした)は晴(は)れるそうです。
오늘은 비가 내렸습니다만, 내일은 갠다고 합니다.
今度(こんど)はボーナス、少(すく)ないそうですよ。
이번에는 보너스가 적대요.

11. _______________

왜 고등학교에 들어가서 그림을 그리지 않게 되었습니까?

(A) 그림을 그리는 시간이 없어졌기 때문에.

(B) 공부로 바빠졌기 때문에.

(C) 선생님에게 칭찬 받지 않게 되었기 때문에.

(D) 이렇다 할 분명한 이유는 없다.

■ 단어 ■
忙(いそが)しい 바쁘다 | 確(たし)か 확실함 | 理由(りゆう) 이유

■ 힌트 ■
理由ははっきりとはわかりません。
이유는 확실하게는 알 수 없습니다.

■ 정답 ■ (D)

12. _______________

____①____ 에 들어갈 말로 가장 적합한 것을 고르시오.

(A) 살짝

(B) 겨우, 간신히

(C) 꼭

(D) 앗

■단어■
あっ 깜짝 놀라거나 감동했을 때 내는 소리 「あっという間(ま)に
눈 깜짝할 사이에」

■정답■ (B)

13.

____②____ 에 들어갈 말로 가장 적합한 것을 고르시오.

(A) 덜컥

(B) 실망함

(C) 깜짝 놀람

(D) 전부

■단어■
どっきり 「どきりと」의 힘줌말, 갑자기 놀라 가슴이 몹시 뛰는 모양,
덜컥 | そっくり ① 전부, 몽땅, 그대로 ② 꼭 닮음

■정답■ (B)

14.

본문의 내용과 맞는 것을 고르시오.

(A) 콩쿠르에서 입선하지 못한 것은 당연하다.

(B) 고교시절 미술 선생님의 권유로 그림 콩쿠르에 출품했다.

(C) 지금은 화필을 보는 것조차 싫어져 버렸다.

(D) 중학교에서 고등학교에 걸쳐 그림을 그리지 않게 되어 버
렸다.

■단어■
コンクール 콩쿠르 | 当然(とうぜん) 당연 | 勧(すす)め 권유, 권
장 | 出品(しゅっぴん) 출품 | ～から～にかけて ～부터～에 걸쳐서

■정답■ (B)

[15-18]

> 최근 일본의 젊은이는 태연하게 돈을 빌린다고 한다. 그러나 그
> 빚을 갚지 못한다. 갚을 수 없기 때문에 또 돈을 빌린다. 더욱이 또
> 갚을 수 없기 때문에 재차 돈을 빌린다. 이렇게 해서 빚 지옥에 떨
> 어져 간다. 물론 무계획으로 빌리는 쪽이 나쁘다. 젊은이들은 현재
> 의 일밖에 생각하고 있지 않기 때문에, 수개월 후에 이자도 붙여서
>
> 전액 갚지 않으면 안 된다는 것을 가볍게 보고 해 버린다. 그러나
> 이런 위험한 젊은이인 것을 알고 있으면서 돈을 빌려주는 금융업
> 자도 문제이다. 그러면 왜 위험한 것임을 알고 있는데도 빌려주는
> 것일까? 그것은 부모가 대신 갚아준다는 것을 알고 있기 때문이다.
> 빚을 대신 갚아야하는 부모에게 있어서는 정말로 성가신 이야기이
> 다. 실제로 대부분의 부모는 대신 갚아주어서 문제를 해결하기 때
> 문에 금융업자는 손해를 보지 않는 것이라고 한다.

■단어■
若者(わかもの) 젊은이 | 平気(へいき) 아무렇지도 않음, 태연함 | 借

金(しゃっきん) 빚 | 返(かえ)せる 「返(かえ)す－갚다, 돌려주다」의
가능형, 갚을 수 있다 | 再(ふたた)び 재차, 거듭 | 地獄(じごく) 지
옥 | 落(お)ちる 떨어지다 | 無計画(むけいかく) 무계획 | 借(か)り
る 빌리다 | 現在(げんざい) 현재 | 数ヶ月(すうかげつ) 수개월 | 利
子(りし)をつける 이자를 붙이다 | 全額(ぜんがく) 전액 | 軽(かる)
い 가볍다 | 危険(きけん) 위험함 | 貸(か)す 빌려주다, 임대하다 | 金
融業者(きんゆうぎょうしゃ) 금융업자 | 親(おや) 부모 | 肩代(かた
が)わり (빚, 계약 등을)대신 떠맡음 | まったく 전혀, 정말 | 迷惑(め
いわく) 귀찮음, 성가심 | 大部分(だいぶぶん) 대부분 | 解決(かいけ
つ) 해결 | 損(そん)をする 손해를 보다

■ 주요 어구 ■

• 「～なければならない」: ～하지 않으면 안 된다, ～해야만
한다
의무(義務)를 나타내는 표현으로 우리말의 「～해야 한다」
이다. 또한 당연(当然)을 의미하기도 하며 법률, 규칙 등
을 표현한다. 「～なければ(～않으면)」는 「～なきゃ」「～
なけりゃ」와 같은 축약형을 사용할 수 있다.
私(わたし)たちはもっとお互(たが)いを理解(りかい)
しなければならない。
우리들은 좀 더 서로를 이해하지 않으면 안 된다.

• 「～にとって」: (사람, 조직)～에게 있어서, ～의 입장(견해)
에서 보면, ～에 있어서(자격)
君(きみ)はわが社(しゃ)にとって欠(か)かせない人
(ひと)だ。
자네는 우리 회사에 있어서 꼭 필요한 사람이다.
日本(にほん)にとっては大(おお)きな問題(もんだい)
であった。
일본에 있어서는 큰 문제였다.

• 「～させられる」: 「する」의 사역수동으로 「억지로, 싫지만
～하다」라는 의미
사역의 조동사 「せる・させる」에 수동의 조동사 「られ
る」가 연결되면 자신이 한 행위가 자신의 의지와는 달리,
다른 사람으로부터 어떤 동작을 강요당했을 때, 「할 수없
이 ～해야 한다, 마지못해 ～해야 한다」의 의미를 나타낸
다. 따라서 「어쩔 수 없이 ～했다」라는 뜻이 내포되어 있
다. 타인에 의해 어떤 행위를 해야 하는 화자(話者)의 입
장에서 말하는 경우로 내용에 따라서는 자신의 의사와는
관계없이 「억지로 ～하게 되다」는 불쾌한 감정이나 강요
된 상황에 놓였다는 뜻을 나타낸다.
病院(びょういん)で3時間(じかん)も待(ま)たされま
した。
병원에서 3시간이나 기다렸습니다.
子供(こども)の時(とき)、母(はは)にきらいな物(も
の)も食(た)べさせられました。

어렸을 때 어머니가 싫은 음식도 먹게 했습니다.

15. ________________

______①______ 에 들어갈 말로 가장 적합한 것을 고르시오.

(A) 그러나
(B) 더욱이
(C) 그러니까
(D) 그리고 나서

■ 단어 ■
さらに 그 위에, 거듭, (뒤에 부정의 말을 동반하여) 조금도, 도무지

■ 정답 ■ (B)

16. ________________

②肩代わり란 여기에서는 어떤 의미입니까?

(A) 자녀의 빚을 부모가 지불하는 것
(B) 부모가 자녀의 빚을 무시하는 것
(C) 자녀가 부모의 어깨를 두드리는 것
(D) 경찰에 상담하는 것

■ 단어 ■
払(はら)う 지불하다 | 無視(むし) 무시 | 肩(かた) 어깨 | 叩(たた)く 두드리다 | 相談(そうだん) 상담

■ 정답 ■ (A)

17. ________________

왜 금융업자는 위험한 일임을 알면서 젊은이에게 돈을 빌려줍니까?

(A) 보험회사가 돈을 지불해 주기 때문에.
(B) 젊은이는 아르바이트를 해서까지 갚아주는 것을 알고 있기 때문에.
(C) 젊은이의 부모가 돈을 갚아 주는 것을 알고 있기 때문에.
(D) 돈을 빌려주는 것이 장사이기 때문에.

■ 단어 ■
お金(かね)を貸(か)す 돈을 빌려주다 | 保険会社(ほけんがいしゃ) 보험회사 | 払(はら)う 돈을 내다, 지불하다 | 親(おや) 부모 | 商売(しょうばい) 장사

■ 정답 ■ (C)

18. ________________

본문의 내용과 맞는 것을 고르시오.

(A) 젊은이는 대학의 수업료 등을 위해 빚을 지는 일이 많다.
(B) 빚을 갚지 못하는 젊은이가 많기 때문에 금융업자는 곤란해 하고 있다.

(C) 무계획으로 돈을 빌리는 젊은이가 문제이며, 금융업자는 조금도 나쁘지 않다.
(D) 최근 일본의 젊은이는 간단히 금융업자로부터 돈을 빌린다고 한다.

■ 단어 ■
若者(わかもの) 젊은이, 청년=「若人(わこうど)」| 授業料(じゅぎょうりょう) 수업료 | 借金(しゃっきん)をする 빚을 내다 | 返(かえ)す 돌려주다, 반환하다 | 金融業者(きんゆうぎょうしゃ) 금융업자 | 困(こま)る 곤란하다, 난처하다 | 無計画(むけいかく) 무계획 | 借(か)りる 빌리다 | 簡単(かんたん)に 간단하게, 손쉽게

■ 정답 ■ (D)

[19-22]

> 일본에는 1년에 두 번 선물을 하는 관습이 있습니다. 여름의 백중 선물과 연말의 연말선물입니다. 이 시기가 오면 나도 아내도 머리가 아파집니다. 누구에게 무엇을 선물하면 좋을지, 언제나 이것저것 망설여 버리기 때문입니다. 나는 보통의 회사원이니까 선물을 하는 사람은 정해져 있습니다. 대략 회사의 상사, 선배, 아내의 친정과 나의 부모형제로 10곳도 안됩니다. 그리고 비싸지도 않고 싸지도 않은 보통의 물건뿐입니다. 그런데도 백화점에 가면 고르는데 몇 시간이나 걸려 버리는 것입니다. 예를 들면 내가 회사의 상사에게 술을 선물할까 라고 먼저 말합니다. 그러면 술을 주어도 남편은 기뻐하겠지만, 부인은 좋아하지 않을 거라고 아내가 말합니다. 아내가 통조림 세트로 하자고 하면, 아니야 통조림은 다른 사람도 많이 선물해 오니까 통조림만이 되어서 상대는 곤란할 것이라고 내가 말합니다. 이렇게 해서 몇 시간이나 저것이 좋다, 이것이 좋다고 계속 망설여 버리는 것입니다. 백중 선물과 연말 선물도 1년에 2회의 관습이지만, 그것으로 백화점을 우왕좌왕하는 것도 우리들 부부의 연 2회의 관습입니다.

■ 단어 ■
年(ねん)に二回(にかい) 1년에 2회 | 贈(おく)り物(もの) 선물 | 習慣(しゅうかん) 습관, 관습 | お中元(ちゅうげん) 백중날(음력 7월 15일) 혹은 그때의 선물 | 暮(く)れ 저물 때, 한 해의 마지막(연말, 세모) | お歳暮(せいぼ) 연말 선물 | 頭(あたま) 머리 | 痛(いた)い 아프다 | 贈(おく)る 선물하다 | 동사「たら」+いい ～면 된다, 좋다 | あれこれ 이것저것 | 迷(まよ)う 망설이다 | 普通(ふつう) 보통 | 決(き)まる 정해지다 | だいたい 대략, 대강 | 上司(じょうし) 상사 | 先輩(せんぱい) 선배 | 実家(じっか) 친가 | 十個(じゅっこ) 10개 | ～個(こ) 개수를 헤아리는 단위 | 형용사어간+くもない ～지도 않다 (주로 이중 부정에 많이 사용됨) | 品物(しなもの) 물건 | 選(えら)ぶ 고르다, 선택하다 | 喜(よろこ)ぶ 기뻐하다, 좋아하다 | 缶詰(かんづめ) 통조림 | 명사+にする ～으로 하다(선택의 표현) | 相手(あいて) 상대 | 夫婦(ふうふ) 부부

■ 해설 ■

• 「동사기본형＋と」: ～면
가정조건으로 필연적 혹은 당연한 결과가 이루어질 때 사

용하게 된다. 계산, 자연현상, 진리, 길 안내 등에 쓰인다.

春(はる)になると暖(あたた)かくなる。

봄이 되면 따뜻해진다.

あの角(かど)を右(みぎ)に曲(ま)がるとポストがある。

저 모퉁이를 오른쪽으로 돌면 우체통이 있다.

• 「〜ばかり」: 〜만, 뿐

범위를 한정지어서 「〜뿐, 〜만」으로 해석한다. 그것에 한정한다는 뜻을 나타내며, 「だけ」와 같다. 명사, 활용어의 명사를 수식하는 꼴에 접속한다.

兄(あに)は毎日(まいにち)本(ほん)ばかり読(よ)んでいます。

형은 매일 책만 읽고 있습니다.

あの人(ひと)は背(せ)が高(たか)いばかりで、あまり力(ちから)はない。

저 사람은 키만 클 뿐 그다지 힘은 없다.

• 동사「ます형」+続(つづ)ける : 계속해서~하다(복합동사)

海外旅行(かいがいりょこう)に出(で)かける人(ひと)が増(ふ)えつづけている。

해외 여행에 나가는 사람이 계속 늘고 있다.

子供(こども)を産(う)む女性(じょせい)が減(へ)りつづけている。

아이를 낳는 여성이 계속 줄고 있다.

19. _______________________________________

왜 ① 頭が痛くなります 라고 말했습니까?

(A) 돈이 많이 들어 버리기 때문에.

(B) 누구에게 선물을 주면 좋을지 모르기 때문에.

(C) 누구에게 무엇을 주면 좋을지 모르기 때문에.

(D) 감기에 걸려 버렸기 때문에.

■ 단어 ■

お金(かね)がかかる 돈이 들다 | あげる (상대에게)주다 | 風邪(かぜ)を引(ひ)く 감기에 걸리다

■ 정답 ■ (C)

20. _______________________________________

_______ ② _______ 에 들어갈 말로 가장 적합한 것을 고르시오.

(A) 게다가

(B) 그런데도

(C) 그리고

(D) 그래서

■ 단어 ■

それに 게다가 | それなのに 그런데도 | それから 그리고 | それで 그래서, 그러므로, 그런 까닭으로(*앞의 문장이 이유를 나타내고, 뒤의 문장이 이유가 설명되는 표현이다.)

■ 정답 ■ (B)

21. _______________________________________

_______ ③ _______ 에 들어갈 말로 가장 적합한 것을 고르시오.

(A) 여러 가지

(B) 빙글빙글

(C) 우왕좌왕

(D) 빈둥빈둥

■ 단어 ■

いろいろ 여러 가지 | くるくる 뱅글뱅글, 돌돌 | うろうろ 우왕좌왕 하는 모습, 어정버정, 허둥지둥 | ごろごろ ① 데굴데굴 ② 우르르(천둥소리) ③ 빈둥빈둥

■ 정답 ■ (C)

22. _______________________________________

본문의 내용과 맞는 것을 고르시오.

(A) 주는 사람에 따라서 선물의 가격이 다르다.

(B) 누구에게 무엇을 줄지는 매년 정해져 있다.

(C) 선물하는 관습은 그만두는 게 좋다.

(D) 선물하는 사람은 10명 이하이다.

■ 단어 ■

〜によって 〜에 따라 | 贈(おく)り物(もの) 선물 | 値段(ねだん) 가격 | 違(ちが)う 다르다 | 贈(おく)る 선물하다 | 毎年(まいとし) 매년 | 決(き)まる 결정되다, 정해지다 | 習慣(しゅうかん) 습관, 관습 | やめる 그만두다 | 以下(いか) 이하

■ 정답 ■ (D)

[23-26]

나는 딱 하나 불쾌한 추억이 있다. 초등학생 시절이었다. 어느 동급생과 풀장에 갔었다. 풀장에 가는 도중에 계단이 있고, 그 계단을 내려가면 풀장이 있다. 그 동급생은 마침 계단에 떨어져 있던 콜라 병을 풀 사이드로 던져 버렸던 것이다. 물론 병은 깨져서 산산조각 났다. 그것을 풀장 관리인이 보고 있다가 우리들 부모에게 전화를 했다. 나는 호되게 야단맞았다. 내가 던진 것은 아닌데 어머니는 나의 이야기를 들으려고도 하지 않는다. 어머니의 말로는 그 동급생은 자신은 아니라고 말하고 있는 모양이었다. 나는 놀랐다. 나는 있는 그대로를 말하고 있는데, 어머니는 나를 믿어주지 않는다. 결국 두 사람 모두 같은 죄라는 것으로 풀장 관리인에게 사죄하러 갔었다. 나는 억울했다. 그 이후 그 동급생과는 놀지 않게 되었다.

■ 단어 ■

嫌(いや) 싫음, 불쾌함 | 思(おも)い出(で) 추억 | 同級生(どうきゅうせい) 동급생 | 途中(とちゅう) 도중 | 階段(かいだん) 계단 | 下(お)りる 내리다 | 落(お)ちる 떨어지다 | 瓶(びん) 병 | 投(な)げ捨

(捨)てる 던져 버리다 | 割(わ)れる 깨지다 | こなごな 산산조각 부서짐 | 管理人(かんりにん) 관리인 | ひどい 심하다 | 叱(しか)られる 야단맞다 | 投(な)げる 던지다 | 동사의지형~(よ)う+とする ~하려고 하다 | 驚(おどろ)く 놀라다 | 信(しん)じる 믿다 | 結局(けっきょく) 결국 | 同罪(どうざい) 같은 죄 | 謝(あやま)る 사죄, 사과하다 | 동사ます형+に行(い)く ~하러 가다(목적의 표현) | 悔(くや)しい 분하다, 억울하다

■ **주요 어구**

• 「~だけ」: ~만, ~뿐
「~만, ~뿐」범위나 정도의 한정을 의미하며 「ばかり」「しか」로 바꾸어 말할 수 있다. 그것 외에는 없다는 단수적 의미로 그것에만 한정된다는 뜻과 최저한도를 나타낸다. 문어체 표현으로 같은 뜻인 「のみ」가 있다.
父(ちち)にだけ話(はな)した。
아버지에게만 이야기했다.
今日(きょう)は熱(ねつ)があるから、30分(ぷん)だけ泳(およ)ごう。
오늘은 열이 있으니까, 30분만 수영해야지.

• 동사て くれる : (상대가 내 쪽에)~해 주다
「くれる」(주다)는 제삼자가 나, 또는 나와 가까운 사람에게 줄 때 쓰는 말이다. 내가 남에게 줄 때는 「あげる」를 쓰지만, 남이 나에게 주는 경우에 한하여 쓰는 말로 「くれる」(주다)가 있다. 「くださる」는 윗사람이 아랫사람에게 「주시다」의 의미로 「くれる」의 높임말이다.
すみませんが、写真(しゃしん)一枚(いちまい)撮(と)ってくれますか。
죄송하지만, 사진 한 장 찍어 주세요.
ホテルの部屋(へや)を予約(よやく)してくれました。
호텔 방을 예약해 주었습니다.

• 「~て以来(いらい)」「~以来(いらい)」: ~한 이래, ~(한)이후로 쭉(계속)
기준이 되는 시점, 시기를 포함하여 과거의 그 사실이 계속해서 현재까지 영향을 미치는 경우에 사용하는 말이다. 문장 적용에 있어 직전 과거 사실 즉, 가까운 과거 사실에 대해서는 사용이 적절치 못하다. 특히 이 표현을 할 때 「~た以来」라고 하지 않도록 주의한다.
2004年(ねん)以来ほとんど変(か)わりません。
2004년 이래 거의 변화가 없습니다.
卒業(そつぎょう)以来10年(ねん)ぶりの再会(さいかい)だった。
졸업 이후로 10년만의 재회였다.

23. ____________________

불쾌한 추억은 어떤 추억을 말합니까?

(A) 친구가 콜라를 전부 마셔 버린 것
(B) 풀장에서 수영하지 못했던 것
(C) 친구에게 거짓말 당한 것(친구가 거짓말 한 것)
(D) 친구에게 괴롭힘 당한 것

■ **단어**
嫌(いや)だ 싫다, 안 좋다 | 思(おも)い出(で) 추억 | 泳(およ)ぐ 헤엄치다 | うそをつく 거짓말 하다 | いじめる 괴롭히다

■ **정답**■ (C)

24. ____________________

____① ____ 에 들어갈 말로 가장 적합한 것을 고르시오.
(A) ~이라서
(B) ~인데도
(C) ~이기 때문에
(D) ~이기 때문, 위함

■ **단어**
동사기본형/い형용사기본형/な형용사な／명사な+のに ~인데도
(불구하고) : 상반되는 앞뒤 문장의 연결 접속조사

■ **정답**■ (B)

25. ____________________

②それ以来란 언제를 말합니까?
(A) 계단에서 떨어진 이후
(B) 초등학교를 졸업한 이후
(C) 풀장 관리인에게 사과하러 간 이후
(D) 중학교를 졸업한 이후

■ **단어**
それ以来(いらい) 그 이후로 | 階段(かいだん) 계단 | 落(お)ちる 떨어지다 | 小学校(しょうがっこう) 초등학교 | 卒業(そつぎょう) 졸업 | 管理人(かんりにん) 관리인 | 謝(あやま)りに行(い)く 사과하러 가다 | 中学校(ちゅうがっこう) 중학교

■ **정답**■ (C)

26. ____________________

왜 어머니에게 야단맞았습니까?
(A) 거짓말쟁이 친구와 놀았기 때문에.
(B) 연락도 하지 않고 늦게 돌아왔기 때문에.
(C) 숙제를 하지 않고 풀장에 놀러 갔기 때문에.
(D) 풀 사이드에 빈 병을 던져 버렸다고 생각하셨기 때문에.

■ **단어**
叱(しか)る 꾸짖다, 야단치다 | うそつき 거짓말쟁이 | 遊(あそ)ぶ 놀다 | 連絡(れんらく) 연락 | 宿題(しゅくだい) 숙제 | 空(あ)き瓶(び

ん) 빈 병 | 投(な)げ捨(す)てる 내버리다, 내던지다

■ 정답 ■　(D)

[27-30]

　　사람은 왜 산에 오르는 것일까? '거기에 산이 있기 때문이다' 라고 대답한 사람은 영국의 등산가 힐러리(경)이지만, 아마 이 이상의 대답은 없을 것이라고 생각한다. 등산은 확실히 즐겁고, 정상에 올랐을 때의 기분은 말로는 할 수 없다. 나도 몇 번인가 경험이 있어서 이해할 수 있다. 그러나 내가 이해할 수 없는 것은 겨울 등산이다. 매년 일본에서는 겨울 산의 조난 사고로 몇 명이나 되는 젊은 이가 목숨을 잃어버린다. 그리고 그때마다 구출작업에 많은 시간과 돈이 든다. 가족을 슬프게 할 뿐만 아니라, 산을 관리하는 현이나 마을에도 폐를 끼친다. 그런데도 사람들은 왜 겨울 산에 오르는 것일까? 등산은 물론 그렇지만, 스포츠라는 것은 항상 위험이 따라다닌다. 위험하니까 스포츠를 하지 마! 라고 말해 버리면 스포츠는 존재할 수 없다. 위험해도 계속해 왔기 때문에, 현재 다양한 스포츠를 우리들이 즐길 수 있게 된 것이다. 그것은 이해가 된다. 그러나 그렇더라도 나는 겨울 산의 등산은 인정할 수 없다.

■ 단어 ■
山(やま)に登(のぼ)る 산에 오르다 | 登山家(とざんか) 등산가 | 以上(いじょう) 이상 | 答(こた)え 대답 | 山登(やまのぼ)り 등산 | 確(たし)か 확실함 | 頂上(ちょうじょう) 정상 | 言葉(ことば) 말 | 経験(けいけん) 경험 | 冬山(ふゆやま) 겨울 산 | 遭難(そうなん) 조난 | 事故(じこ) 사고 | 命(いのち) 목숨 | 救出(きゅうしゅつ) 구출 | 作業(さぎょう) 작업 | 悲(かな)しむ 슬퍼하다 | 管理(かんり) 관리 | 迷惑(めいわく)をかける 폐를 끼치다 | 常(つね)に 항상 | 危険(きけん) 위험 | 付(つ)き物(もの) 부속물(따라 붙어 다니는 것) | 存在(そんざい) 존재 | 続(つづ)ける 계속하다 | 現在(げんざい) 현재 | 현재동사기본형＋ようになる ～하게 되다(변화의 표현) | 楽(たの)しめる 즐길 수 있다 | 認(みと)める 인정하다 | 동사기본형＋ことができる ～하는 일이 가능하다(가능의 표현)

■ 주요 어구 ■
•「～だけでなく」: ～뿐만 아니라 ＝「～のみならず」
　見(み)ているだけじゃなくて、少(すこ)しは手伝(てつだ)ってください。
　보고 있지만 말고 조금은 도와주세요.
　彼(かれ)は英語(えいご)のみならず中国語(ちゅうごく)もぺらぺらだ。
　그는 영어뿐만 아니라 중국어도 잘한다.

27. ________________________________
이 사람은 등산에 대해 어떻게 생각하고 있습니까?
(A) 위험하기 때문에 트레이닝을 받아서 하지 않으면 안 된다.
(B) 위험한 스포츠이기 때문에 그만두어야만 한다.
(C) 즐겁고, 가장 위까지 올랐을 때의 기분은 뭐라 말할 수 없

다.
(D) 즐거움뿐만 아니라 위험도 따라다니기 때문에 조심하는 편이 좋다.

■ 단어 ■
危(あぶ)ない 위험하다 | トレーニングを受(う)ける 훈련을 받다 | 危険(きけん) 위험 | 止(や)める 마치다, 끝내다, 중지하다 | 一番(いちばん) 가장, 제일 | 何(なん)とも言(い)えない 뭐라고 말 할 수 없다 | 楽(たの)しさ 즐거움 | 気(き)をつける 조심하다

■ 정답 ■　(C)

28. ________________________________
　①　에 들어갈 말로 가장 적합한 것을 고르시오.
(A) 살해하다
(B) 지키다
(C) 떨어뜨리다, 잃다
(D) 버리다

■ 단어 ■
命(いのち)を落(お)とす 목숨을 잃다 | 殺(ころ)す 죽이다 | 守(まも)る 지키다 | 捨(す)てる 버리다

■ 정답 ■　(C)

29. ________________________________
　②　에 들어갈 말로 가장 적합한 것을 고르시오.
(A) 밖에
(B) 것
(C) 때문
(D) 만, 뿐

■ 단어 ■
～しか (부정문을 동반하여)～밖에 | AだけでなくB A뿐만 아니라 B도

■ 정답 ■　(D)

30. ________________________________
본문의 내용과 맞지 않는 것을 고르시오.
(A) 겨울 산은 위험이 따라다니기 때문에 주의하여 올라야만 한다.
(B) 겨울 등산은 사람들에게 폐를 끼치기 때문에 찬성할 수 없다.
(C) 산에 오르는 것은 의외로 많은 돈과 시간이 걸린다.
(D) 어째서 위험한 산에 오르는 사람이 있는 것인지 이해할 수 없다.

■단어■

冬山(ふゆやま) 겨울 산│危険(きけん) 위험│付(つ)き物(もの) 으레 따르기 마련인 것│注意(ちゅうい) 주의│登山(とざん) 등산│人々(ひとびと) 사람들│迷惑(めいわく)をかける 폐를 끼치다│賛成(さんせい) 찬성│山(やま)に登(のぼ)る 산에 오르다│意外(いがい)と 의외로│どうして 왜=「なぜ」│理解(りかい) 이해

■주요 어구■

• 「～べき」: ~하는 것이 마땅하다, ~할 만하다, ~해야 한다
  문어(文語) 조동사로「당연하다는 뜻이나, 응당 그렇게 해야 할 것」을 나타낸다. 문어 조동사로 금지의 의미로「べからず(~해서는 안 된다)」, 명사 등 체언에는「べき」, 용언에는「べく」의 꼴로 쓰인다.

■정답■ (C)

강성광

국제대학 일어일문학과 수석졸업
일본 문부성 초청 국비유학(京都大学)
중앙대학교 교육대학원 졸업(일본어교육학)
現 청문외국어학원 JPT강사

주요저서

일본어어휘의 달인이 되는 법 / 사람in
일본어 능력시험에 꼭 나오는 핵심정리 / 사람in
일본어문법백과사전 / 사람in
JPT 독해 달인이 되는 법 / 사람in
JPT 청해 달인이 되는 법 / 사람in
젊은 일본어로 말하자 / 사람in
e-mail : khi8896@hanmail.net
daum cafe : http://cafe.daum.net/KingJPT

JPT450 문제해결의 길잡이 〈해설서〉

저자　　　　　강성광
초판발행일　　2007년 2월 12일
초판3쇄 발행일 2009년 8월 28일

발행인　　　　박효상
편집　　　　　신제찬 · 김진아
마케팅　　　　이종선 · 이태호
표지디자인　　손호준
본문디자인　　글사랑(2278-3053)
출판등록　　　제10-1835호
발행처　　　　사람in
주소　　　　　121-839 서울시 마포구 서교동 378-16
전화　　　　　(02)338-3555(代)
팩스　　　　　(02)338-3545
e-mail　　　　saramin@netsgo.com
홈페이지　　　www.saramin.com

＊책값은 뒤표지에 있습니다.
＊파본은 바꾸어 드립니다.
＊저자와의 협약에 따라 인지는 생략했습니다.

ISBN 978-89-6049-021-5

일본어의 달인이 되는 법

■ 저자 : 시마다 카즈코
■ 가격 : 8,000원 (테이프 1개 포함)

저자가 오랫동안 한국인들에게 일본어를 가르치면서 늘 안타깝게 여기던 사항들, 즉, 한국인들이 잘 틀리는 발음 극복법 9가지와, 보이지 않는다고 소홀히 할 수 없는 억양과 액센트 그리고 일본어 학습을 원활하게 하는 사회문화 관습 14가지 등 異문화커뮤니케이션에 관한 문제들을 꼼꼼히 다루고 있습니다.

일본어 한자의 달인이 되는 법 (개정증보판)

■ 저자 : 황인영
■ 가격 : 10,800원

초등학교 학습지도 요령에 의거한 교육한자 1006자를 1학년–6학년까지 각 학년별로 배열하고, 1945자의 상용한자에 포함된 교육한자를 제외한 상용한자 939자와 상용한자표에는 없지만 일상생활에서 널리 쓰이는 표외자 110자를 히라가나 순으로 배열하여 일본어능력시험의 급수표기와 함께 실었습니다. 일본문화 전문가인 저자가 각주를 달아 문화, 역사적 배경을 통해 재미있는 한자학습이 되도록 쉽고 재미있게 그림과 함께 흥미롭게 설명하였습니다. 개정증보판에서는 주요단어의 해석을 보강하여 보다 쉽게 한자를 공부할 수 있도록 하였습니다.

일본어 문법의 달인이 되는 법

■ 저자 : 이경수
■ 가격 : 9,800원

기초 학습자뿐만 아니라 중 · 고급자들까지 필요한 문법을, 기존의 딱딱한 문법책과는 달리 그냥 읽기만 해도 이해하기 쉽도록 풀어쓴 책입니다.
정확한 문법설명과 다양하고 적절한 예문이 수록되어 있어 자연스럽고 세련된 회화와 작문을 돕습니다. 또, 본문에서의 어려운 부분이나 꼭 읽어야 할 사항을 영심이가 Tip을 통해 알려 주므로 더욱 흥미롭습니다.

일본어 어휘의 달인이 되는 법(개정 증보판)

■ 저자 : 강성광 / 아키야마 쵸쿠
■ 가격 : 12,000원

일본어능력시험, JPT 등 각종 일본어 시험에서 출제되는 단어들을 한 권으로 정리할 수 있는 어휘집입니다. 출제가능성이 높은 단어들을 명사 · 동사 · 형용사 등 품사별로 단어를 나누고, 이를 다시 일본어능력시험 3급 단어, 2급 단어, 1급 단어로 나누어 정리하였습니다. 시험에 포커스를 맞춘 어휘지만, 단어별로 가장 적합한 예문을 제시하고 유사표현, 관련어구 등을 알기 쉽게 비교해 일어독해, 회화, 일작 등 여러 가지 쓰임새에 도움이 되도록 하였습니다. 개정증보판에서는 기존의 교재에 색인을 추가하고, 본서에 있는 어휘와 예문 전체를 녹음하여 음성파일을 무료로 제공하고 있습니다.

JPT의 달인이 되는 법 – 완전공략 600점 / 800점 / 990점

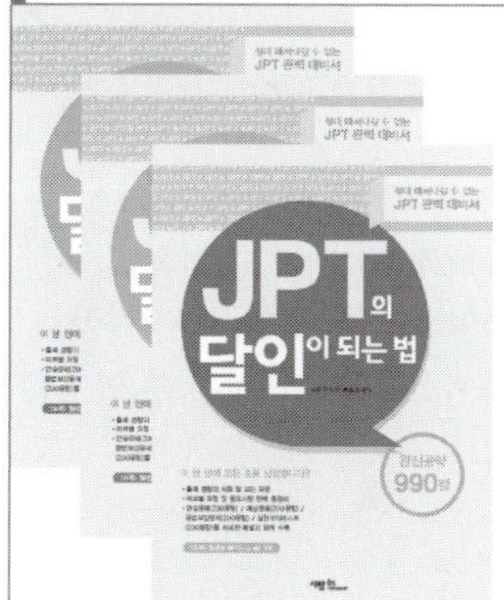

- 저자 : 최종훈 / 이치우
- 가격 : 16,800원 / 17,800원 / 18,300원 (테이프 각 3개 포함)

출제경향 분석, 문제 푸는 요령에서부터 시험에 꼭 나오는 문법사항, 중요표현, 품사별, 분야별 어휘에 이르기까지 시험대비에 필요한 사항을 빠짐없이 총 정리해 놓았습니다.
각 권별로 연습문제(200문항) / 예상문제(200문항) / 문법보강문제(200문항) / 실전모의테스트(200문항)를 자세한 해설과 함께 실었습니다.

목표달성 JPT 700점 / 990점 (문제집)

- 저자 : 최종훈
- 가격 : 12,600원 / 12,800원

목표달성 JPT시리즈는 학습자들의 효과적 점수향상을 위하여 저자의 다년간의 현장교육 경험과 연구경력, 다수의 문제출제 경험을 바탕으로 시험 출제경향을 분석하고 보다 다양하고 폭넓은 문제를 실어 학습자의 목표달성 기간을 확실히 단축할 수 있고 어떤 종류의 TOEIC 방식 일본어능력 검정시험에도 대비할 수 있도록 하였습니다. 목표달성 JPT 770점은 500 – 700점대를 목표로 하는 초 · 중급자, 목표달성 JPT 990점은 700 –만점을 목표로 하는 중 · 상급자 대상입니다. 각각 3회분의 예상문제가 수록되어 있습니다.

점수upJPT 문법 · 독해 / 청해

- 저자 : (문법 · 독해) 김기범   (청해) 김유영 / 김기범 / 다카하시 하루코
- 가격 : (문법 · 독해) 10,800원   (청해) 15,600원 (테이프 3개 포함)

고도의 집중력과 빠른 스피드가 필요한 JPT시험에서 실력을 향상시키고 요령을 습득시켜 점수를 확 끌어올리게 하는 파트별 트레이닝 시리즈 점수upJPT!
문법 · 독해(오문정정 100문제 / 최신 예상문제 3회분)와 청해(질의응답 10회분 / 실전모의고사)를 집중적으로 훈련하여 실력 향상에 도움을 줍니다. 최신경향에 맞춘 철저한 문제분석과 각 파트별 문제풀이 요령, 청해 스크립트 해설을 통해 자신감을 높이고 실력을 탄탄히 만들어 줍니다. 어려웠던 취약부분만을 골라 실력을 트레이닝 시키는 실전을 위한 훈련서! 이제 까다로운 JPT 파트에 자신 있게 도전해 보십시오.

급소적중 JPT 실전문제집 / 문제풀이 비법과 해설

- 저자 : 강성광 김유영 / 다카하시 하루코
- 가격 : 13,800원 / 19,500원 (테이프 각 3개 포함)

실전에 가장 근접한 패턴의 JPT 문제집은 각 PART별로 실전문제 3회분 600문제를 다양하게 수록하였습니다. 또한, JPT 시험이 요구하고 있는 종합적 능력과 집중력, 순발력을 동시에 향상시켜 나갈 수 있도록 실전에 가까운 문제를 엄선했습니다. 문제풀이 비법과 해설에서는 실전문제들을 쉽고 자세하게 설명해 놓았으며, 문제풀이 비법을 수록하여 JPT 점수 향상에 도움이 되도록 하였습니다. 본 문제집의 일부 해설은 JEI 재능방송의 「완전정복 JPT 일본어」라는 프로그램을 통해 들으실 수 있습니다.

JPT 파트 1·2 / 3·4 / 5·6 / 7·8을 지배하는 법

- 저자 : 이장우
- 가격 : (파트 1·2 / 3·4) 각 21,000원 |(파트 5·6 / 7·8) 각 15,000원

JPT를 파트별로 완벽하게 분석하여, 각 파트별로 출제방식에 맞는 어휘와 어구, 다양한 예상문제들을 수록한 JPT 파트별 공략서입니다. 출제기준에 맞는 다양한 예제를 소개하고, 상세한 해설을 통하여 학습자 스스로 문항별로 출제의도를 파악하고, 문제유형에 적응하게 하여 문제에 대한 대응능력을 자연스럽게 증대시킬 수 있도록 만들었습니다.

일본어 능력시험의 달인이 되는 법 1급 / 2급 / 3·4급

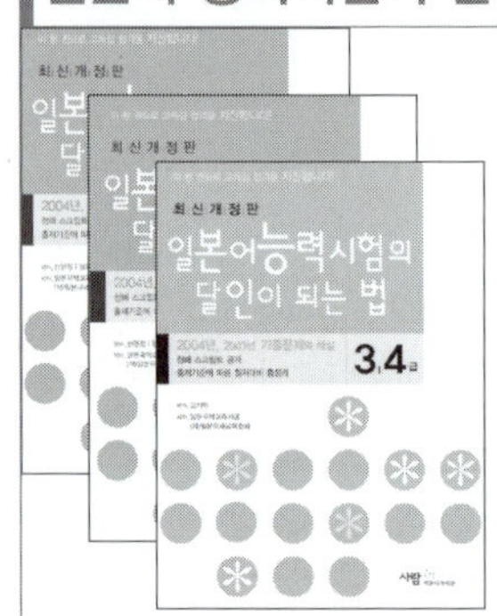

- 저자 : (1급·2급) 신현정   (3·4급) 김지민
- 가격 : (1급·2급) 16,000원 / 15,500원   (3·4급) 17,000원

지난 10여년 간의 시험문제 완전분석, 출제 경향, 출제 유형 분석과 아울러 시험 대비에 필요한 분야별, 문제별 필수 어휘 / 청해표현 / 필수문형 / 부사분석 / 기타 조사 조동사·관용구·경어 등의 총정리는 물론 최근 2개년의 기출문제와 해설, 청해 스크립트 등, 일본어 능력시험 고득점 합격에 필요한 모든 것을 담았습니다.

일본어 능력시험 1급 / 2급 / 3·4급에 꼭 나오는 핵심 정리

- 저자 : (1급·2급) 강성광 / 신상윤 / 다카하시 하루코   (3급·4급) 강성광 / 신상윤
- 가격 : (1급·2급) 11,000원 / 12,000원   (3급·4급) 11,500원

일본어 능력시험을 대비한 핵심 정리집으로, 출제 가능성이 있는 내용을 총정리 하였습니다. 시험과 동일하게 '문자·어휘' '청해' '문법·독해' 로 파트를 나누어 각각의 구성방식을 설명하고 문제 해결을 위한 공략방법을 상세한 설명과 함께 수록하였습니다. 또한 회화체 문장을 예문으로 제시하여, 시험대비는 물론 일상 회화를 위한 실용적인 측면도 보충하였습니다.

일본어를 지배하는 핵심어휘와 예문

- 저자 : 황인영 / 카네다 아키노리
- 가격 : 17,600원

일본의 정치, 경제, 사회, 문화 등 각 분야를 이해하기 충분한 2,378개의 핵심어휘와 6,000여개의 예문을 수록한 일본어 어휘 책입니다. 일본어 특유의 표현과 단어로 이루어진 예문을 통해 적절한 일본어 표현을 익힐 수 있으며, 존경어, 겸양어, 속어, 남성어, 여성어 등으로 표현된 살아있는 예문으로 다양한 표현법과 적절한 어휘 사용법을 배울 수 있습니다.

부록으로 831개의 기본어휘표를 별도 편집해 놓아 일본어 학습에 필요한 기본어휘를 확인 학습할 수 있습니다.